20 世纪中国图书馆学文库·65

文献编目概论

谢宗昭　主编

谢宗昭　侯汉清　孙袁群　赵新华　合编

圙　國家圖書館出版社

本书据南京大学出版社 1990 年 6 月第 1 版排印

前　言

　　中文文献编目(惯称"图书馆目录")与西文文献编目分别设课是我国图书馆学学科领域中的传统做法。这样安排在以往的教学中曾起一定作用。但随着编目工作的逐步发展和长期的教学实践,日益证明"中编"、"西编"分别设课存在着许多问题。主要是课程内容重复,理论概念不统一,其结果是浪费时间,影响教学质量。当前我国编目工作已进入标准化阶段,编目学领域中的基本理论与基本概念已日臻一致,教学改革也在逐步深入。在这样的背景下,"中编"、"西编"两课合并不仅可能,也是当前文献情报教学改革中刻不容缓的事了。

　　近年来,不少高校图书馆学或文献情报学专业结合课程改革已经或正在筹划将"中编"、"西编"两课合而为一,以提高教学质量。为配合这一重大改革,特编写此教材。

　　本书主要包括中文及西文两大类文种的文献编目内容。编写的基本原则是:

　　1. 基本理论、基本概念及基本编目技能并重。

　　2. 中、西编内容以合为主,合、分结合。

　　3. 重点阐述图书馆馆藏各种类型文献的编目工作,档案编目不予论述。

　　4. 以手工编目的论述为主。

　　根据上述原则,教材采取了新的编写体例。新体例的总精神是:基本理论及基本概念采用中、西编合一的办法。编目技术部分由于编目规则不一,则中、西编分别处理。

全书共四编二十八章及四个附录。

第一编"总论",共五章。包括文献编目的基本理论及基本概念,图书馆目录及其发展概况与趋势。

第二编"文献著录",共三部分,十八章。包括文献著录的一般原理,中文各类文献著录法,西文各类文献著录法。本编以普通图书(专著)及连续出版物的著录为主,辅以多卷书、丛编、会议录、地图资料、标准资料及部分非印刷型资料的著录。另设一章"标准档"。

第三编"主题编目"。重视与加强主题编目是我国编目工作发展的必然趋势。在1983年西文图书编目标准化与自动化研讨会上,与会同志一致认为:从我国西文文献编目的实际出发,为了共享国际成果,加快图书馆实现自动化的步伐,以适应四化建设的需要,也应当采用 ISBD、AACR2 及 LCSH。基于上述背景,本书特增设"主题编目"一编。为避免与"情报检索语言"课程内容重复,此编仅从编目学角度,重点论述主题编目的原理及《美国国会图书馆标题表》的评介与使用。

第四编"目录组织与目录体系",共四章。包括目录组织与目录体系的基本理论、基本概念及各类目录的组织法。

全书最后有四个附录备查。

"编目工作的组织与管理"及"计算机编目"分别在"图书馆管理学"及"计算机在图书馆工作中的应用"两课中有较详尽的论述,本书不再重复这两方面内容。

这种合、分结合的新体例,既避免了内容重复、理论概念不统一之弊端,又可照顾中、西文文献著录与目录组织规则的差异;既适于一位教师任教,又可由数位教师分授。

《文献编目概论》适用于高等院校文献情报学专业,也可供图书馆编目工作人员参考。

　　在编写过程中曾得到南京大学各级领导的鼓励与支持及陆宝树先生的热情帮助,在此谨向他们表示深切的谢意。

　　按照新体例编写这样的教材尚属初步尝试,编者才疏学浅,又限于时间,定有不少错漏与不足之处,拟通过教学实践逐步予以充实与完善,并祈专家、同行与读者们批评指正。

编者

1989 年 12 月

目　　次

1

第二编　文献著录

第一编 总 论

第一章　文献编目的一般原理

第一节　基本概念

名词术语、基本概念是每门学科的基石。不掌握学科的基本概念,或名词术语的概念不精确,则获得的知识犹如建筑在沙滩上的房屋。图书馆学编目领域有丰富的名词术语。我国的编目术语大部分译自国外。由于对术语的含义理解不一,不少名词术语的用词与概念久未统一。文献著录标准化后,编目的名词术语正值新旧交替之际,上述现象依然存在,这不仅不利于实行文献工作标准化,在教学与编目实践中也造成不同程度的困难。为此,拟首先明确文献编目领域中常用名词术语的基本概念,使之在本教材范围内得以统一,以利教学。其他术语将在以后各有关章节中分别予以阐述。

一、文献(Item)

"文献"一词的概念有其发展演变过程。目前,图书馆学编目领域中"文献"一词虽源于英语"Item",但两者概念不尽相同。

《ISBD》(G)规定:"Item"是指作为一个单独书目描述依据的以任何实体形式出现的一个文献(Document),一组文献(Documents),或某一文献(Document)的一部分。这里"Document"一词取其广义。

《AACR2》规定：“Item”是指作为一个单独书目描述依据的，以任何形式出版、发行或作为一个实体处理的一个文献或一组文献。

《The ALA Glossary of Library and Information Science》规定“Item”的含义是：①目录学中的含义是指一个书目文献（Bibliographic item）；②从物质形态的角度来看，是指图书馆馆藏中每一个别文献（document）；③在档案领域里，是指记录资料中最小的一个单位，如一封信、一张照片、一篇回忆录、一段文摘、一个报告……等；④在数据处理中，是指一个数据条目（Data item）。

我国《文献著录总则》规定：“文献”是指“记录有知识的一切载体。”

《西文文献著录条例》规定“文献”的定义是：“以文字、图形、符号、声频、视频等手段将知识记录于各类载体上所形成的各种知识载体。”

分析上列“文献”（Item）的各种概念，其唯一区别是在该概念的外延部分。国外明确“文献”概念的外延是指“馆藏书目文献。”而我国则将“文献”概念的外延，扩大到一切知识载体。确切地说，前者是“书目文献”（见基本概念二），后者则是广义的“文献”（Document）（见基本概念三）。

根据《ISBD》规定，我们认为编目领域的“文献”一词即“书目文献”而非广义的“文献”（Document）。

二、书目文献（Bibliographic item）

作为一个单独的书目描述依据的，以一个实体出版、发行或处理的任何一种或一组知识载体。

三、文献（广义）（Document）

以文字、图形、符号、声频、视频等手段将事实与现象、思想与行动等记录于各类载体上所形成的各种信息载体。

四、文献著录

在编制目录时,依据一定规则,对文献的内容和形式特征进行描述并记录的过程。"文献著录"与"描述性编目"(Descriptive Cataloging)同义。包括书目描述(见基本概念七)与责任者、题名标目及其著录形式的选择。

五、款目(Entry)

一种文献在目录中的记录称之为款目。

款目由以下各部分组成:

1. 标目(Heading)
2. 书目描述(Bibliographical description)
3. 排检项或根查(Tracing)
4. 业务注记(包括索取号等)

六、目录(Catalog 或 Catalogue)

按特定原则与方法组织起来的款目的集合体。

七、书目描述(Bibliographical description)

(中编该部分包括著录正文及提要项)

编目工作中对一个书目文献进行描述的过程。

八、描述项目(Area)

组成书目描述的各大部分。各大部分均反映文献某一方面的特征,分别由一个或者若干个不同单元组成。根据《ISBD》规定,一个完整的书目描述应包括题名与责任说明项、版本项、文献(或出版物类型)特殊细节项、出版发行项、载体形态描述项、丛编项、附注项以及文献标准号与获得方式项等八大项目。鉴于我国的编目传统,中文文献目录款目中的书目描述将附注项中的"提要"(Summary)部分单列为第九大项,即"提要项"。

九、标目(Heading)

列于款目之首的名称(个人责任者或其他责任者名称、团体名称、地名、题名、统一题名、丛编题名等)及标题等。标目是排检款目的依据。

十、排检点(Access Point)

一般是指从书目描述中选取,以识别和排检该书目记录的任何一个名称、术语或代码。

十一、排检项

目录或书目数据库中用以检索一个书目文献的所有标目的记录。中文编目称之为"排检项",西文编目称之为"根查"(Tracing)。排检项包括名称(个人姓名及机关团体名称)、题名、标题、分类号等排检点。

十二、编目(Cataloging 或 Cataloguing)

1. 狭义:根据一定标准或规则为书目文献编制款目的过程。

2. 广义:根据一定标准或规则为书目文献编制各种款目,并将这些款目按一定原则与方法组织成各类目录的过程。

十三、文献单元(Literary unit)

同一著作的不同版本、译本及改写本构成一个文献单元。按文献单元进行著录,可使相同著作的各种版本、译本或改写本在目录中得到集中。

十四、书目控制（Bibliographic Control）

"书目控制"是一系列书目活动的总称,亦称书目管理。包括:提供所有已出版的书目文献的完整书目记录;书目描述标准化;通过联合书目及主题书目以及书目服务中心提供书目检索等。书目记录的文档或清单是最普遍的书目控制手段,如:书目、索引、图书馆目录等。

第二节　文献编目的内容与原则

一、文献编目的内容

文献编目是图书馆技术部门承上启下的一个重要工作环节,也是图书馆不可缺少的基础工作之一。文献编目是根据一定的标准与规则,对书目文献的内容及形式特征进行分析、选择、记录,编制成各类款目,并将各类款目按一定原则与方法排列组成各类目录的过程。文献编目包括下列三部分工作:

（一）描述性编目（Descriptive Cataloging）

描述性编目是指对书目文献的内容与形式特征进行识别与描述的过程。它包括书目描述,以及责任者名称与题名标目及其著录形式的选择和确定。

（二）主题编目（Subject Cataloging）

主题编目是揭示文献内容的学科属性及主题特征,提供责任者及题名以外的学科类目标识及主题检索途径。主题编目包括以下两方面内容:

1. 分类标引（或简称分类）（Classification）

分类标引是指依据一定的分类体系（分类法）将文献内容按

其学科属性归入相应类目,并将分类号记录于款目的过程。分类号加上著者号或种次号等组成分类索取号或排架号。

2. 主题标引

主题标引是指依据一定的标题表或其他词表,将待编文献的主题内容转换成相应的标题,并记录于款目的过程。狭义的主题编目即指主题标引。

(三)目录组织(Catalogue filing)

目录组织是指将各类款目按一定的原则与方法排列,组织成目录的过程。

以上三项工作关系密切,不能各自为政,应有次序地互相配合进行。

一个待编文献应标引什么分类号与主题标题,取决于文献著录单元的选择。若文献著录单元是单卷本专著,则以该专著的内容作为分类、主题标引的对象;如文献著录单元是一套丛编,应根据整套丛编内容进行分类、主题标引,反之,则需以丛编中的个别著作内容作为分类、主题标引的资料源;以此类推,多卷集的编目工作也是这个道理。而文献著录单元的选择属描述性编目范畴,因而,从理论上讲,主题编目必须在完成描述性编目后方可进行。实际上,由于各馆分工及工作程序的不同,不少图书馆编目部门是主题编目(包括分类)在先,描述性编目在后。两项工作分别由不同编目员担任。这样,负责描述性编目的同志必须增加一道核实文献著录单元选择准确性的工序,以避免发生描述内容与分类主题标引的矛盾。目录组织工作则是编目流程中的最后一个环节。

总之,图书馆要建立一个完整的目录体系,以上三项工作不仅缺一不可,还需有计划按步骤地进行。

二、文献编目的原则

文献编目必须遵循一定原则,才能有目的,有计划,科学而系统地组织一个完整的目录体系。否则,目录将是杂乱无章的卡片或条目的堆积,不能成为揭示、报导全部馆藏文献的检索工具。文献编目工作应遵循以下几项原则:

(一)思想性原则

图书馆馆藏文献的内容具有不同政治倾向性。正确揭示与评价文献的政治倾向性,是我国图书馆编目必须遵循的一个重要的社会主义思想性原则。

衡量图书馆目录思想性的标准随着国家对外政策和国内文化教育事业方针政策的变化,以及国际科技文化交流的频繁程度而变化。文献编目贯彻思想性原则必须坚决而适度。过分强调图书馆目录的思想性原则,会妨碍我国科技文化的发展,而忽视或否定这个原则也会使图书馆的文献工作引向"客观主义"与"形式主义"。我国的图书馆事业在这方面有过经验教训。

图书馆文献编目所遵循的思想性原则必须理论联系实际,其切实可行性具体表现在以下几方面。

1.我国的分类法是根据思想性原则编制的。依据这个分类法对具不同政治倾向内容的文献进行分类标引。

2.以马列主义、毛泽东思想为指导,用辩证唯物主义的观点和方法,对具不同观点的文献内容作恰如其分的评介,列入款目的提要项(西文文献款目的提要部分列入附注项)。

3.组织目录体系是编目工作贯彻思想性原则的重点。

图书馆目录的作用决定编目工作贯彻思想性原则的程度。目录起图书馆财产清单作用时,必须做到有文献必有款目,不能因文献内容反动或思想性差而不编目。而当图书馆目录被使用起检索、推荐、宣传作用时,就应贯彻思想性原则,即在组织目录体系时,需分清公务目录(主要起财产清单作用)与读者目录(起检索、推荐、宣传作用)及内部参考目录(少数禁书)等。

文献编目的思想性原则应根据目录使用对象的不同情况而灵

活掌握。同是一种思想性较差的甚至反动的文献,对有关学科的研究人员可作为开放性资料,将其款目列入有关专题目录;而对一般读者则应列入内部参考目录,不予开放。

编目工作中思想性原则的坚持性与灵活性相结合是充分发挥馆藏文献作用的有力保证。

(二)服务至上原则

现代图书馆不再是为少数人服务的藏书楼而是社会化的文献交流中心。图书馆文献应充分为广大读者所利用。作为"打开知识宝库的钥匙"——图书馆目录,必须最大限度地为读者提供书目文献信息,使之成为便于检索的工具,因此,文献编目工作应在遵循思想性原则的前提下,以"服务至上"为指导思想。美国近代编目大师克特(Charles A. Cutter)认为编目员的方便必须服从读者的方便,编目规则的系统性应迁就公众普遍而根深蒂固的习惯。克特的这个原则不仅美国的编目工作至今仍在遵循,它的影响还波及其他国家。我国是社会主义国家,图书馆文献编目工作更应以使用者的方便为基本原则。

(三)科学性原则

作为揭示与检索图书馆馆藏文献的图书馆目录必须是一个完整的科学性强的检索体系。因此,应按目录工作的客观规律,根据科学性原则编制目录。编目工作的科学性原则具体体现为文献分类、文献著录的标准化,目录组织的统一性、系统性及逻辑性。只有在思想性及服务至上原则基础上科学编制的图书馆目录才是有效的检索工具。

(四)灵活性原则

由于各馆的性质、任务及规模不同,读者的检索习惯不同,图书馆人、物、财力等的不同,款目的种类、目录体系不一,文献编目工作应在标准化统一的基础上,允许有适当的灵活性,如款目详简不同的三级描述,选择性规则,根据目录使用的不同对象灵活组织

10

不同性质的目录等。

（五）实用性原则

图书馆目录的实用性是指排检迅速，检索准确，更新及时等。

（六）计划性原则

图书馆应根据其性质、任务、藏书规模、人力、物力、财力、读者检索要求等条件拟订编制目录计划，即编制哪几种款目，组织何种规模的目录体系等。只有在计划性原则下编制的目录才是具有特定图书馆特色的切实可用、效率高的文献检索工具。

思考题

一、简述"文献"（Item）与"文献、文件"（Document）两概念的区别。

二、试述"文献著录"的定义及其与"描述性编目"的关系。

三、"款目"的含义是什么？一个款目包括哪几部分内容？

四、试比较"书目描述"与"著录正文"；"描述项目"与"著录项目"的区别。这两对术语能否分别于以统一？请说明正或反两方面意见的理由。

五、简述"标目"与"排检点"的区别。

六、"地球的演变第二版"一书是否是一个"文献单元"，请说明理由。

七、略述文献编目三项工作的关系。

八、简述文献编目的原则。

主要参考文献

1.新编图书馆目录/黄俊贵，罗健雄编著.—北京：书目文献出版社，1986.8. — p.27—32

2.图书馆目录/李纪有，余惠芳编著.—北京：书目文献出版社，1986.6. — p. 57

3. 1961 年国际编目原则会议论文选译/全国第一中心图书馆委员会西文图书卡片联合编辑组编译. —北京:中国科学院图书馆,1962.12. —p. 7 – 16

4. 西文文献著录条例/中国图书馆学会《西文文献著录条例》编辑组. 北京:中国图书馆学会,1985.7. — p.264 – 278

5. 关于图书馆目录学基本概念的几个问题/黄俊贵//云南图书馆,1981(3 – 4)

6. 关于编目术语的准确性与规范化问题/谢宗昭//江苏省图书馆学报/该刊编辑部. —南京:江苏省图书馆学会,1986(1)

7. 论文献著录标准化工作中的统一性/谢宗昭//江苏图书馆学报/该刊编辑部. —南京:江苏省图书馆学会,1987 (2)

8. ALA. The glossary of library and information science/Heartsil Young, editor. —Chicago:ALA, 1983.

9. Anglo – American cataloguing rules—2nd ed. /prepared by thl American Library Association···〔et al. 〕; edited by Michaee Gorman and Paul W. Winkler. —Chicago:ALA, 1978. —Glossary

10. Cutter, Charles A. Rules for a dictionary catalog/Charles A. Cutter. —4th ed. —Wash:GPO, 1904. —p. 5—24

11. IFLA. ISBD (G):General International Standard Bibliographic Description:annotated text/prepared by the Working Group on the General International Standard Bibliographic Description set up by the IFLA Committee on Cataloguing. —London: IFLA International Office for UBC, 1977.

第二章　图书馆目录

第一节　图书馆目录的意义

一、图书馆目录的含义

图书馆目录是反映图书馆馆藏文献,按特定原则和方法组织起来的款目的集合体。它是一种揭示、识别与检索图书馆馆藏文献的工具。

我国图书馆界对"图书馆目录"的概念有各种不同的理解:

1."图书馆目录"是揭示图书馆藏书的工具。

2."图书馆目录"是反映一个具体图书馆馆藏文献的目录。

3."图书馆目录"是揭示一个特定图书馆、一个地区(或国家)甚至几个地区(或国家)图书馆馆藏文献的工具。

4."图书馆目录"是按特定原则和方法组织起来的款目的集合体。它反映一个图书馆、文献中心或若干个图书馆、文献中心的部分或全部馆藏。

上述四种"图书馆目录"概念的共同点是四者都承认"图书馆目录"是"反映图书馆馆藏文献的工具"这个本质属性;它们的分歧是对"馆藏文献"的范围理解不一。我们认为,同一范畴内区别不同事物的决定因素是它们的本质,即事物概念的内涵。

"图书馆目录"的本质属性是"反映图书馆馆藏文献的工具"

而非"反映出版商出版物(即文献)的工具"。因此,只要是"反映图书馆馆藏文献"的目录,不管"馆藏文献"的范围如何均应属"图书馆目录",如反映一个特定图书馆馆藏的目录,或若干个馆馆藏文献的联合目录,或反映一个地区(国家)或若干个地区(国家),甚至全世界所有图书馆馆藏文献的目录。由刘国钧先生所下的上述"图书馆目录"的第一种定义,比较精辟,我们至今仍可沿用。

二、图书馆目录与书目的关系

图书馆目录(Catalog)与书目(Bibliography)都是文献目录。它们的主要区别有二:首先,图书馆目录反映的对象只局限于图书馆的馆藏文献,有款目必有文献,且有明确的文献分布地点或位置;而书目反映的对象可以是一个特定主题范围或出版地点或时间的有关文献,不受文献存无的限制。其次,图书馆目录一般是一文献多款目(有主要款目,也有附加款目及参照等)目录,而书目一般只是一文献单款目(主要款目)目录。

图书馆目录与书目均属文献目录范畴,因而关系密切,在实际使用时可相互补充。目录学者需借助图书馆目录进行研究工作,而编目员需利用书目进行识别与事实查检。图书馆目录是书目的一种形式,因而两者的编目原则是统一的。

三、图书馆目录与索引、题录的区别

图书馆目录、索引与题录均属二次文献,但有区别。区别在于它们所反映对象的基本单元不同。图书馆目录主要反映特定"出版物"或"著作",如一本或一套专著、一种连续出版物、一部电影、一套录音磁带、一张或一套唱片等,而索引与题录则反映特定著作中的章或节、文集中的论文,并有出处。

第二节　图书馆目录的性质与职能

图书馆目录的性质与职能取决于图书馆的性质与任务。古代图书馆是藏书楼，其目录是财产目录，仅起财产清单作用。近代图书馆向社会开放，是社会性的图书馆，其目录由财产目录转为查检目录，起揭示馆藏特定"书"的作用。现代图书馆不仅为一国、多国，甚至为全世界服务，图书馆已成为文献信息交流中心，图书馆目录不再是单功能检索的查检目录，而是多功能检索的图书馆资源指南。

现代图书馆目录不仅揭示馆藏的某一特定文献实体，还集中显示馆藏的文献单元，其职能是：

一、在读者已知责任者名称或题名或主题的情况下，揭示某一文献实体，即特定文献的特定版本、译本及文本等。

二、集中揭示图书馆藏有某一责任者的哪些著作。

三、揭示在特定学科类目、主题标题下有哪些文献资料。

四、集中揭示某种文献的各种版本、译本、文本及其相关著作。

五、揭示馆藏文献的排架位置或分布情况。

体现上述职能的手段是编制责任者款目（主要款目、附加款目、分析款目）及其参照，题名款目（主要款目、附加款目、分析款目、丛编附加款目、统一题名款目）及其参照，主题附加款目及其参照，以及分类款目及其相关款目等，或编制一次输入、多项检索的机读目录。

第三节　图书馆目录的种类

图书馆目录的种类可按下列几种方法区分：

一、按目录使用对象分

1. 公务目录　公务目录是专供图书馆业务工作（如编目、采购、参考等）使用的目录，也是揭示馆藏最完整的财产目录。公务目录的款目内容除一般共同的书目信息外，还可增加业务注记，如文献分布及注销等。

2. 读者目录　读者目录亦称公共目录。使用对象以读者为主。读者目录与公务目录相比，前者是主要的。读者目录是根据思想性与读者至上相结合的原则有选择地编制而成。它不必全面揭示馆藏，但必须做到"有书必有目，有目必有书"。读者目录的组织灵活性较强，可根据教学与读者需求组织成不同类型的目录，如读者总目录、读者专科目录（社会科学目录、自然科学目录、参考工具书目录等）。读者目录款目不必增附业务注记。读者目录不是财产目录，而是一套具一定思想性、选择性的目录，也是报导、宣传文献，指导阅读的检索工具。

二、按文献的不同检索途径分

文献信息的检索特征是根据读者的习惯而决定的，读者一般会从题名、责任者、学科属性及主题内容四方面特征进行检索，因而图书馆目录可分为（1）题名目录；（2）责任者目录；（3）分类目录；（4）主题目录。

1. 题名目录　题名目录是由以题名为检索途径（即标目）的题名款目，按题名字顺排列而成。

2. 责任者目录　责任者目录是由以责任者(包括个人及机关团体责任者)名称为检索途径的责任者款目,按责任者名称字顺排列而成。

3. 分类目录　分类目录是由以标识文献学科属性的特定分类号为检索途径的分类款目,按分类索取号(分类号及著者号或种次号等)的顺序排列而成。

4. 主题目录　主题目录是由以揭示文献内容主题特征的标题为检索途径的主题款目,按标题字顺排列而成。

以上四种目录必须在读者已知文献的题名或责任者名称、分类号或主题标题的前提下才能分别予以使用。每种目录只能从一个角度起单功能的检索作用。只有全面编制上述四种目录并组成科学的目录体系,才能相互补充,履行目录的多功能检索职能。

读者的检索习惯不是一成不变的。它随着科技文化的发展,文献类型及载体的锐增以及科技文化和书目信息频繁的国际交流而逐步改变。我国读者的传统习惯是从题名着手检索文献信息,同时,分类目录又是我国传统的主体目录,因而,我国图书馆是以分类目录及题名目录为主要目录。近年来由于科研活动更为深入,读者,尤其是教学、科研单位读者的检索要求与习惯开始向专指性强的主题转移。为此,图书馆纠正过去由于主客观原因而忽视主题目录的偏向,开始重视主题目录。西方国家的读者以往习惯于从责任者角度检索文献,自十九世纪末开始又正式建立独立的主题目录,因而,西方图书馆传统的主要目录是责任者与主题目录。但据英美两国图书馆界近年的调查证明,西方读者的检索习惯也已开始改变,由以责任者名称为检索点转为用题名检索文献信息。预计,计算机在编目领域中普遍应用后,各国读者的检索习惯都将超越国界而趋于统一,各种目录将统一成一种为读者同时提供更多检索途径的机读目录。

三、按目录的载体或形态分

1. 卡片式目录　卡片式目录是将不同文献实体各自的书目信息分别记录在卡片上（其国际标准规格是 7.5×12.5cm），再将所有卡片按一定规则排列起来组成目录。卡片式目录是当今世界各国图书馆最广泛使用的一种目录形式。我国的卡片式目录最早起源于南宋时期。卡片目录应用于图书馆是从十八世纪法国大革命开始。1791 年法国编制全国书目时即采用过卡片形式。1861 年美国的编目学家克特曾在哈佛大学图书馆编制了第一部卡片式目录。1871 年美国波斯顿公共图书馆编制了第一部读者公用的卡片式目录。1901 年美国国会图书馆发行卡片后，卡片式目录不但在美国广为使用，还遍及我国及其他国家。卡片式目录的优点是能及时更新，可随时撤销，读者使用的灵活性较强。缺点是体积庞大，地点固定，使用不便，同时，由于读者的不良使用习惯而造成组织管理上的困难与复杂化。

编目领域中技术革新（如缩微技术及计算机编目）的成果，如缩微目录及机读目录将弥补卡片目录的不足，甚至取而代之。但目前，即使在编目工作自动化、网络化较为发达的西方各国，由于各馆人、物、财力的不同，卡片目录在一定时期内不可能消亡，何况我国编目技术尚处落后状态，卡片目录仍将作为主导目录而较长期地予以保留。

2. 书本式目录　西方国家亦称其为印刷目录（Printed Catalogue）。书本式目录是将文献特征按一定规则记录于空白书页上而形成的目录。书本式目录是世界各国历史悠久的一种目录形式。我国最早的图书馆书本目录是汉代班固根据刘歆的《七略》编制而成的《汉书·艺文志》。西方的图书馆书本式目录盛行于中世纪。目前我国和西方各国的国家书目仍是书本形式，它的优点是体积小，书目信息集中，便于携带与使用，因此，这种形式将与其他目录形式长期共存。它的最大缺点是不能及时更新书目信息,增补新目录后对读者使用不便,修订的成本高而不及时。卡片目录可弥补此不足,而计算机编制的书本式目录速度快,更新及时,体积小,成本低。但这种目录必须在具有一定技术条件的前提下才能产生并使用。

3. 活页式目录　活页式目录是一种介于卡片式目录与书本式目录之间的目录形式,一般适于小型图书馆。

4. 缩微目录　缩微目录(Microform catalog)是一种微图像型的目录,它有两种制作方法:一是在原目录的基础上用照相缩微几倍至千倍制成,另一种是用计算机以缩微输出的方法生产的孔姆目录(COM—Computer output microform)。目前常见常用的缩微目录有缩微胶卷(Microform)、缩微卡片(Microform slide)、缩微平片(Microfiche)、超缩微平片(Ulchfiche)及缩微胶卷条带(Microtape)。缩微目录体积小,制作快,价格便宜,便于流传。主要缺点是不能直接阅读,必须借助阅读机,有损视力。

5. 机读目录　机读目录(MARC—Machine readable catalogue)是以编码形式和特定的结构,记录在计算机存贮载体上的,可以自动控制、处理和编辑输出的目录信息。1966年4月美国国会图书馆首次研制成 MARCI 格式,1967年6月—1968年6月试制成 MARCⅡ格式,总称 LCMACR。继之,美国其他网络中心如 OCLC(原 Ohio College Library Center)、RLIN(Research Libraries Information Network)、BALIOTS(斯坦福大学的"Bibliographic automation of large library operations using a time - sharing system")等都编制了机读目录以补充 LCMARC。美国、澳大利亚、加拿大、西德、法国、意大利、比利时、墨西哥、日本、中国台湾等20多个国家和地区也先后发行了各自的机读目录。

机读目录的最大特点是一次输入,多项检索。检索速度快而准,能适应各种不同检索习惯。机读目录著录的国际标准化,有利于国际书目信息交流以达文献资源共享之目的。我国文献著录标准化工作仅处萌芽阶段，编目技术现代化的条件尚未成熟，同时，限于人、物、财力，机读目录仅在研试中。

四、按目录反映的藏书范围分

1. 总目录　从理论上讲，总目录应反映一馆、数馆甚至全国图书馆藏书。但实际上，由于图书馆的多文种多类型藏书，尤其是一些大型或历史悠久的图书馆，目录头绪纷繁，很少能编制一套完整的总目录，一般只能是几套目录的总和。

2. 部门目录　部门目录是反映图书馆各部门所收藏的文献的目录，如分馆目录、各种阅览室目录等。

3. 特藏目录　特藏目录是反映馆藏中具有特殊价值而单独保管的文献目录，如地方志目录、古籍善本书目录、革命文献目录、手稿本目录、个人捐赠文献目录等。

4. 联合目录　联合目录是反映两个或两个以上图书馆馆藏文献的目录，是实现文献资源共享的重要工具。联合目录有期刊联合目录、专题文献联合目录、新书联合目录等。

五、按目录反映的文献类型分

按目录反映的馆藏文献类型，图书馆目录可分为图书目录、期刊目录、报纸目录与地图目录、专利文献目录、缩微资料目录、视听资料目录等。

六、按文献使用的语言文字分

中型以上的图书馆一般都藏有一种以上语言文字的文献，因而有中文文献目录、西文文献目录、日文文献目录、俄文文献目录等。

第四节　图书馆目录的作用

现代图书馆目录是图书馆资源指南,它不仅具图书馆财产清单之功能,更主要的是它还起着检索文献、宣传文献、为文献交流和资源共享提供书目信息等作用。

一、图书馆目录是检索文献与宣传文献的工具

随着科技文化的迅速发展,文献类型及载体类型的增多,图书馆馆藏文献也相应增加。在这浩如烟海的文献中,读者不借助一定的检索工具就无法觅寻所需材料。图书馆目录就是这种有效工具。图书馆目录一方面根据读者习惯提供多种检索途径,提高检索速度与查全率,另一方面准确而全面地揭示每种书目文献实体的内容与外形特征,提高查准率,为读者选择文献提供书目信息。因而,图书馆目录还起一定的宣传文献作用。读者只有通过图书馆目录才能查取所需文献资料,获得有关学科知识。因此,图书馆目录素有"打开知识宝库的钥匙","通向科学迷宫的向导"之称。

二、图书馆目录是图书馆各项工作必不可少的基本工具

图书馆各部门的工作都离不开图书馆目录。采购部门需通过公务目录了解馆藏情况拟订采购计划,增购新文献,避免重复以节约经费开支。编目部门利用公务目录查重,避免同书异号、异书同号,保证文献分类著录的一致性。读者服务部门依靠图书馆目录编制各类读者目录向读者推荐馆藏文献。参考咨询部门根据图书馆目录编制有关参考性文献目录,解决读者问题提高服务质量。典藏部门依据图书馆目录清点藏书,编制各类统计表等。

因此,图书馆目录是图书馆各项工作必不可少的基本工具。

没有它,图书馆的任务就无法完成。

三、图书馆目录是全面记录与揭示馆藏文献的财产清单

一个图书馆究竟藏有多少与哪些文献资料,是图书馆领导与有关部门在图书馆管理工作中必须首先掌握的基本信息,只有依据这个信息才能制定图书馆馆藏文献的剔旧、更新和发展规划。读者在利用图书馆资源时,也需全面了解馆藏情况,从而有目的地提出文献需求。图书馆目录就是这种全面反映馆藏文献的有力工具,起着财产清单作用。

四、图书馆目录是编目工作自动化、网络化的基本数据资料,是文献信息交流、文献资源共享的重要手段

当前西方国家的图书馆文献编目工作已进入标准化、自动化、网络化阶段。我国也正朝此方向发展。编目工作自动化、网络化的基本数据资料是标准化的图书馆目录。以图书馆目录为数据资源的不同规模的文献检索系统正在一国、多国,以至全世界范围内起着文献信息交流和文献资源共享的作用。

我国目前限于条件,编目工作自动化网络化工作尚未正式展开,但文献著录标准化工作已在全国广泛推行。标准化的图书馆目录、联合目录或全国书目,是我国目前文献信息交流的重要手段,它们为全国文献情报现代化检索系统提供书目记录数据,并为我国加入国际书目信息交流和文献资源共享行列创造条件。

总之,图书馆目录将随着图书馆的任务和编目技术的发展,以及现代化文献情报检索系统的建立与健全而最大限度地发挥其作用。

思考题

一、简述图书馆目录的含义及其与书目、索引、题录的异同。

二、略述图书馆目录的性质与职能。

三、试述责任者、题名、主题及分类目录的作用及相互关系。

四、简述公务目录与读者目录的定义及作用。

五、试比较卡片式目录、书本式目录及机读目录三者的优缺点。

六、阐述图书馆目录的作用。

主要参考文献

1. 新编图书馆目录/黄俊贵,罗健雄编著. —北京:书目文献出版社, 1986. 8. —p. 1 - 16

2. 图书馆目录/李纪有,余惠芳编著. 一北京:书目文献出版社,1986. 6. — p. 1 - 25

3. 图书馆目录/刘国钧等编. —北京:高等教育出版社,1957. 8. — p. 1 - 22

4. 图书馆文献编目/傅椿徽主编. —武汉:武汉大学出版社,1989. 9. — p. 1 - 15

5. 1961 年国际编目原则会议论文选译/全国第一中心图书馆委员会西文图书卡片联合编辑组编译. —北京:中国科学院图书馆,1962. 12. — p. 7 - 11

6. Bakewell, K. G. B. A manual of cataloguing practice/by K. G. B. Bakewell. —Oxford:Pergamon, c1972. —p. 1 - 13

7. Chan, Lois Mai. Cataloging and classification/Lois Mai Chan. —New York:McGraw – Hill, c1981. —p. 1 - 8

8. Cutter, Charles A. Rules for a dictionary catalog/Charles A. Cutter. —4th ed. —Wash. :GPO, 1904. —p. 11 - 12

9. Downing, Mildred Harlow. Introduction to cataloging and classification/by Mildred Harlow Downing. —5th ed. —Jefferson:McFarland, 1981. —p. 1 - 2

10. Wynar, Bohdan S. Introduction to cataloging and classification/Bohdan S. Wynar. —7th ed. /by Arlene G. Taylor. —Littleton, Colorado:Libraries Unlimited,1985. — p. 1 - 39

第三章　我国图书馆编目工作的发展概况

　　图书馆目录与编目工作伴随着图书馆的创建而产生；也随着图书馆性质与职能的变化、图书馆工作的改进、文献种类及载体的增长而同步发展。

　　我国自清末维新运动开始引进"图书馆"（Library）这一术语，并正式创办学校及公共图书馆向社会开放。图书馆编目工作是在继承我国古代书目工作优良传统的基础上，吸收国外先进编目理论与经验而发展起来的。

第一节　古代书目工作

　　我国古代书目工作是因"纲纪群籍"之需而开展的。其原则依据是："辨章学术，考镜源流"。因此，我国古代藏书目录与古代西方国家的图书馆目录一样都是分类目录。公元前六年（汉哀帝建平元年）刘歆所撰《七略》是我国已发现的第一部较完备的分类目录，它的分类体系是我国最早的一种。长期的封建统治和闭关自守，使我国古代科技文化发展缓慢，图书分类体系的总框架变动不大。汉刘歆的《七略》与班固的《汉书·艺文志》是六分法（六艺略、诸子略、诗赋略、兵书略、数术略、方技略）。晋荀勖的《中经新簿》和李充的《晋元帝书目》采用四分法（分甲、乙、丙、丁四部），是四部分类法之祖。宋王俭的《七志》(经典志、诸子志、文翰志、军书志、阴阳志、艺术志、图谱志)及梁阮孝绪的《七录》(经典录、记传录、子兵录、文集录、术技录、佛法录、仙道录)所用的是七分法。唐长孙无忌撰《隋书·经籍志》,将荀勖的甲、乙、丙、丁四分法具体化为经、史、子、集四部,是四部分类法的正宗。南宋郑樵对分类法作了改进,他的《通志·艺文略》采用十二分法(经、礼、乐、小学、史、诸子、天文、五行、算术、医方、类书、文)。清纪昀等撰的号称"是十八世纪中叶以后我国图书目录中的典范"的《四库全书总目》,在分类法方面并无丝毫改进,仍较保守地沿用四部分类法。总之,我国的古代藏书目录都是以封建儒家为主体的分类目录,所不同者,只是大类目的调整或增设,小类目的合并或对大类目的不同归属而已。

我国古代书目工作在书目著录方面积累了较丰富的经验,有些著录方法已成为我国书目工作的优良传统。

早在公元前二十六年(汉成帝河平三年),刘向所撰《别录》首创了书目著录中的"提要"。"提要"的辅助阅读、宣传文献的功能使该项目一直被沿用至今,这是我国书目工作的优良传统。刘歆所撰《七略》已初具文献著录的基本项目,包括书名、著者、附注、提要等,并开始运用"互著"与"别裁"等著录方法。我国现存最早的一部藏书目录是汉班固根据《七略》编撰的《汉书·艺文志》。这部目录款目中不仅有题名(包括书名及篇、卷数),还有题名说明;著者项除著者姓名外,另附著者简介;附注项增加图书存、亡、残、存残、真伪等说明。《隋书·经籍志》保留了《汉志》所有著录项目,著者项既有撰人姓名,还附注者名称;附注项的内容更丰富了,增添六朝时代藏书的变动情况说明。我国现存较早的一部私人藏书目录是南宋尤袤所撰《遂初堂书目》。该目录款目的内容虽简单,却是我国第一部设置版本项的目录。宋陈振孙所撰《直斋书录解题》继承了刘向《别录》的传统,为每种图书做提要,陈称之为"解题"。明祁承㸁的《澹生堂藏书目》虽是私人藏书目录,但该目录在文献著录方面贡献较大。他在目录中运用了丛书附子目的著录方法,而祁承㸁最大的贡献是改进"别裁"(祁称之为"通")著录方法。明前藏书目录于别出篇名下不注以该篇原在之集,不便检索。而祁承㸁则强调运用"别裁"时必须对别出之篇"特别注原在某集之内,以便检阅"[1],如:

易卜详义 一卷徐常言
载诸家要指

上例《诸家要指》即《易卜详义》原在之集。祁承㸁在《澹生堂藏书目》中还较多地运用了"互"(即"互著")这个著录方法。清著名史学家章学诚在其《校雠通义》中,从理论上肯定并发展了祁承㸁有关"互"、"通"之说,"互著"、"别裁"两术语也是章学诚首先提出并使用的。同时他还提倡书名互著及著者互著。也就是从明代开始书目著录中的书名与标识图书外形特征的物理单元分离成两个著录项目,目录款目从此设有载体形态描述项(传统称"稽核项"),作为意义上的起讫单元(篇、卷)转列入题名说明。明官藏目录《文渊阁书目》开始设有异于分类标识的排架号。它是以《千字文》排次,自天字至往字,凡得"二十号五十橱",如"天字号第一橱"、"天字号第二橱"、"地字号第一橱"等。至于版本项内容的增加及首次使用出版发行项的典型是清官藏目录《天禄琳琅书目》。其版本项增有版本考证及收藏家姓名;出版发行项有刊刻年及地址。清官藏目录《四库全书总目》集我国古代编目传统之大成,运用了提要、总序和小序等编目方法。不足之处是它恢复了明前的书名和篇卷次合一的著录法,取消载体形态描述项,未采用"互著"和"别裁"等著录方法,这在文献著录方面不仅没有革新,相反是一个倒退。

我国藏书目录中的"书名主要标目"并非自《七略》开始即成定式,而有其一定发展过程。

26

史志中著者、书名主要标目兼而有之者有《汉书·艺文志》；主要以书名为主要标目者有《隋书·经籍志》、《旧唐书·经籍志》等；主要以著者为主要标目者有《新唐书·艺文志》、《宋史·艺文志》及《明史·艺文志》。

私人藏书目录中的主要标目更为混乱，如南宋尤袤的《遂初堂书目》及清钱谦益的《绛云楼书目》主要以著者为主要标目，《澹生堂藏书目》主要以书名为主要标目，宋晁公武的《郡斋读书志》等则书名与著者主要标目并用。

古代官藏目录凡有"提要"者，一般均以书名为主要标目，将著者列于提要之首。也有以著者标目为主的。宋王尧臣、王洙、欧阳修撰《崇文总目》除书名主要标目外，其别集类中尚有一定数量的著者主要标目。明《文渊阁书目》与《明志》类同，主要是著者主要标目。自清于敏中、胡元瑞撰《天禄琳琅书目》及纪昀等撰《四库全书总目》开始，书名为主要标目才基本定型。

我国古代藏书目录的种类主要是分类目录。有的目录学与编目学专著认为南北朝梁僧祐撰《出三藏记集》是我国古代的一部著者目录，其实该集是一部分类目录。其第二部分"铨名录"是按佛经的经义或性质，将佛经分为"经论"、"律部"、"异出经"、"古异经"、"失译经"、"抄经"……等类目，其中只有"新集经论"类中的款目是按译经人所处时代顺序排列的，其余类别一般均以经名为主要标目，因此，不能以点盖面，笼而统之的称《出三藏记集》是一部按译经人的时代排列的著者目录。

有的目录学专著认为，明《阅藏知津》是"一部标识有南北佛藏方位的总目录，这种方法接近于联合目录，也可算作联合目录的萌芽。"[2]我们认为《阅藏知津》不是联合目录。"联合目录是以反映图书文献收藏处所为特征，为揭示与报导若干个图书馆收藏的综合的或者专科专题的图书文献信息而编的统一的目录。"[3]而《阅藏知津》的每部经名下并未标识有南北佛藏方位，如：

| 大般若波罗密多经 | 六百卷 | 天地玄 ^至 珍李奈 |
| 普贤菩萨行愿经 | 四纸半 | 南无
北唱 |

以上两条款目中的"南"、"北"二字是指明代两种不同的经版:"南藏"与"北藏";天、地、玄、黄等是《千字文》中的字。这些字是每部佛经在明代《大藏经》中的编号,而非佛藏的收藏之处的方位,因此,《阅藏知津》不是我国联合目录的萌芽。

总之,我国古代藏书目录是随意著录,无统一编目规则。著录项目是随着图书的增多、载体的改进而日益齐全。"互著"、"别裁"与"提要"等著录方法是我国文献著录的优良传统。款目中的主要标目一贯是著者、书名交替使用。因此,"书名主要标目是我国文献著录的优良传统"之说需进一步探讨。我国古代藏书目录主要是分类目录,无联合目录。如果说南宋郑樵的《校雠略》是我国第一部涉及编目理论的书,那末,祁承煠《澹生堂藏书目》中的"庚申整书例略四则"与章学诚的《校雠通义》则是我国古代编目理论的深化与发展。

第二节　近、现代图书馆目录及编目工作

我国由于长期封建统治,闭关自守,图书馆事业的发展极为缓慢。1840年鸦片战争后,封建主义的旧文化、反帝反封建的新文化,以及国外陆续传入的科技文化,这三股势力错综复杂地进行着斗争。在这复杂的政治、社会、文化背景下,我国近、现代图书馆、图书馆目录及编目工作也相应缓慢地产生一定变化,迟缓地向前发展着。

从清末开始,文化教育的逐步普及,西方"新型图书馆"概念及模式的引进,促进了我国公共图书馆的建立。在绍兴创办的古

越藏书楼是我国现代公共图书馆的雏形。1905年湖南长沙建立了我国第一个公共图书馆,各省随即相继设立省、县图书馆。学堂及学校图书馆也在同时增设与扩建。新型图书馆的建立及国外图书馆编目理论与实际工作经验的传入,推动了我国图书馆及编目工作的发展。

此时,图书分类法开始突破传统的四部分类法,编制新分类法。康有为的《日本书目志》和梁启超的《西学书目表》是放弃四部分类法而采用自编的新分类体系的两种书目。《古越藏书楼书目》创造了一种新旧统一的图书分类法,将图书分为"学部""政部"两大类,各大类下各分二十四小类,并细分为三百三十二子目,是现代新分类法的先声。五四运动后,受杜威十进分类法的影响,先后编制出版了三十多种仿杜、改杜的分类法,如胡庆生的《仿杜威十进分类法》、杜定友的《杜氏图书分类法》、王云五的《中外图书统一分类法》等等。这些分类法体系与四部分类法迥然不同,它们摒弃了新旧并行制,根据培根的知识分类体系实行新的分类体系。不少图书馆分别采用了上述分类法,有的图书馆的西文图书分类还直接采用杜威十进分类法或美国国会图书馆分类法。有的图书馆的古籍仍采用四部分类法。这个时期的分类法虽多,但各种分类法意见分歧,各馆随意采用与修改,却没有一个得到普遍承认,也没有通过实际使用,总结经验,予以统一。

五四运动以后,由于出现了"新图书馆运动"并受西方编目理论与方法的影响,文献著录从只有不同的著录方法,无成文的著录规则逐步向著录条例化发展,相继编制了各种著录规则,如沈祖荣、杜定友编制的《英文图书编目条例》、刘国钧的《中文编目条例草案》、裘开明的《中国图书编目法》等。这些条例和规则与分类法一样,也是各执己见,难以统一。这时,为尝试编制主题目录,还编写与出版了各种主题标题表,如吕绍虞的《中文标题总录》及沈祖荣的《标题总录》等。

图书目录形式开始从单一的书本式目录向卡片式目录转化，后者逐渐流行并占主导地位。1936年以后，北平图书馆和前中央图书馆进一步印刷目录卡片供各馆使用，推动了统一编目工作。目录种类由单一的分类目录向多类型目录发展，增设了题名目录及著者目录，西文图书还设置了主题目录。目录的组织形式由单一的分类目录转向多类型的分立式目录，有的图书馆还为西文文献编制字典式目录。

第三节　解放后图书馆目录及编目工作

中华人民共和国成立后，我国图书馆事业在党的关怀与重视下，有较大幅度的发展。图书馆目录体系日趋完全，编目工作也有较大的起色与改进。五十年代在"学习苏联"的浪潮中，图书馆目录及编目工作进行了两大改革：一是将图书馆目录按使用对象划分，分为读者目录与公务目录。强调读者目录的思想性、推荐性与宣传教育性，以及公务目录全面揭示馆藏的完整性。其二是改革图书分类法，突出分类法的政治性与思想性的分类类目的基本序列是以马列主义为首位，并按社会主义思想体系进行分类。在众多的分类法中，具有代表性的分类法有《中国图书馆图书分类法》、《中国科学院图书馆图书分类法》、《中国人民大学图书馆图书分类法》及《中小型图书馆图书分类表草案》四种。同类图书的排列也各有千秋，有按《汉语拼音著者号码表》、《克特著者号码表》或《哈芙金娜著者号码表》排列，也有按题名的四角号码法或新书到馆顺序的"种次号"法排列。其中著者号码法与种次法使用较为普遍。上述分类体系虽有一定的缺点，科学性较差，但在我国编目工作的历史长河中还是起了一定作用的。

全国集中编目工作自1958年开始迈进了一大步。人民大学图书馆、北京图书馆、中国科学院图书馆等单位联合编制了中文图书提要卡片及西文图书卡片向全国图书馆发行,这对统一文献著录和提高目录质量起了一定作用。集中编目由于各种原因中断数年,1974年北京图书馆又开始成立统一编目部,恢复集中编目。

统一集中编目的关键是统一编目条例。我国解放初期编目条例不统一,因而,各馆的文献著录也各自为政,五花八门,影响目录质量。1961年全国第一中心图书馆委员会西文卡片联合编辑组编制出版了《西文普通图书著录条例》。1974年北京图书馆出版了《中文图书著录条例》,并于1979年修改,1981年出版了《中文普通图书统一著录条例》。这两个条例当时已被全国大多数图书馆采用,并为全国统一文献著录打下了基础。

联合目录的编制也逐步取得较大成绩,在有关单位的领导与组织下,先后编制了数以百计的全国性、地区性大型联合目录,不仅丰富了图书馆文献资料,也为教学、科研提供了方便。

党的十三届三中全会以后,在"四化"政策与对外开放方针的指引下,在国际文献编目工作标准化、自动化、网络化的形势推动下,我国的图书馆目录工作正在突飞猛进地向现代化方向发展。

实现编目工作标准化的先决条件是要有统一的文献分类法、文献著录条例及主题标题表。1979年我国成立了全国文献工作标准化技术委员会,根据各类《ISBD》,着手文献著录标准的研制工作。自1982年开始连续颁布了《文献著录总则》及各类型文献的标准著录规则、文献主题标引规则及其他各种文献工作标准。在1983年8月召开的"西文图书编目标准化与自动化研讨会"的基础上,由北京图书馆等几个单位根据《ISBD》及《AACR2》合作编制,于1985年由中国图书馆学会正式出版了《西文文献著录条例》。《汉语主题词表》也已陆续编就出版,西文文献的主题标引基本上采用《LCSH》。文献分类法几经修订,目前已基本统一成两种兼用:《中国图书馆图书分类法》及《中国科学院图书馆图书

我国各时期图书馆目录与编目工作的特点

时代	图书馆性质	文献类型与载体	目录性质	编目方法	款目种类	编目手段	目录形式	目录种类
古代	藏书楼	由石板、简牍、甲骨、吊等为载体的图书向纸张印刷型图书发展	财产目录	由不同分类法逐步统一为四部分类法,随意著录	分类单款目	以雕刻为主,手抄、印刷技术萌芽	书本式目录	分类目录
近代至十九世纪末	藏书楼	帛、纸型图书并存	财产目录	四部分类法为主,任意著录,有关著录方法无成文规则	分类单款目为主	手抄与印刷并存	书本式目录	分类目录
二十世纪初至解放前	为公众服务的社会化图书馆	纸张印刷型图书为主,印刷型书刊物萌芽	财产目录转向查询目录	四部分类法向中、西结合的新分类法转化;任意著录向编目条例化发展	由分类,题名、著者及主题多款目发展	纸张印刷为主	由书本式目录向卡片式目录,两者并存	分类目录为主,其他质量目录为辅,主题目录萌芽,并分立式目录以分立为主
解放后	同上	纸张印刷型图书与期刊为主,其他类型及载体文献逐步增加	查检目录与多功能检索工具并存	由多种分类法及编目规则向统一标准化发展,集中编目加强,编目自动化试验阶段	一文献单款目向一文献多款目并存,标目主要款之争	印刷目录打印为主,印及电子计算机编目萌芽	分类目录为主体,并其他性质目录并存,立式目录书本式,缩微机读目录萌芽	分类目录为其他性质目录,以分立、字典式目录为主,字典式辅

分类法》。我国从此有了统一的文献著录标准、主题标引标准及文献分类法。这些措施为编目工作的标准化、自动化与网络化打下良好基础。"在版编目"工作国外已普遍实行,我国现正在酝酿研究之中,不久即将付诸实施。近年来,各种新出版的图书已逐步开始使用中国标准书号。

1975年,刘国钧发表了《马尔克计划简介》一文,推动了我国的计算机编目及机读目录的研制工作。自1976年开始已逐步稳健地开展此项工作,同年中国科学院计算技术研究所与科学院图书馆合作试编了机读目录数据库,并进行了一系列编制藏书目录和新书通报等试验。1979年,北京图书馆及其他有关单位共同协作引进美国MARC磁带进行研究与使用,并作出了总体规划。目前全国已有不少单位与机构在不同程度上进行计算机编目的研制工作。

以上种种实际措施足以说明我国的书目工作、图书馆目录及编目工作纳入国际标准化、自动化、网络化的轨道已是翘首在望之事了。

为便于分析比较,现将我国各时期图书馆目录及编目工作的特点简单列于上表(见P.32)

注释:

〔1〕参见明祁承㸁撰《澹生堂藏书目·庚申整书略例四则》,清抄本。

〔2〕参见彭斐章等编著《目录学》,武汉大学出版社1986年版,第129页。

〔3〕同上,第128页。

思考题

一、试述我国古代文献分类法的演变简况。

二、略谈我国古代文献著录方法的演变、目录种类及主要标目的特点。

三、概述我国古代编目学家在编目理论方面的贡献。

四、略述西方编目理论与编目工作的经验对我国近代图书馆目录及编目工作的影响。

五、试述我国分类法、文献著录规则的统一过程。

六、详述五十年代我国编目工作向苏联学习的经验与教训。

七、简述集中编目及编目工作标准化的先决条件。

八、试述我国在编目工作标准化方面的成就与存在的问题。

九、比较我国各时期图书馆目录与编目工作的特点。

主要参考文献

1. 图书馆目录/刘国钧等编.—北京:高等教育出版社.1957.8.—p.23－33

2. 图书馆目录/李纪有,余惠芳编著.—北京:书目文献出版社,1986.6.—p.26－39

3. 图书馆文献编目/傅椿徽主编.—武汉:武汉大学出版社,1989.9.—p.16－22

4. 我国古代书目工作散论/谢宗昭,吴式超//南京大学学报:图书馆学、情报学、档案学论文专辑.—南京:南京大学学报编辑部,1987.8.—p.93－99

5. 目录学/彭斐章等编著.—武汉:武汉大学出版社,1986.12.—p.128－130

6. 中国目录学史/姚名达著.—北京:商务印书馆,1957

7. 中国目录学史/许世瑛编著.—台北:台北中国文化大学出版部,1982

8. 郑樵校雠略研究/钱亚新著.—北京:商务印书馆,1948

9. 佛家经录在中国目录学之位置/梁启超著//图书馆学季刊.—1926,1卷1期

10. 校雠通义/(清)章学诚著.—北京:古籍出版社,1956

11. 出三藏记集//大正新修大藏经第五十五卷目录部全.—大正一历经刊行会发行,昭和三年

12. 阅藏知津/(明)(释)智旭撰.—金陵刻经处刻本.—清光绪十八年

13. 北京地区西文图书机读目录研制进展/MARC 协作组方案组;陈源蒸执笔//图书情报工作. —1983(5)

14. 图书馆编目学/倪宝坤编著. —3 版. —台北:中华书局,1977.6. — p. 6－38

第四章 西方图书馆文献编目纵观

第一节 西方图书馆目录及编目工作史略

一、古代——财产目录（公元前—十六世纪末）

西方图书馆目录是与图书馆同步兴起与发展的。据载，公元前 17 世纪巴比伦人建立了第一个图书馆。传说当时的图书馆目录与现代的很相似。西方最早的图书馆目录是上埃及（Upper E-gypt）埃得福（Edfu）城图书馆的目录，刻在墙上，是一个极简单的书单。

西方原始图书馆目录与当时的图书一样是以"粘土板"（tab-let）形式出现的。公元前 685 年亚述（Assyria）Assurbani - pal 王朝皇家图书馆的粘土版目录是分类目录，记载事项很简单，只有简略书名或正文的第一行文字。泥版有流水号，是排架目录的雏形。公元前 250 年左右，埃及托勒密（Ptolemies ）王朝时期，亚历山大市图书馆第二任馆长、诗人伽利玛库斯（Callimachus）编的目录是当时最典型的一部分类目录。在 8 个主要类目下分 120 个类目，在同一个类目下按著者姓名字顺或纪年排列，有的类目（如哲学）按不同学派排列。每个款目附有关著者的传记说明，某些款目还提供有关著作的简明分析，因此，这种目录是分类目录、书目和传记词典三合一的综合目录。著者款目的概念就在此时形成，这是希腊人的一大贡献。

公元 5 世纪罗马帝国衰亡后，大多数公共图书馆和私人藏书被销毁，寺院、教堂成为当时的文化教育及藏书机构，图书仅为少数僧侣及贵族服务。这时的图书馆目录一般只起财产目录(Inventory)作用，仍按分类、宽泛主题或偶按"重要意义"排列。较著名的目录有"The Myriobiblion"(公元 842—848 年)，收集 280 种著作的书目、传记及书评信息。

公元 9 至 11 世纪教堂目录的编制活动相当活跃。据统计，9 世纪有 24 部目录，10 世纪有 17 部，11 世纪有 30 部。中世纪前期的教堂目录仍是财产目录，著录简单，款目著录形式多样，无任何规则可循。如 8 世纪 Saint Clement 大教堂就出现了一部以祈祷文形式编制的目录，刻在大理石墙上；约克(York)一个寺院也编了一部历史上唯一的诗歌形式的目录。

中世纪后期虽仍以分类排架目录为主，任意著录，但款目内容逐渐增加，不仅有著者姓名、简单书名(用关键词)，偶有载体形态、书色或卷中的文献数，还增加印刷者或书商的名称、印刷日期及书型等。目录主体仍为分类主题，但开始增设著者索引、分析款目及形式标目。13 世纪出现了第一部联合目录(1250—1296)，记录当时英国 183 个寺院图书馆的藏书。1389 年 Saint Martins´Priory 目录是第一部附有著者及文献分析索引的目录，查检目录开始萌芽。1416 年 Durham 目录款目增加了书目评论、图书开本、价格等较详细描述项目。16 世纪目录生产由寺院教堂转向大学及私人，图书馆的服务对象扩大，检索要求更高，促进了当时编目理论与实践的发展。Gesner，Triflerus 和 Maunsell 等人对编目系统进行了探索，分别尝试编制编目规则。其中以 1595 年英国书商 Andrew Maunsell 编的书目较为突出。它的最大特点是：主体目录不再是分类主题式，而是著者、少数附加标目(译者)和主题词混合按字顺排列的著者主体目录。款目按著者的姓(不按教名)的字顺排列,佚名著作以书名或主题为标目,用"See"片作主题附加及主要款目的参见。该目录首创了"形式标目"(Form heading)和"统一题名"(Uniform title);描述更详尽,有著者姓名、译者、印刷者或书商名称、印刷日期及书型等。

二、近代——查检目录,编目流程条例化(公元十七世纪—十九世纪末)

17世纪西方国家的资产阶级革命推翻了宗教及封建君主的统治,科学文化迅速发展,图书文献剧增,文化教育普及,图书馆开始向社会开放,图书馆目录因不能适应广大读者的检索要求而从财产目录转向"查检目录"(Finding list)。随着时代的变迁,文献编目流程开始进入条例化阶段。

17世纪初因不明确目录的性质与目的,目录主体仍为分类主题目录,但附以著者索引的查检目录已广泛应用,印刷书本目录也成为这个世纪的目录的主要形式。1620年英国牛津大学图书馆的Bodleian目录(第三版)是17世纪查检目录的典范,也是西方编目史的一个里程碑。该目录是在英国退休外交官Sir Thomas Bodley主持下,由牛津大学图书馆第一任馆长Thomas James编制而成。1674年该目录最后一版前言中的编目规则是编目流程条例化的先驱。Bodleian目录有以下几个特点:

1. 强调著者为主要款目标目的概念、作用及其在款目中的突出位置。明确规定著者标目必须姓在前名在后。

2. 指出编目不是单纯照抄题名页。

3. 佚名著作用题名的首词或重要词做标目。

4. 多著者的著作,用该著作的每个著者为标目各做一个款目,并做参照,注以"Q"(Quare = See)。

5. 因不同姓名而著称的著者,用一个统一姓名形式,首创了"统一标目"。

18 世纪是目录与编目工作的稳定阶段。这时,大学及私人藏书虽继续扩大,但目录组织及编目方法的改进缓慢。1791 年的法国条例是第一个国家编目条例,体规了编目流程的稳固化。该世纪的目录主体是:分类主题目录与著者字顺目录并存。著者标目姓名倒置形式已固定,著录项目更详尽。

19 世纪西方资本主义迅速发展,美国是后起之秀。由于科技文化的迅猛发展,文献类型及数量大幅度增长,编目工作不得不向系统化、条例化发展。据载,这个世纪英、美、法三国就有 15 个主要条例(不包括目录导言中的个别规则)。系统化的编目条例具体反映了同时期的编目理论与实践经验,因而 19 世纪以后的编目史实际上就是编目条例的发展史。

19 世纪中叶,大英博物馆为重整其文化典籍,以馆长安东尼奥·潘尼兹(Antonio Panizzi)为首组织编写了第一部完整的编目条例,名为《Rules for the Compilation of the Catalgue》即《91 条》(详见本章第二节),1841 年正式出版。它标志着现代编目的开端,对以后西方编目工作影响极大,意义深远,他是多功能检索型图书馆资源指南的创始人。

1850 年美国 Smithsonian Institution 的图书馆馆长杰维特(Charles C. Jewett)基于《91 条》,编制了美国第一部编目条例(详见本章第二节),首创集中统一编目,并建立主题标题系统,为美国后来的系统编目奠定了基础。

1876 年美国近代编目大师克特继承潘尼兹、杰维特及其他编目学家的编目思想,通过实践,进一步发展了编目理论。1876 年,他制定了 19 世纪最完整的编目条例:《印刷本字典式目录编目条例》(Rules for a Printed Dictionary Catalogue)(详见本章第二节),较全面地提出了一系列编目原则,主张设置完整的目录体系,创建了一套题名、著者、主题、文献类型混合按字顺排列的字典式目录。克特的编目原则仍沿用至今。

三、现代——图书馆资源指南(二十世纪一　)

20世纪西方科技文化迅猛发展(号称"信息爆炸"、"文献膨胀"时代),文献类型剧增,知识载体除印刷型外,又涌现了品种繁多的非印刷型。国际科技文化交流更为频繁,图书馆服务对象已跨越国界。作为书目信息交流工具的图书馆目录,从19世纪的查检目录逐步演变为"多功能检索的图书馆资源指南",编目工作也因而由一国、一个地区的统一向国际合作及国际标准化、自动化、网络化发展。

(一)编目工作的两大体系

19世纪末西方各国由于编目指导思想与著录原则的分歧而形成两大编目体系:英美编目体系与普鲁士编目体系。

1.英美编目体系

大英博物馆的《91条》是英美编目体系之源,杰维特发展了《91条》,而克特的条例则集近代编目理论与实践之大成,形成英美编目体系的基础。19世纪末,英、美两国的编目理论与实践活动虽已彼此影响,相互渗透,但编目规则的编制与使用仍限于一国范围。1900年美国决定实行集中编目,1901年美国国会图书馆向全国发行印刷卡片。这两项措施客观上起了推动编目条例及目录统一的作用。英、美两国为使编目工作标准化及互换两国的书目信息,美国图书馆协会与英国图书馆协会于1904年达成协议共同编制编目条例。1908年正式出版了《英—美条例》(Cataloguirg Rules, Author and Title Entries,简称《AA》)(详见本章第二节)。因对少数规则的意见不一,分为英、美两个版本。

《AA》出版后,出版物的类型与数量又有较大增长,条例因不适应形势所需而受到来自各方面的批评。三十年代英美商定对《AA》作了一些修改,后英国因第二次世界大战停止了修订工作,而美国的工作仍在缓慢进行。1941年美国单独出版了《著者、书名款目编目条例初版》(Catalog Rules; Author and Title Entries; Preliminary Edition)。鉴于规则过细，冲淡了编目原则，美国编目界权威之一奥斯本(Andrew D. Osborn)于同年著文:《编目的危机》(The Crisis in Cataloguing)，对此条例作了尖锐批评，但 ALA 并未理会此批评，于1949年经修改出版了《美国图书馆协会著者、书名款目编目条例第二版》(ALA Cataloging Rules for Author and Title Entries, 2nd ed. ,简称《ALA1949》,因是红色封面而惯称"红皮本")(详见本章第二节)。该条例略去1941年版的"描述"部分,只对标目的著录作出规定,与1949年美国国会图书馆编制出版的《描述性编目规则》(Rules for Descriptive Cataloging in the Library of Congress,因绿色封面而惯称"绿皮本")配套使用。《ALA1949》规则繁琐,多例外和特殊规则,且缺少总则,因而引起编目界的不满。1953年美国著名编目理论家柳别茨基(Seymour Lubetzky)专撰《编目规则与原则》(Cataloging Rules and Principles)一书,激烈批评《ALA 1949》,并重申编目原则的重要性。柳别茨基这一论著是西方编目史上又一个新突破。

2. 普鲁士编目体系

在英美编目体系定型的同时,普鲁士编目体系形成。

普鲁士编目体系源于19世纪90年代。1886年德国 Karl Dziatzko 修订出版了《德柴茨柯规则》第二版,定名为《Instructions for the Production of Cards for the Alphabetical Catalog》。该规则出版后在德国广为使用,影响甚大,这就是《普鲁士规则》的前身,也即普鲁士编目体系的渊源。1899年德国为编制《普鲁士联合目录》,便以《德柴茨柯规则》为蓝本,重编一个编目规则以统一书目著录,该规则定名为《普鲁士图书馆字顺目录与普鲁士联合目录编目规则》(Instruktion für die alphabetischen Kataloge der preussischen Bibliotheken und für den preussischen Gesamt katalog,简称《普鲁士规则》或《PI》),1908年出第二版,普鲁士编目体系就此形成。该规则出版后,影响逐渐扩大。1935 年以后,意大利、奥地利、匈牙利、瑞典、瑞士、荷兰、挪威等德语与斯坎的那维亚语国家都先后采用此规则。

两大体系的主要分歧是:

①著者概念:《AA》将著者、译者、编者、编纂者均列入"个人著者"范畴,并承认机关团体为著者,因而均可做主要款目标目。《PI》只承认著作的原著者是"个人著者",可做主要款目标目。否认机关团体为"著者",因而机关团体名称不能做主要款目标目,而用题名为标目。

②题名(即书名)排列的处理:《AA》严格按题名全称的字顺(首冠词除外)排列,而《PI》则选择题名中的实词排列。

以上两大体系的条例虽屡经修订,意见始终无法一致起来。直至 1961 年巴黎编目原则会议召开后才基本统一。

(二)国际合作及文献编目标准化

20 世纪上半叶编目工作由一国统一过渡到跨国合作。60 年代开始国际科技文化交流活动更为频繁,人们对书目信息国际沟通的要求也日益迫切,图书馆已成为科技文化情报交流中心,图书馆编目方式随之从一国的集中编目向国际合作编目发展。国际合作编目的前提是编目原则的统一。柳别茨基 1953 年的专论为统一国际编目原则打下理论基础,从而导致国际编目原则会议的召开。

1961 年 10 月 9 日至 18 日,国际图书馆协会(International Federation of Library Associations and Institutions,简称 IFLA)在巴黎召开国际编目原则会议(International Conference on Cataloging Principles)。会议一致赞同并采纳了柳别茨基的编目原则与建议,制定并通过了"巴黎原则声明"(详见本章第二节)。这个声明总结了英美编目传统,协调了两大体系。会议为以后国际编目标准化奠定了基础。

根据《巴黎原则声明》的精神,英、美、加拿大三国四组织于1967 年联合编制出版《英美编目条例》(Anglo – Americ Cataloging Rules,简称《AACR》)(详见本章第二节)。因对团体标目的选取及个人标目、贵族头衔等问题的分歧,仍分别出北美、英国两个版本。

60 年代美国国会图书馆进行了两大改革。一是研究成功机读目录 MARCI 和 MARC Ⅱ,使计算机有效地应用于编目领域;二是编制与执行"全国图书采购和编目计划"(National Program for Acquisitions and Cataloging)。并创议国际性的"合作编目"(Shared Cataloging)。1968 年美国再次提出已中断八年之久的"在版编目"(Cataloging in publication)。这些措施反映了一个共同问题,即书目描述必须实行标准化。在 1961 年巴黎国际编目原则会议上英国弗兰克・弗朗西斯提出的"各国目录款目相互利用"的建议此时有条件得以实现。1969 年 8 月国际图联在丹麦哥本哈根举行一次国际编目专家会议,会议通过有关世界书目控制(Universal Bibliographic Control,简称 UBC)问题的决议。决议强调书目描述标准化对建立国际情报交流系统的重要意义。会议同时决定成立一个"国际标准书目著录"专门工作小组。小组经过充分酝酿与研究于 1971 年发表了《国际标准书目著录(专著)》[International Standard Bibliographic Description(Monograph)],简称《ISBD(M)》,1974 年出版了《ISBD(M)》第一修订版,接着各专门小组以此为蓝本从 1974—1982 年为各类型文献编制了专门的《ISBD》,1982 年合成一套《ISBDs》(详见本章第二节)。

《ISBD》的编制成功是编目史上一次革命,它为国际书目信息交流,统一书目描述从"法"上提供了保证。

《ISBD》出版后,《AACR》据此对个别章节作了修订。但因不能适应计算机编目,也不适应各种类型与载体的文献书目描述,同时,英语国家的著录规则又必须统一,条例编委会终于对《AACR》

作了彻底修正。1978年ALA、LA、BL、LC及CCC(加拿大编目委员会)三国五组织共同修订出版了《英美编目条例第二版》(Anglo-American Cataloguing Rules, 2nd ed.,简称《AACR2》)(详见本章第二节)。《AACR2》将《ISBD》的标准书目描述与《AACR》的标目选取融为一体,既适应机器编目,又兼顾当前手工编目的实际,它虽有不足之处,但仍不失为当今编目领域一大杰作,为不少国家所接受与使用。

西方编目工作到20世纪进入又一个革命高潮,这时期的最大特点是:国际书目著录标准化、自动化与网络化,以达国际书目信息交流之目的。

综上所述,西方图书馆目录与编目工作的发展,与科技文化的发展,文献类型与载体的增加,图书馆性质任务的变化,编目技术的改进等因素息息相关。其各时期的特点可用以下简表概述之。(见P.45)

第二节　主要西文文献编目条例简介

编目条例具体反映一个国家、一个地区乃至世界范围内文献类型的发展程度及编目理论与实际工作的水平。了解熟悉各时期西文文献编目条例,有助于总结编目理论与编目实践的规律,进而推动两者的发展。

本章第一节已提及,19世纪开始,西方各国的编目工作已逐步进入条例化阶段。19世纪中叶以来共有九个编目条例在西方编目史上起着转折或决定作用。现分别概述于下。1985年我国出版的《西文文献著录条例》将于本节最后予以评介。

各时期西方图书馆目录与编目工作的特点

时代	图书馆性质	文献类型与载体	目录性质	编目方法	款目种类	编目手段	目录形式	目录种类
古代、中世纪（公元前—16世纪末）	为少数人服务的藏书楼	粘土版、羊皮纸、手抄型图书、纸张印刷型图书发展	财产目录	任意著录	单款目为主，著者款目概念形成，附加款目，参照统一题名目录萌芽	由雕刻粘土版、手抄向印刷名目录发展	粘土版转向书本式目录	以分类主题目录为主，著者字顺目录萌芽
近代（公元17世纪—19世纪末）	为公众服务的社会化图书馆	纸张印刷型图书为主，印刷型刊物萌芽并发展	图书财产目录转向查检向目录	由零星的编目条例向规范化发展	著者主要款目定型，附加款目，参照统一题名等款目增加	编目手工印刷为主	书本式目录为主，卡片式目录萌芽	从分类主体转向著者主体著者立分立目录式为主，字典式目录萌芽
现代（公元20世纪—）	文献信息储存与交流中心	多类型多载体文献	由查检目录转为多国际检索功能的图书馆资源指南	从一国统一编目向多国、国际合作编目，书目描述国际化、标准化、网络化发展	一文献多款目及，主要款目和主要标目存废之争	由手工书本式、机印字打字机目编目、计算机目编目发展	卡片式、缩微目录、机读目录并存	著者目录为主体，由分立字典式目录为字典式目录，并向机读目录发展

一、《大英博物馆印本图书编目条例》

《大英博物馆印本图书编目条例》（ Rules for Compiling the Catalogue in the Department of Printed Books in the British Museum），简称《91 条》(Ninty – one Rules)。1841 年出版。1900、1920、1927、1936 年分别进行修订。1936 年版规则已缩减为 41 条，另增加地图与乐谱的著录规则。

大英博物馆的藏书是由皇家图书馆及三个私人藏书(the Cottonian Collection；the Haleian Collection；the Sloanian Collection) 合并而成，后又购入英王乔治三世的藏书。全馆目录著录不一，目录体系混乱复杂。该馆决定重整典藏，编制统一的新目录。1825 年 Rev. T. Hartwell Horne 曾为编制分类主体目录制定了编目规则《17 条》，后因目录主体改为著者字顺目录而被《91 条》所代替。

安东尼奥·潘尼兹是大英博物馆中著者主体目录的热烈支持者。《91 条》是在他的观点取得统治地位后，与 Thomas Watts，J. Winter Jones，Edward Edwards 和 J. H. Parry 等五人合作编制的。

《91》条是第一部完整的著者目录条例，英美编目体系之源头。"人们相信，《91 条》的出版将终止所有编目争议"。这就是当时对《91 条》的高度评价。

潘尼兹的编目指导思想，即《91 条》的主要特点有：

1. 著者是目录使用者最常用的检索途径，因而进一步肯定著者主体目录的概念。

2. 再次强调题名页是主要著录资料源。这一原则沿用至今。

3. 假名著者的著作以著者假名为主要款目标目。

4. 创造性地使用缩写及参照以节省书本、卡片目录的篇幅与体积。

5. 机关团体出版物一部分用所在国或所在地做标目，学术机构、大学和学术性学会用形式标目。如 ACADEMIES，其下再按

46

洲、国家著录;另一部分机关团体出版物以文献类型为标目,如PERIODICALS、PUBLICATIONS, CATALOGUES 等。真正的佚名著作取题名中的著者或地名(如题名中有著者姓名或地名)或取题名首词为标目。

《91 条》虽有机关团体出版物标目的复杂化及其他一些含糊不当之处,但仍不失为承前启后,对英语国家图书馆编目工作有深远的影响,它开启了现代编目的帷幕。

潘尼兹的最大贡献是创建了现代编目的基本理论,首创多功能图书馆资源指南型目录。潘尼兹在严格区分"图书"(Book)与"著作"(Work)两个不同概念的基础上,认为图书馆目录不仅向读者揭示图书馆藏有哪一特定"书",同时,也向读者显示馆藏有特定"著作"的哪些版本、译本、改写本及源于此著作的相关著作。基于这个基本概念,潘尼兹编制了《91 条》,并根据此条例首创了区别于"查检目录"的多功能图书馆资源指南型目录,这就是现代目录的鼻祖。

二、《杰维特条例》

1852 年美国的杰维特为 Smithsonian 图书馆协会写了一份报告,题为"On the Construction of Catalogs of Libraries and Their Publication by Means of Seperate, Stereotyped Title, with Rules and Exampies"。报告附有编目规则 39 条。1853 年出版。

《杰维特条例》是美国第一部出色的编目条例,是以《91 条》为基础编制的。变动处有:

1. 佚名著作简化处理,一律按题名首词(冠、介词除外)排列。

2. 机关团体出版物的标目简化成一类,用机关团体名称做标目。

3. 美国政府出版物以 United States 做标目。

杰维特的最大贡献是首创集中统一编目;建立主题标题系统;

主张设置主题目录。

三、《印刷本字典式目录条例》

《印刷本字典式目录条例》(Rules for a Printed Dictionary Cata-logue)编者为克特。1876 年初版,1904 年第四版改名为《字典式目录编目条例》(Rules for a Dictionary Catalogue)。克特是美国 19世纪末一位杰出的编目大师。毕业于哈佛神学院。1860 年受雇于哈佛大学图书馆建立新目录,后赴波士顿公共图书馆负责编制该馆的卡片目录。丰富的实践经验是克特制定编目条例的坚实基础。他继承了潘尼兹、杰维特、派金斯(F. B. Perkins)、埃鲍特(Ezra Abbot)等著名编目学家的优良传统,在编目理论与实践方面均有所创新与突破。他的编目条例集中反映了他的基本编目思想。

《字典式目录编目条例》是 19 世纪内容最丰富、体例较完整的编目条例。它是第一部字典式目录编目条例,共396 条规则,包括整个编目流程,分定义、著者、题名、主题款目标目、分析、参照、款目描述及目录组织等部分。

克特在条例中规定了前人曾试图而未能提出的编目"重要原则":

1.读者至上原则:克特在条例第四版前言中指出:"编目员的方便必须服从读者的方便。多数情况下,两者是一致的。无例外的简明规则不仅便于编目员执行,也有利于读者理解与使用。但规则严格的一致性及其应用时的统一性实际上常会与公众观察事物的习惯方法不协调。这时编目员必须牺牲规则的系统性来迁就公众普遍而根深蒂固的习惯。"

2.主题的专指性与一致性原则。克特认为主题不应选自题名,而应根据文献内容来确定。主题标题必须统一。现代主题法遂应运而生。

3.明确目录的"目的"及达到"目的"的手段。

目的：

①使读者在已知著者或题名或主题的情况下能找到某一所需之书。

②向读者揭示图书馆藏有某一著者的哪些书,某一主题及某种文献类型下有哪些资料。

③帮助读者选择所需著作的特定版本、译本,并向读者集中反映某种著作的各种版本与译本。

条例阐述了编制不同类型款目的六种方法以达上述目的。

条例中著者的不确定性,团体标目形式过于细致,规则的某些不一致性等是其美中不足之处,但他的编目原则不仅西方国家至今仍在遵循,对其他国家的编目工作也具一定指导意义。

克特的主要贡献是:确立了编目的重要原则;首建主题目录著录规则;创造性地建立了著者、题名、主题、文献类型款目混合按字顺排列的字典式目录;使用卡片目录;创造卡片抽屉、标签及导片等。

克特卓有远见地提出了一系列编目理论与实践问题,如:我们能否规定一些简明而通用的原则?每个图书馆是否有必要各自编一套编目条例或所有图书馆用同一个条例?我们需要一个逻辑性强的规则还是一个以"方便公众"为基础的条例,抑或兼而有之?等等。这些问题有的已逐步得到解决,有的至今仍在探讨与研究之中。

四、《英—美条例》

《英—美条例》(Catalog Rules：Author and Title Entries,简称《AA》或《ALA1908》),1908 年出版。分英、美两个版本。

《AA》的前身是 1883 年 ALA 编目委员会所编《Condensed Rules for an Author and Title Catalog》。经与美国国会图书馆编目

条例取得一致后，ALA 于 1902 年编制了《ALA Rules - Advanced Edition》。1904 年英美两国为统一编目而达成协议共同编制编目条例，于 1908 年出版《AA》。由于对少数规则意见不一而分别出英、美两个版本。克特在 1903 年逝世前始终是 ALA 编委会中最积极的成员。

条例共 174 条规则，以主要款目标目及其著录形式的选取为主，计 135 条。书目描述、附加款目标目、分析、参照等 39 条。另有定义及三个附录。它与克特条例的不同点是：

1.《AA》只体现规则的系统性，而忽略目录的重要原则。

2.《AA》省略了目录"目的"与"方法"的说明。

3.《AA》删除了主题标目及目录组织部分。

4.《AA》的规则无任何说明而克特条例几乎每条规则都附说明。

5.《AA》超越国界，适用性广。克特条例的使用范围虽限于美国，但其编目原则却影响国外。

《AA》的出版正式形成了英美编目体系，编目工作标准化开始由一国转入跨国阶段。

五、《美国图书馆协会著者、书名款目编目条例》

《美国图书馆协会著者、书名款目编目条例》（ALA Cataloging Rules for Author and Title Entries, 2nd ed. , 简称《ALA 1949》），1949 年出版。

LC 印刷卡的普遍使用，图书馆合作编目的迅速发展，节省编目工作的人力物力等措施都要求有一个统一的详尽无遗的标准化的编目条例。《AA》出版使用后，编目界基本放弃了克特的"编目是一种艺术"的观点，认为编目不再是一种艺术，也非科学，它是一种精细的技术，它的唯一目的是标准化。在这种观念支配下，ALA 对《AA》进行了修订，并于 1941 年编制了共 403 页的

《ALA1941 草案》。同年,奥斯本发表题为《The Crisis in Cataloging》的专文,尖锐批评《ALA 1941》规则繁琐,是"条文主义"的产物。他维护并坚持克特的观点,强调"编目是一种艺术,是一种技术性的艺术。"并认为:"以此方法编目,编目则将最后终止,而编目员亦会成为一个工匠而不是图书馆员。"奥斯本在指出"条文主义"的三大弱点的同时,重申编目原则的重要性。但奥斯本的批评并未得到应有的重视,经数年修订,《ALA1949》于 1949 年出版。

《ALA 1949》不脱《ALA1941》的框架。所不同者,《ALA1949》只对款目标目的选择及其著录形式作详尽的规定,删略 1941 年版的"书目描述"部分,与 LC 的《Rules for Descriptive Cataloging》配套使用。该条例共 174 条规则,其主要特点如下:

1. 明确规定对文献负主要责任者为主要款目标目。

2. 限定著者(个人及机关团体)应以其真名或法定名称的全称为标目。

3. 条例适用范围较广。

编制《ALA1949》的目的是试图将美国编目工作中最佳或最近通用的实践经验以条例形式体现出来,因而规则详细而繁琐,多例外及特殊规则,无总规则。1953 年美国 20 世纪最伟大的编目理论大师柳别茨基发表题为《编目规则与原则》(Cataloging Rules and Principles)的专著,赞赏 LC 条例重视编目原则,激烈批评《ALA 1949》行文冗长,规则繁琐重复,安排与组织缺乏逻辑性,偏废了编目原则,指出该条例在法人著者概念上的混乱。他与奥斯本一样强调编目原则的重要性,并明确提出目录的两大目的。这两个"目的"后被作为"目录职能"列入 1961 年的《巴黎原则声明》。柳别茨基根据其专著的第三部分(建议草案)于 1960 年编制了《著者与书名款目编目条例,未完成草案》(Code of Cataloging Rules, Author Title Entry;an Unfinished Draft)。

六、1961 年《巴黎原则声明》

1961 年《巴黎原则声明》(The Paris Statement; October, 1961),简称《原则声明》。

19 世纪末叶以来,西方各国对编目原则一直存在分歧意见,而国际频繁的文化交流要求书目信息基本统一的呼声越来越高,1953 年柳别茨基的专论正适时地成了促进统一国际编目原则的催化剂。1954 年国际图联(IFLA)组织国际工作小组专门研究编目条例的国际合作问题。1959 年国际图联在伦敦召开国际编目预备会,1961 年 10 月 9 日—18 日国际编目原则会议在巴黎正式召开,有五十四个国家十二个国际组织参加这个会议。柳别茨基、奥斯本、维若娜(Eva Verona)、邓肯(Paul S. Dunkin)等世界著名编目学者分别在会上做了共 17 篇工作报告。会议目的是:"在著者和书名字顺目录中对标目的选择与著录形式的基本原则取得一致的看法"。会议制定并通过了《原则声明》。包括 12 条 55 款的《原则声明》采纳了柳别茨基的观点,首先列述了目录的两大职能:

1. 揭示馆藏中的特定著者或特定题名的著作。

2. 揭示馆藏中特定著者有哪些著作及特定著作有哪些版本。

声明还对目录的结构、款目的种类、各种款目标目的职能、标目的选取及其著录形式等作了原则规定。《原则声明》的"原则"之细近乎规则。

国际编目原则会议标志着编目与书目领域中国际合作的重大成功。它协调了英美及普鲁士两大编目体系的差异,在国际范围内统一了编目原则,为以后国际编目工作标准化打下基础。《原则声明》承认机关团体标目及题名的自然(或机械的)字顺排列(不按其语法意义的字顺排列)。就这一点说,英美体系仍是这次会议的主流。

七、《英美编目条例》

《英美编目条例》(Anglo – Amcrican Cataloguing Rules),简称《AACR》,1967 年分北美、英国两个版本出版。

《巴黎原则声明》促进 ALA 条例的修订。ALA、LA、LC 及 CLA 三国四组织达成协议,联合修订条例,并委任柳别茨基为主编。1962 年后限于时间,由 C. Sumner Spalding 接任。1967 年《AACR》问世。

《AACR》是以《原则声明》为原则指导,在柳别茨基 1960 年的条例草案、《ALA1949》及 1949 年的 LC 条例的基础上编制而成。正文分三大部分,一是标目的选取及其著录形式,二是书目描述,三是非书资料著录(包括标目及书目描述)。导论阐述了制定条例的方针及基本原则等。正文后附词汇表及大写、缩写标点符号等附录。

与过去的 ALA 条例对比,《AACR》有以下几个主要特点:

1.《AACR》明确规定条例编制的方针为:①条例适用于研究性大型图书馆,兼顾一般公共图书馆。②条例适用于多类型文献资料及载体的著录。③条例适用于多款目字顺目录的编制。

2.《AACR》根据《原则声明》确定了自 1908 年《AA》出版以后一直被忽视的克特提出的重要编目原则。

3. 进一步强调选择主要款目标目的重要性与必要性。

4.《AACR》是基于"著者情况"(Condition of Authorship)而非"著作类型"(Type of work)制定规则的。

5. 编制体例逻辑性较强,如将标目的选择及其著录形式分为两章列则。

6. 增加非书资料的著录规则并单列章节。

7. 标目选择的资料源虽以题名页为主,但可参考待编文献的其他部分,如版权页、封面、半题名页、题名页左页、章节标题、书尾题署、前言或正文等。

8. 为贯彻"读者至上"的原则,著者标目的名称及其形式采用习见原则,废除过去条例中的"真名全称"原则。

八、《国际标准书目著录》

《国际标准书目著录》(International Standard Bibliographic Description,简称《ISBD》) ,1971—1982 年总则及各分则陆续出版。

1969 年 8 月国际图联编目委员会在哥本哈根举行一次专家会议,通过了一项致力于建立一个国际情报交流体系的"世界书目控制"决议。会议决定成立一个由美国 Michael Gorman 等人组成的专门工作小组负责拟定专供描述使用的《ISBD(M)》。这次会议是《ISBDs》制定的起点。1971 年发表了《ISBD(M)》,经使用与修订,于 1974 年出版了《ISBD(M)》第一标准版。

自 1971 年的《ISBD(M)》出版后,以此为蓝本制定各类文献的标准书目描述,至 1982 年《ISBDs》的编制计划基本完成,先后修订与制定总则及专则共八种,1982 年合订成套:

ISBD(G)	总则	1977 年
ISBD(Cm)	地图资料	1977 年
ISBD(S)	连续出版物	1977 年
ISBD(NBM)	非书资料	1977 年
ISBD(M)	专著(第一 标准修订版)	1978 年
ISBD(A)	古籍	1980 年
ISBD(PM)	印刷乐谱	1980 年
ISBD(CP)	组成部分	1982 年

《ISBD》的总目的是帮助国际书目信息交流,实现文献资源共享。具体目的有三:

1. 使各国书目描述具有互换性。

2. 使各国书目描述易于识别。

3. 便于使传统的手工书目记录转换为机读形式。

为达上述目的,《ISBD》明确规定了八大描述项目,固定它们的顺序,并首创各描述项目与单元的前置标识符号,这三项措施形成《ISBD》的主要特点。

《ISBD》适用于图书馆目录款目的著录,也适宜于其他目录款目的著录,它仅对款目的描述部分作了规定,不包括标目、统一题名、根查、主题标题等其他款目信息的著录规则。国际图联编目委员会明确表示《ISBD》不应与巴黎会议产生的原则(即标目问题的原则)重叠,而应是巴黎原则的补充。

《ISBD》的不足之处是:前置标识符的专指性不强,主要是每大项的前置标识相同,当某一大项省略时,各大项的顺序自然发生变化,此时,相同的大项标识符会削弱对不同文字书目信息的识别功能。

九、《英美编目条例第二版》

《英美编目条例第二版》(Anglo – American Cataloging Rules, 2nd ed.),简称《AACR2》,1978 年出版。

《ISBD》的问世与成功使用,计算机在编目领域的应用,文献类型及载体的急剧增长,都使《AACR》难以适应。条例编委会曾根据《ISBD》对相关章节作局部修正,最后终于做了全面修订。《AACR2》由美国图书馆协会(ALA)、英国图书馆协会(LA)、英国图书馆(BL)、加拿大图书馆编目委员会(CCC)和美国国会图书馆(LC)三国五组织联合编制,于 1978 年出版。主编是 Michael Gorman 和 Paul W. Winkler。

《AACR2》是以克特、柳别茨基的编目指导思想和《原则声明》为理论根据,以《ISBD》及《AACR》为主要蓝本而编制的。它的编制目的有四：

1. 统一《AACR》的英、美两版本，消除两国的分歧。

2. 将 1967 年《AACR》出版后所作的补充规则及更改内容并入条例主体。

3. 将 ALA、LA、LC、CCC、BL 及其他国家有关组织讨论并达成协议的修订内容和新建议一并纳入《AACR2》

4. 使条例具有国际通用性。

条例的编制准则是：

1. 继续与 1961 年《巴黎原则声明》基本保持一致。

2. 突出考虑机读目录的发展。

3. 与《ISBD》保持一致，使各类型文献的书目描述标准化。

4. 在处理非书资料方面，主要考虑各有关编目机构的编目条例及意见。

《AACR2》是对多类型及多语种文献编制多款目目录的依据，正文分两大部分：

第一部分：书目描述。与《ISBD》基本一致，分章如下：

第一章　　　书目描述总则
第二章　　　图书、小册子及单页印刷品
第三章　　　制图资料
第四章　　　手稿（包括手稿集）
第五章　　　乐谱
第六章　　　录音资料
第七章　　　电影与录像资料
第八章　　　舆图资料
第九章　　　机读文档
第十章　　　实物与立体制品
第十一章　　缩微资料
第十二章　　连续出版物

第十三章　　分析

第二部分:标目、统一题名和参照。总精神与《巴黎原则声明》一致,分章如下:

正文后附大写、缩写、数字及词汇表四个附录和一个索引。

与《AACR》、《ISBD》相比,《AACR2》的主要特点是:

1. 编制体例新颖,既体现标准化描述,又兼顾当前手工编目的实际。与《AACR》及传统的编制体例相反,《AACR2》第一部分是"书目描述",第二部分为"标目"。"描述"部分与《ISBD》一致,便于手工编目转换为机读形式;"标目"部分以《巴黎原则》为基础,是《ISBD》的补充,兼顾当前手工编目选取标目的实际。两部分互为补充,不分主次,混为一体,形成一个完整的文献著录标准。

2. 统一原则下的灵活性。为贯彻标准化的要求,《AACR2》的大部分规则的统一性与一致性较强,但根据图书馆不同目录体系的特点与要求,适当考虑到编目的变通性,因而条例中的规则有一定的灵活性。如:条例规定三个详简不同的描述级次;提供一定数量的交替性规则(Alternative rules)和选择性规则(Optional addition 或 Optionally);承认编目人员在使用条例过程中的判断和解释自由,在某些规则中使用了"如果合适"、(If appropriate)、"若重要"(If important)和"必要时"(If necessary)等选择性短语。

3. 结合当前编目工作实际,条例在标目部分采取折衷办法,在承认排检点(Access point)及交替标目(Alternative heading)等新概念的同时,保留主要款目、标目及附加款目、标目的传统概念。

4.条例在规则安排方面有所创新。首先,"描述"部分的规则采用助记编号系统,便于查阅与使用。如1.4C的"1"表示第一章总则,"4"指"出版发行项","C"标注出版发行项中的"出版地"单元,以此类推,"2.4 C"、"12.4C"分别表示"第二章专著出版发行项的出版地"及"第12章连续出版物出版发行项的出版地"。其次,条例的章节安排留有余地。第一部分共13章,第二部分从第21章开始,留出14－20章备用。

《AACR2》的主要缺点是:规则繁琐重复,难于掌握,各分则与总则相同的规则用"见总则某条规则"(Record……as instructed in 1·xx),因而查阅不便。图例少,缺乏款目整体感。

十、《西文文献著录条例》

《西文文献著录条例》,中国图书馆学会《西文文献著录条例》编辑组编,1985年8月出版。

1983年8月,全国高校图书馆工作委员会和全国文献工作标准技术委员会第六分委会共同举办了"西文编目标准化和自动化研讨会"。《西文文献著录条例》(下简称《条例》)是在这次会议的基础上,由中国图书馆学会具体指导,组织专门人员编制的。《条例》的问世为我国西文文献编目工作标准化作出重要贡献。

《条例》结合我国实际需要,采用了《AACR2》及相关的国际标准的原则,试图既能满足手工记录的需要,又能照顾到自动化的发展,达到书目记录共享的目的。其主要特点有:

1.编制体例科学合理,逻辑性与统一性较强。《条例》是以《AACR2》为蓝本,参照《简明英美编目条例第二版》(The Concise AACR2)的体例编制的。《ISBD》及《AACR2》分总则与各类型文献的专则,而《条例》是按描述项目归类,在有关项目下分列不同类型文献或载体的特殊细则。这样,篇幅紧凑,名词术语统一。

2.规则内容精炼实用,切合我国实情。《条例》保留《AACR2》

中我国常用的规则,合并修正或删节不常用的规则,扩充实例,增加我国人名、机关团体名称及地名等著录规则。

《条例》的主要缺点是:

1. 各类型文献著录规则详简不匀,不够全面。《条例》侧重专著著录,其他类型文献的著录规则过简,对连续出版物的规定更显不足。

2. 少数名词术语用词欠妥,概念含糊不清。如"Entry Word"等词的译词不当。"团体标目层次"的名称过繁。

3. 描述详简级次的要求与《条例》本身详简程度产生矛盾,《条例》是为基本描述级次编制的,而规定描述详简级次却有三级。

4. 对某些复杂类型文献的著录未予集中列则,无款目整体感。《条例》虽为会议录的著录专列规则,但未集中编制多卷书的著录规则。

其他如某些用语措词欠妥,使用的语言文字不统一,外语上的语法错误等问题尚待修正。

总之,《条例》的总体是完整的,基本符合国际书目著录标准化的要求。

综上所述,不难看出编目条例的发展是随着文献类型与载体的变化,编目理论的逐步深化,编目实践经验的日益丰富而改进并日趋完善的。同时,它的发展也在一定程度上反映了各种编目思想的矛盾与统一过程。潘尼兹的《91条》奠定了现代编目条例的基础,创建了现代编目理论。杰维特继承潘尼兹的编目思想并有所发展。克特集近代编目思想之大成,系统地提出了编目的重要原则,以"读者至上"为指导思想,规定目录的"目的"与"方法"。他认为"编目是一种艺术",因而强调在原则指导下允许编目原则的一定灵活性。从1908年《AA》开始,逐渐忽视"重要原则"省略目录的"目的",编目观念向"条文主义"发展,即由克特的"编目是一种艺术"转向"编目是一种技术"的观念,《ALA1941》及《ALA1949》就是这种观念的产物。奥斯本与柳别茨基为维护潘尼兹与克特的编目理论与原则分别于1941年和1953年著文批判以上两条例忽视原则的"条文主义",并重申编目原则的重要意义。1961年《巴黎原则声明》采纳了他们两人的观点,编目原则又被重视。计算机进入编目领域以及《ISBD》的编制与成功运用使"编目是一种技术"的观念重现。《AACR2》虽然采取折衷主义态度,仍无法调和这种矛盾。当前西方编目界正在进行一场大论战,争论的焦点是"编目技术的改革是编目理论观念的进步还是倒退?"争论双方的代表人物分别为柳别茨基及戈曼(Michael Gorman)。柳别茨基认为计算机应用于编目领域中的"某些建议不是技术的进步而是编目理论观念的倒退"。[1] 而戈曼则认为新技术系统的应用将使图书馆事业进入一个新时期,并宣称如果计算机的应用"意味着放弃过去所珍爱的理论,那末,让我们放弃这些理论吧!"[2] "主要款目的存废,标目是否分主次"则是以上争论焦点所派生的一个具体问题。我们认为编目技术改革的结果必须更有效地体现现代目录的职能,而编目技术的发展可以推动编目理论的深化与更新。我国目前编目界也正在探讨上述问题。相信只要通过实践,总结经验,服从真理,矛盾定会解决,分歧必能统一,编目理论与实际工作将更上一层楼。

注释:

〔1〕摘自 Lubetzky, Seymour. "Ideology of Bibliographic Cataloging, Progress and Retrogression". 载《The Nature and Future of the Catalog》, p. 5—13, ed. by Maurice J. Freedman and S. Michael Malinconico, Oryx Pr. ,1979.

〔2〕摘自 Gorman, Michael. "Cataloging and the New Technologies". 载《The Nature and Future of the Catalog》p. 127 – 152, ed. by Maurice

J. Freedman and S. Michael Malinconico, Oryx Pr., 1979.

思考题

一、试比较西方各时期图书馆的性质、图书馆目录的性质及编
　　目方法。

二、西方各时期的图书馆目录形式与目录组织有何区别？

三、试述西方近代及现代图书馆目录与编目的特点。

四、简述国际编目工作标准化的背景及意义。

五、试述英美及普鲁士两大编目体系的形成、主要异同点及统
　　一过程。

六、简述克特的编目思想、主要贡献及其编目规则的主要
　　特点。

七、请比较《ISBD》、《AACR》及《AACR2》的特点。

八、简述我国《西文文献著录条例》的特点。

九、试述影响图书馆目录、编目工作及编目条例发展的几个
　　因素。

十、试述当前西方编目界的大论战，并提出自己的看法。

主要参考文献

1. 关于目录工作现代化的几个问题/阎立中//图书馆工作.—1978(3)

2.《国际图书馆书目著录》概述/林德海//图书馆工作.—1984(6)

3. 国际标准书目著录(ISBD)的发展过程及其历史背景/杨起全//图书
　　馆学研究.—1984(6)

4.《英美编目条例》(第二版)概述/阎立中//图书情报工作/中国科学院
　　图书馆编辑.—北京:科学出版社,1985(6)

5. 西文文献著录条例/中国图书馆学会《西文文献著录条例》编辑组.—
　　北京:中国图书馆学,1985.8

6. 西文文献著录条例评介/谢宗昭//图书馆学通讯/该刊编辑部.—北
　　京:北京大学出版社,1987(2).—p.52－54

7. 西文图书编目/王作梅,严一桥编著. —武汉:湖北省高等学校图书馆
工作编委会,武汉大学图书情报学院,1985.12. — p. 21 – 62

8. 西文编目/陶涵彧,王建民编著. —上海:上海大学文学院,1986. —p.
17 – 29

9. 1961 年国际编目原则会议论文选译/全国第一中心图书馆委员会卡
片联合编辑组编译. —北京:中国科学院图书馆,1962. 12

10. American Library Association. Catalog rules: author and title entries/
compiled by Committees of the American Library Association and the
(British) Library Association. —American ed. —Chicago:ALA,1908.

11. American Library Association. Division of Cataloging and Classification of
the American Library Association. A. L. A. cataloging rules for author
and title entries/prepared by the ALA. —2nd ed. —Chicago:ALA,1949.

12. Anglo – American cataloging rules/prepared by the American Library As-
sociation···[et al.]. —North American ext. —Chicago:ALA, c1970.

13. Anglo – American cataloguing rules. —2nd ed./prepared by the Amei-
ican Library Association···[et al.]:edited by Michael Gorman and Paul
W. Winkler. —Chicago:ALA, 1978.

14. Bakewell, K. G. B. A manual of cataloguing practice/by K. G. B.
Bakewell. —Oxford:Pergamon, 1972. p. 14 – 47

15. Cutter, Charles A. Rules for a dictionary catalog/Charles A. Cutter. —
4th ed. —Wash. : GPO, 1904.

16. Dunkin, Paul S. Cataloging U. S. A./by Paul S. Dunkin. —Chicago:
ALA, 1969.

17. Gorman, Michael. The Concise AACR2 /prepared by Michael Gor-
man. —Chicago:ALA, 1981.

18. Hanso, Eugene R. Catalogs and cataloging/Eugene R. Hanso and Jay
E. Daily In Encyclopedia of library and information science. V. 4. /edi-
tors, Allen Kent and Harold Lancour. —New York:Dekker, c1970. – p.
242 – 305

19. IFLA. ISBD(G):annotated text/prepared by IFLA. —London:IFLA In-
ternatational Office for UBC,1977.

20. IFLA. ISBD(M)/IFLA. —Ist standard ed. , rev. —London: IFLA International Office for UBC,1978.

21. Library of Congress. Descriptive cataloging in the Library of Congress. — Wash. : LC, 1949.

22. The Nature and future of the catalog/edited by Maurice J. Freedman and S. Michael Malinconico.— phoenix: Oryx, c1979. —p. 5 – 13; 127 – 152.

23. Norris, Dorothy May. A history of cataloguing and cataloguing methods 1100 – 1850: with an introductory survey of ancient times/by Dorothy May Norris. — London:Grafton, 1939.

24. Osborn, Andrew D. The crisis in cataloging/Andrew D. Osborn. In Library quarterly. —V. XI, no. 4(Oct. 1941)

第五章　编目工作的发展趋势

追溯过去,正视现实,是为了展望未来。

综观我国与西方国家编目工作的发展过程,不难看出,双方的编目工作在不同时期有其相同点,也有其不同处。古代由于图书馆的性质与任务基本类同,因而,我国与西方国家的编目工作十分相似,如两者均以分类目录为主体目录。中世纪以后,西方国家进入资本主义发展阶段,社会、经济、科技、文化、教育等方面有较大幅度的发展。而我国却仍长期闭关自守,封建统治,因而各方面的发展都很缓慢。在这不同的社会发展背景下,我国与西方国家图书馆的编目工作开始以不同速度,按不同的模式向前发展,形成各自不同的编目特色。进入 20 世纪,尤其是第二次世界大战以后,西方国家的科技、文化及教育事业的发展突飞猛进,文献编目工作也随之于近期进入标准化、自动化、网络化阶段。我国自解放后,编目工作才有所发展。党的十三届三中全会以来,我国引进了发达国家的最新科技成果,促进我国在经济、科技、文化、教育等方面发生突破性的变化,编目工作开始向标准化道路迈出了第一步。在此基础上,自动化与网络化也不再是望尘莫及之事了。有人说,我国目前的编目工作要比西方国家落后 50 年。但就目前的发展趋势来看,预计我国与西方国家的编目工作在不久的将来会如万源之水,朝着标准化、自动化、网络化的方向,同流入海。

今后编目工作的变革与发展趋势究竟如何?文献情报机构将

按何种模式进行编目工作？编目人员的素质会产生怎样的变化等，都是当前文献情报工作者所必须考虑与研究的问题。现分以下几个方面简述之。

第一节　编目工作标准化的进一步深化

要实现资源共享，编目工作必须走现代化道路。编目工作现代化的三大标志是标准化、自动化与网络化。标准化是基础，自动化是手段，而网络化则是实现资源共享的最高形式。

编目工作是经历了数十个世纪，从随意编目，经过一国、跨国统一编目，到本世纪才开始逐步实现国际标准化的。分类主题标引标准化、文献著录标准化、在版编目等是实现编目工作标准化的几个主要因素。目前，这几方面工作都有一定基础，但尚须进一步深化，才能提高标准化的质量。

分类工作的依据是统一的、科学性及逻辑性强的标准分类体系（即分类法）。西方国家，如英、美、加拿大等英语使用国现已基本统一使用《美国国会图书馆分类法》及《杜威十进分类法》。这两种分类法经数十年的实际使用，屡次修订，已成为国际公认较为成熟，质量较高，并被世界各国广为采用的分类体系。这两种分类法目前仍在陆续修订，使之日臻完善。我国目前统一使用的《中国图书馆图书分类法》与《中国科学院图书馆图书分类法》虽经数次修订，仍存在不少问题，主要是科学性与逻辑性不强，不能充分反映当前各学科的新发展，边缘学科的类目较少，尤其不适用于西文文献的分类标引。这两种分类法目前正在再度修订。有的同志建议中文文献分类采用我国的分类体系，而西文文献的分类可以《美国国会图书馆分类法》或《杜威十进分类法》为依据。这样做既能提高西文文献分类标引的准确性，又可将此工作纳入国际标准化的轨道。

　　文献著录必须以统一的文献标准著录条例为根据，才能实现标准化。《ISBD》计划于1984年已基本完成，它已成为世界各国编制各自文献著录标准的主要蓝本。为总结使用经验，ISBD评委会开会拟订了"ISBD五年评论"计划，决定自1981年开始，对所有的ISBD都要在五年内总结评论一次。1987年8月，在英国召开了国际图联第53届全体会议。会上据有关报告报导，第一次ISBD五年评论活动已于该年结束。这次活动对专著、连续出版物、地图及非书资料四大类文献的ISBD作了全面的回顾与评论。其余几种文献的ISBD将在以后的五年评论中予以总结。随着新文献类型与载体的不断增长，相应的新的ISBD也将逐个加以制订，如：ISBD（CF）[即ISBD（Computer files），计算机文档国际标准书目著录]，ISBDs应用于分部分文献著录的纲要等。标准档的UNIMARC格式经数次修订，其最后草案亦将于近期内向世界各地发行，征求意见。周期性的ISBD五年评论计划也会继续执行。AACR2通过实际使用，已发现不少问题，修订AACR2联合指导委员会已于1988年出版了该条例的修订版。我国已编制的中文各类文献著录标准及《西文文献著录标准》，不管是条例的编制体例或标准化程度都不够理想，影响文献著录质量；标准的推广使用速度也较慢，少数图书馆，特别是专科性图书馆至今尚未采用标准著录。这些问题的存在都会影响文献著录标准化的深入开展。目前，有关领导正在收集各方意见为修订标准做准备；同时，敦促有关单位积极进行文献标准著录工作，从而使该项工作进一步向深度和广度发展。

　　主题标引工作的标准化在西方国家已普遍推开。《美国国会图书馆标题表》（LCSH）已被广泛采用。该标题表屡经修订现已出第十一版（包括印刷版及其全面更新的缩微版），并将随时出版其修订部分。目前，西方国家的主题标引工作正向分类、主题一体化方向发展。我国中文文献主题标引工作至今仍是编目工作中的一个薄弱环节。《汉语主题词表》虽已出版多时,但由于种种原因迟迟未予使用。而西文文献主题标引工作反而走在前面。我国目前少数大型图书馆已以《LCSH》为依据进行西文文献主题标引工作。有关单位也正在组织编制分类、主题一体化的《中国分类主题词表》。这项工作的完成是我国分类主题标引工作的一个新起点,它将与西方国家合拍并进。

"在版编目"也是推动编目工作标准化的一个重要措施。"在版编目"(Cataloging in Publication,简称 CIP)是指文献在编辑出版过程中,由出版部门将该文献的清样交给全国性的集中编目部门,再由该部门将此文献的目录编目资料提供给出版部门,最后,出版部门将此资料印在版权页上与文献同时出版发行。"在版编目"的前身是 50 年代末美国国会图书馆等单位合作试编的"书源编目"(Cataloging in source,简称 CIS),因花费太大而于 1960 年停止这项试验,1971 年 6 月开始,又正式进行"在版编目"。从此,"在版编目"在西方国家普遍推行。"在版编目"提供主要标目、主题标题、其他附加标目、正题名、丛编说明、部分附注(如参考书目及索引等说明)、美国国会图书馆分类号、杜威十进分类号及文献标准号等书目信息。它的主要作用是及时为书目机构、出版单位及个人提供各种文献的统一著录标目、分类号、标题及书目描述,以推动文献著录标准化;也可为文献采购工作提供准确的文献出版资料;它随有关文献同时出版发行,可避免统编款目不能与有关文献同时到馆的脱节现象。CIP 虽有上述许多优点,但尚存在标目选取标准不一、书目描述信息过少等问题,有关方面正在进一步改进。我国的 CIP 现正在酝酿筹备之中,不久即将付诸实施。

第二节　计算机广泛应用并向联机编目网络发展

图书馆、文献情报机构的编目工作模式是随着文献、目录类型与载体类型的增加而改变的。编目工作模式大致可分为手工编目、打印编目及计算机编目三种模式。早期的编目是采取手抄、雕刻等手工模式。打字机及印刷术应用于编目领域后，手工编目模式转换为打印模式。本世纪 50 至 60 年代计算机逐步应用于编目领域，1964—1969 年间美国国会图书馆先后研制成功 MARCI 及 MARC II，文献编目从此突破前两种模式，采用电子及光电技术进行编目，从而形成了一个崭新的计算机编目模式。计算机编目具备以下几点优越性：①促进文献编目标准化；②加速编目流程，加快书目信息的存贮、传递速度，以便及时揭示、宣传及交流文献信息；③机读目录中书目信息的一次输入，多项检索的功能，可充分履行目录的多功能检索职能，从而提高书目信息的查全率及查准率；④为编目工作网络化提供技术条件。

发达国家目前已广泛使用计算机编目，有的国家如英、美、加拿大等国还先后形成联机编目网络。我国由于受各方面的条件限制，计算机编目尚处试验阶段，覆盖面极小。但不管是发达国家抑或发展中国家，计算机编目模式的发展已势不可挡。所不同者，只是一个发展先后及速度问题而已。计算机编目模式的形成并不等于手工及打印编目模式的立即消亡。这三种编目模式的兼容状态，将会因各国社会结构中各种因素发展的不平衡而在一个相当长的时期内维持下去。

计算机编目的广泛实施，必然导致联机编目网络化，只有这样才能加快实现文献资源共享的速度。

编目网络的发展经历了手工编目网络及计算机编目网络两个

阶段。60 年代中期以前是手工编目网络阶段。它起源于图书馆之间的协作编目与资源共享。联合目录及全国书目也是在这个阶段蓬勃发展起来的。1901 年美国国会图书馆开始发行统一的目录卡片就是这个网络形成的标志。60 年代中期计算机的应用及 MARC Ⅰ、Ⅱ 的试制成功，标志着联机编目网络的萌芽。

计算机编目网络可分为脱机编目系统和联机编目系统两个阶段。前者是网络化的初级阶段，后者是高级阶段。脱机编目系统缺乏联机编目系统的那种即时应变能力。在联机编目网络中，联系目录数据库的建设既可由各成员馆输入原始编目数据，也可将编目中心所发行的机读目录磁带直接数据库的一部分加以利用。美国是实现联机编目网络最早的国家。它目前的编目网络已超过400 个。其中最大、最著名、且影响最大的联机编目网络是 OCLC（Ohio College Library Center 的简称，即俄亥俄州立大学图书馆中心，1981 年改名为 Online Computer Library Center，即联机图书馆中心，仍简称 OCLC）。OCLC 数据库的总存贮量已超过 1200 万个书目记录，其增加率为每周八千个书目记录。到 80 年代中期，美国全国已有五千多个图书馆约 94% 的新到资料利用这个联机系统中的书目记录进行编目，各馆还同时向该系统输入各自的原始目录记录，供其他单位合作使用。另如 RLIN（Research Libraries Information Network，即研究图书馆情报网络，原名 Research Library Group，简称 RLG，即研究图书馆组织）及 WLN（Western Library Network，即西部图书馆网络，前身是华盛顿州立图书馆网络）。美国目前是编目工作网络化最发达的国家，可以说是联机网络的先驱，它为世界各国编目工作网络化提供了宝贵经验。其他国家也在步美国之后尘，努力建设自己的编目网络。加拿大 1963 年成立了 UTLAS（University of Toronto Library Automation System，多伦多大学图书馆自动化系统），开展自动化编目工作，并逐步发展为联机网络系统。UTLAS 目录提供系统（UTLAS Catalogue Support System,简称 CATSS)专门为加拿大全国图书馆提供各类文献的书目记录。加拿大大部分图书馆都参加了这个系统。UTLAS 还于 1981 年与日本有关机构签订了协作合同,并于 1984 年在美国纽约设置了分支办公室,它的服务开始走向世界。英国不列颠图书馆也在牵头建立一个联机网络,这个网络将发展到可以容纳 500—600 个终端;法国与日本正在规划全国性的编目网络;瑞典有个 LIBRIS 计划,它已发展到可以为瑞典 13 家最大研究图书馆提供联机编目的书目记录。随着光电、电讯技术的高度发展,国际范围内形成一个联机编目网络即将成为可能。我国目前由于经济、科技、文化等各方面仍处于落后状态,计算机编目尚未普及,联机编目更是一个空白,必须经过一番艰苦努力,在计算机广泛应用于编目领域后,突破重重困难,脚踏实地,逐步向联机编目方向迈进。

第三节　多样化的目录载体形式
向光盘型机读目录发展

20 世纪是世界科技文化飞速发展的阶段,也是"信息爆炸"的时代,而本世纪后半叶又是文献类型及其载体猛增的时期。作为存贮、检索文献信息的工具——目录,它的形式与载体是与文献的形式与载体同步发展的。目录不能只停留在纸张型的卡片或书本形式,它必须也向书目信息存贮速度快而准确、检全率与检准率高、信息容量大而载体体积小的机读目录发展。前已提及,机读目录是由美国首次研制成功并推广使用的。西方各国目前也随着计算机的广泛使用而较普遍采用机读目录。然而,由于各种因素(尤其是经济及技术因素)的牵制,机读目录尚未完全替代其他形式与载体的目录,但它的实际使用已逐渐显示出它的优越性与强大生命力,它必将作为文献目录中的主导目录长期发展下去。

机读目录的常用载体形式是磁带、软磁盘或硬磁盘,它们的存贮信息量大。机读信息可以迅速地建立文档、检索、删除或更改,但不易保存。磁带载体上的数据安全贮存寿命一般为十二个月,必须每隔一年复制一次,才能延长其信息保存期,因而耗资极大。近几年,西方国家开发新技术,又试制成功一种新载体——光盘。光盘种类较多,其中可用于贮存书目信息的光盘叫微密型光盘只读存贮器(CD－ROM,全称 Compact Disc Read－Only Memory),亦称存贮密盘。CD－ROM 存贮数据是通过大功率激光束写入磁盘,用低功率激光束读出内容,显示在分辨率高的终端设备上,打印输出,并传送给磁载体或转换成远程指令,这两者都是新技术。这种光盘比一般磁载体有更多的优越性:①它是一种高密度存贮器,具有海量存贮力。一个 4.75 英寸的 CD－ROM 光盘能容纳600 兆字节(为六亿个字符),其容量相当于 1600 个软盘(按360K/只计算),20 万页印刷品,或相当于 46 天的数据传输量(按1200 波特速率计算);一个 $5\frac{1}{4}$ 英寸的 CD－ROM 光盘可容纳相当于 275,000 页印刷品或 1,500 个软盘的信息。整套大英百科全书可容纳在一个 CD－ROM 盘上。②光盘坚固耐用。每个光盘上都涂有保护层,它对磁场、灰尘、指纹都不敏感,只需用一束激光束进行非接触式读取信息。因而使用这种光盘不仅检索速度快,又不会磨损盘面。一般说来,光盘至少可用十年,比磁盘载体的寿命长十倍。③价格低廉。一个具有数据的 CD－ROM 售价在1,000美元上下,而它的阅读器约 2,000 美元,其他配套设备(如微机)价格也不高。美国国会图书馆的全套 CDMARC Subjects 也只需370 美元。④CD—ROM 一经制成,便不能消除或修改,可以保护数据库的完整性,它同样具备一次输入,多次读出或检索的功能。⑤使用简便。一般磁带需要价格昂贵的外部辅助装置或微机设备,而 CD-ROM 只需用一般商业用的 CD-ROM 阅读机挂在一个标准的 IBM 个人计算机(PC)或 IBM PC 兼容性装置上即可使用。因此,有了 CD-ROM,没有条件实行大型书目数据库联机检索的文献情报机构也可采用介质交换的方式,购置 CD-ROM 来实现资源共享。美国国会图书馆最近研制出版了机读目录(LC-MARC)的光盘,叫 Bibliofile 光盘,并出版了 CDMARC Subjects(即美国国会图书馆的全部主题标准档的微密型光盘机读目录)。据该馆 1988 年 9 月报导,它的 CDMARC Names(即名称标准档的微密型光盘机读目录)也先后于该年秋、冬两季出版发行。CDMARC Names 共有三个微密型光盘,包括 2.5 百万个名称标准记录。CDMARC Bibliographic 是这三种光盘中最大、发展前途最大的一种,共七个光盘,包括 1968 年以来编制的各种类型文献(如图书、连续出版物、地图、音像制品及乐谱等),将近四百万个目录记录。预计随着新技术的不断开发,机读目录的载体形式将层出不穷,其贮存及检索效率也会成倍提高。我国目前有少数图书馆已引进这种类型的光盘。如上海交通大学包兆龙图书馆已于 1987 年引进了 CD-ROM 的数字光盘系统,并已开始利用 Bibliofile 光盘进行西文文献编目。该馆通过实际使用,已发现这种光盘的使用具备许多优点:①提高了西文文献编目的工作效率;②使用这种光盘检索命中率高,响应速度快,操作简单;③该光盘输出的目录齐全,著录完整;④使用 Bibliofile 光盘有利于实现资源共享。该馆已为八个单位服务,其书目记录检索的命中率均在 80%以上。

综上所述,在文献著录标准化的基础上,运用计算机编目,目录的载体形式必然也随之发生变化:从书目信息容量小、目录体积庞大、检索效率低、损耗率大、使用保存期短的纸张型卡片式与书本式目录向信息容量大、目录体积小、检索效果高、损耗率小、使用保存期长的光盘型机读目录发展。但这种进展并非意味着机读目录即将于短期内完全替代纸张型卡片式、书本式目录,(包括缩微目录)。鉴于各国的不同社会发展背景,各文献情报单位的不同条件,多样化的目录载体形式将在一个相当长的时期内长期共存,而机读目录将逐渐成为主导目录。我国由于各方面条件限制,计算机编目不可能在短期内广泛运用,因此,引进国外的 CD – ORM 不失为早日实现资源共享的一个捷径。

第四节　集中编目向合作编目发展

编目工作的组织形式是随着文献增长的速度、交流范围、书目信息需求的变化而逐步演变的;而编目工作标准化的实施、编目技术与设备条件的不断改进与改善是促进编目工作的组织形式向高级阶段发展的重要因素。

纵观编目工作的发展过程,最早的编目组织形式是各馆间互不联系的分散性个体编目,其编目对象仅限于一个特定图书馆的馆藏文献,采取随意著录与组织目录的方式进行编目。19 世纪中叶开始转向一国范围内的集中编目。集中编目(Centralized cataloging)是由一个全国中心机构负责统一编制款目卡片,为多个文献情报单位提供书目信息。这种组织形式必须以统一的编目条例为依据,因而可促使编目工作标准化,避免重复劳动,节省人力,降低成本,提高目录质量。集中编目思想首先是由美国的著名编目学家杰维特提出,于 1850 年开始这项工作的。英国是 1872 年开始的,接着是苏联、东欧、澳大利亚、西欧以及亚、非两洲的一些国家。

集中编目虽具上述特点,但由于文献类型及数量的不断增长,文献信息需求的及时性与迫切性的加强,这种编目形式已不能适应这个形势,联合编目(Cooperative Cataloging)应运而生。联合编目不是指由一个全国中心机构负责的统一编目,而是指在一国范围内由若干个文献情报单位协作编目,其编目成果由各有关机构分享。这种编目形式有助于加快编目速度,扩大文献覆盖面,增强提供文献信息的及时性,从而有利于扩大文献信息交流范围,编制联合目录。这项工作,美国又是领先者。美国国会图书馆从1901年发行统一目录卡片后不久即开始与其他有关单位联合编目,美国的《国家联合目录》(NUC)就是在这种编目组织形式下编制的。在美国实施联合编目不久,其他各国也相继进行这项工作。

第二次世界大战以后,文献的类型、数量及载体形式的增长率陡然上升,发行速度加快,国际间的学术文化合作交流更为频繁,书目信息的迫切需求在国际范围内急剧增长,计算机在编目领域中开始得到应用。一国范围内的集中编目与联合编目又不能跟上这种飞速发展的趋势,必须向更高形式发展,合作编目(Shared Cataloging)随即形成。合作编目又称分担编目,开始只是指美国国会图书馆1966年开始实施的"全国采购与编目计划"(NPAC - National Programme for Acquisition & Cataloging,又名合作编目规划,即Shared Cataloging Programme)和计算机网络出现后的联机合作编目,后扩大为国际范围的合作编目。合作编目是在集中编目与联合编目基础上发展起来的一种编目组织形式。从形式上看,它是一种分散编目,但它与早期的个体分散编目有质的区别。前者是在国际或特定地区范围内的一个有机整体,而后者则是以一个特定机构为单元的各不相关的分散个体。合作编目只有在编目工作实现标准化、自动化的基础上,联机网络形成后才能充分有效地发挥其作用,才能更迅速地在国际范围内实现书目信息交流与资源共享。

集中编目、联合编目及合作编目三者密不可分。集中编目是联合编目与合作编目的基础,联合编目是集中编目与合作编目的纽带,而合作编目则是前两者的最高形式。任何一种形式都不能取代其他两种形式而单独存在,它们必定会长期共存下去。这三种编目组织形式在世界各国的发展也是不平衡的。西方国家一般总是领先一步。我国的集中编目工作虽已断断续续地进行了近三十年,但无论在统编目录款目的著录标准、发行速度与范围,以及编目人员的素质等方面都还存在不少问题。联合编目工作亦尚未普遍开展,可喜的是我国的国家书目已于近期出版。至于合作编目正如联机编目一样,在我国还是一个空白点。有关机构必须组织力量,齐心协力,在提高集中编目与联合编目的速度与质量的基础上,争取早日加入国际合作编目的行列。

总之,编目工作标准化、自动化、网络化的发展已势不可挡,要适应与跟上这个趋势,作为实施者的编目工作者,其编目素质也必须发生根本性的变化。今后,文献编目工作者除了掌握传统的编目理论与技能,具备各门学科的基本知识,精通一至两门外语,熟练掌握打字技巧外,还必须掌握计算机的基本知识与使用技术,理解各类机读目录及新技术的应用才能完成现代化编目工作的艰巨任务。

思考题

一、略述古代我国与西方国家编目工作的相似之处。

二、比较近、现代我国与西方国家编目工作的不同点。

三、编目工作现代化的标志是什么? 略述各种标志间的相互关系。

四、试述编目工作标准化的发展趋势。

五、简述"在版编目"的意义、作用、存在的问题及在我国实行的必要性与可能性。

六、编目工作有哪几种模式? 它们的发展趋势如何?

七、略述计算机编目的优越性。

八、简述编目网络的发展过程。

九、试述联机编目的意义、作用及其现状与展望。

十、谈谈我国实行联机编目之你见。

十一、试述目录载体形式的发展方向。

十二、比较机读目录不同载体的优缺点。

十三、简述使用 CD – ROM 光盘进行编目的优越性。

十四、美国目前在机读目录方面有哪些新发展？

十五、略述集中编目、联合编目及合作编目的意义、作用及相
互关系。

十六、简述在实现编目工作现代化过程中对编目人员的素质
要求。

主要参考文献

1. 编目工作的发展趋势/宋继忠//图书馆情报工作/中国科学院图书馆
编辑. —北京:科学出版社,1985. —p. 15 – 18

2. 关于目录现代化的几个问题/阎立中//图书馆工作. —1978(3). — p.
10 – 17

3. 图书在版编目——目录著录工作标准化的一项重要措施/阎立中/图
书馆工作. —1979(4). — p. 20 – 25

4. 图书馆目录/李纪有,余惠芳编著. —北京:书目文献出版社,1986.
6. — p. 40 – 56

5. 西文图书编目/王作梅,严一桥编著. —武汉:湖北省高等学校图书馆
工作委员会,1985. — p. 46 – 51

6. 微密型光盘只读存贮器(CD – ROM)数据库/(美)卡洛尔·特诺帕;
宋如忆,王以美译//国外情报科学/该刊编辑部. —长春:吉林工业大
学,1988(4). — p. 35 – 38

7. CDROM 的性质、应用与影响/赖茂生//现代图书情报技术/中国科学
院文献情报中心该刊编辑部. —北京:中国科学院文献情报中心,1988
(1). — p. 31 – 38

8. 光盘技术在包兆龙图书馆的应用/杨宗英,郑巧英//现代图书情报
技术/中国科学院文献情报中心该刊编辑部. —北京:中国科学院文献
情报中心,1988(2). — p. 2 – 6

9. Bloomfield, B. C. Developments and progress in biliography: document of 53rd IFLA Council & General Conference, Brighton, United Kindom, 16 – 21 August, 1978. —England: [s. n.] , [1987].

10. CD – ROM technology: an issue at ALA in automation and reference. In Library of Congress. IC Information bulletin. —Vol. 47, no. 37 (Sept. 12, 1988)

11. Connolly, Bruce. Looking backward – CDROM and the academic library of the future. In Online. —May 1987.

12. Delsey, Tom. Developments and progress in bibliography, document of 53rd IFLA Council & General Conference, Brighton, United Kindom, 16 – 21 August, 1987. —England: [s. n.] , [1987].

13. Gorman, Michael. Bibliographic description: past, present and future: document of 53rd IFLA Council & General Conference, Brighton, United Kindom, 16 – 21 August, 1987. —England: [s. n.] , [1987].

14. Library issues its first CD – ROM product. In Library of Congress. LC information bulletin. —Vol. 47, no. 36 (Sept. 5, 1988)

15. Wynar, Bohdan S. Introduction to cataloging and classification/Bohdan S. Wynar. —7th ed. /by Arlene G. Taylor. —Littleton, Colorado: Libraries Unlimited, 1985. —p. 527 – 548.

第二编　文献著录

第一部分　文献著录的一般原理

第六章　基本概念及文献著录依据

第一节　基本概念

一、"文献"(Item)与"图书"(Book)之别

1977 年《ISBD》(G)明确"文献"的概念是:"作为一个单独书目描述依据的,以任何实体形式出现的一个文献(Document)、一组文献(Documents)或某一文献(Document)的一部分"。

1964 年联合国教科文组织规定"图书"是指"一种除封面外,至少有 49 页的非期刊性印刷出版物。"国际标准《文献工作——情报与文献工作词汇》(ISO5127/2)为"图书"下的定义是:"48 页以上并构成一个书目单元的文献。"上列各定义表明"文献"与"图书"并非同一概念。"图书"是"文献"的一种类型与载体,它不能概括一切类型及载体的文献。我国图书馆界历来将"图书"与"文献"列为同义词,交替使用;将图书馆"文献著录"与"文献编目"分别称之为"图书著录"与"图书编目"。这种称谓不合标准。图书馆编目工作的对象是各种类型与载体的文献,并非"图书"一种,因此,应将"图书编目"与"图书著录"正名为"文献编目"与"文献著录"。

二、"文献著录"、"书目描述"、"描述性编目"、"主题编目"及"编目"五者的关系

"著录"意指"记录"或"记载",在编目领域里专指为编制目录的方法之一。"著录"一词源于英语"Entry"(动词为 Enter),一般作动词用。"著录"与"描述"(Description)非同义词。"描述"是指经过主观分析、识别与判断,对文献的内容与形式特征进行叙述或描绘的过程。而"著录"则是指将经过描述的内容与被选择的各类标目及其他事项如实记录下来的过程,是整个款目内容记录的总称。

"文献著录"一词我国目前有以下三种不同理解:

(一)"文献著录"即"编目"(狭义)

我国《文献著录总则》(下简称《总则》)规定"文献著录"或"著录"的概念是:"在编制目录时,对文献内容和形式特征进行分析、选择和记录的过程。"1984 年《总则》起草者在《文献著录总则概说》一书中对"著录"的概念作进一步说明:"'著录'……从广义上将其延伸到既可以指对文献实体形态的客观描述,也可以包括对著作标目(编者注:标目一般指责任者名称、题名、主题标题及分类标识四种)的著录。我国图书馆界一般按后一种理解,常作'编目'的同义词……。"根据上述定义与说明,"文献著录"应理解为包括"描述性编目"(即对文献内容及形式特征进行描述及选择,记录责任者、题名标目的过程)和"主题编目"(即对文献内容的学科属性与主题特征进行分类、主题标引的过程)两部分,即"为书目文献编制款目的过程",与"编目"(狭义)同义。

(二)"文献著录"即"书目描述"

目前,有的文献著录著作将"文献著录"与"书目描述"〔Bibliographical description,编者注:bibliographical(英国拼法)与 bibliographic(美国拼法)是不同拼法的同一词,同义,意指"目录的"或

"书目的"]列为同义词。《文献著录总则概说》指出:"'著录'可作两种理解:一是从狭义上将概念界定于对文献实体形态的客观描述(著录)……";《新编图书馆目录》认为:"'著录'又称'目录著录'或'文献目录著录',是国际通用术语,源于英语'bibliographical description'……。从汉语的特点考虑,应将'目录著录'一词规范为'文献著录'……。"既是国际通用术语,又源于英语"bibliographical description"(书目描述),则"文献著录"应与"书目描述"同义,即指编目工作中书目文献的描述,就是说,"文献著录"即"书目描述",它只包括书目文献形态描述的九大项。

(三)"文献著录"即"描述性编目"

有的文献著录著作将"文献著录"作"描述性编目"解,包括书目描述及责任者、题名标目的选择,认为"文献著录"与"编目"不同,"编目"包括文献著录、文献标引(分类与主题)及目录组织。我国的文献标准著录规则所涉及的内容与范围也反映了这种观点。

目前,"文献著录"一词的上述三种不同概念使学习者与读者无所适从。我们认为"文献著录"概念必须统一,它的定义应是:"依据一定规则,对文献的内容与形式特征进行描述,及责任者、题名标目的选择记录过程。""文献著录"既不是"编目",亦非"书目描述",更不包括"主题编目",而是"描述性编目"。

综上所述,"文献著录"即描述性编目,不包括"主题编目";狭义的"编目"包括"文献著录"与"主题编目";而"书目描述"仅是"文献著录"中标目以外的九大描述项目的著录。广义的"编目"则包括文献著录、主题编目及目录组织。

第二节 文献著录的依据

文献著录的依据是文献著录法、待编书目文献及参考工具书。

一. 文献著录法

1. 文献著录法的意义

为客观描述文献内容及形态特征,并提供检索途径而编制的一套完整而系统的文献著录方法叫文献著录法,现称为"文献著录条例"或"文献著录规则"。国外一般称之为"编目条例"(Cataloguing rules)。根据著录条例编制的款目能体现描述内容及标目的准确性与一致性。

2. 文献著录条例的统一

文献著录条例是随着科技文化的发展,文献类型的增加,文献载体的多样化,以及读者检索习惯的变化而由随意著录到简单立则;规则内容从简到详,由不系统到系统化;适用的著录对象由单一的单语种图书到多类型、多载体、多语种文献;应用的目录体系由一文献单款目目录到一文献多款目目录;著录条例统一与标准化的空间范围由一馆、一国、一地区到国际范围。现在世界各国的文献著录条例已先后实现标准化,并向国际标准化靠拢。根据国际统一的标准著录条例编制的款目与目录,能体现各国书目信息的互换性,不同文字的文献著录易于识别,并便于手工书目记录转换为机读形式,从而有利于实现国际书目信息交流、文献资源共享,促进各国科技文化的发展。

3. 文献著录条例的总体结构

当前的文献著录条例不再是只适于单类型文献的单一条例,其书目描述部分是由总则与各分则组成的一整套文献著录规则体系。总则是针对各类型文献的共性而制定的通用性规则,而分则则是在总则的基础上结合不同类型文献的特性而制订的专指性规则。《ISBD》是此类条例的首创。《AACR2》的书目描述部分是以《ISBD》为蓝本,另增加标目、统一题名及参照等内容。我国作为国家标准的各种文献著录规则是根据《ISBD》的总体结构及内容编制的。文献著录条例的另一种体例是:书目描述部分不分总则与分则,而是按描述项目归类,在有关项目下规定各类文献的特殊细则,《简明 AACR2》及我国近年出版的《西文文献著录条例》就是这种类型的结构。前一种类型的条例适用于大型图书馆,而后一种便于中、小型图书馆使用。

我国目前正在使用的各类中文文献著录条例有:《文献著录总则》(GB3792.1–83)、《普通图书著录规则》(GB3792.2–85)、《连续出版物著录规则》(GB3792.3–85) 、《非书资料著录规则》(GB3792.4–85)及《档案著录规则》(GB3792.5–85) ,其他类型文献著录规则正在编制中。西文文献著录条例有根据《ISBD》及《AACR2》(包括《简明 AACR2》)编制,1985 年出版的《西文文献著录条例》。

4. 文献著录条例内容

文献著录条例的内容除一般地阐述条例的编制目的、原则、体例、应用范围、编制概况及有关编目理论的前言(或引言)以及条例所涉及的名词术语外,主要对书目描述项目作具体规定(包括各大小项目的内容、前置标识符号、描述格式及详简级次、著录用文字、著录资料源等)。有的条例(如我国的《普通图书著录规则》、《西文文献著录条例》及《AACR2》等),还为责任者、题名标目以及统一题名、参照等作详简不同的规定。一般来说,计算机编目采取详细描述级次,具一次输入、多项检索功能,手工编目除书目描述规则外,尚需有标目著录规定作依据,方能为读者提供不同检索途径。

二、著录对象——各类型及载体的书目文献

文献著录的首要依据是文献著录条例,另一个不可少的著录依据是著录对象——各类型及载体的书目文献。

科技文化的发展是文献类型增加,载体多样化的决定因素。

当前的文献类型有各种不同区分标准。作为文献著录对象的书目文献有以下几种类型及载体。

1. 书目文献的载体有:书写型、印刷型、缩微型、视听型、机读型等。

2. 书目文献的类型有图书或专著(包括丛书及多卷书、会议录等)、小册子、连续出版物(包括期刊、报纸、年刊(年鉴)、指南等)、报告丛编、学会会刊丛编、会议录丛编及专著丛编等、地图、技术标准、特种科技资料及非印刷资料(如缩微件、机读件、录音录像制品、幻灯片、电影片及立体制品等)。

著录时的文献资料源因文献类型及载体的不同而各异,关于著录资料源的规定将分别于以后各有关章节阐述。

三、参考工具书

在文献著录过程中,某些统一标目名称(包括人名、地名、机关团体名称等)的选择及其著录形式和文献内容的描述等,除待编文献本身所提供的信息外,还常需查考必需的工具书才能最后确定。因此,参考工具书是文献著录不可缺少的依据之三。各种语文词典、人名地名词典、机关团体缩写词典、传记资料、百科全书等是文献著录常用的参考工具书。

第七章　书目描述

书目描述（Bibliographic（al）description）是指根据一定的规则，对书目文献的内容与形式特征进行描述的过程。标目著录及分类主题标引除外。

书目描述是款目的主体，它为读者识别与选择文献提供有关文献的目录学知识，由若干描述项目及其前置标识符号，按一定顺序与著录格式组成。

第一节　描述项目及描述级次

一、描述项目概述

描述项目（Area）是组成书目描述的基本单元。每个描述项目由若干个小项（Element）组成。我国目前对"Area"及"Element"，两词有不同译法。"Area"有"著录事项"、"著录项目"、"著录大项"、"描述项目"等不同译名；"Element"的译名是："单元"、"要素"及"小项"等。本书拟将此两词分别统一译作"描述大项"（简称"大项"）及"描述小项"（简称"小项"）。

每一描述大项揭示文献某特定范围特征，其所属各小项则分别揭示该特定范围特征内的各具体特征。如题名与责任说明项是由正题名、并列题名、副题名及说明题名文字、一般文献类型标识及责任说明等不同小项组成。

按《ISBD》规定,书目描述共分八大项。为结合我国文献著录的特点,我国中文文献书目描述增加第九大项"提要项"。

确定书目描述的项目并按固定顺序排列(某些项目根据著录实情可省略,但不能倒置或随意排列)是国际文献标准著录的两大特点。现将描述项目(包括大、小项)名称、顺序及其前置标识符号(关于前置标识符号将在下一小节予以阐述)列举如下:

1. 题名与责任说明项(Title and statement of responsibility area)

1.1		正题名(Proper title)
1.2	=	并列题名(Parallel title)
1.3	:	副题名及说明题名文字(Other title information)
1.4	〔 〕	一般文献类型标识(General material designation)
1.5		责任说明(Statements of responsibility)
1.5.1	/	责任第一说明(First statement of responsibility)
1.5.2	,	共同责任者(Shared responsibility)
1.5.3	;	著作方式不同责任者(Mixed responsibility)

2. 版本项(Edition area)

2.1	. —	版本说明(Edition statement)
2.2	,	其他版本说明(Additional edition statement)
2.3	/	与版本有关的责任说明(Statements of responsibility relating to the edition)

3.   . —   文献特殊细节项(Material or type of publication special details area)

4. 出版发行项(Publication,distribution, etc,area)

4.1   . —   第一出版地或发行地(First place of publication,distribution,etc.)

4.2   ;   其他出版地或发行地(Subsequent place of publication,distribution,etc.)

4.3   :   出版者或发行者(Name of publisher, distributor,etc.)

4.4   ;   其他出版者或发行者(Name of subseqent publisher,distributor,etc.)

4.5   ,   出版或发行日期(Date of publication, distribution,etc.)

4.6   (:,)   印制地、印制者、印制日期(Place of manufacture,manufacturer,and date of manufacture)

5. 载体形态描述项(Physical description area)

5.1   . —   文献数量及其单位(包括特殊文献标识)(Special material designation and extent of item)

5.2   其他形态细节(Other physical details)

5.2.1   :   文献插图及其他形态

5.3   ;   文献尺寸(Dimensions of item)

5.4   +   附件说明(Accompanying material statement)

6.   . —   丛编项(Series area)

                 每项丛编项外用(   )

6.1   丛编正题名(Title proper of series)

6.2	=	并列丛编题名(Parallel title of series)
6.3	:	丛编副题名及说明丛编题名文字(Other title information of series)
6.4	/	丛编责任说明(Statement of responsibility relating to the series)
6.5	,	国际标准连续出版物编号(ISSN)
6.6	;	丛编内编号(Numbering within series)
6.7	.	附属丛编题名(Title of sub‑series)

7. 附注项(Note area)

8. 文献标准号与获得方式项(Standard number and terms of availibility area)

8.1 国际文献标准号(国际标准书号 ISBN 或国际标准连续出版物号 ISSN)或中国文献标准号

8.2	=	识别题名(Key title)
8.3	:	文献获得方式(如价格)(Terms of availibility and/or price)
8.4	( )	装订形式(Qualification)

9. 提要项(中文文献书目描述增加的第九大项)

以上各描述项目除提要项为描述文献内容的项目外,其余均为揭示文献形式特征的项目。

二、描述项目简要说明

1. 题名与责任说明项

题名与责任说明项是由各种题名、说明题名文字及包括责任者名称的各种著作方式的责任说明组成。题名与责任说明密切相关,因而改变传统著录中将题名与著者分离成两大项的做法,将两者合并为一大项。

题名是每一文献必有的名称,它是直接表达或象征、隐喻文献内容及其特征并使之个别化的名称,是识别文献的最重要的特征。

正题名是指文献的主要题名,是最能集中反映文献内容的名称。正题名包括:

(1)单纯题名:题名前后无任何附加文字说明,如:《图书馆目录》、《Hamlet》。

(2)分卷(册)次:属正题名的一部分,如《诗经直解上》、《Faust,part one》。

(3)交替题名(Alternative title):文献正题名含有两个不同题名时,位于后面的题名叫交替题名。这两个题名的文字相同,并用相同文字"一名"、"又名"、"原名"、"或"、"or"、"ou"等相连。如:《红楼梦,又名,石头记》,《Under the bill,or,The story of Venus and Tannhauser》,《Marcel Marceau,ou,L'art du mime》。文献其他部分的不同题名不作交替题名论。

(4)合订题名:待编文献由几部著作合订而成。题名页上无总题名,只有两个或两个以上个别著作的题名。

并列题名是指在待编文献题名页上用两种或两种以上语言文字并列对照的题名。如《法汉词典 Dictionnaire Francais – Chinois》。题名页外的不同语言文字题名不属并列题名。

副题名是解释或从属正题名的另一个题名,亦称解释题名。说明题名文字是指在题名前后对文献内容范围、编著方式及体裁、文献用途及读者对象等的说明文字。由于副题名与说明题名文字均是解释与说明正题名的文字,因此著录条例将两者合并为一个小项处理。在实际著录时就没有必要明确细分两者的区别。

责任说明是指对文献的知识内容或艺术内容创造的责任的说明。

依据文献的题名页,责任说明的表达方式有以下几种:

(1)一般是个人或机关团体名称与著作方式相结合的短语,如:"鲁迅著"、"潘懋元主编"、"瓦西列夫著 赵永穆 范国恩陈行慧译"、"By William Shakespeare"、"Edited by R. W. Chapman"、"Collaboration of M. Goldsmith，M. B. Grenier－Besson，S. K. Kurtz，P. Kupecek"。

（2）单纯的个人或机关团体名称。

（3）不具个人或机关团体名称的短语，如："By the author of 'Jorrocks´Jaunts and jollities'"。

以上（2）（3）两种表达方式常见于西文文献。

责任者（Responsibility）是指对文献的知识内容或艺术内容的创造负有直接责任的个人或团体。

"责任者"的概念是传统文献著录中"著者"（Author）概念的延伸与深化。西方编目领域"著者项"中的"著者"概念有其演变过程。个人著者的概念起源于古代希腊罗马时期。到19世纪中叶，大英博物馆编目条例（即《91条》）才第一次提出将法人团体归入"著者"范畴，从此，"著者"的概念有狭义与广义之分。1904年克特的条例、《AA1908》、《ALA1941》均规定"著者"的狭义是指一书的作者（Writer）；广义是指一书的作者、编者（Editor）、编著者（Compile）及以其名义出版文献的法人团体。《ALA1949》将"著者"范围扩大，增加了艺术家、作曲家、摄影家、插图绘者等。《AACR》（1967）强调"著者"对文献内容的责任，因而规定"编者"（Editor）不作"著者"论。"著者是指对文献内容负直接或主要责任者"的提法起源于《AA1908》，以后在各条例中逐渐强化此概念，直至《ISBD》才彻底将"著者"改名为"责任者"。现在"责任者"的内涵是指"对文献的知识内容或艺术内容的创造负有直接责任的个人或团体"。"责任者"的范围是指文献所有著作方式的个人及机关团体。我国传统文献著录也称"著者"。根据《ISBD》编制的我国各种文献标准著录规则现已将"著者"改称为"责任者"。

责任者可分为：

（1）共同责任者（或分担责任者，Shared responsibility）是指以相同创作方式对一部文献的知识内容或艺术内容的创作进行合作的人，如：《教育统计学》由叶佩华、陈一百、万梅亭及郝德元四人合著，该四人均属共同责任者。

（2）著作方式不同责任者（或混合责任者，Mixed responsibility）著作方式是指对文献的知识内容与艺术内容创造、整理的各种方式，如著、编、编纂、译、改写、简写、前言撰写者、插图绘者等。著作方式不同责任者是指以不同创作方式参加一部作品的知识内容或艺术内容的创作，因而只对各自创作部分负责者，如：《人的问题》一书由（美）约翰·杜威著，傅统生、邱椿译，杜威对其创作内容负责，而傅统生及邱椿两人对他们的译文负责。这样，杜威与傅统生或邱椿是著作方式不同责任者。

责任第一说明是指文献题名页上列于首位的一种著作方式的责任说明。责任其他说明是指除责任第一说明以外的责任说明。

责任第一说明的理解应注意以下几点：

（1）责任第一说明并不意味着对文献负主要责任。《ISBD（G）》1.5条规定说明："责任第一说明（Statement）与其他责任说明的不同，只是一个标识符号的问题，责任第一说明（即 The first statement of responsibility）并不意味着对文献负主要责任。当一个责任说明中无个人姓名或团体名称时，即当该说明是匿名或隐义时，照录。"我国的文献著录规则将"The first statement of responsibility"译为"第一责任者"会使人产生一种错觉，即：第一责任者是指对文献负主要责任。

（2）各责任说明的顺序取决于各种著作方式的责任说明在题名页上排列的先后位置，不受著作方式的主次（即原著、译等）所支配。因此，不应将原著者理解为唯一的责任第一说明。如西文文集（Collection）题名页上列于首位的著作方式责任者一般是编者（Editor），而非文集中个别文章或著作的原著者。

（3）不应将题名页上列于首位的第一个责任者名称理解为责任第一说明。责任第一说明是指在题名页上排列于首位的同一种著作方式的责任者。同一种著作方式的责任者可以是一个人或团体，但不少情况下是一个以上的个人或团体，如：《资本论》责任者在题名页上的排列次序是：马克思、恩格斯著，郭大力、王亚南译，责任第一说明应是原著者马克思与恩格斯两人。因此，其他责任说明应是译者郭大力、王亚南，而非恩格斯、郭大力及王亚南三人。而"第一责任者"这个译名会使人产生另一种错觉。

为使"The first statement of responsibility"的译名更切合《ISBD》的原意，"责任第一说明"这个译名较之"第一责任者"更为合适。

2. 版本项

版本项的"版本"概念仅属安排描述项目时的狭义概念，并非广义的、传统版本学中的"版本"概念。

"版次"是指文献制版的次数。版次的不同，说明文献内容及形式的变化，对读者选择文献起重要作用。"版次"包括第一版（或初版）、第二……版、修订版、新版……等。"版次"不包括印刷次数，版本项一般从第二版开始著录。

"与版本有关的责任说明"是指文献第一版以后各种新版或修订版的有关责任说明，包括修订者、增补者、审订者等。

3. 文献特殊细节项

本项是专为少数类型文献的特殊特征描述设置的，如连续出版物的年、卷、期起讫，地图的比例尺及投影法等。

4. 出版、发行项

本项记录文献的出版发行情况，包括文献出版者或发行者的所在地，出版社、出版商或发行者的名称，以及出版或发行的日期。当代出版者都有自己的出版范围，专业性较强，有利于读者鉴别文献的质量。

5. 载体形态描述项

本项主要记录文献的形态特征,包括数量及单位(如页数、卷数、片数、盘数等)、图(如插图、图表等)及文献实体的尺寸大小或开本及附件等部分内容。本项的传统名称为"稽核项"(Collation)。

6. 丛编项

本项是记载待编文献所属丛编的题名、与丛编有关的责任者、丛编号及副丛编等特征。丛编项的内容可使读者通过丛编题名查找丛编附加款目,从而获得该丛编内的其他有关文献以扩大其查找范围。

7. 附注项

本项是记录根据一定规则不宜列入以上各项但有利于揭示与识别选择文献的书目信息。在西文文献著录中本项还包括"提要"(Summary)。

8. 文献标准号与获得方式项

本项是新设项目,包括国际标准书号(International Standard Book Number,简称 ISBN),或国际标准连续出版物号(International Standard Serial Number,简称 ISSN),或中国标准文献编号,或被国际承认的其他标准编号及获得方式(装订、价格)等内容。

国际标准书号(ISBN)由十位数字组成,分成四段,各段间以短横(—)或自然空间隔开,如:

ISBN 0—8389—0371—1

或 ISBN 0 8389 0371 1

各段数字的含义是:

第一段——组号:组号是国家、地区、语言或其他组织集团的代号,由国际标准书号中心(International ISBN Agency)负责分配。如"0"代表美国、英国等英语使用国,"2"代表法国,"3"代表德国,"4"代表日本,"82"代表挪威,"90"代表荷兰等。我国的组号为"7"。

第二段——出版社号:出版社号是由国家标准书号中心负责分配,其位数视申请出版社图书出版量的多少而异。

第三段——书序号:书序号是由出版社负责管理分配,每个出版社所出各种图书书序号的位数 L 是固定的,其计算公式如下:

L = 9—(组号位数 + 出版社号位数)

第四段——校验码:校验码是国际标准书号的第十位数字。

核实每个 ISBN 准确性的方法是:

ISBN	0	8	3	8	9	0	3	7	1	1
	×	×	×	×	×	×	×	×	×	×
	10	9	8	7	6	5	4	3	2	1

$$(0 + 72 + 24 + 56 + 54 + 0 + 12 + 21 + 2 + 1) \div 11$$
$$= 22$$

以上计算结果如为整数,则该 ISBN 准确。

校验码可以是"0—10"中任何一个数字,当其数值等于"10"时,则用"X"表示。

国际标准书号具唯一性,即同一种文献若装帧不同、版次不同(价格自然也随之不同),其标准号也各异,因而,多卷书的各卷册分别有各自不同的国际标准书号。

国际标准连续出版物号是由八位数字平均分成两组组成。两组间用短横(—)或空格隔开,最后一个数字为校验号。

如:ISSN   0011 – 3344

或 ISSN   0011   3344

核实 ISSN 准确性的方法类同 ISBN:

$$
\begin{array}{cccccccc}
0 & 0 & 1 & 1 & 3 & 3 & 4 & 4 \\
\times & \times & \times & \times & \times & \times & \times & \times \\
8 & 7 & 6 & 5 & 4 & 3 & 2 & 1
\end{array}
$$

$$(0 + 0 + 6 + 5 + 12 + 9 + 8 + 4) \div 11 = 4$$

一个国际标准连续出版物号代表一个特定连续出版物名称，即每种连续出版物有一个 ISSN，只有在出版物名称更改时，ISSN 才随之改变。

中国标准书号（China standard book number）是由 ISBN 加上图书分类——种次号组成。图书分类——种次号的结构是由图书所属学科的分类号和种次号两段组成，其间用中圆点"·"隔开，如：A·125、TP·301 等。

第一段——分类号：由出版社根据图书的学科范畴，参照《中国图书馆图书分类法》的基本大类给出，其中工业技术类图书按二级类目给出。因此，本段代码为 1—2 个汉语拼音字母。

第二段——种次号：种次号为同一出版社所出版的同类不同种图书的流水编号，由出版社自行给出。

中国标准书号的印刷与存贮格式如下：

$$\frac{\text{ISBN } 7 - 144 - 11316 - \times}{\text{TP} \cdot 1064} \text{或}$$

ISBN 7 – 144 – 11316 – ×/TP·1064

ISBN 具专指性，它的主要作用是简化图书的发行、宣传、记录与管理手续；同时也可简化图书采购、登记、出纳及目录检索等过程。我国每种图书的每种装帧或每一版次均有一个中国标准书号，而多卷书全套只有一个中国标准书号，这是违背唯一性原则的。西方国家的多卷书是每卷有一个 ISBN，便于办理分卷采购、登记等手续。

9. 提要项

提要项是根据我国文献目录的传统特点设置的一个项目。西文文献著录将提要附设在附注项内。提要项主要是对文献内容进行描述、简介或评述的一个项目,对认识与选择文献起重要作用。

以上九个描述项目按一定顺序排列,形成书目记录的主体——书目描述,这是各国书目信息互换与易于识别的核心部分,也是将传统的书目记录转换为机读形式的基础。

三、描述级次(Level of description)

描述级次是指书目描述的详简级次。

书目描述在统一的原则下(如描述项目的确定、固定的排列、顺序及统一的前置标识符号等),根据图书馆的不同性质、任务、规模大小、目录的不同作用、读者的不同需求等因素可具一定灵活性,选择详简不同的描述级次。

书目描述的分级次源于美国克特的编目条例。他在 1876 年《印刷本字典式编目条例》总论中明确提出这个原则,认为根据不同图书馆的性质与需求、目录的不同作用等因素,书目描述可分三级详简级次,即款目有长款目(Full‑title)、中款目(Medium title)及短款目(Short‑title)之分,并在有关规则中具体提出不同级次的记录方法与规定。自《AA1908》以后,编目条例只有一种描述级次。1978 年《AACR2》继承了克特的思想,又恢复了三级详简不同的描述级次,使条例不仅在统一的原则下具灵活性,还扩大适用范围,既适用于大型图书馆,也便于中、小型图书馆使用;既可供美英两国图书馆使用,也可为其他国家图书馆服务,具国际性。我国的各种文献著录规则根据《AACR2》也将书目描述分为详简不同的三个级次。

书目描述的三个级次是简要级次,基本级次及详细级次。

根据我国《文献著录总则》规定,描述项目可区分为主要项目和选择项目。

(1)主要项目:题名与责任说明项的正题名、责任第一说明;版本项;出版发行项的出版发行地、出版发行者、出版发行日期及载体形态描述项。

(名)选择项目:并列题名、副题名及说明题名文字、文献类型标识、责任其他说明;文献特殊细节项;印制地、印制者、印制日期;丛编项;附注项;文献标准号与获得方式项;提要项。

简要级次包括所有主要项目。

基本级次包括所有主要项目及部分选择项目。

详细级次包括全部主要及选择项目。

国家书目及全国集中编目必须采用详细级次,其他类型目录的详简级次由各馆自行选择。

我国《西文文献著录条例》规定各描述级次所包含的项目是:

简要级次:正题名;责任第一说明(当责任者形式和数字与主要款目标目不同,或当款目无主要款目标目时,则记录此项);版本说明;资料或出版物类型特殊细节;第一出版者,出版的日期;数量及单位;附注项;文献标准号。

基本级次:正题名(一般文献类型标识),并列题名,题名其他说明,责任第一说明;版本说明,与版本有关的责任第一说明;资料或出版物类型特殊细节;第一出版地,第一出版者,出版日期;数量及单位,其他形态细节,文献尺寸;丛编正题名,与丛编有关的责任说明,丛编的 ISSN,丛编内编号,副丛编题名,副丛编 ISSN,副丛编内编号;附注项;文献标准号。

详细级次,要求全部项目详细著录。

第二节　描述用标识符号

标识符号是指在机器与人工编制款目过程中用以识别书目记录内容的一套标记符号,它包括一些非语法的人工符号,如". —"及赋以新义的语法符号,如"/"、":"、"="、";"等。

描述用的标识符号虽类似语法中的标点符号,但两者的用法与作用却无相同之处。描述用的标识符号是书目描述的组成部分,置于每一描述小项之前,亦称"前置标识符号",是用以识别描述大小项目的类型或内容。而语法标点符号是书面语的有机组成部分,用来表示停顿、语调以及语词的性质和作用的符号。前置标识符号与传统书目描述中的标识符号也不尽相同。传统的书目描述是在某些描述项目后采用部分语法标点符号,并加上空格起分隔描述大、小项目作用,不起标识、表示作用。

前置标识符号是《ISBD》的首创,目的是试图通过国际统一的文献描述项目的前置标识符号使不同语言文字的书目记录易于识别,起国际书目信息互换与交流作用。同时,机器编目已是当前编目工作的一项新技术,能提高编目工作的有效率。机读目录是以手工编制的书目记录为基础的,因此,手工与机器编目使用统一的前置标识符号有利于将手工编制的书目记录转换为机读形式。

标识符号有两种类型。一是识别描述项目类型的前置标识符号,二是识别描述内容的标识符号。

1. 描述项目前置标识符号

根据《ISBD》规定,描述项目的前置标识符号是:

. —　　各描述大项(每一新段落的开始项除外)。

=　　各种并列题名,如正题名的并列题名、丛编并列题名等,以及文献标准号与获得方式项中的识别题名。

：　　　　每项题名说明；出版者，发行者，印制者；插图；文献获得方式（如价格）。

／　　　　责任第一说明，包括与题名有关的责任第一说明、与版本有关的责任第一说明、与丛编有关的责任第一说明等。

；　　　　每项责任其他说明；第二出版地或发行地；文献尺寸或开本；与丛编附属丛编有关的责任其他说明；丛编或附属丛编内编号；同一责任者的第二合订题名。

，　　　　同一著作方式责任说明中的其他责任说明；版本其他说明；出版、发行、印制日期；丛编或副丛编的 ISSN；分段页码。

＋　　附件说明。

·　　附属丛编题名；补篇或分册（西编）。

／／　　析出文献的出处（中编）。

2. 描述内容的识别符号

描述内容的识别符号（包括语法标点符号）一般不设置于描述项目前，而是用在项目的外部、中间或末尾，用来说明描述项目中的特定内容或表示描述语词的停顿以及作用等。如：

（　）括号内记录：中国责任者时代（中编）；外国责任者国别及姓名原文（中编）；责任者所属机关名称（中编）；丛编项；印制地、印制者、印制年；附件的形态细节；装订等；多卷书卷次后的连续性页码；连续出版物卷期的出版年月。

〔　〕括号内记录：文献类型标识，取自待编文献以外或自拟的描述资料，出版者或发行者的补充说明。

·　用于大项结尾（中编）；第一合订题名与责任者结尾；每一描述段落的最后大项结尾（西编）；外文缩写（西编中如一缩写词后紧接一大项，则省略大项前置标识符号中的"·"，例如：用 2nd ed. —代替 2nd ed. . —）。

，　　题名中短语的分割。

~或—　用于起讫连接。

?　　　用于推测及不能确定的年代(与"〔　　　〕"结合用)。

…　　　缩略的正题名或题名文字说明;责任说明的省略(西编);代替连续出版物正题名中的日期或数字。

使用描述项目前置标识符号时应注意以下几点:

(1)书目描述的项目应按规定顺序著录,不进行著录的大、小项目应连同其前置标识符号一并省略,代之以其后一大项或小项。

(2)关于标识符号前后空格问题,中、西文献的描述处理不一:

中文文献描述的处理是:除".—"占两格外(". "占一格,"—"占一格,不应分开移行),其他符号均各占一格,其前后不再空格,如:

给教师的建议/(苏)苏霍姆林斯基著;杜殿坤编译.

北京:教育科学出版社,1984

西文文献描述的处理是:每个标识符号前后各空一格。逗号,句号,连字号,方、圆括号除外。逗号,句号,连字号,方、圆括号的闭号前不空格;连字号,方、圆括号的开号后不空格。如:

＊＊International law essays＊:＊a supplement to international law in contemporary perspective＊/by Myres S. McDougal and W. Michael Reisman＊;foreword by James London.＊—＊2nd ed.,updated rev. ed.＊—＊Mineola,New York＊:＊The Foundation Press,1983.

＊＊xxxi,635＊P.＊:ill.＊;＊25＊cm.＊—＊(International law series＊;＊no.＊4)

＊＊Biblionraphy:＊p.＊630－932.

＊＊Includes indexes.

＊＊ISBN 0－8242－0695－9

注:"＊"表示空格,下同。

（3）标识符号虽是标识其后的描述项目,但在著录文字书写或打字移行时,一般应将标识符号留在前一项末尾,中、西文文献描述在这方面也有不同处理。

中文文献描述的处理是:一般将标识符号留在前一项末尾,符号". —"在回行时可省略"—",在前一项尾末处保留"."代表整个符号,如:

词典和词典编纂的学问/辞书研究编辑部编.

上海:上海辞书出版社,1985

西文文献描述的处理是:一般将标识符号留在前一项目的末尾,但有时也可将标识符号连同其后的描述大小项一并回行,这时,回行的标识符号前不必空格。". —"符号回行时,必须将"."留在前一项目的末尾,而将"—"符号回行,前不空格。例如:

＊＊Life of Johnson＊/＊James Boswell＊;

edited by R. W. Chapman＊;＊rev. by J. D. Fleeman

;＊with a new introduction by Pat Rogers.

—＊Oxford＊:＊Oxford University Press,＊1980.

（4）段落符号或描述格式的每一段落的第一小项前省略标识符号。

第三节　描述格式

描述格式是指各描述项目在款目中的排列顺序及位置。

根据不同的目录载体,书目描述格式一般分为符号段落式及连续式(或长龙式)两种。

一、符号段落式:一般用于卡片式目录

1. 中文文献描述格式:分为五个段落。

（1）题名与责任说明项——出版、发行项。（2）载体形态描述项——丛编项。（3）附注项。（4）文献标准号及获得方式项。（5）提要项。格式如下：

正题名＝并列题名：副题名及说明题名文字〔文献类型标识〕/责任第一说明；责任其他说明.—版次及其他版本说明/与版本有关的责任说明.一文献特殊细节.—出版发行地：出版发行者，出版发行日期（印制地：印制者，印制日期）

页数或卷册数：图；尺寸或开本＋附件.—（丛编题名/与丛编有关的责任说明，ISSN；丛编编号.附属丛编）

附注

国际标准号；中国标准书号（装订）：获得方式

提要

2.西文文献描述格式分四个段落：（1）题名与责任说明项——出版、发行项。（2）载体形态描述项——丛编项。（3）附注项（各项附注可连续著录，也可各成段落）。（4）文献标准号及获得方式项。格式如下：

**Title proper*〔GMD〕* = * Parallel title*：* other title information*/* statement of responsibility. *—* Edition statement*/* statement of responsibility relating to edition. *—* Place of publication, distribution, etc. *：* Publisher, distributor, etc., date（Place of manufacture*：* Manufacturer, date of manufacture）.

**extent of item*：* other physical details*；* dimensions* + * accompanying material. *—*（series*；* numbering）

**Notes.

**Standard number and terms of availability

〔*〕表示空格

二、连续式(或长龙式):一般适用于书本式目录及机读目录

1. 中文文献描述格式:本格式分两段:第一段是纯属描述文献外形特征的著录正文(从题名与责任说明项到文献标准号及获得方式项),第二段是描述文献内容的提要项,格式如下:

正题名 = 并列题名:副题名及说明题名文字〔文献类型标识〕/责任第一说明;责任其他说明. —版次及版本其他说明/与版本有关的责任说明. —文献特殊细节. —出版发行地:出版发行者,出版发行日期(印制地:印制者,印制日期). —数量及单位:图及其他形态;尺寸或开本 + 附件. —(丛编题名/与丛编有关的责任说明,ISSN;丛编内编号·附属丛编). —附注项. —IS-BN;中国标准书号(装订):获得方式

提要.

2. 西文文献描述格式:从第一大项到第八大项连续著录,不分段落,格式如下:

＊＊Title proper＊〔GMD〕＊ = ＊Parallel title＊:＊Other title infor-mation＊/＊statement of responsibility.＊—＊ Edition state-ment＊/＊statement of responsibility relating to edition.＊—＊ Place of publication, distribution, etc.:＊Publisher, distributor, etc., date(Place of manufacture＊:＊Manufacturer, date of manu-facture).＊—＊ extent of item＊:＊other physical ditails＊;＊dimemsions＊ + ＊accompanying material.＊—＊(series＊;＊num-bering).＊—＊Notes.＊—＊Standard number and terms of availa-bility

第四节　描述用文字及文献类型标识

一、描述用文字

标准化的文献著录,其描述用的语言文字必须规范化。不同语种文献著录的描述以采用文献本身使用的语言文字为原则。

根据我国《文献著录总则》的规定,我国各语种文献的描述用文字必须规范化;题名与责任说明项、版本项、文献特殊细节项、出版发行项、载体形态描述项、丛编项、附注项、提要项均用文献本身的文字描述;版次、出版日期或发行日期、卷(册)数、载体形态数量、尺寸或开本、价格等数字一律用阿拉伯数字,各少数民族文字的文献需按其文字书写规则进行著录;文献本身的文字出现错误,仍需照录,同时将考证所得文字,在其后加"〔　〕"校正,或在附注项说明。

我国《西文文献著录条例》对描述项目文字的规定是:题名与责任说明项、版本项、出版发行项、丛编项均按文献本身所用文字记录;载体形态描述项、附注项、文献标准号与获得方式项用英文记录。

二、文献类型标识

文献类型标识符是指标识各种文献类型的符号。文献类型标识符对选择文献有一定帮助。多类型的文献著录一般需用文献类型标识符。

文献类型标识符也必须标准化,不能随意著录。我国国家标准《文献类型与载体代码》(GB3469 – 83)对文献类型及代码作了如下规定:

（一）文献类型代码表：

序　　号	名　　称	简　　称	双字码	单字码
1	专　著	著	ZZ	M
2	报　纸	报	BZ	N
3	杂　志	刊	QK	J
4	会议录	会	HY	C
5	汇　编	汇	HB	G
6	学位论文	学	XL	D
7	科技报告	告	BG	R
8	技术标准	标	JB	S
9	专　利	专	ZL	P
10	产品样本	样	YB	X
11	中译文	译	YW	T
12	手　稿	手	SG	H
13	参考工具	参	CG	K
14	检索工具	检	JG	W
15	档　案	档	DA	B
16	图　表	图	TB	Q
17	古　籍	古	GJ	O
18	乐　谱	谱	YP	I
19	缩微胶卷	卷	SJ	U
20	缩微平片	平	SP	F
21	录音带	音	LY	A
22	唱　片	唱	CP	L
23	录像带	像	LX	V
24	电影片	影	DY	Y
25	幻灯片	幻	HD	Z
26	其它＜盲文等＞	它	QT	E

二、文献载体代码表

序　号	名　　称	简　　称	双字码	单字码
1	印刷品	印	YS	P
2	缩微制品	缩	SW	M
3	录音制品	音	LY	A
4	录像制品	像	LX	V
5	机读磁带制品	机	JD	R
6	其它	它	QT	E

我国《西文文献著录条例》规定的一般文献类型标识如下：

art original	艺术原作
chart	挂　图
diorama	立体布景模型
filmstrip	幻灯卷片
flash card	闪视图片
game	智力玩具
globe	球　仪
kit	多载体配套资料
machine – readable data file	机读数据档
manuscript	手　稿
map	地　图
microform	缩微件
microscope slide	显示标本玻璃片
model	模　型
motion picture	影　片
music	乐　谱
picture	绘　画
realia	实物教具

slide	幻 灯 片
sound recording	录音资料
technical drawing	技 术 图
text	印 刷 本
transparency	透射图片
videorecording	录像资料

文献类型标识虽有助于读者选择文献,但在实际编目工作中,一般使用不多。有的编目条例将此列为选择性规则。

第五节　描述资料源

描述资料源是指在书目描述时各描述项目内容的材料根据。"Sources of information"有"描述资料源"、"著录根据"、"著录信息源"及"著录情报源"等译名。"著录根据"可以被理解为"文献著录的规则依据",也可能被理解为"文献著录的规则依据及资料来源",概念含糊。"著录信息源"与"著录情报源"中的"信息"或"情报"两词泛指性太强。文献描述的资料源主要是指各描述项目内容的材料根据,故正名为"描述资料源"较切原文原意。

书目描述的资料源是文献本身。文献的形体结构较为复杂,编目人员必须分析、认识文献,才能确定其内容与形态特征,才能有的放矢地取舍材料进行书目描述。因此,分析与认识文献本身是选择描述资料,进行书目描述的前提。

各类文献的形体结构不尽相同。以印刷文献为例,文献的形态主要包括封面(精装文献有时外有书衣)、封底、书脊、题名页、版权页、序、目次、导言、正文及后附部分(附录、参考书目、词汇、索引及后记等)。题名页一般载有题名、题名说明、责任说明、版本说明、出版发行及丛编等项内容。版权页主要包括题名、责任者、在版编目（西文文献）、出版发行、印刷说明、开本字数、文献标准号及定价等。前言或序言、目次、导言是文献内容的简介或评论，而正文是文献内容本身，是文献的主体。

　　书目描述应从复杂的文献形体中选取最能集中反映文献实体形态特征，从而提供描述该文献所需的书目数据（文献特征）的部分作为主要资料源。统一规定各类文献的主要描述资料源，可以提高书目描述的准确性、统一性及标准化程度，从而提高目录使用的有效率。书目描述主要是对文献的实体形态进行描述。文献中的题名页最能集中提供书目描述所需的文献主要形态特征的资料，因此，一般来说，印刷型文献的题名页是书目描述的主要资料源。现将各类文献的主要描述资料源列述于下表：

文　献　类　型	主　要　描　述　资　料　源
图书、小册子、单页印刷品	题名页
连续出版物（印刷）	题名页
地图资料	1. 地图本身 2. 容器、盒套、地球仪的支架等
手稿	题名页，书尾题署
乐谱	题名页
录音 　唱片 　录音磁带	标签 　卷盘或盒套及标签
电影片及录像	影片本身及其容器
图表资料（技术图纸等）	文献本身（包括标签及容器）
机读数据文档	内部使用标签
立体制品及直观教具	附有文本资料及容器的物体本身
缩微制品	题名框架

　　一般说，题名页是书目描述的主要资料源，鉴于在版编目（Cataloging in publication，简称，CIP）的推行，版权页的内容相应增

加,因此,西文文献著录已将版权页作为书目描述的主要资料源,中文文献著录亦将如此。

关于各类文献书目描述中各项目的描述资料源,将在以后各类文献著录的有关章节中分别于以阐述。

第八章　排检点与标目

第一节　排检点与标目的意义与作用

排检点（Access point）是指从书目描述中选取，用以识别和排检该书目记录的任何一个名词、术语或代码。

标目（Heading）：标目或称著录标目，是指作为排检款目依据，列于款目之首的一个名称（个人著者或其他责任者姓名、团体名称、地名、题名、统一题名及丛编题名等）或标题等。

标目是排检点的一种。手工编制的目录中，每一文献实体的一种款目只能有一个标目。如果一个文献实体的书目记录有几个排检点，就需编制相应数量的款目。机读目录中的每种文献实体的书目信息是一次输入，多项检索，它的排检点即标目。

标目有三个主要作用：

1. 决定款目的性质

款目的性质取决于标目所代表的文献特征。标目有责任者、题名、分类、主题等四种类型，款目的性质也分别有责任者款目、题名款目、分类款目及主题款目等。

2. 确定款目在目录中的位置

目录是将各类款目按一定规则排列而成。排列的依据是标目，标目因而起确定款目在目录中位置的作用。没有标目就不能建立系统的合乎逻辑的文献检索体系，图书馆也无法通过目录完成各项工作。

3.为读者提供检索途径

标目是指根据读者的检索习惯与需求从待编文献中所选取的代表某一特定特征的一个名称、术语或代码。读者必须通过已知的文献特定特征在目录中索取所需书目信息。因此,标目的主要职能是为读者提供检索途径。

第二节　标目或排检点的类型

标目或排检点的类型有以下两种区分方法。

一、按作为排检途径的文献特征分

根据一般读者检索文献特征的习惯,标目可分为责任者、题名、分类及主题四种类型。

1.责任者标目　责任者标目是指以个人姓名或机关团体名称的特定形式所构成的一个检索标识。读者需在确知有关责任者名称的前提下方可通过责任者标目查找有关书目信息。

2.题名标目　题名标目是指以文献的题名(包括正题名、副题名、丛编题名及析出题名等)所构成的检索标识。读者应在确知被检索文献的确切题名的前提下,以题名标目为依据查找有关书目信息。

3.分类标目　分类标目是指以体现文献内容学科属性的分类号所构成的检索标识。读者必须在已知待查文献的分类号的情况下才以此为依据查检所需文献资料。

4.主题标目　主题标目是指以揭示文献内容的主题特征的标题所构成的检索标识。读者应通过已知文献内容的主题标题才能查找有关文献。

以上是手工编制的目录所常用的四种标目。机读目录由于其一次输入、多项检索的特性，其款目的排检点相应增加，更便于读者检索。

二、按标目的职能与作用分

根据不同职能与作用，标目可分为主要标目、附加（或次要）标目及交替标目三种类型。

1. 主要标目（Main entry，编者注："entry"一词在此作"标目"解）

主要标目是指从作为排检特定文献的所有排检点中选出的一个列于主要款目（关于主要款目见第九章第二节）首行的一个名词、术语或代码。亦称主要款目标目（Main entry heading）。其主要职能与作用是为读者检索特定出版物或某一责任者的所有著作或某著作的所有版本、译本等提供检索途径。

2. 附加或次要标目（Added entry）

在作为排检特定文献的所有排检点中，除其中一个为主要标目外，其余均属附加标目。亦称"附加款目标目"（Added entry heading）（关于"附加款目"见第九章第二节）。附加标目是为读者提供主要标目以外的更多的检索途径，并为集合文献单元起辅助作用。

3. 交替标目（Alternative heading）

交替标目是指列于通用款目或题名单元款目中（Title - unit - entry 详见第九章第二节）排检项（或根查）的排检点。各排检点在作为款目标目时不分主次，是并列关系。只有在特定文献的所有交替标目都使用时，才能体现目录的职能，因此，交替标目适用于机读目录及手工编制的一文献多款目目录，而不适于编制一文献单款目目录。

这里必须说明两点：其一，检索某一特定文献书目信息的主要标目只能有一个,而附加标目可以有若干个。主要标目的性质应根据各国读者的检索习惯确定。我国的编目传统是以题名(一般指正题名)为主要标目,而西方国家则主要以责任者(一般是指对文献内容的创造负直接或主要责任者)为主要标目,在特定情况下则以题名为主要标目。其二,责任者主要标目与书目描述中题名与责任说明项中的责任第一说明不能等同而言。作为主要款目标目的责任者,一般是指对文献内容的创造负直接或主要责任者,如第一原著者、乐谱作曲家等,而书目描述中的责任第一说明,根据《ISBN》规定,是指文献题名页上列于首位的一种著作方式的责任(或责任者)说明,它可以是对文献内容的创造负直接或主要责任的一个原著者,也可能是几个共同责任者;在某些情况下是指对文献内容的创造不负直接或主要责任的其他不同著作方式的责任者,如一般文集是以题名为主要标目,而其书目描述中的责任第一说明是题名页上列于首位的编者。因此,责任者主要标目与书目描述中的责任第一说明不能混为一谈。

第九章 款 目

第一节 款目的意义与作用

一、款目的意义

款目是文献著录(描述性编目)与主题标引的结果,是依据一定的方法与规则,对某一特定书目文献的内容与形式特征进行描述,及对该文献内容的学科属性、主题特征进行标引后所作的一条记录。图书馆目录是书目记录(Bibliographical record)的一种,必须包括书目描述及各类标目。

"款目"一词源于英语"Entry",由于它在英语编目术语中是一词(Entry)异义(款目、著录及标目),因此,有人误将"款目"、"著录"、"标目"三者的概念混淆起来。也有将"款目"称之为"卡片"的。确切地说,"卡片"只是"款目"的载体之一。"款目"是经过著录的卡片,是组成目录的最小单位。目录是将各类款目按一定方法与规则排列而成的款目集合体。

目录的质量取决于款目的质量,而著录的质量决定款目的质量,它是保证款目与目录质量的主要因素。高质量的文献著录必须具备两个条件:一是有一个科学性、逻辑性及系统性强的文献著录标准为依据,二是有高水平的编目人员。

二、款目的作用

款目的主要作用是：

1. 款目的书目描述内容向读者提供有关文献的目录学知识，使读者认识与识别文献，从而选择文献。

2. 款目的标目决定它在目录中的位置，为读者使用目录提供各种途径，从而能迅速而准确地查找所需文献。

3. 款目的索取号向读者提供文献在书库或阅览室的排架位置，便于快速检取所需文献。

第二节 款目的类型

为充分发挥目录的多功能检索职能，必须编制各种不同类型的款目。标目是决定款目类型的主要因素，不同类型的款目可组成相应类型的目录，这就是标目、款目与目录三者的关系。款目有以下几种类型：

（一）按检索途径或标目的性质，款目可分为以题名为标目的题名款目，以责任者名称为标目的责任者款目，以分类号为标目的分类款目，以主题标题为标目的主题款目四种基本类型。

（二）根据款目在目录中所起的作用，款目可分为主要款目、附加款目、综合款目及分析款目。

（1）主要款目（Main entry，编者注："entry"在此作"款目"解）

主要款目的传统含义是指在一个多途径检索的目录中，唯一代表一文献实体的款目；除标目外，它具有完整的反映该文献特征的描述项目，还可包括有关该文献的其他排检点。我国中文文献历来是以题名款目为主要款目，款目内容一般包括题名主要标目、书目描述（即著录正文及提要项）及排检项三部分，其著录格式见例片(一)。

例片(一)

题名主要标目→　哲学 ABC

哲学 ABC/林京耀,张帆著.—长沙:
湖南人民出版社,1983.2
237 页;32 开

0.59 元
提要

Ⅰ.哲…　Ⅱ.①林…②张…Ⅲ.主题词
Ⅳ.分类号

书目描述{著录正文 提要→项}

排检项

传统的西文文献主要款目主要是责任者款目,其著录内容一般包括责任者主要标目、书目描述及根查,其著录格式见例片(二)。

例片(二)

责任者
主要标目→

书目描述

根查

```
Dethier, Vincont Gaston.
    Animal behavior: its evolutionary and neurologi-
cal basis/by V. G. Dethier and Eliot Stellar. —
Englewood Cliffs, N. J. : Prentice – Hall, 1961.
    812 p. : ill. ; 23cm. — (Prentice – Hall founda-
tions of modern biology series)
    Bibiography: p. 116 – 118.
    ISBN 0 – 8389 – 3156 – 1
    1. Animals – Habits and behavior. I. Stellar,
Eliot. Ⅱ. Title. Ⅲ. Series.
                                ◯
```

主要款目是识别文献、查核复本的一种标准形式。

(2)附加款目(Added entry)

附加款目是指主要款目以外的其他款目。传统的附加款目以主要款目为基础,包括附加标目及简略的描述项目内容。附加款目的主要作用是为读者提供主要款目以外的检索途径,并起集合文献单元的辅助作用。

自实行集中编目,印发统编款目后,主要款目与附加款目的书目描述内容详简度一致,两者的不同仅在标目的主次而已。

(3)综合款目

综合款目是指为若干出版单位的多级出版物(如丛编、多卷集、连续出版物及集中整理的零散资料)进行整套著录而编制的款目。综合款目一般属主要款目(关于综合著录详见第十一章第二节)。

(4)分析款目

分析款目是指将文献的某一部分或某一章节分析出来进行著

录而编制的款目,也是指为综合著录的多部分文献的某一部分所做的款目。分析款目是附加款目的一种(关于分析著录详见第十一章第一节及第十六章)。

(三)通用款目或称"单元卡"(Unit card),或"单元款目"(Unit entry),或"单元记录"(Unit record)。

通用款目是指描述项目齐全,作为编制各种款目的基础的款目。西方国家早于本世纪初开始编制发行统一的单元卡。而我国1985年在国家标准局发布的《普通图书著录规则》中才首先出现"通用款目"这个概念。由于语言文字、检索习惯及编目传统不一,中文文献通用款目与西文文献单元卡在著录内容、著录格式,以及用途等方面亦有差异。

(1)中文文献通用款目包括书目描述及排检项。其著录格式见例片(三)。

例片(三)

书目描述 {
　　新编图书馆目录/黄俊贵,罗健雄编著.—北京:书目文献出版社,1986.8
　　438页;大32开

　　书末附参考书目
　　提要

排检项→ 　Ⅰ.新…　　Ⅱ.①黄…②罗…　　Ⅲ.主题词　Ⅳ.分类号

由于通用款目第一行是从题名开始,因此可称为"题名通用款目"。通用款目不是传统的基本款目。传统的基本款目有固定的标目,中文文献的基本款目是题名款目。基本款目可以直接排入目录。而通用款目是将各种标目集中于排检项，制作用于排检的款目时，必须进行技术加工，即把有关的标目添加在书目描述之上。若省略通用款目中的排检项及提要项，则可用于出版发行部门的通报性目录。

关于通用款目排检项中各种排检点作为标目时，它们之间的关系问题，我国编目界有两种不同观点。一种基于编目发展远景，认为通用款目中各排检点作标目时，它们是并列关系，不分主次，是交替标目，各馆可根据实际需要自由选择，交替使用。第二种是从实际出发，认为我国编目自动化的条件尚未成熟，计算机编目仅处于试验阶段，在相当长的时期内，手工编目仍应处主导地位。即使是手工编目，不少图书馆由于各种原因，不能编制一文献多款目的目录，而具交替标目的通用款目仅适于编制机读目录及一文献多款目的目录，因此，从实际出发，通用款目中的各种标目必须分主次，这样才能扩大通用款目在编制不同类型目录时的灵活性。何况，按第一种观点编制的通用款目，其排检项中的各排检点客观上还是分先后主次的，如第一类标目是题名标目，第二类是责任者标目，等等。同是题名标目，正题名列于首位，其次是其他题名。责任者标目中以第一原著者为首。我们认为第二种观点对我国当前的编目工作来说是切实可行的。

（2）西文文献单元卡

西方国家图书馆文献目录传统的单元卡即著者（责任者）主要款目，包括责任者主要标目、书目描述及根查三部分。数十年来，西方编目界在以责任者为主要款目标目，或以题名为主要款目标目的问题上始终存在着分歧意见，这种分歧反映在单元卡的著录内容及格式方面产生了"著者单元款目"（Anther－unit entry）及"题名单元款目"（Title－unit entry）之争。

（a）著者单元款目　著者单元款目即传统的著者主要款目，包括著者主要标目、书目描述及根查（即其他附加标目）。其著录

121

格式如下:

例片(四)

Bailey, Hamtion.

Bailey & Love's Short practice of surgery. —16th ed. /rev. by A. J. Harding Rains and H. David Ritchie. —London: H. K. Lewis, 1975.

xii. 1308 p. ; ill. (some col.) ;36 cm.

Includes index.

ISBN 0 – 7186 – 0403 – 2 : £ 10. 00

1. Surgery. I. Love, Robert John McNeill. II. Rains, Anthony J. Harding. III. Ritchie, Horace David. IV. Titie. V. Title: Short practice of surgery.

RD31. B358   1975   627

○

(b)题名单元款目 题名单元款目类似我国中文文献的通用款目,包括从题名开始的书目描述以及根查(包括所有的排检点)。所不同者是中文文献通用款目中列于排检项首位的是题名(见例片三),而在西文文献单元款目中列于根查首位者(主题标题除外)是责任者,其著录格式如下:

例片(五)

```
Bailey & Love's Short practice of surgery. —16th ed./rev. by A.
J.  Harding  Rains  and  H.  David  Ritchie. —London：H.  K.
Lewis,1975.
    xii, 1308 p. ;ill.(some col.);26 cm.
    Includes index.
    ISBN 0－7186－0403－2;£10.00
    1. Surgery. I. Bailey, Hamilton. II. Love,Robert John McNeill.
III.  Rains,  Anthony J. Harding. IV. Ritchie, Horace David. V.
Title：Short practice of surgery.
    RD31. B358      1975          617
```

主张著者单元款目者为了维护传统的编目理论,认为只有著者单元款目才能充分履行集中文献单元的职能,而由题名单元款目所组成的目录只能是一份文献清单,因而是编目理论的倒退。此派代表人物是美国当代编目理论家柳别茨基。拥护题名单元款目的代表人物是南斯拉夫图书馆学家伊娃·维若娜(Eva Verona)及《AACR2》主编之一戈尔曼。他们的基本观点是"方便读者与编目人员",认为读者的检索习惯已由责任者转为题名,现代各编目条例中以题名为主要标目的规则已超过有关著者主要标目的规则。据统计,即使是1967年柳别茨基主持编制的《AACR》,也只有47%的规则可产生责任者主要标目,因而,责任者主要标目在目录中已不能起"集中文献单元"的主导作用。同时,题名单元款目便于国际书目信息交流。在两派之外还出现了折衷派,他们建议以题名单元款目为基础,将责任者主要标目作为第一附加标目列于根查之首(主题标题除外)。见例片(五)。

以上各观点在西方国家至今未得统一。我国目前编目理论研究尚未广泛深入开展,对读者检索西文文献的习惯也还没有作充分调查,为避免因单元卡著录的改变而影响各馆西文文献目录固有的体制,我们认为当前我国的西文文献统编单元卡的编制需取慎重态度,以继续沿袭传统的著者单元款目为宜,待编目理论研究充分展开,观点基本一致,并在对读者检索习惯作充分调查,以及其他人力物力条件成熟后再作适当调整。

标目种类		款目种类		组成图书馆目录
检索途径或从性质分	从作用分	通过款目		种类
		从性质或检索途径分	从作用分	
题名标目	主要标目	题名款目	主要款目	题名目录
	附加标目		附加款目	
责任者标目	主要标目	责任者款目	主要款目	责任者目录
	附加标目		附加款目	
分类标目	主要标目	分类款目	主要款目	分类目录
	附加标目		附加款目	
主题标目	主要标目	主题款目	主要款目	主题目录
	附加标目		附加款目	

中文文献通用款目与西文文献单元卡在使用上的不同是:通用款目是各种款目的基础,不能单独作为检索工具使用,必须经过技术加工,根据各馆目录体系的要求,在通用款目上添加有关标目后方可使用,即使一文献单款目目录亦不例外。而西文文献单元卡虽是编制各种款目的基础款目,由于已有固定标目,因此,可直接用以组织一文献单款目目录。

关于标目、款目以及目录三者的关系见上表。

第三节　字顺目录中主要款目与主要
标目的存废问题

一、概念的澄清

"主要款目"与"主要标目"两名词源于英语："Main entry"，我国一些编目著作或文章，有的将意为"主要标目"的"Main entry"译成"主要款目"，有的把意指多层次机关团体标目中的首级（或一级）标目的"Main heading"译为"主要标目"。诸如此类的误译已造成概念上的混乱。国外已将"主要标目"改名为"Main entry heading"。同时，也将"附加标目"（原名"Added entry"）改为，"Added entry heading"。因此，在阐述正题前，有必要在概念上首先加以澄清。

二、问题的提出

主要款目的概念源于欧美国家。传统的主要款目包括主要标目及完整的书目描述。而附加款目包括附加标目及简略的书目描述。1901年美国国会图书馆印发统一的单元卡，统一了书目描述内容的详简度，从此，主要款目与附加款目的差别仅是标目的主次而已。因而，主要款目的存废实质上是主要标目的存废问题，即标目是否分主次。

问题产生的背景：

1. 西方国家自1901年以来，大部分图书馆采用统一的印刷单元卡编制一文献多款目目录，即款目的书目描述内容详简度一致、多途径检索的目录体制，目录中款目的标目实际上不分主次，是并列关系。

2. 编目技术已由手工编目发展到机器编目。计算机编目能一次输入最详尽的书目信息,并最大限度地提供检索途径,其排检点被使用的机会是均等的,因而标目无需分主次。

基于上述背景,西方国家于本世纪初即开始提出废除主要款目的主张,由此产生了主要款目的存废之争。

三、两种观点

主要款目存废之争是国内外,尤其是欧美各国编目界长期争论悬而未决的问题。目前有两种论点。

1. 主"废"派的论点是:(1)主要款目是早期图书馆为节省印刷篇幅与费用而编制的单款目书本式目录的遗迹,现实行一文献多款目目录体制后,主要款目已属过时概念。(2)选择主要标目是编目流程中最艰巨而费时的一个程序。废除主要标目代之以交替标目,可简化编目流程。(3)主要款目的标目固定后,就固定成为附加款目标目的第二标目,标目重叠,排检不便。(4)计算机编目可通过交替标目提供更多检索途径,同样可履行主要标目的主要职能。美国当代编目界后起之秀,《AACR2》主编之一戈尔曼认为:"主要款目的重要职能可由非主要款目(no-main entry)或数据库来实现,即废除主要款目并不意味着主要款目所履行的有效职能也将被废除……,使用交替标目的所有款目都是主要款目。"[1]

2. 主"存"派的观点是:(1)取消主要款目,使目录不能履行集中文献单元的职能,目录将是一份文献清单。美国现代编目理论家柳别茨基认为这实质上是"书目编目理论的严重倒退。"[2] (2)每一文献实体在单款目目录中,只有一个款目,因此,必须在所有排检点中选取一个主要的作该款目标目,因而主要标目不能废除。

四、我们的观点

主要款目的存废问题是关系到编目理论的"进"或"退"及目

126

录体制大变革的原则问题,在理论上可以百家争鸣,而在实践中必须慎重行事。探讨这个问题,不能脱离实际,就事论事,也不能一概而论,在具体实施过程中更不能"一刀切",必须具体情况具体分析,作出切实可行的结论和措施。关于这个问题,我们认为:

1.在已普遍实行机器编目的地区及单位,可以废除文献款目的主要标目,代之以交替标目,但必须健全各种标准档的数据库,使机读目录能全面履行目录的职能。

2.凡编制完整的多款目目录的图书馆(一般指大型或研究图书馆)可废除主要款目标目,采用交替标目。

3.凡编制单款目目录的图书馆,其目录的标目必须是主要标目,因而应保留主要款目。

4.为适应各类图书目录体制的不同要求,通用款目或单元卡排检项(或根查)中的排检点应分主次先后,中文文献以题名为主,西文文献则以责任者为主。

注释:

〔1〕摘自 Doris Hargrett Clack 编:《The Making of a code》一书 p. 41 - 50, Michael Gorman 著《AACR2:Main Themes》一文,ALA,1980。

〔2〕摘自 Doris Hargrett Clack 编:《The Making of a Code》一书 p. 16 - 25, Seymour Lubetzky 著《The Fundamentals of Bibliographic Cataloging and AACR2》一文。

第一部分 思考题

一、分别简述"文献"与"图书"、"著录"与"描述"的区别,以及"文献"的意义。

二、试述"文献著录"、"书目描述"、"描述性编目"、"主题编目"及"编目"之间的关系。

三、略述文献著录的依据。

四、比较中文文献款目中的描述项目与西文文献款目中的描述项目在内容、项名方面的异同。你认为中、西文文献在这两方面能否予以统一？请说明理由。

五、阐明"责任第一说明"、"主要责任者"及"责任者主要标目"三者的异同。

六、简述"共同责任者"与"著作方式不同责任者"的区别。

八、略述中、西文文献款目的书目描述中的"空格"、书写回行、描述格式三方面的异同。

七、略述标准书目描述中的前置标识符号与传统书目描述中的标识符号的区别。

九、试述标目与排检点的异同，以及两者在机读目录中的关系。

十、略述标目的种类及其作用，以及交替标目与主要标目、附加标目的区别。

十一、简述款目的意义、内容与作用。

十二、试述款目的种类及其职能。

十三、试比较中文文献的"通用款目"与西文文献的"单元卡"的异同。

十四、你认为通用款目或单元卡中的排检点是否需分主次？请阐明理由。

十五、简述西文文献目录中著者单元款目与题名单元款目在著录格式与作用方面的区别，何者能较全面地履行目录职能？请说明理由。

十六、略述标目、款目及目录三者的关系。

十七、简述主要款目存废问题产生的渊源、背景及不同论点。

十八、略述你对主要款目存废问题的见解。

第一部分 主要参考文献

1. 新编图书馆目录/黄俊贵,罗健雄编著.—北京:书目文献出版社, 1986. 8.— p. 26 – 78

2. 图书馆目录/李纪有,余惠芳编著.—北京:书目文献出版社,1986. 6.— p. 57 – 81

3. 文献著录总则概说/黄俊贵编著.—北京:书目文献出版社,1984. 12

4. 图书馆文献编目/傅椿徽主编.—武汉:武汉大学出版社,1989. 9.—p. 23—40

5. 西文文献编目导论(初稿)/韩平,李云增合编.—北京:北京大学图书馆学系,1985. 8.—油印本.— p. 36—61

6. 图书资料著录标准化中主要款目及著者和书名标目问题/张蕴珊//北图通讯/该刊编辑部.—北京:北京图书馆,1980(2)

7. 关于图书馆目录学基本概念的几个问题/黄俊贵//云南图书馆.— 1981(3 – 4)

8. 关于编目术语用词的准确性与规范化问题/谢宗昭//江苏图书馆学报/该刊编辑部.—南京:江苏省图书馆学会,1986(1)

9. 论文献著录标准化工作中的统一性/谢宗昭//江苏图书馆学报/该刊编辑部.—南京:江苏省图书馆学会,1987(2)

10. 著录标目标准化纵横谈/施大文//北图通讯/该刊编辑部.—北京:北京图书馆,1984(4)

11. 字顺目录中主要款目的职能/(美)柳别茨基//1961 年国际编目原则会议论文选译/全国第一中心图书馆委员会西文图书卡片联合编辑组编译.—北京:中国科学院图书馆,1962. 12.— p. 42 – 49

12. 字顺目录中主要款目的职能/(捷)维若娜//同上 P. 50 – 68

13. Anglo – American cataloguing rules.—2nd ed./prepared by the American Liberary Association …[et al.];edited by Michael Gorman and Paul W. Winkler.—Chicago, ALA, 1978.

14. Chan, Lois mai. Cataloging and classification/Lois. Mai Chan.—New York:McGraw – Hill, c1981.—P. 25 – 88.

15. Gorman, Michael. AACR2: main themes/Michael Gorman 出处同 17,
p. 41 – 52.

16. IFLA. ISBD(G): annotated text / prepared by IFLA. —London: IFLA
International Office for UBC, 1977.

17. Lubetzky, Seymour. The fundamentals of bibliographic cataloging and
AACR2/Seymour Lubetzky. In International Conference on AACR2
(1979: Tallahassee, Florida). The Making of a code / edited by Doris
Hargrett Clack. —Chicago: ALA, 1980. — p. 16 – 24

第二部分　中文文献著录

第十章　单卷本普通图书著录

第一节　普通图书的意义及特征

一、普通图书的意义

普通图书广义是指用文字记录于纸张或其他物质载体,有限期出版的任何装帧形式的知识载体,包括手稿、线装古籍及平装、精装或其他装帧形式的印刷出版物。编目学领域中普通图书的概念是指以印刷型方式刊行的 48 页以上有限期出版的单卷本、多卷书、丛书等现代出版物(不包括线装古籍),如专著、通俗读物、教科书(包括教学参考资料)、各种工具书等。本章只阐述单卷本普通图书的著录,多卷书、丛书等其它类型文献的著录将另列章节,专门详述。

二、普通图书的特征

普通图书的内容一般较系统地涉及某一学科或某一专题的知识,内容全面、集中、成熟,是历来为不同类型、不同层次的读者所阅读与重视的出版物,是各种知识载体中历史最久、最被常用的一种文献类型。但普通图书的创作及出版周期较长,因此,它反映学科新信息及成果的及时性较之连续出版物为差。普通图书装帧完整,有精装与平装之分,版式规范。一本普通图书通常由以下几部分构成:书衣、封面、内容提要、扉页、题词页(或献词页)、题名页、序跋、导言、凡例、目次、卷首、正文、卷末、附录、索引、版权页等。其中题名页上的题名、序跋、导言、目次、正文、内容提要主要反映图书的内容特征,是分类、主题标引的资料源;凡例、附录、索引则是揭示图书内容的工具;其余部分大多是显示图书的外形特征,是文献著录(即描述性编目)的主要资料源。现将主要部分简介于下:

1. 书衣:书衣也称封皮,是保护图书并起一定宣传作用的部分。精装本通常有书衣。书衣一般包括正题名、责任说明及出版社名称。

2. 封面:封面是每本图书所必具的部分,有题名、责任说明及出版者名称。封面上的书目信息往往与题名页上的基本一致。因此,在缺少题名页时,可以封面为著录资料源。

3. 题名页:题名页是揭示图书书目信息最多的部分,包括正题名、题名说明、责任说明、版本说明、丛编说明、出版地、出版者、出版日期、使用对象等,是普通图书著录的主要资料源(见 p. 135 题名页样例)。

4. 版权页:版权页又称版本记录页。我国图书的版权页通常置于该书的最后一页。近年来也有安排在题名页背面的。版权页上除正题名、责任者、丛编及出版发行等说明外,还包括开本、印张、装帧及统一书号、中国标准书号或国际标准书号等信息,著录内容之丰富不亚于题名页。随着在版编目(CIP)的逐步实施,版权页将与题名页一样是文献著录的主要资料源(见 p. 136 版权页样例)。

5. 书脊:即图书封面及封底的连接处。书脊上一般印有题名、责任说明及出版者名称等。

6. 序跋:序跋包括序言(或前言)、凡例和跋语等,它们说明图书著作或出版的目的、编纂体例及作者的编写过程。 序跋有时还题名页样例：

现 代 思 想 文 化 译 丛

绿 色 政 治

——全 球 的 希 望

〔美〕弗·卡普拉·查·斯普雷纳克著　石音译

东 方 出 版 社

版权页样例：

Fritjof Capra and Charlene Spretnak

GREEN POLITICS

The Global Promise

E. P. Dutton Inc. United States New York 1984

根据美国纽约 E. P. 达顿出版公司　1984 年版译出

绿　色　政　治——全球的希望

LUSE　　ZHENGZHI

著者/〔美〕弗·卡普拉
　　　　　查·斯普雷纳克

译者/石　音

封面设计/苏彦斌

版式设计/张嘉瑞

经销/新华书店

印刷/北京新华印刷厂

开本/787×960 毫米　1/32　印张/12　字数/190,000

版次/1988 年 2 月第 1 版　1988 年 2 月北京第 1 次印刷

印数/0,001－4,700

东方出版社出版发行（北京朝阳门内大街 166 号）

ISBN7－5060－0009－1/D·3　定价2.25元

可包括对作家作品的评论。古代多列于书后，称"跋"，现代常置于书前，称"序"。序跋一般为编写者自撰，有的则由与专业有关的专家学者代序。

7. 导言：介绍特定图书的主要内容，揭示其主导思想或主题。不少作者将序言与导言合而为一。

8. 目次：亦称"目录"，它揭示图书的内容范围及逻辑关系，是全书的总纲，同时标出各章节的起始页次。

9. 正文：正文是全书的主体。负责分类与主题标引的编目人员应尽可能地阅读序跋、导言、目次及正文，以提高分类主题标引的准确性。

10. 附录：包括注释、主要参考文献及索引等。除了正文外，主要参考文献的质量也是衡量一部专著的科学或文艺价值的重要因素。我国有的图书，特别是专著不附主要参考文献，这是对科学不负责任的表现，也是出版事业的一个缺点。索引是通过一定的检索语言，快速揭示图书相关内容的有力工具。西方国家十分重视这项工作，几乎每本专著后均附有索引，而我国在这方面却落后了一大步。除工具书外，大部分图书不附索引。

文献著录的三大依据之一是著录对象——文献本身。全面认识与分析文献的内容与外形特征，才能准确而有效地进行文献著录。

第二节　书目描述概述

一、著录依据

单卷本普通图书著录的规则依据是《文献著录总则》（GB3792.1－83）及《普通图书著录规则》（GB3792.2－85）。著录资料源为图书本身。主要著录资料源为图书的题名页及版权页或它们的替代物。必要时可参考有关参考资料及工具书。

二、描述项目及前置标识符号

单卷本普通图书著录时所使用的描述项目有：题名与责任说明项、版本项、出版发行项、载体形态描述项、丛编项、附注项、文献标准号与获得方式项、提要项，共八大项。关于这些项目及其有关小项的内容、描述格式以及前置标识符号等说明见第二编第六章，此处从略。

三、各类款目的著录格式

单卷本图书一般采用基本著录级次，其著录格式如下。

（一）标准著录格式

1. 卡片式著录格式

①通用款目著录格式：

> 　　正题名＝并列题名：副题名及说明题名文字／责任
> 第一说明；责任其他说明. —版本项. —出版发行地：出
> 版发行者，出版发行日期
> 　　载体形态描述项. —（丛编项）
>
> 　　附注项
> 　　文献标准号及获得方式项
> 　　提要项
>
> 　　排检项
>
> 　　　　　　　　○

例片(一)

```
绿色政治:全球的希望/(美)卡普拉(Capra,F.),
斯普雷纳克(Spretnak,C.)著;石音译.—北京:东方出版社,
1988.2
    373页;32开.—(现代思想文化译丛)

    书名原文:Green Politics,根据美国纽约 E.P.达顿出版公司 1984
年版译出
    ISBN 7-5060-0009-1/D·3:2.25元
    提要

    Ⅰ.绿…  Ⅱ.①卡…②斯…③石…  Ⅲ.主题  Ⅳ.分类号
                   ◯
```

②题名、责任者、主题款目
例片(二)

```
题名或责任者名称或标题
    绿色政治:全球的希望/(美)卡普拉(Capra,F.),斯普雷纳克
(sprenak,C.)著;石音译.—北京:东方出版社,1988.2
    373页;32开.—(现代思想文化译丛)


    书名原文:Green Politics,根据美国纽约 E.P.达顿出版公司 1984
年版译出
    ISBN 7-5060-0009-1/D·3:2.25元
    提要

    Ⅰ.绿…  Ⅱ.①卡…②斯…③石…  Ⅲ.主题  Ⅳ.分类号
                   ◯
```

题名、责任者、主题三种款目是将通用款目排检项中的排检点分别置于正题名上一行,向左移一格编制而成。

③分类款目

例片(三)

```
索 ┌分类号        绿色政治:全球的希望/(美)卡普拉(Capra,
取 ┤种次或        F.),斯普雷纳克(Sprenak, C.)著;石音译.
号 └著者号        北京:东方出版社,1988. 2

                373 页;32 开. —(现代思想文化译丛)

                书名原文:Green Politics,根据美国纽约
                E. P.达顿出版公司 1984 年版译出
                ISBN 7-5060-0009-1/D·3:2.25 元
                提要

                I.绿… Ⅱ.①卡…②斯…③石… Ⅲ.主题
                Ⅳ.分类号
```

2.书本式著录格式

书本式款目的书目描述部分分两大段落。第一至第七大项连续著录,提要项另起段落。书本式款目一般不著录排检项,如款目直接用于排检,可根据目录性质,增添标目。著录格式如下:

140

①通用款目

> 正题名＝并列题名:副题名及说明题名文字/责任第一说明;其他责任说明.—版木说明/与版本有关的责任说明.—出版发行地:出版发行者,出版发行年.月.—页数或卷(册)数:插图;尺寸或开本＋附件.—(丛编题名/与丛编有关的责任者,国际标准连续出版物编号;丛编内编号).—附注.—国际标准书号;中国标准书号(装订):获得方式
>
> 提要
>
> 排检项
>
> ○

②题名、责任者、主题款目

> 题名或责任者名称或标题
>
> 正题名＝并列题名:副题名及说明题名文字/责任第一说明;其他责任说明.—版本说明/与版本有关的责任说明.—出版发行地:出版发行者,出版年.月.—页数或卷(册)数:插图;尺寸或开本＋附件.—(丛编题名/与丛编有关的责任说明,国际标准连续出版物编号,丛编内编号).—附注.—国际标准书号;中国标准书号(装订):获得方式
>
> 提要
>
> 排检项
>
> ○

③分类款目

```
索取号        正题名＝并列题名:副题名及说明题名文字/责任第
             一说明;其他责任说明.—版本说明/与版本有关的责
             任说明.—出版发行地:出版发行者,出版年.月.—页
             数或卷(册)数:插图;尺寸或开本＋附件.—(丛编题
             名/与丛编有关的责任说明,国际标准连续出版物编
             号;丛编内编号).—附注.—国际标准书号;中国标准
             书号(装订):获得方式
             提要

             排检项

                      ○
```

（二）传统著录格式

我国普通图书的传统著录格式是段落空格式。根据 1981 年出版的《中文普通图书统一著录条例》规定,有卡片式及书本式两种。

1. 卡片式著录格式

卡片式著录格式除第一行题名标目外,书目描述部分分四个段落。第一段落包括著者项及出版项,第二段落包括稽核项,第三段落包括附注项,第四段落包括提要项。各大项间空两格,同一大项内各小项间空一格,著录格式如下:

①基本款目(即一般书写卡片格式,"×"表示空格)

正面：

索取号×× 书名项(书名、×副书名、×有关说明书名的
　　　　××文字)
　　　　×著者项(著者姓名及其著作方式×副著者
　　　　姓名及其作方式)××出版项(出版地×出
　　　　版者×出版期×版次×版刻)
　　　　×稽核项(页数×图表×开本×装订×定价)

　　　　×附注项
　　　　×提要项
　　　　　　　　　　　　○

款目背面(包括"登录号及藏书地点"及"根查")：

<table>
<tr><td colspan="5" align="center">○</td></tr>
<tr><td rowspan="7">登录号及藏书地点</td><td colspan="4" align="center">根查</td></tr>
<tr><td>分类</td><td></td><td>主题</td><td></td></tr>
<tr><td>书名</td><td></td><td>主附</td><td></td></tr>
<tr><td>著者</td><td></td><td>分析</td><td></td></tr>
<tr><td>分附</td><td></td><td>书析</td><td></td></tr>
<tr><td>书附</td><td></td><td rowspan="2">共计</td><td rowspan="2"></td></tr>
<tr><td>著附</td><td></td></tr>
</table>

例片(四)

```
索取号××绿色政治×全球的希望
       ×(美)卡普拉(Capra, F.)×普斯雷纳克
       (Sprenak, C.)著×石音译××北京×东方出版社×
       1988 年 2 月
       ×373 页×32 开× 2.25 元
       ×书名原文:Green Politics,根据美国纽约 E. P.达顿出版公
       司 1984 年版译出
       ×提要
```

②统一编目铅印卡片格式

```
书名项(书名、副书名、有关说明书名的文字)
×著者项(著者姓名及其著作方式×副著者姓名及其著作方式)
出版项(出版地×出版者×出版期×版次×版刻)
×稽核项(页数×图表×开本×装订×定价)

×附注项
×提要项

中图法    科图法    中小型        发行号    专题号
分类号    分类号    分类号        统一书号    编印号
编印日期
                    ○
```

2. 书本式著录格式

```
索取号        书名项××著者项××出版项××稽核项
            ×附注项××提要项
索取号        书名项……
                            ○
```

比较标准著录格式及传统著录格式,不难看出,前者不仅书目信息完整,且前置标识符号醒目,识别性强,而后者书目信息不齐全,空格的识别性极弱,书写打印稍有疏忽,易使书目信息含糊不清。

第三节　书目描述规则

本节重点阐述单卷本普通图书书目描述的常用规则,详细规则可查阅《文献著录总则》及《普通图书著录规则》。

一、题名与责任说明项

(一)正题名

1.照录题名页上的正题名(包括题名中的词序、标点符号、外文字母、化学符号、型号标记、阿拉伯数字等),例如:

为了幸福,干杯!

为了你　我的祖国

Know – How 合同

16240ZA 型柴油机挂图

关于算法语言 ALGOL60 的修正报告

2.交替题名是正题名的一部分,交替题名前用",又名,"连接,例如:

论艺术,又名,没有地址的信

行为科学与企业管理,又名,行为科学与人力资源的开发和运用

侠隐记,又名,三个火枪手

3.合订题名按以下不同情况分别著录。

①合订图书由同一个责任者撰写时,按题名页上的次序著录题名,在第二个题名前用";",例如:

经济论;雅典的收入/(古希腊)色诺芬(Xenophon)著;张伯健,陆大年译

②合订图书中个别著作有其各自的责任者时,按题名页上的顺序分别著录题名及其责任者。各题名/责任者间用"·"。例如:

唐国史补/(唐)李肇著·因话录/(唐)赵璘著

③不属同一责任者的合订图书,其个别著作超过两个时,著录第一个题名及其责任者,其他均著录在附注项。

4.题名页与正文出现包括汉语文在内的多种语文时,只要题名页是汉文,或有汉文正文,或正文用汉语文解释其他文字,均应以汉语文图书著录,并在附注项中加以说明。

5.题名前冠有"钦定"、"笺注"、"校订"、"新编"、"袖珍"、"插图"、"图解"等字样时,均依原题照录,如:

新编图书馆目录/黄俊贵,罗健雄编著

当题名做标目时,仍照录上述这些词,不必省略,便于读者依原题检索。

题名前冠有"国朝"、"皇朝"等字样者,亦依原题照录,并在附注项注明该词的含义。

6.凡著作集、专题汇编的题名前冠有责任者名称时,照录。

著作集是指某一责任者的所有或部分著作的汇编,如《毛泽东选集》、《列宁全集》,而专题汇编是指有关某专题内容的一个责任者或一个以上责任者的若干著作的集合体,如《毛泽东论思想方法》、《列宁论帝国主义》、《马克思恩格斯论中国》。题名前冠有

责任者名称的专著,则该责任者名称不属题名的组成部分,如:

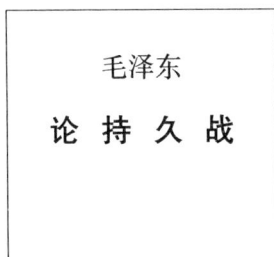

> 毛泽东
>
> **论　持　久　战**

著录时应为:

论持久战/毛泽东……

7.著录题名时,应取题名页上的题名形式,其他资料源上的不同题名可列入附注项,如:"书脊题名:××××××"或"封面题名:××××××"。

8.各机关团体所编的本单位工作报告、工作计划、论文集、职员集、藏书目录等,如未载明单位名称,需在题名前冠以该单位名称,外加〔　　〕,并在附注项注明:"本书原题:××××××",如:

〔辽宁省图书馆〕新书通报/辽宁省图书馆编

(二)并列题名

并列题名依题名页所载顺序著录,一般应将汉语题名作正题名,其他文字题名作并列题名。并列题名前用等号("＝")。与题名并列的汉语拼音文字不著录。与题名意义相同而不列于题名页的其他文字题名不作为并列题名。译著的原文题名可著录于附注项,用"原文题名:"做导词。拉丁文字题名第一个词的首字母应大写,其他词一律小写;专门名词及其形容词或一般名词,按各语种习惯大小写,如英语的专门名词及其衍生的形容词的首字母均需大写,法语的专门名词首字母大写,德语所有名词的首字母均应

大写等,如:

英华大词典 = A new English – Chinese dictionary

袖珍法汉词典 = Dictionnaire de poche Français – Chinois

简明德汉词典 = Deutsch – Chinesisches Handworterbuch

(三)副题名及说明题名文字

由于副题名与说明题名文字均属正题名的解释与补充,两者前都用":"标识,因此,可统称为题名说明,例如:

从土伦到滑铁卢:拿破仑战争述评

(副题名)

太阳花:诗集

(说明文学体裁的文字)

全国新长征突击手的故事:城市部分

(说明内容范围的文字)

凡属以下情况的说明文字,可著录于附注项。

①正题名之后所列出的附录;

②多卷(册)综合著录的卷(册)次及题名;

③译自某种文字;

④写作材料来源及根据;

⑤说明图书出版发行特点的文字,如"内部读物"、"内部发行";

⑥说明图书的用途及读者对象,如"××××教材"、"××专业用"等。

(四)责任说明

1.每一个责任说明的著录内容及其顺序是:责任者的时代(限清代以前),国别名称,个人、机关团体或会议名称,各种著作方式。时代或国别名称,或外国著者名称外用圆括号"(　　)"括起。例如:

隋书经籍志/(唐)长孙无忌等撰

绿色政治:全球的希望/(美)卡普拉(Capra,F.),斯普雷纳克(Sprenak,C.)著

责任者姓名前后记载的出身、籍贯、单位、职位、学位、头衔等,均不予著录。

2.经过注释或改编的著作,先著录原著者,再著录注释者或改编者。文艺作品经改编后,若体裁有所改变,则以改编者为责任第一说明,将原著者列于附注项。翻译著作先著录原著者,后著录译者。编译或辑译的著作,以编译或辑译者为第一责任说明,将原著者列于附注项。歌曲先著录作词者,后著录作曲者。

3.一至两个著者的汇编本,先著录原著者,再著录汇编者。三个以上著者的汇编本,以汇编者、选编者为责任第一说明,无汇编者、选编者时,著录其中某一篇名为题名的著作的著者,后加"等",如题名并非其中任何一篇名,则著录第一篇著作的著者,后加"等"字。例如:

靳以文集 上卷/靳 以著;靳以文集编辑委员会编

一九八〇年短篇小说选/人民文学出版社编辑部汇编

4.一书有主编者,又有编辑者时,只著录主编者;有主编者,又有编著者,先著录主编者,后著录编著者。

5.法律、标准、规章、条例等一般以编写者或制定者、起草者、提出者为责任者。

6.机关团体集体编写的著作,一般以机关团体为责任者;如既有集体创作者,又有执笔人,按原题著录。

7.同一著作方式的责任者只著录两个,两者间用",",若超过两个责任者,只著录第一个,后加"等",例如:

郭沫若传/龚济民,方仁念著

英语听力入门 第三册/张民伦等编

    (原题为张民伦、乐融融、黄震、金星男四人合编)

8.不同著作方式的责任说明一般不超过四个,各说明间用

";"。图书的校阅者、监修者、收藏者等可列入附注项,如:

嘉靖宁夏新志/(明)胡汝砺纂修;(明)管律重修;陈明猷校勘

9.外国人责任者按原译汉语文著录,在其前圆括号内注明国别。责任者姓名载有原文时,著录于译名后圆括号内,姓在前(后用逗号),名在后(用名的缩写),如:

(苏)赞科夫(Эанков, Л. В.)编

(俄)普希金(Пушкин, А. С.)

(美)斯普雷纳克(Sprenak, C.)

日本、朝鲜、越南、匈牙利等国家的姓名顺序与我国的相同,姓在前,名在后,因而著录时不必倒置,如:

(朝)金日成

(越)胡志明

(日)香坂顺一

(匈)莫里兹(Moricz Zsigmond)

10.责任者的著作方式一般按原书著录。著作方式的类型详见《普通图书著录规则》。

11.僧人的著作,一般按原题的法名著录,名前所冠"释"字,需加"( )",如:

华岩纲要浅说/(释)溥 常著

二、版本项

(一)版次、版刻

1.初版(第一版)外的各个版次均照录,可省略"第"字,简称"×版"。"修订"、"增订"等说明版本改变过程的文字在图书中同时出现时,需区分不同情况,将属于补充解释版次的文字,置于"( )"内,如:

中药配伍应用/梁锬五,周桂芳编著. —2版

英华大词典 = A new English – Chinese dictionary/郑易里,曹

成修原编. —2 版(修订本)

（原题为：修订第二版）

2. 新版是指从其他出版社转移过来的版本,其版次又从第一版称起,图书内容无任何改变。若新 1 版图书的内容已有所增删,需在"新 1 版"后加"（　）"注明,如:

武松演义/刘操南,茅宁云编著. —新 1 版(增订本)

3. 凡版次前用年代标识,照录。制版类型亦按原题照录,如:

辞海/辞海编辑委员会编. —1979 年版(缩印本)

4. 说明图书内容特点的版本说明文字,如"试用本"、"通俗本"、"节本"、"缩写本"等不列入本项,而作题名说明处理。

（二）与版本有关的责任说明

与版本有关的责任说明是指待编图书版本(2 版以上)的修订者、审订者、编辑者等参与该版创作的责任者,著录时一般不超过四个不同著作方式责任说明,例如:

英华大词典 = A new English – Chinese dictionary/郑易里,曹成修原编. —2 版(修订本)/郑易里等修订

三　文献特殊细节项

本项不适用于普通图书,此处从略。

四　出版、发行项

（一）出版地、发行地

题名页上有出版者所在地的城市名称时,著录该城市的全称,如:

中国自然地理/雍万里编著. —上海

地名相同的不同出版、发行地,可在出版、发行地后加"〔〕"注明国别或地区名称,如:

西安县一般状况/西安县公署总务科文书股编纂. —西安县

151

〔吉林省〕

当图书出现两个出版、发行地,在它们之间用";",如有两个以上出版、发行地,则著录第一个地名后加"等",如:

毛泽东建党思想与党史研究/马齐彬等著.—北京:中共中央党校出版社;长沙:湖南人民出版社

出版、发行地不详可著录〔出版、发行地不详〕;若属推测,则在地名后加"?",外加方括号,如:

.—〔贵州?〕

出版者名称中包括出版地全称时,照录出版地,不必省略,如:

.—上海:上海教育出版社

(二)出版、发行者

出版者与发行者的区别在于,出版者是包括负责著作的整理、付印、出版的机关团体或出版企业组织,而发行者则是发售已出版文献的机构。出版者的权威性在一定程度上反映文献的质量,因而,文献著录一般只需著录出版者,不著录发行者。文献上若未载出版者名称,必要时可著录发行者名称,若两者均无,则著录"印制者"。

出版者一般著录其全称,可省略表示其不同责任的"出版"、"发行"等字样。出版者又是责任者时,可用"著者"、"编者"、"译者"等简略著录。若一图书具两个出版、发行者时,可同时著录,中间用":";若未载明出版、发行者,则著录"出版发行者不详"字样,并加"〔 〕",如:

新疆历史论文集/新疆人民出版社编.—乌鲁木齐:编者,1982.6

(出版者为编者)

中国物资供销企业名录/中国物资经济学会编辑.—北京:中国工商出版社:中国物资出版社,1984.6

(具有两个出版者)

图书的出版发行者记载不全时,可用印制者的名称。图书若为另一出版社重印时,可将重印者的地名、名称、重印日期记录于出版年、月后的圆括号内,如:

中共党史大事年表/中共中央党史研究室编.—北京:人民出版社,1981.10(沈阳:辽宁人民出版社,1981.11 重印)

(三)出版、发行日期

出版、发行日期一般按公元纪年著录年、月,"年"、"月"汉字可省略,中间用".",见上例。非公元纪年应在其后著录公元纪年,外加"〔〕",如:

.—上海:正中书局,民国35〔1946〕.12

常见的非公元纪年与公元纪年的换算方法如下:

①民国年 + 11 + 1900 = 公元

②康德年 + 33 + 1900 = 公元

③大正年 + 11 + 1900 = 公元

④昭和年 + 25 + 1900 = 公元

⑤宣统年 + 8 + 1900 = 公元

推测年著录在"〔?〕"内,其近似年代记录方法如下:

〔1970?〕,表示可能在 1970 年。

〔197?〕,表示在 1970—1979 年间

〔19?〕,表示在 1900—1990 年间

五 载体形态描述项

(一)数量及单位

本项就图书来说即页数或卷(册)数。

图书一般以正文页数为主,如正文前后页数单独编码且内容较重要时,则可分段依次著录(正文前、正文、正文后),中间用",",如:

15,456,7 页

一图书由数册合订为一册,且按分册单独编码,著录为"1册",其后注明分段页码;若编码较复杂,可著录原订册数,均加"(　)",如:

1 册(178,165,86)

1 册(原订 3 册)

其余不常见且较复杂的编码系统的著录可参见《普通图书著录规则》10.5.1.6-10.5.1.11 条,此处从略。

(二)图

图的著录顺序是:冠图、插图、附图。根据不同情况,可具体著录为"照片"、"肖像"、"插图"、"折图"、"彩图"等,一般可统称为"图",图前用":"。

若图书主要由图组成,或题名中包含有"图解"、"画册"、"图册"等字样,不再著录本项;图书中的表格不作图处理,因而不必著录。

(三)文献实体的尺寸

中文图书一般著录开本,如 16 开、32 开等,前用";",本项的著录资料源是版权页。

(四)附件

1.附件(包括实物附件)与图书的主要部分必须结合使用。一起入藏者,著录在载体形态描述项最后,前用"+"标识,如:

100 页;21cm + 录音带 2 盒

必要时可按一般著录方法描述附件特征置于圆括号内,如:

172 页:插图;32 开 + 电路图一册(24 页:插图;32 开)

2.附件具其特定题名时且可独立使用者,应分散著录,单独编目,并在各自附注项内注明,以便检查。

3.若随书刊行并具题名的附件,又连续出版者,应与图书的主要部分综合著录,即将附件作子目,列入附注项。

六　丛编项

1. 丛编项内一般只需著录丛编题名、丛编内编号。丛编责任者及丛编题名说明一般可省略,若有 ISSN,可著录在丛编题名后,前用",",如:

.—(傅山医学著作研究丛书;三)

2. 一书同属两个丛编,照录。各丛编信息外分别加"( )"。超过两个丛编时,只著录两个丛编信息,如:

.—(中国地方史志丛书)(吉林省图书馆学会丛书)

3. 附属丛编著录于正丛编题名之后,其前用"·"标识,如:

.—(中国少数民族民间文学丛书·故事大全)

七　附注项

附注项是对书目描述部分各大项内容的补充,按各项的顺序著录。附注的内容一般有下列几方面,只要对读者检索有利,均可作附注。

1. 封面、书脊、书口、版权页等处的题名若与题名页上的题名不同时,应注明,如"封面题名为:××××××××";"书脊题名为:××××"等。

2. 翻译的图书,注明外文原名;转译的图书,注明出处。

3. 题名由考证而增补者,注明"题名据××××增补"。

4. 题名变更,注明"本书原名:×××××"。

5. 责任者系考证所得,注明"据×××考订,责任者为×××"。

6. 改编的作品,注明原书责任者、体裁及题名。

7. 转印本、抽译本、抽印本,注明所依的原书。

8. 影印的古籍或翻译资料,注明所依据的原书或原稿。

9. 图书所载出版事项出现差误,加以注明。

10. 载体形态描述项目不明确,加以注明。

11. 分属不同丛编的著作,加以注明。

12. 图书所附参考书目、索引、参考资料、责任者小传等。

每一附注分段著录。

八. 文献标准号及获得方式项

(一)文献标准号

我国普通图书用中国标准书号(ISBN + 分类号·种次号)或统一书号。若一图书具一种以上标准书号,则著录中国标准号及统一书号,各号间用";",如:

ISBN 7 - 215 - 00066 - 4/K·19;统一书号 11105.195

(二)装订

装订著录在标准书号后圆括号内,如:

ISBN 7 - 215 - 00066 - 4/K·19(精装)

(三)获得方式

图书的价格根据原书版权页或封底所提价格,以人民币为准著录。凡非卖品、赠阅文献,需如实著录。

九. 提要项

以原书的内容提要、前言、后记、目次为依据做必要的提要。提要的内容应力求简明,正确反映图书的政治观点及学术价值,一般不超过二百字。提要不易编写时,可反映其目次或篇名。鉴于我国目前图书的增长率与编目人员数量和素质的矛盾,不必为每本图书做提要,可重点抽做。

第四节　标目法

标目一般是从书目信息中选取的某一文献特征,根据一定的原则与规则而确定的列于款目之首的一种检索标识。只有确定了标目才能使文献书目信息的获得成为可能。因此,标目的确定是揭示与检索文献的关键,也是目录组织的唯一依据。

鉴于我国不少图书馆目前还采用一文献单款目或一文献少款目的目录体制,因此,不管编制何种文种的文献款目,主要款目、主要标目、附加款目、附加标目的概念仍应保留。

标目的确定通常可分为两大步骤:

(一)排检点的选取:根据读者的检索习惯,从款目的书目信息中选取若干个标志文献主要特征的标识作为排检点,再依据特定的原则与规定在这些排检点中选择一个做主要款目标目,其余的为附加款目标目。

(二)统一标目的确定

1.统一标目的意义与作用

排检点选出后,当它们作为款目标目时,不管是主要标目还是附加标目,都存在一个统一标目的确定问题

统一标目(uniform heading)是指在同一个个人或团体具不同的名称或名称形式,或同一著作具不同题名时,必须依据一定的原则与方法确定其中一个固定的名称及其形式或题名为标目,这个标目即统一标目。

统一标目的概念源自西方编目领域。它的主要作用是履行目录的两大职能,一是集中揭示同一责任者的所有馆藏文献,二是集中揭示同一著作的所有馆藏版本及文本。因此,统一标目是提高图书馆目录查准率及查全率的重要因素。

2. 统一标目的确定原则

根据 1961 年"巴黎原则声明"及"读者至上"的原则,确定统一标目的选择原则是:统一标目通常应是在经过编目的著作的各种版本上最常使用的名称(或名称形式)或题名;或是公认的权威性参考文献中提到的名称或题名。我国文献著录中统一标目的确定也遵循了这个原则。确定统一标目必须有广泛的群众基础,一般以常用、惯用、通用为基本原则。在无法确定常用、惯用或通用名称或题名时,则可使用著作中最多使用的名称,或最近使用的名称,或最初使用的名称。若以上名称仍无法确定时,则照录题名页上的名称形式或题名。在确定一个名称形式或题名做统一标目后,根据需要与可能应为其他名称形式或题名做单纯参照或相关参照。

3. 统一标目的确定步骤

统一标目的确定,一般分为两个步骤。

首先,在同一责任者的不同名称或同一著作的不同题名中,依据一定的原则与方法,选定一个名称或一个题名。个人责任者往往会用不同的名称写作,如真名或本名、笔名或假名、室名、别号、封号、谥号等。这时,就需在这些不同名称中选定一个为统一标目。如鲁迅(笔名)的真名是周树人,根据上述统一标目确定原则,应选"鲁迅"做统一标目,再为"周树人"做单纯参照或相关参照。"Mark Twain"(笔名)的真名是"Samuel Langhorne Clemens",应选"Mark Twain"做统一标目,为其真名做单纯参照或相关参照。再如"红楼梦"又名"石头记",则选"红楼梦"做统一标目,为"石头记"做参照。

其次,选定一个标目名称后,当该名称具不同形式时,必须在其中选定一个结构形式为统一标目形式。所谓名称结构形式是指名称的全称或缩写,姓与名的前后次序等,如以"中国共产党江苏省委员会宣传部"作标目时,依据规则应取其简称形式:"中共江苏省委宣传部";外国译著中,外国个人责任者的名称形式一般只著录姓,不用名,如用"(英)莎士比亚",不用"(英)威廉·莎士比亚"。西文文献著录中,萧伯纳有三个名称形式:"George Bernard Shaw"、"G. Bernard Shaw"及"Bernard Shaw",根据规定应选"George Bernard Shaw"为统一标目形式。姓与名的顺序,通常应姓在前,名在后,如:"毛泽东"、"周恩来"、"曹雪芹"、"萧伯纳Shaw, G. B."、"Shakespeare,William"、"Dickens,Charles"等。

统一标目确定后,应为同一责任者或题名的不同名称(或题名)或不同名称(或题名)形式做参照。

一、标目选取依据

(一)题名标目

题名主要标目一般应是记载于题名页上的正题名。根据需要可选择题名页上的交替题名、合订题名、副题名、丛编题名、图书目次或正文中的重要著作题名,以及记载于附注项的题名做附加标目。并列题名原则上不作标目。题名标目除题名主要标目外,题名附加标目一般不超过两个。

(二)责任者标目

责任者主要标目通常应是题名页上对文献内容的创造负主要或直接责任的个人或机关团体,一般是原著者、主编或改写者。题名页上其他著作方式的责任者,如编者、改编者、译者、注释者、校订者、注音者、解说者、插图绘者等,可根据需要做附加标目。监修者、监译者、校阅者、收藏者可不做标目。演唱者、演奏者、演出者等必要时可做主要标目。一书的责任者标目,除责任者要标目外,责任者附加标目一般不应超过三个。但对析出著作的责任者标目不作限制。题名页上无对文献内容负主要或直接责任者,或待编文献是佚名著作、宗教经典时,则以题名做主要标目。

(三)主题标目

以 GB3860 – 83 为根据。

（四）分类标目

以图书分类法有关规定为依据。

二、标目选取规则

（一）题名标目

1. 题名主要标目采用书目信息中的正题名。正题名在图书各处有差异时选取人们最熟知的或以最能反映该书内容特征的题名为主要标目。

2. 一书的多版本具不同正题名时，一般以最初选定的题名为主要标目。但对各学科名著、古典著作、宗教经典应以较著称或常用题名为主要标目。

3. 正题名若冠有"钦定"、"笺注"、"校订"、"增订"、"新编"、"袖珍"、"绘图"、"插图"等字样，依据"读者至上"原则，作标目时一般应照录。

4. 根据需要，可选其他题名，如交替题名、副题名、合订题名做附加标目，若副题名做附加标目，可省略其过于冗长的非主要部分文字。

（二）责任者标目

1. 个人责任者标目

（1）一般应以对文献内容的创造负主要责任或直接责任者（如原著者）做个人责任者主要标目，合订著作可以第一个著作的著者做主要标目后加"等"。编著可以主编或第一个编著者做主要标目。图书的改编者（体裁及内容与原著不同时）可做主要款目标目，其他著作方式责任者可根据具体情况做附加款目标目，但附加标目不得超过三个。

（2）一个个人责任者在其不同著作中，用不同名称时，依如下顺序选定其标目名称：责任者经常采用并为人们熟知的名称，在责任者不同名称中较为一致的名称,责任者最近使用的名称。无法确定者则照录题名页上的名称。如名称只有姓或只有名,一般应考查其全称,若无从考查则照录。如名称有改变时(不再使用过去的名称),分别为其前后名称做相关参照。

(3)僧尼责任者有法名及俗名,以法名为标目。当俗名较法名为著时,则以俗名为标目。帝王、后妃、贵族直接以庙号、谥号、封号为标目。若本名较著名,则以本名为标目。已婚妇女姓名前冠有夫姓者,均省略其夫姓,按妇女姓名为标目。

(4)外国责任者名称除为我国读者所熟知,按习惯称谓著录,并做相关参照外,其余均依他们的表述特征著录,如:

(法)罗曼·罗兰(Romain, Rollan) ⎫
(美)马克·吐温(Mark Twain) ⎬ 我国读者所熟知
可做(法)罗兰(Rollan, R.)及
  (美)吐温(Twain, M.)的相关参照
(英)莫伊·托马斯(Moy – Thomas, I. A.)(复姓)
(美)范德齐尔(Van Darziel, A.)(姓带前缀)

关于外国责任者名称的著录形式,《普通图书著录规则——附录 A》中的有关规定有一定缺点。首先,我国读者所熟知的外国责任者究竟是哪些,无从考查。其二,外国责任者同姓者甚多,标目中汉译名称如只著录姓,不著录名,则同一责任者的著作不能集中,如英国作家布朗蒂三姐妹(Charlotte Bronte、Emily Bronte 及 Anne Bronte),她们各自的作品在目录中将被混淆,不能分别予以集中。若能将她们名字的首字母汉译词同时著录,则各自的作品即可随之集中。因此,这条规则应作适当修改。

外国责任者名称若其汉译文前后不一致时,其标目应按统一译名表统一之,并做单纯参照。若外国责任者用中国姓名,其标目按中国责任者的方法选定。

(5)个人责任者标目包含责任者的时代(清以前)或国籍,时

代断限以责任者的卒年为准,国籍用易于识别的简称。责任者的头衔、学位、职称等均不作为标目的文字。同名异人的责任者著录生卒年,如仍不足以区别,再著录职业范围,均置于名称之后"〔 〕"内。

2.机关团体责任者

(1)机关团体责任者原则上以该团体出版物的常用名称为标目。若团体名称有改变(不再使用过去名称),则选取最近使用的名称,并为新旧名称做相关参照。若一团体在同一时期中使用几个不同名称,一般以惯用名称做标目,并为其他不同名称做单纯参照。

(2)关于机关团体名称做标目的著录形式:

(a)中国共产党责任者标目

党中央以全称为标目,如:"中国共产党中央委员会"。

党的中央组织作标目时,冠以"中共中央"字样,如:"中共中央政治局"、"中共中央军事委员会"。

党的各级组织,将"中国共产党"简称为"中共","委员会"简称为"委",如:"中共河南省委组织部"、"中共江苏省淮阴县委"等。

(b)国家及地方政权机关责任者标目

国家机关,省略"中华人民共和国"字样,直接以各级机关的全称做标目,如:"全国人民代表大会"、"最高人民法院"、"国务院"、"外交部"、"文化部"等。

省级机关标目,应在机关名称前冠以省名;县级机关标目,须在机关名称前冠以县名。

地方各级人民代表大会和人民政府,将"人民代表大会"简称为"人大","人民政府"简称为"政府",如:"四川省第三届人大第四次会议"、"上海市政府"。地方各级人民法院和人民检察院,将"人民法院"简称为"法院","人民检察院"简称为"检察院"。

党政部门如系专门机构,又为人们所熟知者,直接以其名称为标目,否则,应以反映其上属关系的全称为标目,如:"国家标准局"、"文化部干部司"。

(c)中国人民政治协商会议责任者标目。中央机构以其全称为标目,各级组织以简称"政协"及各级委员会为标目,如:"政协南京市委员会"。

(d)中国人民解放军责任者标目一般将"中国人民解放军"简称为"解放军",如:"解放军总政治部"、"解放军海军政治部"、"解放军广州军区"等。

(e)各级科学、教育、文化机构责任者一般直接以其名称为标目。当其名称不明确时,须冠以其上级机构的名称,如:"山东大学"、"南京图书馆"、"南京大学外文系"、"中国科学院土壤研究所"等。

(f)各民主党派组织责任者,以其全称为标目,如:"中国民主同盟"(不用"民盟")、"九三学社"(不用"九三")等。

(g)青少年、妇女、工人、学生等各种人民团体、群众组织,以其惯用名称为标目,如:"共青团"、"全国妇联"、"全国文联"、"江苏音协"等。

(h)各种会议(含展览会)责任者以会议全称、届次、时间、地点为标目;届次、时间、地点依次著录于名称之后的"( )"内,并以","隔开。会议届次用阿拉伯数字,时间按公元纪年,一般仅著录年份,如跨年度,则用"~"表示起讫,如:"国际电信联盟全权代表大会(1982,内罗毕)"。

(i)台湾省政府机关、团体、会议等,未载有"台湾"字样时,均需在名称后加"〔台湾〕"标识,如"行政院国家科学委员会科学技术资料中心〔台湾〕"。

(j)外国机关团体责任者按我国惯用名称做标目,如:"联合国粮农组织"、"苏联"、"美国"、"英国"等。外国党政机关标目,须明确反映国家及其党政机关惯用名称;外国军事机关、部队标目须反映国家及其军兵种名称,如"〔英国〕伦敦国际战略研究所";各国使馆及驻外代表团,均直接以其名称做标目,如:"美国驻上海总领事馆"。

（k）相同名称的不同团体责任者,著录其所在地（含国名）,如仍不足以区别,再著录其创建年,均置于团体名称后的"（ ）"内,如系编目员考查所得,应用"〔 〕"。

（l）凡机关团体责任者名称中含有"私立"、"财团法人"、"股份有限"等字样,均应从标目中删除,如:"书铭出版事业公司"（原题:书铭出版事业有限公司）。

（m）多层次团体责任者的标目层次,以是否具识别性为准。当超过二级层次的团体中对文献负主要责任的末级机构具识别性时,可直接用这级机构名称做标目。反之,则视具体情况冠其上一级或上数级机构的名称,如:"南京大学图书馆编目部西文编目组"可用"南京大学图书馆西文编目组"做标目,省略"编目部"这一机构层次。省略的理由是:"西文编目组"这一名称已具其上一级机构名称"编目部"中的"编目"之含义。

3. 主题标目根据 GB3860－83 选择。

4. 分类标目根据图书分类法有关规定进行选择。

四、排检项著录格式

排检项中各类标目按题名、责任者、主题、分类依次排列,分别用"Ⅰ."、"Ⅱ."、"Ⅲ."、"Ⅳ."标识。同一类标目具多个标目时,先著录主要标目,后著录附加标目,用阿拉伯数字（外加"○",如①、②、③等）为序。当题名、责任者标目名称与书目描述部分中的题名、责任者名称完全相同时,排检项中只需著录标目的第一个字,后用删节号"…"。如标目名称与书目描述部分中的对应名称不完全相同时,应将标目全称著录在排检项中,不用删节号。

例片(五)

责任者
标目→

　　茅盾
　　中国文学变迁史/刘贞晦,沈雁冰著. —9
　　版. —上海:新文化书社,民国18[1929].8
书目描述
　　40 页;32 开
　　书脊题名:新文学
　　0.25 元
　　提要(略)
排检项→
的著录
格式
　　I. 中… 　Ⅱ. ①刘… ②茅盾 　Ⅲ. 主题词
　　Ⅳ. I209

第五节　标目参照法

一、参照法的意义与作用

　　参照法又称引见法、参见法、或见法,英文名称为"Refe-rence"。参照法是指在目录体系中为同一标目或检索点的不同名称、符号及语词(包括个人与机关团体名称、题名、分类类目号及主题标题等)所建立的一种对照联系方法,因而亦称标目参照法。

　　参照款目的内容只包括标目或与标目有关的名称、符号、语词及规则说明,无任何其他书目信息,因此,严格地说,参照款目不能算作正式的目录款目;参照系统也只是查找文献目录款目的一种重要辅助工具。

　　参照法是编目工作中广为使用的一种编目方法,在自动化编目体系中更是实现编目工作标准化,提高系统检索效能的基本方法。因而,参照体系是计算机编目必不可少的编目、检索辅助系统。

参照有以下几种作用:

(一)在目录中保证款目标目名称的规范化、标准化。标目名称及其形式的规范化是编目工作标准化的重要因素之一。参照系统一般是指将同一检索点的未做标目的不同名称形式指引到其已做统一标目的名称形式,以保证标目的统一性与稳定性。即使同一检索点的不同名称形式都已先后做了标目,其中一个必须是统一标目。因此,参照是保证目录款目中标目录著标准化的重要手段。

(二)为目录使用者提供更多的检索途径,以提高目录的使用率、查准率、查全率。一般目录使用者并不了解或熟悉标目的选取与著录规则,他们使用的自然检索标识与目录款目中的规范检索标识时会发生矛盾。参照可以使这两种相关的检索标识有机联系起来,从而帮助读者熟悉编目条例,提高他们检索文献信息的命中率。

(三)将目录款目中的相关标目相互联系起来,使有关的款目成为有机整体。同一责任者或同一著作由于分别用了其不同名称形式或题名做标目而使相关款目分散排列在目录中。采用参照法,使相关标目相互联系起来,便于集中具不同名称形式的同一责任者的不同著作及不同题名的同一著作的不同版本,使有关款目联系成为一个有机整体。

二、参照的种类、职能及著录格式

参照的职能是通过在目录中建立参照款目来实现的。参照款目的种类按检索途径来划分,可分为题名参照、责任者参照、类目参照及主题参照。按其作用来划分,可分为单纯参照、相关参照及一般参照。

(一)单纯参照

单纯参照又称见参照,是指引读者从同一检索点的不被采用做标目的名称、符号或语词去查找其已被用做标目的名称、符号或语词。单纯参照款目又称"见片"或"见卡",其著录格式如下:

```
          不用作标目的名称、符号或短语
          见
          用作标目的名称、符号或短语
                    ○
```

1. 类目单纯参照款目

例片(六)

```
          TM 926   农村电气化
          见
          S24   农业电气化
                    ○
```

2. 主题单纯参照款目

例片(七)

```
          名学
          见
          逻辑

                    ○
```

3. 责任者单纯参照款目

    例片（八）

> 周树人
>   见
> 鲁迅（鲁迅原名周树人）
>
>   ○

4. 题名单纯参照款目

    例片（九）

>   石头记
>   见
>   红楼梦
>
>   ○

（二）相关参照

    相关参照又称"相互参照"或"参见参照"，它指引读者从同一检索点已做标目的名称、符号、短语去参见另一个已做标目的名称、符号及短语，使相关标目相互联系起来。两个标目间用"参见"连接。相关参照款目又称"参见款目"、"参见片"或"互见卡"等。其著录格式如下：

>   标目甲
>   参见
>   标目乙
>
>   ○

```
            标目乙
            参见
        标目甲

                    ◯
```

1.类目相关参照款目
例片（十）

```
        D23     中共党史
            参见
        K26     新民主主义革命时期
                    ◯
```

2.主题相关参照款目
例片（十一）

```
            水净化
            参见
        水污净化

                    ◯
```

3.责任者相关参照款目
例片（十二）

罗曼·罗兰(Romain Rollan)
　参见
罗兰(Rollan,R.)

　　　　　　○

例片(十三)

罗兰(Rollan,R.)
　参见
罗曼·罗兰(Romain Rollan)

　　　　　　○

4.题名相关参照款目

例片(十四)

帝灸素难要旨
　参见
针灸节要

　　　　　　○

例片(十五)

针灸节要
　参见
帝灸素难要旨

　　　　　　○

（三）一般参照

一般参照又称"说明参照"。它提供关于著录规则或目录组织的说明，其著录格式如下：

```
    项目
    说明文字…………

                    ○
```

例片（十六）责任者一般参照款目

```
中国共产党的各级组织
    凡党的各级组织做标目时，将"中国共产党"简称为"中共"，如
中共广东省梅县县委。

                    ○
```

例片（十七）题名一般参照款目

```
    重订
    凡题名以"重订"起首者，在本目录内一律省略不计，请从其后
第一个字查起。例如，《重订石室秘录》，请查"石"字。

                    ○
```

例片（十八）主题一般参照款目

手册

　　本标题下只收"人民手册"及讨论研究手册编制、检索方法的著作。各科专业手册,请以各科主题查找。

○

例片(十九)分类一般参照款目

O32　振动理论

　　总论入此,专论入有关各类。如:流体振动入 O353.1,机械振动入 TH113.1。

○

三、参照的应用原则

　　1.参照的应用必须遵循"读者至上"原则,通过调查、了解读者的检索习惯,有的放矢地做必要的参照。因而,不必为某一标目或检索点的所有不同名称形式、符号或词语做参照,以免目录臃肿、庞大,不便检索。

　　2.参照系统中的标目必须是与特定图书馆目录款目中的标目相关联的名称形式、符号或词语。例如,当目录款目中有"马克·吐温"这个标目时,才可为其不同名称形式做参照。

　　3.参照法应用的对象是同一标目或检索点的不同名称形式、符号、词语等。因此,不能将不同标目或检索点相互联系起来。具体说,可将"罗曼·罗兰(Romain Rollan)"与其不同形式"罗兰(Rollan, R.)"联系起来做参照,却不能指引读者从"罗曼·罗兰"去"见"或"参见""莎士比亚"。有的编目学专著为"参照"下的定义是："参照是指引读者从目录中一条标目或一部分去查阅另一条标目或另一部分的方法。"通过教学实践证明上述定义不精确，容易使读者造成概念上的混乱，认为不同标目或检索点之间可以相互联系做参照，即"鲁迅"可以"见"（或"参见"）"茅盾"。因此，必须明确参照法应在同一个标目或检索点的不同名称形式、或不同符号、或不同词语之间使用，而不是指引读者从目录中一条标目去查阅另一条标目。

4.参照系统具实用性，应建立制度，予以控制。对参照系统需作定期必要的检查、校订和调整，以便及时剔旧更新。参照系统的控制方法是编制参照记录片。各种参照款目分散插置于有关目录中，检查极不方便。编制参照记录片可将有关标目的各种参照集中记录，以便检查、校订与调整。参照记录片的内容及著录格式如下：

统一标目
　　×未做标目的名称、符号或语词
　　×已做标目的名称、符号或语词
〇

上列格式中的"×"表示"见自"，即"单纯参照"的参照根查（或"反参照"）标识；"××"表示"参见自"或"互见自"，即"相关参照"的参照根查标识。如：

例片（二十）题名参照记录片

统一标目→ 红楼梦

参照根查→ ×石头记

×金玉缘

×脂砚斋重评石头记

○

例片(二十一)责任者参照记录片

马克·吐温(Mark Twain)

××吐温(Twain,M)

○

例片(二十二)分类参照记录片

O438 信息光学

×× TB877 全息摄影

○

例片(二十三)主题参照记录片

放射医学

× 原子医学

○

174

参照记录片可根据各馆编制与使用情况,排列在有关目录中或单独排列。

思考题

一、简述普通图书的意义与特征。

二、普通图书的主要著录资料源是什么? 各资料源包括哪些书目信息?

三、试比较普通图书的传统著录格式与标准著录格式,并简述两者的优缺点。

四、图书改写本题名页上无原著者名称时,责任第一说明与责任者主要标目应是何人或何团体? 请说明确定两者的理由。

五、你认为文集的主编能否做主要款目标目,为什么?

六、简述标目确定的步骤。

七、试述统一标目的意义、作用与确定原则。

八、略述中文普通图书标目分主次之你见。

九、中文文献的并列题名能否做标目? 请说明其理由。

十、外国责任者译名做标目时,其名称应采用什么形式更能集中同一责任者的不同著作?

十一、略述参照的意义与作用。

十二、简述各种参照的意义与职能。

十三、试述参照的应用原则。

十四、责任者名称能否参见题名? 请说明理由。

主要参考文献

1. 文献著录总则 GB3792.1－83〔中华人民共和国国家标准〕/全国文献工作标准化技术委员会提出;全国文献工作标准化技术委员会第六分委员会起草;主要起草人,黄俊贵//文献工作国家标准汇编(二)/全国文献工作标准化技术委员会编.—北京:中国标准出版社,1986.
6.— p.1～7

2.普通图书著录规则 GB3792.2－85〔中华人民共和国国家标准〕/全国
文献工作标准化技术委员会提出;全国文献工作标准化技术委员会第
六分委员会起草;主要起草人,黄俊贵//文献工作国家标准汇编
(二)/全国文献工作标准化技术委员会编.—北京:中国标准出版社,
1986.6.— p.8～34

3.中国标准书号 GB5795－86〔中华人民共和国国家标准〕/全国文献工
作标准化技术委员会第七分会提出;第七分会"书号"起草小组起草;
主要起草人,万锦堃.—北京:中国标准出版社,1986.5

4、中文普通图书统一著录条例/北京图书馆编.—北京:书目文献出版
社,1981.10

5.新编图书馆目录/黄俊贵,罗健雄编著.—北京:书目文献出版社,
1986.8.— p.79～146,p.282～326

6.图书馆目录/李纪有,余惠芳编著.—北京:书目文献出版社,1986.
6.— p.93～177,P.188～198

7.图书馆文献编目/傅椿徽主编.—武汉:武汉大学出版社,1989.9.—
p.41～117

8.《普通图书著录规则》例释/广西图书馆学会编.—桂林:该学会,
1984.11

9.中文图书著录简明图例手册/邓以宁编著.—合肥:安徽省图书馆学
会,安徽大学图书馆学系,〔1985?〕

10.普通图书著录规则图例手册/朱育培,马书慧编.—沈阳:辽宁人民出
版社,1986.3

第十一章 分析著录与综合著录

第一节 分析著录

一、分析著录的意义和作用

分析著录是指为揭示文献的内容层次,在文献的基本书目记录的基础上,根据需要与可能有选择地扩充对内容层次的著录;或直接为各内容层次(即整套或整本文献中的各部分内容)进行单独著录,编制完整款目的方法。

分析著录,我国古代称之为"别裁"或"别出",是我国文献著录的优良传统之一,最早开始于汉刘歆编撰的《七略》。当时,这种方法仅用于分类目录,不注析出部分的出处。清末,西方分析著录法传入后,我国的分析著录内容才逐步充实,增加了出处项,方法日趋完善,并向国际标准化靠拢。

一般目录款目主要是从整套或整本文献的外型特征与内容的学科或主题特征揭示馆藏文献;而分析著录的主要作用则是从广度与深度方面进一步揭示文献的内容层次,使文献的重要内容不至于被淹没于整个文献中。

二、分析著录的文献对象

分析著录的文献对象范围较广,主要包括单卷本专著(包括论文集及多著者作品汇编等）、丛编、多卷书、资料汇编及连续出版物中的某一章、篇、卷，以及非印刷型资料（如录音制品、录像制品等）的特定部分内容。

三、采用分析著录的决定因素

分析著录不是每个图书馆在分编工作中所必须采用的著录方法，也不是所有类型的文献都应使用的手段。是否采用这种著录方法应根据以下几种因素综合分析，作出决定。

（一）图书馆的性质和读者需求

不同性质的图书馆，其使用对象不相同，读者对检索文献内容层次的需求也就各异。一般来说，高等院校、研究机关及大型公共图书馆的读者对文献内容检索层次的要求较高，编目部门应积极采用分析著录法，而一般中小型图书馆可视读者需求情况而定。

（二）图书馆目录体系的规模

凡采用一文献多款目目录体制的图书馆常使用分析著录法，从文献内容的深度及厂度进一步为读者提供更多的检索途径。图书馆若采用一般单款目目录体制，客观上就限制了分析著录法的采用。

（三）文献类型的特点

一般说，单卷本专著、丛编、多卷书、资料汇编、连续出版物可根据读者需求，酌情采用分析著录法。而多容量的文献，如录音制品（包括音乐音响文献——录音磁带、密纹唱片等）、录像资料等非印刷型资料，鉴于读者的不同检索习惯，原则上应为每种文献做分析款目。

（四）图书馆编目工作的人力、物力、财力及技术手段的使用情况。

（五）索引、文摘等检索工具的编制情况

索引、文摘虽然在编制方法上与分析著录不尽相同，但三者的作用是类似的。图书馆若编制有丰富的索引、文摘,则编目工作中的分析著录可酌情使用。

四、分析著录的特点及款目著录方法

分析著录的特点是必须在一条书目记录中,同时载有析出部分及整体文献两部分的书目信息,否则,就不属于分析著录范畴。采用分析著录法所编制的款目叫分析款目。

根据上述著录特点,分析著录方法可有以下几种:

(一)做"在"分析著录款目

编制"在"分析著录款目的条例依据是《国际标准书目著录(组成部分)》〔ISBD(CP)〕及《普通图书著录规则》附录 A 的《标目》部分。这种方法的著录对象是整体文献的析出部分。

1."在"分析款目的著录内容及著录格式

"在"分析款目主要包括析出部分、整体文献及析出部分的排检项三大部分书目信息。

析出部分的书目描述应包括以下几个主要项目:

①析出部分的正题名;

②析出部分的责任说明;

③析出部分的附注;

④析出部分的提要。

整体文献(即出处部分)包括的描述项目是:

①"//",表示析出部分与出处部分的连接符号(即"在"字的标识);

②整体文献的正题名;

③整体文献的责任说明;

④整体文献的版本项;

⑤整体文献的出版发行项;

⑥析出部分在整体文献中的页码或卷(册)次。

析出部分的排检项包括析出部分的题名、责任者、标题等标目。

通用分析款目的著录格式如下：

著录某一 组成部分	析出题名/责任说明
著录整体 文献	//题名/责任说明.—版本.—出版发行 项.—第×～×页或卷(册)
著录某一 组成部分	附注 提要
著录某一 组成部分	排检项 　　　　　　　○

以上款目共分四个段落,每个段落第一行写不下而需要移行时,应向前突出一个字。

例片(一)

```
政治教育工作者底任务/(苏)列宁著

//列宁全集第7册/中共中央马克思、恩格斯、列宁、
斯大林著作编译局编译.—北京:人民出版社,1954.
第244～246页

提要

Ⅰ.政…  Ⅱ.列…  Ⅲ.主题  Ⅳ:分类号

                 ○
```

例片(二)

> 论工具书的模糊性/王世伟著
>
> //图书馆学通讯/图书馆学通讯编辑部.—北京:北京大学出版社,
> 1987,(2).—第45~48页
>
> 提要
>
> Ⅰ.论…　Ⅱ.王…　Ⅲ.主题　Ⅳ.分类号
>
> ○

分析款目与一般整体文献款目一样,根据其标目的性质可分为题名分析款目、责任者分析款目、主题分析款目及分类分析款目四种。它们的著录格式是将通用分析款目排检项中的各个排检点列于款目之首,并向前移一格(分类分析款目是将析出部分的分类号列于款目左上角)

1.题名分析款目:在通用分析款目析出部分的题名下划一横线即可。

例片(三)

> 政治教育工作者底任务/(苏)列宁著
>
> //列宁全集 第7册/中共中央马克思、恩格斯、列宁、斯大林著作编译局编译.—北京:人民出版社,1954.—第244~246页
>
> 提要
>
> Ⅰ.政…　Ⅱ.列…　Ⅲ.主题　Ⅳ.分类号
>
> ○

2. 责任者分析款目
例片（四）

(苏)列宁著

政治教育工作者底任务/(苏)列宁著

//列宁全集 第7册/中共中央马克思、恩格斯、列宁、斯大林著
作编译局编译. —北京：人民出版社,1954. —第244～246页

提要

Ⅰ.政… Ⅱ.列… Ⅲ.主题 Ⅳ.分类号

◯

3. 主题分析款目
例片（五）

主题标题

政治教育工作者底任务/(苏)列宁著

//列宁全集 第7册/中共中央马克思、恩格斯、列宁、斯大林著
作编译局编译. —北京：人民出版社,1954. —第244～246页

提要

Ⅰ.政… Ⅱ.列… Ⅲ.主题 Ⅳ.分类号

◯

4.分类分析款目
例片(六)

析出部分
分类号　　　政治教育工作者底任务/(苏)列宁著
整体文献　　//列宁全集　第7册/中共中央马克思、
分类号及　　恩格斯、列宁、斯大林著作编译局编译.
种次号　　　北京:人民出版社,1954.—第244~249页
　　　　　　提要
　　　　　　Ⅰ.政…　Ⅱ.列…　Ⅲ.主题　Ⅳ.分类号

(二)做题名/名称、名称/题名分析附加款目

这种方法是在以整体文献为著录单元的综合著录的基础上,将析出部分的主要项目,如:题名、责任者名称及出版日期(当析出部分的出版年与整体文献的出版日期不同时)等著录于附注项的"子目"部分,再将子目中析出部分的题名与责任者以"题名.名称","名称.题名"的形式为标目列于整体文献的款目之首(向前移一格)编制成"题名/名称"、"名称/题名"的分析附加款目,其著录格式见例片(七)(八)(九)。

例片（七）整体文献通用款目

教育心理学参考资料选辑/《教育心理学》全国统编教材编写组编写. —济南:山东教育出版社,1982. 12

495 页;大 32 开

部分子目

《教育心理学》修订中的若干理论问题的探讨与说明/章志光著

最有意义的教育研究/(美)格思菲思著;邵瑞珍译

自然学科教育心理学的几个问题/刘荣才选编

1. 教… Ⅱ. Ⅲ. 主题 Ⅳ. 分类号

○

例片（八）题名/名称分析附加款目

《教育心理学》修订中的若干理论问题的探讨与说明. 章志光著

教育心理学参考资料选辑/《教育心理学》全国统编教材编写组编写. —济南:山东教育出版社,1982. 12

495 页;大 32 开

部分子目

《教育心理学》修订中的若干理论问题的探讨与说明/章志光著

最有意义的教育研究/(美)格思菲思著;邵瑞珍译

自然学科教育心理学的几个问题/刘荣才选编

Ⅰ. 教… Ⅱ. Ⅲ. 主题 Ⅳ. 分类号

○

例片(九)名称/题名分析附加款目

章志光著.《教育心理学》修订中的若干理论问题的探讨与说明

教育心理学参考资料选辑/《教育心理学》全国统编教材编写组编
写.—济南:山东教育出版社,1982.12

495 页;大 32 开

部分子目
《教育心理学》修订中的若干理论问题的探讨与说明/章志光著
最有意义的教育研究/(美)格思菲思著;邵瑞珍译
自然学科教育心理学的几个问题/刘荣才选编

Ⅰ 教… Ⅱ. Ⅲ.主题 Ⅳ.分类号

○

为另两篇被析出的文章各做两个题名/名称及名称/题名分析
附加款目,著录格式同上例。

这种方法的优点是只要在通用款目正题名上一行加析出部分
的题名/名称或名称/题名标目即可,不必如"在"分析法那样,另
做分析款目。这样,既节省编目人员的人力和时间,又可以取得同
样的检索效果,使读者通过一次检索即可了解整体文献中所包含
的其他个别著作的书目信息。

(三)分散著录

这种方法与基本著录方法一致,其著录单元是析出部分。整
体部分的题名、编号等信息列入丛编项,同时,再做丛编附加款
目,如:

例片(十)

图书编目基础知识问答/卢子博,倪波主编;倪波执笔
北京:书目文献出版社,1983.5
　140 页;32 开. —(图书馆业务基础知识问答丛书;4)
　提要
　Ⅰ.①图… ②图书馆业务基础知识问答;4　Ⅱ.①卢…②倪…
Ⅲ.主题　Ⅳ.分类号

　　　　　　　　　　○

这种方法一般用于丛编的著录。

第二节　综合著录

一、综合著录的意义与作用

综合著录又称整套著录或整体著录。综合著录是运用基
本著录的原理,既反映整体文献的全面书目信息,又揭示其所
包含的个别著作、卷册等书目信息的一种整套著录方法。综合
著录与分析著录的主要区别是分析著录的著录单元是整体文
献中的个别著作或个别卷册,而综合著录的著录对象则是整套
文献。

我国早在明代就采用综合著录法。明祁承爜所撰《澹生堂
藏书目》在丛书的著录中运用了丛书附子目的综合著录方法。
19 世纪末张之洞所撰的《书目答问》专门设置了一个"丛书"
部,以综合记录丛书的书目信息。不少图书馆目录也有类似门

类反映图书的子目,并编制了一些丛书目录,如《丛书辑要》及《丛书书目汇编》等。不过,当时这种著录方法内容较简单,一般只有整套与个别图书的题名、卷册数,著录格式不统一。而现代的标准综合著录,不仅内容详尽,著录格式也日臻一致。

综合著录的主要作用是:向读者同时揭示整套文献及其所含个别著作的全面书目信息,使读者可通过一次性检索获得整套文献及其中各层次内容的书目信息。

综合著录一般适用于多卷书、丛编、连续出版物及音乐音响资料等文献。

二、综合款目的著录项目内容及格式

综合著录的结果形成综合款目。综合款目包括三部分书目信息:一是整套文献部分,也是款目的主体部分;二是整套文献中的组成部分,一般列于附注项的"子目";三是整套文献的排检项。整套文献部分的描述项目与一般单卷本专著的项目类同,从题名与责任说明项到提要项共八大项(第三大项除外)。综合款目中的出版年应著录起讫年月;组成部分的项目较简单,一般只需著录编次号、组成部分的题名与责任说明、版次及出版年。综合著录的格式如下:

(一)用于多卷书的卡片格式(例见第十二章第二节多卷书著录)

<table>
<tr><td>著录
整套
图书</td><td>正题名＝并列题名：副题名及说明题名文字/责任第一说明；责任其他说明．—版次及其他版本形式/与版本有关的责任说明．—出版发行地：出版发行者，出版发行年．月～出版发行年．月

页数或卷（册）数：图；尺寸或开本＋附件．—（丛编题名/编者，国际标准连续出版物编号；丛编内编号）

附注</td></tr>
<tr><td>著录
组成
部分</td><td>子目

Ⅰ．分卷（册）次　题名/责任说明．—出版年
Ⅱ．分卷（册）次　题名/责任说明．—出版年</td></tr>
<tr><td>著录
整套
图书</td><td>国际标准书号；中国标准书号（装订）：获得方式

提要

Ⅰ．题名　Ⅱ．责任者　Ⅲ．主题　Ⅳ．分类号</td></tr>
</table>

（二）用于丛编的卡片格式（例见第十二章第一节丛书著录）

188

著录整套图书	正丛编题名 = 并列丛编题名:副丛编题名及说明丛编题名文字/责任第一说明;责任其他说明. —版次及其他版本形式/与版本有关的责任说明. —出版发行地:出版发行者,出版发行年. 月 ~ 出版发行年. 月
	卷(册)数:图;尺寸或开本 + 附件
	附注
著录组成部分	子目
	1. 索取号　丛编编次　题名/责任说明. —版次. —出版年
	2. 索取号　丛编编次　题名/责任说明. —版次. —出版年
	国际标准书号;中国标准书号(装订):获得方式
著录整套图书	提要
	Ⅰ. 题名　Ⅱ. 责任者　Ⅲ. 主题　Ⅳ. 分类号
	○

综合著录与分析著录是相辅相成、互为补充的两种著录方法。对一种多级出版物,即多卷书、丛编、连续出版物或音乐音响资料等,应根据文献的特点及入馆情况来确定采用这两种著录方法的主次及先后次序。一般说,凡以综合著录为主的出版物,应根据读者需求适当为其个别著作做分析款目;凡以分析著录为主的出版物,亦应酌情为它们所属的整体文献做综合款目。对同一种多级出版物同时兼用以上两种著录方法的目的是为读者对同一出版物从整体及其内容层次方面提供更多的检索途径,以提高文献检索的效率。

思考题

一、简述分析著录与综合著录的意义与作用。

二、略述分析著录与综合著录在著录单元、著录内容、著录格式及著录标目方面的异同。

三、试述采用分析著录的决定因素。

四、试比较做"在"分析、"题名/名称、名称/题名"分析附加款目和"分散著录"这三种分析著录法的优缺点。

五、简述综合著录与分析著录的关系。

主要参考文献

1、新编图书馆目录/黄俊贵,罗健雄编著.—北京:书目文献出版社,1986.8.— p.149-159

2、图书馆目录/李纪有,余惠芳编著.—北京:书目文献出版社,1986.6.— p.178-187

3、图书馆文献编目/傅椿徽主编.—武汉:武汉大学出版社,1989.9.— p.101-106

4、西文文献编目导论(初稿)/韩平,李云增合编.—北京:北京大学图书馆学系,1985.8.—油印本.—p.153-170

5、图书馆目录/刘国钧等编.—北京:高等教育出版社,1957.8.— p.96-101

第十二章　丛书与多卷书著录

丛书与多卷书都属普通图书范畴,它们与单卷本图书的主要不同是:丛书与多卷书是整套多物理单元的图书在整套总题名下分成若干卷册而出版的出版物。这种出版物一般应采用综合著录与分析著录或分散著录相结合的著录方法。

第一节　丛书著录

一、丛书的意义及特征

丛书是指具有一个总题名的多种著作的集合体,其中每一种著作都是一个单独完整的部分。丛书有以下几个特征:

(一)内容方面　丛书从学科内容来看有综合性与专科性丛书之分。综合性丛书全套涉及的内容较广,其个别著作之间无内容上的密切联系,独立性较强;专科性丛书一般围绕某一中心题目或学科门类,其个别著作既具独立性,相互间也有一定内在联系。

(二)组织方面　全套丛书有的有编次,有的除丛书总书名外无任何编次;除全套有总题名外,其个别著作通常有各自的题名。

(三)编撰方式方面　整套丛书一般有主编,其个别著作有各自的著者或编者;也有全套由一个人编著的。

(四)图书形式方面　全套丛书的版式、书型、字体、装帧等基本一致。

（五）出版方面　有的整套一次出齐,有的逐年逐册持续多年有限期出齐;有的专著丛书则无限期出版,因而可作连续出版物处理。

丛书另有"丛刊"、"丛编"、"文集"、"汇刻"、"集丛"、"大全"、"全书"、"选刊"等称谓。总之,丛书虽属普通图书范畴,但在以上五方面具有与普通图书不同的特征。

二、丛书著录方法的选择

由于丛书在内容、组织或出版等方面具有其特定特征,因而著录时需采用综合著录与分析著录或分散著录相结合的方法,这样才能为读者从整体及个别两方面提供多种检索途径,查出有关的书目信息。至于这几种著录方法的先后主次的选择,应根据丛书的不同待性、读者的需求及馆藏的特点等具体情况作出决定。一般来说,属于以下几种情况之一者,应以综合著录为主,辅以分析著录或分散著录。

1. 全套丛书主题较狭窄,或是围绕一个学科或一个问题的研究性丛书,其个别著作的内容有较密切的联系者。如《语文小丛书》、《农业机械化丛书》、《太平天国史料丛书》等。

2. 整套丛书有其专用题名,具总目录,册次连贯或有编号,并一次发行的丛书,如《万有文库》、《四部备要》等。

凡属以下情况之一者,则先分散著录,再辅以综合著录。

1. 内容广泛,主题众多,其个别著作较少有内容上的联系,无总目录,读者对象不明确,如《青年自学丛书》、《各类成人高考复习指导丛书》等。

2. 残缺不全,无法补全或不打算补全的丛书。

三、丛书著录法

（一）先综合著录法

先综合著录法有以下几个特点：

1.以整套丛书为著录单元,它与普通著录的不同点是：

①整套丛书若分年出版,出版日期应著录起讫年(如1982~1986)

例片(一)通用综合款目

1/2

索取号	工科数学丛书/(日)田岛一郎,近藤次
	郎主编.—沈阳:辽宁人民出版社,1980~1981
	5册;32开
	子目
分析分类号	一 微分积分/(日)田岛一郎等;刘俊山译.
	1980.10.—349页.—1.40元
分析分类号	二 线性代数向量分析/(日)小西荣一等著;
	刘俊山译.—1981.1.—227页.—0.94元

○ 见下片

工科数学丛书 2/2

	子目
分析分类号	三 微分方程 傅立叶分析/(日)近藤次郎等
	著;于溶渤译.—1981.10.—269页.—1.15元
分析分类号	四 复变函数/(日)渡部隆一等著;王运达译.
	1981.5.—265页.—1.05元
分析分类号	五 统计数值分析/(日)高桥磐郎等著;潘德惠
	等译.—1981.6.—306页

Ⅰ.工…Ⅱ.①田…②近…Ⅲ.主题 Ⅳ.分类

○

②载体形态描述项中的数量部分只著录总册数。

③排检项内著录整套丛书的排检点。

2.丛书中个别著作的有关信息(如分析分类号、编次、题名与责任者说明、与整套丛书不同的版次及出版期等)依次列入附注项中的"子目",形成综合款目所特有的组成部分。

综合著录的格式见第十一章第二节,例见例片(一)。

例片(一)中所列丛书的书目信息必须用两张卡片方可著录完毕。例片右上角标明卡片编号,分母表示卡片总张数,分子表示该片在整套卡片中的第几张。为便于做分析分类附加款目,综合款目中除在左上角著录整套丛书的索取号外,还在子目有关各个别著作书目信息的左边著录各自的分析分类号。

(二)后分析著录法

在综合著录的基础上,根据读者的需求,可为此套丛书做部分或全部分析款目。分析著录的方法可根据读者对检索个别著作书目信息的详简要求,在以下几种方法中任选一种:

1.做"在"分析款目

例片(二)"在"通用分析款目

整套丛书	微分　积分/(日)田岛一郎等著;刘俊山译
索取号	
编次号	
	//工科数学丛书之一/(日)田岛一郎,近藤次郎主编.—沈阳:辽宁人民出版社,1980~1981
	提要
分析分类号	
	Ⅰ.微…Ⅱ.①田…②刘…　　Ⅲ.主题　Ⅳ.分类号

在通用分析款目的基础上以排检项中的排检点为标目分别做各种类型的分析款目。为便于整套丛书集中排架，各种"在"分析款目分类排架号应用整套丛书的索取号，下加各自的丛书编次号。同时，另做一张分析分类附加款目，便于读者在分类目录中查找相应类目的个别著作。用同样方法为其他四种个别著作做"在"分析款目。

2. 做题名/名称、名称/题名分析附加款目

例片(三)题名/名称分析附加款目

索取号	微分积分/(日)田岛一郎等著
	工程数学丛书/(日)田岛一郎,近藤次郎主编.—沈阳:辽宁人民出版社,1980~1981
	5 册;32 开
	子目
分析分类号	一 微分积分/(日)田岛一郎等著;刘俊山译.—1980.10.—346 页.—1.40 元
分析分类号	二 线性代数向量分析/(日)小荣一等著;刘俊山译.—1981.1.—227 页.—0.94 元
	◯ 见下片(续片略)

以同样方法再为此著作作一名称/题名分析款目。另为其余四个个别著作分别作题名/名称、名称/题名分析附加款目，并为每张款目做一分析分类附加款目。

采用这种著录方法不必另做款目，只需在通用分析款目第一大项上一行向前突出一格加上各个别著作的题名/名称或名称/题名即可。这样，可节省编目人员的时间及精力而检索效果与"在"分析款目完全一致，同时又可使读者从款目的子目中获得其他个别著作的信息。缺点是当为一套丛书做综合款目所用卡片较多

时,其名称/题名、题名/名称附加款目的卡片数亦应成倍增长,目录体积因而臃肿庞杂。

　　3. 分散著录

　　例片(四)

索取号	微分积分/(日)田岛一郎等著;刘俊山译;
编次号	赵惠元,熊及旦校.—沈阳:辽宁人民出版社,
	1980. 10
	346 页.—(工科数学丛书之一/(日)田岛一郎,近藤次郎主编)
	1.40 元
分析分类号	提要
	Ⅰ.①微…②工… Ⅱ.①田…②刘… Ⅲ.主题
	Ⅳ.分类号

　　当读者需要检索丛书中个别著作较详细的书目信息时,可使用这种方法。其特点是以每种个别著作为著录单元,做一个完整的款目。将丛书名及其责任者列入丛编项,并做丛编附加款目,用整套丛书索取号下加编次号(即丛编内编号)做分类排架号,使整套丛书集中排架。另做分类分析款目,使读者能在与个别著作内容相应的类目中查到此书。

　　目前有的图书馆采取变通办法,采用分散著录法为子目中的各个别著作单独做子目通用款目,依次排在综合款目的后面,并将综合款目的"子目"字样更改为"本丛书子目附后"。

　　例片(五)通用综合款目

索取号	工科数学丛书/(日)田岛一郎,近藤次郎主编.—沈阳:辽宁人民出版社,1980~1981
	5册;32开
	丛书子目附后
	Ⅰ.工… Ⅱ.①田…②近… Ⅲ.主题
	Ⅳ.分类号

○

子目通用款目见例片(四)。

采用此法的目的是:"为了制卡的便利"。其实,这种方法虽考虑到编目者的工作方便,却违背了"读者至上"的原则。若将子目通用款目全部集中附于综合款目之后,读者就无法从个别著作的角度去检索。为此,必须复制目录内整套子目通用款目,按其不同的标目插入有关目录内,这样就会事与愿违,反而不便制卡。

以上各种分析著录方法各有利弊,各馆可根据"便利读者"的原则选择采用。

(三)单独分散著录法

有的丛书题名意义不大,或属于某类工具书丛书,其个别著作较突出,或知名度较高,这时可以个别著作为著录单元,采用分散著录法,与单卷本普通图书一样进行著录。

例片（六）

| 索取号 | 胡适口述自传/唐德刚详注.—台北:传记文学出版社,民国72〔1983〕 |

<table>
<tr><td>索取号</td><td>胡适口述自传/唐德刚详注.—台北:传记文学出版社,
民国72〔1983〕
281页;大32开.—(传记文学丛刊之五十八)
美国哥伦比亚大学口述历史详稿之二
附胡适执笔所拟口述自传大纲及遗墨共32页
提要
Ⅰ.①胡…②传… Ⅱ.①胡…②唐… Ⅲ.主题
Ⅳ.分类号</td></tr>
</table>

上例不必再做丛书综合款目,只需做丛书题名附加款目,必要时另做丛编分类附加款目。上例款目索取号中的分类号是个别著作的分类号。

第二节　多卷书著录

一、多卷书的意义及特征

多卷书是指同一种著作分为若干物理单元(卷、册),以编次形式出版的图书。普通图书的物理单元多样,一般常用的有"卷"、"册",另有"集"、"辑"、"篇"、"部"等名称。多卷书有以下几种特征

(一)内容方面　围绕中心题目,各卷内容有密切联系,一般不能独立成专著,这是多卷书与丛书、连续出版物的主要不同点之一。

198

（二）组织方面　有总题名，一般无分卷题名，少数有分卷或分册题名，全套书有编次号。多卷书的编次序列较复杂，有的卷包括分卷分册，有的卷再划分为部，部又分为册，有的还以不同的序列编次，较之丛书更为复杂。

（三）编撰方式方面　有的整套多卷书由一人编著，有的整套书由一个或数人主编，分卷（册）由多个人或团体合著。

（四）图书形式方面　多卷书与丛书类似，它们的书型、装帧基本一致。

（五）出版方面　有的整套一次一年出齐，有的逐卷（册）逐年限期出齐，这是与连续出版物的第二个主要不同点。

二、多卷书的著录方法

结合多卷书的上述特征与馆藏情况，多卷书也有综合著录及分散著录（即分卷著录）两种方法。鉴于其各分卷内容密不可分的主要特征，多卷书一般以整套为著录单元，以综合著录为主要著录方法，而分卷著录法则适用于某些陆续出版、逐次到馆或残缺的多卷书。多卷书的综合著录格式见第十一章第二节。

多卷书有以下几种著录方法：

（一）一次出版或一次到馆，有总题名，各卷有编次而无分卷题名；或有总题名，又有分卷题名及其责任者时，应整套综合著录，例如：

1. 各卷有编次无分卷题名

例片（一）综合通用款目

索取号	红楼梦/(清)曹雪芹,高鹗著;中国艺术研究院红楼梦研究所校注. —北京:人民文学出版社,1985. 8

3 册(1648 页):插图;32 开. —(中国古典文学读本丛书)

插图绘者:刘旦宅

书号 10019. 3272

16. 80 元(全套)

Ⅰ.红…　Ⅱ.①曹…②高…③中…　Ⅲ.主题

Ⅳ.分类号

○

这种著录方法的特点是:

①以整套的题名及责任者为正题名及责任说明。

②若是逐年出齐,出版日期用起讫年。

③数量用总册数,后圆括号内著录总页数。

2. 各分卷有编次,又有分卷题名及其责任者。

例片(二)综合通用款目

索取号	中国古代史/南京大学历史系编. —南京:南京大学出版社,1979～1980

4 册;32 开

子目

第一册	先秦. —1979
第二册	秦汉魏晋南北朝. —1979
第三册	隋唐宋元. —1979
第四册	明清. —1980

Ⅰ.中…　Ⅱ.南…　Ⅲ.主题　Ⅳ.分类号

○

这种著录方法与例片(一)相似,所不同的是将各分卷题名及其出版年依次列入附注项的子目。

(二)陆续出版,分批到馆的多卷书,只有总题名及分卷编次号,而无分卷题名及责任者;或有总题名及分卷编次号,又有分卷题名及责任者时,应先进行分散著录,待各卷出齐并到馆后再做综合款目予以更换。例如:

1.分卷有总题名及编次号而无分卷题名及其责任者

例片(三)分卷通用款目

```
索取号        日语   上册/天津大学外语教研室编.—北京:人民出
           版社,1978.4
           245 页;32 开
           高等学校试用教材
           0.59 元
           Ⅰ.日…  Ⅱ.天…  Ⅲ.主题  Ⅳ.分类号
                    ○
```

上例著录特点是:以分卷为著录单元,总题名后空一格著录编次号。

该书出齐全部到馆后再做综合款目取代分卷款目。综合款目的著录方法与格式同本节例片(一)。

2.分卷有编次号,又有分卷题名及其责任者。

例片(四)分卷通用款目

```
索取号      中国古代史   第一册:先秦/南京大学历史系
卷次号      编.—南京:南京大学出版社,1979
            220 页;32 开

               Ⅰ.①中…②先… Ⅱ.南… Ⅲ.主题 Ⅳ.分类号
                              ◯
```

上例因是以分卷为著录单元的分散著录,而分卷题名独立性
又不强,因此,应以总题名为正题名,后空一格著录分卷编号,将分
卷题名作为副题名处理,前用":"。责任者一般应用分卷责任者
(如整套责任者与分卷责任者相同则用整套责任者);页数用分卷
的页数;为排架集中,应在整套书的索取号下著录分卷编号;排检
项中应有分卷题名及分卷责任者名称。当各分卷全部出齐并到馆
时可再做综合款目取代各分卷款目。

例片(五)分卷通用款目

```
索取号      英语入门/(美)亚历山大著;西安外国语学院英语系译
            注.—西安:陕西人民出版社,1982.9
            357 页;32 开.—(新英语教程译本;第一卷)

            装订:价格
            提要

               Ⅰ.①英…②新… Ⅱ.①亚…②西… Ⅲ.主题
            Ⅳ.分类号
                              ◯
```

(三)分卷题名突出、独立性强,或为人所熟知的多卷书;或图
书馆只收藏多卷书中某一卷,则以分卷为著录单元,按单卷本图书
著录,例见例片(五)。

这种方法的著录特点是:用分卷的索取号;将整套图书总题名及编号列入丛编项;再做丛编附加款目;用分卷的文献特征做标目。

思考题

一、试简述丛书、多卷书与普通图书在形体特征及著录方法方面的主要异同点。

二、试述丛书的意义及特征。

三、略述丛书及多卷书著录方法的选择原则。

四、简述多卷书的意义及特征。

五、试比较丛书与多卷书在著录方法与著录格式方面的异同。

六、请简述丛书及多卷书各种著录方法的特点。

主要参考文献

1. 新编图书馆目录/黄俊贵,罗雄健编著. —北京:书目文献出版社,1986.8. — p.160 – 173

2. 图书馆目录/李纪有,余惠芳编著. —北京:书目文献出版社,1986.6. — p. 199 – 212

3. 图书馆文献编目/傅椿徽主编. —武汉:武汉大学出版社,1989.9. — p.118—131

4. 图书馆目录/刘国钧等编. —北京:高等教育出版社,1957.8. — p.111—120

第十三章　连续出版物著录

第一节　连续出版物的意义及特征

一、连续出版物的意义

我国国家标准《连续出版物著录规则》(GB3792.3-85)根据《ISBD(S)》(即《国际标准书目著录(连续出版物)》)规定连续出版物(Serials)的定义是:印刷或非印刷形式的出版物,具有统一的题名,定期或不定期以连续分册出版,有卷期或年月标识,并且计划无限期地连续出版。连续出版物包括期刊(Periodicals)、报纸(Newspapers)、年册(Annuals、Yearbooks)、年度报告(Annual reports)、指南(Directories、Guides)以及成系列的会议录(Proceedings)、机关团体的会刊(Transactions of society)、有编号的专著丛编集(Numbered monographic series)等。我国对"连续出版物"的传统称谓是"期刊"。根据上述定义,期刊只是连续出版物的一种类型,它虽然种类繁多,出版量大,并被广为使用,但不能因此而以点盖面,将"期刊"统称为"连续出版物"。

二、连续出版物的特征

连续出版物由于其特定的内涵属性,无论在内容、组织、出版物形式、撰写形式、出版等方面都具其独有的特性。

（一）内容方面　围绕一个中心问题或某一学科或某种用途，由多篇独立文章组成，每期均可独立，无任何内在联系。

（二）组织方面　均有固定序号连续标识，如19××年第××期或19××年××卷××期；Vol.×；Vol.×no.×；Vol.×no×（Spring　19××）等。

（三）出版物形式　除固定共同题名外，可能有分卷（期）题名，但有时更改题名较多。版式、书型、装帧均相同。

（四）编撰方式　每期均为一人主编，多人撰写。

（五）出版方面　连续出版物是计划无限期连续出版的，这是连续出版物与其他类型出版物的主要不同处。

综合单卷本普通图书、丛书、多卷书及连续出版物的特点，现列简表比较如下（见 p.207）。

通过对所列简表的分析比较，四类文献的异同可归结为以下几点：

（一）四类文献的内容均是围统一个问题、一门学科、一种用途。丛书、连续出版物的每个个别著作或每期均可独立，多卷书的各卷内容一般有密切联系，不可分割，而连续出版物通常每期（卷）由内容无联系的多篇文章组成。

（二）四类文献在书型方面均有总题名（或共同题名），版式和装帧相同。丛书、多卷书及连续出版物的个别著作或分卷、（期、册）另有各自的题名。连续出版物的题名经常更改而另三种文献的题名较固定。

（三）在编撰方式方面，除单卷本图书为一人或数人编著外，其余三类文献多为主编与多位著者相结合。

（四）在出版方面，单卷本图书只能一次出版，丛书及多卷书既可一次出齐，也能有限期连续出齐，而连续出版物及专著丛编则是计划无限期定期或不定期出版。

（五）载体形式方面，四类文献都以印刷型为主。

	内容	书型	编撰方式	出版情况	载体形式
单卷本图书	①围绕一个问题,一门学科,一种用途	①只有单卷题名②一般只有一种版式、书型、装帧,无编次	①一人或数人编著	一次出版	印刷型为主
丛书	同上①②个别著作具独立性,内在联系较少。	除总题名外,个别著作一般均具单独题名③版式、书型、装帧相同,有编次或无编次	②一人或多人主编,多著者	①有限期一次或多次出版②无限期连续出版	同上
多卷书	同上①各分卷内容有密切联系	一般只有一个总题名,有时另有分卷题名④有编次	同上①②	同上①	同上
连续出版物	同上①②一般每期(卷)由多篇独立文章组成	有固定共同题名或另有分期(卷)题名,题名常更改同上③④	同上②	同上②	同上

第二节　连续出版物著录法

一、名词术语

连续出版物著录中所使用的名词术语,大部分与普通图书的相同,但由于连续出版物的某些特殊性,而有少数特定著录用语。

（一）共同题名（Common title）：一种连续出版物的各分辑题名前有一个相同的题名，与分辑题名一起构成分辑的正题名。如：

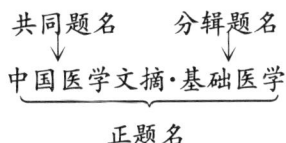

共同题名　　分辑题名

中国医学文摘·基础医学

正题名

（二）通用题名：无具体属性的题名，如通报、报告、年报等。

（三）一种标识系统（One system of designation）：系统地标志一种连续出版物，用以识别特定的卷期等。

（四）第二种标识系统（Second system of designation）：一种连续出版物已经具备一种标识系统，同时又有另一种标识系统，如第一种标识系统为 V.1，no,1，同时又有另一种标识系统为"总1"。

（五）后继标识系统（Successive designation）：连续出版物原来的标识系统已停止使用，开始另一种标识系统。

（六）副刊（增刊）（Supplement）：连续出版物增出的一种或几种有独立的题名和独立的卷、期系统的出版物。

（七）附刊：连续出版物增出的一种或几种无独立题名而有独立的卷、期的出版物。

（八）特刊：连续出版物增出的不定期出版，无卷、期号或有当期的附加号，且名称各异的出版物。

二、描述项目、款目著录格式及标识符号

（一）描述项目

连续出版物的描述项目共九大项：题名与责任说明项；版本项；卷、期、年、月或其他标识项；出版、发行项；载体形态描述项；丛编项；附注项；文献标准号与获得方式项及馆藏项（可另附卡片）。其中第三大项，卷、期、年、月或其他标识项（即"文献细节项"）是

连续出版物所特用的项目,普通图书不使用。各大项中的小项,除第三大项外(包括"一种标识系统"、"第二种标识系统"及"后继标识系统"三小项),均与普通图书的基本相同。

(二)款目著录格式(卡片式)

连续出版物通用款目的著录一般采用悬行著录格式,即第一行从题名开始,以下各行都缩进一格。卡片段落式则从第五大项开始,移行时均向前移一格。

正题名〔文献类型〕= 并列题名:副题名/责任第一说明;责任其他说
　明. —版本/与版本有关的责任说明. —卷、期、年、月或其他标识. —
　出版地:出版者,出版年(印制地:印制者,印制年)
　文献总数:插图;尺寸 + 附件. —(正丛编名,国际标准连续出版物
　号;丛编内编号)

　附注
　ISSN = 识别题名:价格(年份)

　排检项
　馆藏

　　　　　　　　　　　　　　○

以上格式共分六个段落,第一至第四大项为第一段落,第五、六两大项为第二段落,第七大项为第三段落,第八大项为第四段落,排检项为第五段落,馆藏为第六段落。

当题名为标目时可在通用款目的正题名下划横线;若以责任者为标目时,则将责任者名称置于正题名上一行,后缩一格。

(三)标识符号

连续出版物著录用的标识符号与普通图书大致相同,此处不一一重复列举,凡有不同处将于有关著录规则中加以说明。

三、著录资料源

连续出版物采用的是综合著录法,其著录资料源应是本题名下的第一卷(或期,或册)。连续出版物的形体结构与普通图书不完全一致。有的连续出版物无题名页(如部分期刊及报纸),有的无版权页(如报纸),因此,它的著录资料源亦与普通图书不全相同,现将各项目的主要著录资料源列表于下:

项目	主要资料源
题名与责任说明	题名页或代题名页(版权页、封面页、编辑页及报头等)
版本	同上
卷、期、年、月或其他标识	同上
出版、发行	同上
载体形态描述	出版物本身
丛编	出版物中任何地方
附注	出版物本身或以外的任何地方
ISSN 与获得方式	同上

四、主要著录规则

(一)书目描述部分

连续出版物书目描述部分的著录规则大部分与普通图书相同。为避免重复,这里仅简述其主要的特定规则,详细规定可参阅《连续出版物著录规则》(GB3792.3 –85)。

1. 题名与责任说明项

①不少连续出版物的正题名用通用题名,可照录,如:

局报/上海铁路管理局

②在题名页或代题名页上,若有简称题名,则以简称题名为正题名。若主要著录资料源上同时有题名的简称和全称,则将简称

题名作正题名,全称题名作副题名,如:

武汉:武汉医学院院刊

③若题名中含有逐期改变的日期或编号,则省略这些日期或编号,以"…"代替之。如日期或编号在正题名之首,则省略但不加"…",如:

上海市财政局…年度报告/上海市财政局

(省略题名中的"1984")

年度报告

(省略正题名之首的"1983")

④分辑题名与副刊题名

按分辑出版的连续出版物,应先著录各辑的共同题名,然后是分辑的编号或其他标识及分辑题名。在分辑编号或其他标识前用"·",分辑题名前用","。若分辑题名前无编号或其他标识,则用"·",如:

上海市微生物学会会报. A,医学微生物分册

国外科技资料目录. 公路运输

若分辑只有编号或其他标识,则在编号或其他标识前用"·",如:

世界图书·B 辑

副刊题名含有主刊题名时,著录如下:

萌芽·增刊

用特定题名单独出版的分辑或副刊,如其名称比共同题名或主刊题名更重要或更突出,则以分辑题名为正题名,共同题名列入丛编项,如:

中国政治

丛编项(复印报刊资料)

⑤当同一连续出版物的正题名更改时,需另做新款目,将原题名列入附注项。

210

⑥连续出版物的责任者一般为机关团体,著录时只需记录团体名称,不著录著作方式,如:

动物学杂志/中国动物学会

2. 版本项

连续出版物的版本较多,而版次一般较少。版本说明有以下几种类型:

①地区版本:如北京版、上海版等。

②特殊内容版本:如农业版、工业版等。

③特殊版式或外形的版本:如盲文版、大字印刷版、缩微印刷版等。

④文种版本:如朝文版、藏文版等。

⑤时间版本:如上午版、下午版、星期日版等。

版本说明前都用".—"符号

3. 卷、期、年、月或其他标识项

本项是连续出版物特有的项目。本项的内容为本题名下第一册和最后一册的卷、期及其年、月。

①本项使用的标识符号如下:

a. 大项前用".—"

b. 连续出版物起讫卷、期及日期间用"~"。

c. 有卷期号又有日期,日期著录在卷期号之后,并加"( )"。

d. 如连续出版物同时有多种标识系统,则第二种、第三种…标识系统前用"="。

e. 每个后继标识系统前用";"。

②标识系统中的数字、其他非阿拉伯数字或繁写的数字,一律用阿拉伯数字著录,卷(集)以"V."标识,期(册)以"no."标识,如V. 1;no. 1;1982, no. 7等。非公历年份按原样著录,在其后著录公历年份,并加"[　]",如宣统2年[1910]等。

③各种标识系统著录形式如下:

. —V. 1～15(出版完毕)

. —1956, no. 1～1966, no. 12(同上)

. —V. 1, no. 1(1949,1)～△△△△(后空四格,继续出版)

. —V. 1,no. 1(1951,1)～V. 16,no. 7(1966,7)(出版完毕)

. —1971, no. 1～1975, no. 12(无卷号,以年份代替卷号)

. —V. 5, no. 7(1980,7)～△△△△=总15～△△△△(有多个标识系统)

. —V. 7,no. 7(1980,7)～

(新题名连续出版物继续沿用原标识系统,则用新题名下的卷、期、日期著录)

. —V. 1(1962)～V. 6(1967);新辑 V. 1(1968)～△△△△

. —V. 1, no. 1(1957,4)～V. 2, no. 12(1959, 4);no. 25(1959,5)～△△△△

> (以上两例说明一种连续出版物题名不变,而改用新标识系统时,将后继的标识系统著录在原标识系统之后。题名页上有文字说明时,如"新辑"、"第二辑"等,照录。后继系统前用";"。)

4. 出版、发行项

①出版者和发行者名称不详时,可著录其详细地址。地址取自主要资料源,可外用"( )",否则用"[ ]",如:南京(902 信箱323 分箱)。

②出版发行者名称易于识别或著名时,可用简称。若在前几项中已有出版者发行者全称时,可适当简化。如:

学术月刊. —上海:人民

图书馆学通讯/中国图书馆学会. —北京:该学会

③出版日期

连续出版物的出版日期一般应著录其第一册及最后一册的日期,如:

,1980 ~ △ △ △ △（继续出版）

,1945 ~ 1960（出版完毕）

无出版日期则著录版权年。

5. 载体形态描述项

①本项第一小项著录具体资料标识及连续出版物的总数,如:

. —35v.

. —7v. ,52no.

. —28n. ,6v.

②尺寸以高度计算,以 cm 计算与标识:不足 1cm 者以 1cm 计算,如:20cm。

6. 丛编项

本项规则与普通图书基本相同,此处从略。

7. 附注项

本项各附注按八大项次序著录,其规则除与普通图书相同外,有以下几个特定规则:

① 出版频率

这是连续出版物必须著录的第一个附注项目,如:"月刊","月刊"（不定期）,双月刊（1952—66）;季刊（1979 ~ ）。

②沿革附注

连续出版物无论在题名或与其他连续出版物的关系方面都有较大的变化,因此,为便于读者了解其变动情况,本项附注也是必不可少的。沿革附注有以下几种类型,如:

a. 继承、改名,如:

中国妇女

附注:本刊继承:新中国妇女 ISSN 0000 - 0000

新中国妇女

附注:本刊改名:中国妇女 ISSN 0000 - 0000

b. 合并、改出,如:

水利水电建设

附注:本刊由:水力发电与中国水利合并而成

水力发电

附注:本刊与中国水利合并,改出:水利水电建设

中国水利

附注:本刊与水力发电合并,改出:水利水电建设

c. 分出,如:

计算机科学

附注:本刊继承:计算机应用与应用数学的一部分

计算机应用与应用数学

附注:本刊分成:计算机科学、应用数学与计算数学

d. 吸收、并入,如:

人民文学

附注:本刊吸收:文艺学习

文艺学习

附注:本刊并入:人民文学

中国电影

附注:本刊吸收:国际电影,改名:电影艺术

③副刊、附刊、特刊

凡副刊单独著录时,应注明其主刊题名,如:

萌芽·副刊:电视·电影·文学

附注:本刊系:萌芽的副刊

凡主刊有副刊者,应予说明,如:

萌芽

附注:有副刊:萌芽·副刊

④卷、期附注

凡在第三大项中未注明的有关连续出版物卷、期编号的变化,或休刊、复刊等应予注明,如:

1980 年起改用月标识,1982 年起恢复用卷号

第 20 卷起休刊

1968 年休刊,1979 年复刊

⑤著录资料源附注

凡不是根据连续出版物本题名下第一期著录者,应省略第三大项,并在附注项中予以说明,如:

根据:V. 2, no. 3(1983,3)著录

8. 国际标准连续出版物号与获得方式项

连续出版物的标准号采用 ISSN。

识别题名又称关键题名,是由国际连续出版物数据系统为每一种登记 ISSN 的连续出版物所指定的,以区别于其他题名的特定题名。一般来说,大部分连续出版物的正题名即其识别题名。西文连续出版物的识别题名较多,我国则为数甚少。识别题名应著录在 ISSN 后,前用"=",如:

ISSN 0000 – 0000 = 图书馆学通讯:¥3.00 (1980)

无 ISSN 时,则以邮局刊号等暂代,如:

邮局刊号 00 – 0000:¥3.00(1980)

POSN38 – 71:¥0.55(1983)

CBSN583B52:$25 per year(1984)

注:POSN 即 Post Office Serials Number(邮局连续出版物号)的缩写;CBSN 即中国进出口公司的连续出版物号。

9. 馆藏项

连续出版物的主要出版特点是计划无限期出版,其著录方法是整套出版物的一次性综合著录法。鉴于这两个特点,款目项目必须增加"馆藏项"。《ISBD(S)》将"馆藏"列入"附注项"。为了登记方便,可将"馆藏"单列为第九项,也可用单独卡片记录馆藏,附于款目之后,其格式可由各馆决定。若列于款目最后,统一导词为:"馆藏",如:

馆藏

V. 1, no. 1~2 1980

V. 4, no. 11~22 1981

（二）标目选择

连续出版物一般是多著者出版物,因此,大部分连续出版物是以题名为主要款目标目。同时,不少连续出版物源于机关团体（包括机关团体的工作年报、财产目录、连续性的会议录等）,因此,在著录这类出版物时应以机关团体名称为主要款目标目。我国国家标准将标目选取仅作为《普通图书著录规则》的附录,似乎只有普通图书才有著录标目,而其他类型文献就不必选取标目。这种做法欠妥。

题名不是连续出版物唯一的标目,它还有责任者标目、主题及分类标目。由于连续出版物是多著者或机关团体出版物,因此,无个人责任者标目但有机关团体责任者标目。凡属以下几种类型的连续出版物,应以机关团体名称做标目。

1. 记载有机关团体内部事务的出版物,如机关团体活动及财产年报等。

2. 报导连续性会议的报告,如连续性会议录等。

3. 记录演出团体的连续性活动的录音、影片和录像等。

为此,连续出版物的通用款目除书目描述部分外,必须有排检项,排检项中的各类型标目也应分主次。

第三节 连续出版物的著录特点

本章第一节中通过连续出版物、普通图书、丛书及多卷书的比较,阐述了连续出版物的内容及形式等方面的特征,这种特征对其著录方法提出不同要求,因而形成连续出版物的著录特点。各种连续出版物有以下几个共同的著录特点：

1. 以整套文献为著录单元并以综合著录为主要方法。

2. 基于连续出版物是计划无限期出版的这一特征，因而应在综合著录的基础上采取开口著录的方法编制开口款目。所谓"开口著录"或"开口款目"（open entry）是指在款目的某些项目中留空白处，待信息齐全后补增。空白处一般留在第三大项及出版年。

3. 连续出版物的题名变更较多，因此，附注项中的沿革附注是必不可少的项目。

4. 载体形态描述项的第一小项空一格只著录卷（册）标识。

5. 增设馆藏项。

各种类型的连续出版物虽然在内容、形式及著录方法上有它们的共性，但也具不同的个性。它们的著录方法因而也不完全相同，有各自不同的细微特点。现以期刊、报纸、年报的著录为例。

一、期刊的著录特点

例片（一）

1/2

索取号　　江苏图书馆学报:江苏省图书馆学会会刊/江苏图书馆学报编辑部. —1984, no. 1 ~ △△△△ = 总 17 ~ △△△△. —南京:该学会,1984 ~ △no. ;27cm

季刊

本刊继承:江苏图书馆工作

￥0.50(1984)

Ⅰ.江…　Ⅱ.　Ⅲ.主题　Ⅳ.分类号

○

```
┌─────────────────────────────────────────────────────┐
│ 索取号          江苏图书馆学报              2/2      │
│                 馆藏                                  │
│                 1984，no.1～no.4（总17～20）          │
│                 1985，no.1～no.4（总21～24）          │
│                 1986，no.1～no.4（总25～28）          │
│                 1987，no.1～no.4（总29～32）          │
│                 1988，no.1～no.2（总33～34）          │
│                              ◯                       │
└─────────────────────────────────────────────────────┘
```

上例表明期刊的著录特点除整套开口著录增加馆藏项外,附注项中出版周期和沿革变化两个固定附注是期刊著录的主要特色。

当一种期刊更改题名或停刊时,应增补本题名下款目中开口处的书目信息,编成一张完整的闭口款目,如:

例片(二)

```
┌─────────────────────────────────────────────────────┐
│ 索取号      江苏图书馆工作:江苏省图书馆学会会刊/江  │
│             苏图书馆工作编辑部.—1980,no.1(1980,3)～ │
│             1983,no.4(1983,10)=总1～16.              │
│             南京:该学会,1990～1983                   │
│             16no;27cm                                │
│             季刊                                     │
│             本刊改名:江苏图书馆学报                  │
│             ￥0.50                                   │
│                                                      │
│             Ⅰ.江…  Ⅱ.  Ⅲ.主题  Ⅳ.分类号         │
│                          ◯                           │
└─────────────────────────────────────────────────────┘
```

馆藏片格式同例片(一)第2/2张款目。

218

二、报纸著录特点

报纸虽属连续出版物,但它的内容较期刊更及时广泛而且新颖,一般不反映责任者。主要著录资料源是报纸第一版面上方横线上的书目信息,俗称"报头",及最后一版面下方横线下的内容。报纸的著录如下:

例片(三)

```
索取号      羊城晚报 = Guangzhou evening news. —港澳、海外版.
           1981,no. 1(1981,1)~△△△△ = 总 1~△△△△.
           广州:该报社,1981~
           △no. ;8 开
           周报
           ¥0.06(1985)
           馆藏
           1981,1~12
           1982,1~12

                          ○           (接下片,略)
```

报纸的著录除具连续出版物的共同特点外,其不同特点有:一是馆藏项只著录年月,省略期号;二是由于报刊题名一般较抽象,不反映责任者,因此无排检项,可在通用款目的题名下划线直接排入目录。一般采用文献单款目目录体制。

三、年报著录特点

例片(四)

年报的著录特点是:①省略题名前的 1982,将此年份著录为卷期;②由于题名属通用题名,排检项中必须有责任者标目。不用悬行式著录。

思考题

一、简述连续出版物与期刊在概念上的异同。

二、略述连续出版物的特征。

三、比较单卷本图书、多卷书、丛书及连续出版物的特征。

四、试简述连续出版物与普通图书在描述项目及著录格式(卡片式)方面的异同。

五、连续出版物是否有标目选择问题,为什么? 何种类型连续出版物应以机关团体名称做标目,请说明理由。

六、略述各种类型连续出版物著录的共性。

七、比较普通图书与连续出版物的著录特点。

八、简述期刊、报纸、年报的著录特点。

主要参考文献

1. 连续出版物著录规则 GB3792.3 – 85〔中华人民共和国国家标准〕/全

国文献工作标准化技术委员会提出;全国文献工作标准化技术委员会第六分委员会起草;主要起草人,吴龙涛,叶奋生//文献工作国家标准汇编(二)/全国文献工作标准化技术委员会编.—北京:中国标准出版社,1986.6.—p. 35-52

2. 国际标准书目著录(连续出版物)=ISBD(S)/国际图书馆协会联合会,国际连续出版物标准书目著录联合工作组编;夏文正译;阎立中校.—第一标准版.—北京:书目文献出版社,1983.4

3. 新编图书馆目录/黄俊贵,罗健雄编著.—北京:书目文献出版社,1986.8.—p. 174-218

4. 图书馆目录/李纪有,余惠芳编著.—北京:书目文献出版社,1986.6.—p. 213-233

5. 图书馆文献编目/傅椿徽主编.—武汉:武汉大学出版社,1989.9.—p. 132-158

6. 《连续出版物著录规则》例释/黄明等编写.—南宁:广西图书馆学会,1985.3

第十四章　其他类型文献著录

第一节　地图资料著录

一、地图资料的意义与特征

地图资料（Cartographic materials）或称制图资料，是指按一定的线画、影像、符号、数字方法，部分或全面反映地球或其他天体的图形文献。包括单幅地图（Maps）、航空图（Aeronautical charts）、航海图（Navigational charts）、天体图（Celestial charts）、地图集（Atlases）、球仪（Globes）、航空照片（Aerial photographs）、鸟瞰图（Birds‑eye views）、测量图（Surveys）等。

我国目前大部分图书馆馆藏的中文地图资料多为单幅地图及地图集。本节着重讲述这两种资料的著录。

"地图"，我国古代称"舆图"，是指按一定的线画、影像、符号、数字方法，部分或全面反映自然地理要素及社会经济要素的基本特征、分布规律及其相互关系的一种图形文献。地图包括以下基本内容：

1. 数学要素：比例尺、坐标网、控制点等。

2. 自然地理要素：水文、地势、土质、植被等。

3. 社会经济要素：居民地、交通网、政治行政界线等。

4. 其他辅助要素：图名、图号、图例、资料使用说明和量图要素等。

基于上述特征,地图是政治、经济、文化、教育、军事、外交、工程技术、科学研究等领域及人类日常生活中不可缺少的知识传播资料。

地图的种类繁多,大致有以下几种类型:

1. 按内容分:有政治区划图、经济物产图、地形图、地质图、雨量图、海图、航空图、星空图、河道图、气候图、水文图、矿产图、铁路图、邮政图等。

2. 按地域范围分:有世界地图、全国地图、省区地图、县市镇乡村图、地带地图等。

3. 按地理时代分:有当前形势图、古代形势图及一定历史时期的各类地图等。

4. 按物质形式分:有折叶、卷轴、单幅的、组合的地图集以及立体地图(模型)、地球仪等。

二、地图资料的著录特点

由于地图资料具备上述特征,它的著录方法亦具一定的特性。与普通图书及连续出版物相比,地图资料有以下几个著录特点。

(一)著录资料源

地图集的主要著录资料源与普通图书一样,是题名页及版权页,其他类型地图资料的主要著录资料源一般为资料本身或其套盒,或球仪的支架。

(二)书目描述

地图资料的描述项目有:图名与责任说明项、版本项、文献特殊细节项、出版发行项、载体形态描述项、丛编项、附注项、文献标准号与获得方式项、提要项,共九大项,其中文献特殊细节项是地图资料所特有的项目,其他项目中的某些细节部分也反映了不同于普通图书及连续出版物的内容与形式。

1. 文献特殊细节项

本项主要包括比例尺、地图投影、坐标说明三个小项,它们的标识符号列举如下:

. —地图比例尺;地图投影(坐标说明)

①比例尺(即缩尺)

地图比例尺是指地图上的距离与它所表示的地面实际距离之比,其数字标识单位是厘米,著录方式是 1：××××,如 1：3000000,即地图上一厘米的长度相当于实际地面距离30公里。中国古代地图以计里画方的方法表示比例尺时,则照录,如:

山东全图/(清)叶圭绥制. —刻本. —五里方

地图上未注明比例尺,或比例尺不等时,则注明"未注比例尺"或"比例尺不等"字样。

兼具水平比例尺及垂直比例尺的地图模型、断面图等,先著录水平比例尺,后著录垂直比例尺,其间用","隔开,如:

. —1：1744080,垂直比例 1：96000

天体图的比例尺以公分表示。

②地图投影

地图投影是地图制图学的组成部分,运用数学理论将地球表面上的经纬度相应地转换为平面上直角坐标的方法。

地图投影按要求特征可分为正形投影、等积投影和任意投影;按经纬线投影后的形状可分为:方位投影、圆锥投影、圆柱投影、多圆锥投影和伪圆锥投影等。

投影法只在著录世界地图、全国地图或广大地区图时予以注明,一些辅助说明投影法的文字,如:经纬网、军事坐标网等可著录在投影后,如:

中国政区图/西北师范学院地理系,地图出版社主编. 1：24000000;斜轴等面积方位投影(E65°—E140°/ N50°—N5°)

③坐标说明

224

坐标是划定地图东、西经度与纬度的最大限度的标识。经纬度是以 60 进制的度、分、秒来表示。著录时在度（"°"）、分（"'"）、秒（"''"）前加上英文南、北、东、西的大写首字母，两组经纬度彼此用斜线（"/"）隔开，前后不空格，每边经度或纬度与其相对应的经度或纬度用破折号隔开，前后也不空格。坐标说明外加圆括号置于投影说明后（见上例），例如：

（E79°—E86°/N20°—N12°）

（E15°00′00″—E17°30′45″/N1°30′/12″—S2°30′35″）

（W74°50′—W74°40′/N45°05′—N 45°00′）

地图集中各图坐标不等，则在圆括号内注明"坐标不等"字样。

2. 载体形态描述项

地图资料的载体形态描述项是由数量、其他形态细节、尺寸或开本及附件四个小项组成。

①数量

数量用阿拉伯数字记录，计量单位名称用幅、张、页、面、册、函等字样著录，一幅分数张者，则加著分切张数，如：

.—10 幅

.—1 幅分切 4 张

.—32 张

地图集著录页数，多卷地图集著录总册数，若有总页数，则著录在总册数后的圆括号内，如：

.—182 页

.—2 页（210 册）

散页地图，除著录页数外，应将函数著录在方括号内，如：

.—45 张［1 函］

.—67 面［1 函］

②其他形态细节

其他形态细节包括地图的成图形态、色彩、制图材料等,如:

. —4 幅:彩色,折叠加面

. —一个地球仪:木制

. —3 幅:彩色,塑料

③尺寸或开本

尺寸是指地图版面的尺寸,以图内框计量,纵×宽,计量单位为"cm"。立体图另加高度,即长×宽×高。地球仪著录其直径,地图集著录原载开本,其他尺寸均按厘米整数计算,如:

. —1 幅:彩色;32×28cm

. —1 具地形模型:彩色,石膏;45×35×3cm

. —184 页:彩色;8 开(或 32×28cm)

④附件

附件指地图集附带的索引册或幅图所附带的说明书,如:

. —20 幅:彩色;50×48cm/幅+说明书(70 页)

(三)标目著录

地图资料的标目选择与普通图书相似,因此亦有图名、责任者、主题及分类四种标目。

地图资料除单幅地图外,多幅或地图集一般应采用综合著录方法,必要时,可辅以分析著录法编制分析款目。

(四)地图资料款目著录格式

地图资料的各类款目著录格式与普通图书相仿,其通用款目的著录格式如下:

正图名＝并列图名:副图名及说明图名文字〔地图类型〕/责任第一说明;责任其他说明.—版次/与版本有关的责任说明.—地图比例尺;地图投影(坐标说明).—出版地:出版者,出版年.月(印制地:印制者,印制年.月)

数量:其他形态细节;尺寸或开本＋附件(对附件的说明).—(正丛编图名＝并列丛编图名:副丛编图名及说明丛编图名文字/丛编责任说明,国际标准连续出版物号;丛编内编号)

附注

文献标准号(装订):获得方式

提要

Ⅰ.图名　Ⅱ.责任者　Ⅲ.主题　Ⅳ.分类号

○

例片(一)单幅地图

索取号　　世界地图.—1:22000000;等差分纬线多圆锥投影.—北京:地图出版社,1979.10

1 幅分切两张:彩色;102×153cm

本图上中国国界线系按照地图出版社 1980 年出版的 1:400 万《中华人民共和国地图》绘制

1982 年 10 月山西第四次印制

统一书号:12014.5949

￥1.10

Ⅰ.世…　Ⅱ.　Ⅲ.主题　Ⅳ.分类号

○

例片(二)地图集

索取号　　　中国自然地理图集／西北师范学院地理系,地图出版社
主编.—比例尺不等;(坐标不等).—北京:地图出版社,
1984.6

　　200页:彩色;16开

　　本图集中国国界线系按照地图出版社1980年出版的
1:400万《中华人民共和国地图》绘制。
　　本图行政区划资料截止期1982年12月
　　高等学校教学参考用书。
　　提要
　　Ⅰ.中… 　Ⅱ.①西…②地… 　Ⅲ.主题　Ⅳ.分类号

第二节　标准资料著录

一、标准资料的意义

标准资料是反映、检验各个生产或工作领域中技术成果的质
量、规格及用途等方面的技术规定,是技术人员提高产品质量与工
作质量的重要保证。

标准一般均由国际标准化组织或国家有关机关审定、批准和
发布,因而,具一定的法律约束性。

二、标准资料的特征

标准资料有与其他文献不同的特征:

(一)内容:标准资料不是某一学科或综合性学科的论述性文

献,也非为提供情报信息的检索型文献,而是对产品及各学科建设的技术质量、规格、用途及检验方法的技术规定。

(二)提出执行方式:标准不能由个人或团体私自提出并执行,一般是由国际性标准化组织或国家机关委托个人或团体提出后审定、批准和发布,因而在不同范围内具一定的法律约束力与权威性。内容的新旧代替较频繁,常有作废现象。

(三)体例结构:标准资料的体例结构一般由来源(包括提出、起草、制定和批准单位)、标准名称与标准号、颁发的单位、实施日期以及标准正文等部分组成。

(四)具有复杂的标准号:为便于对标准的收集、整理、贮存、检索、管理与利用,标准一般都使用一定的代号和编号。

标准资料所采用的标准号较为复杂。我国各类标准的标准号是根据国家科委(64)科标第 414 号文件《关于统一标准号、编号的几项规定》和 G131 - 70 规定而确定的。各类标准一般采用两个拼音词的首字母为代号。标准号由标准代号、标准序号和标准年号组成。标准号大致有以下几种类型:

1. 国家标准的标准号:一般由标准代号、标准序号和标准年号组成,如我国国家标准《中华人民共和国行政区划代码》的标准号是:

GB   2260 - 73

顺序号

国家标准代号　　标准年号

即国家标准第 2260 号,1973 年颁布。

2. 部颁标准的标准号:一般由各部标准代号(如地质部的标准代号为 DZ,教育部的标准代号为 JY 等)、顺序号、标准年号组成,如:

JB 1100 – 73

⋮ 顺序号 ⋮

部颁标准代号 标准年号

有的部门因专业较多,需再按专业编号,一律在部门标准年代号后加阿拉伯数字区别,如:

HG2—740—72

⋮ 顺序号 ⋮

标准代号 标准年号

即1972年化学工业部颁布的第740号油漆专业标准。有的在标准代号后加字母"n"表示内部发行的标准,如KYn表示内部发行的中国科学院标准。有的在标准代号后加斜线再加字母"Z"。如"HB/Z"表示是第三机械工业部颁发的指导性技术文件,其编号仍用顺序号加年号。

3. 企业标准代号:加注地方简称及字母"Q"(企)表示,如上海化工局代号为"沪 Q/HG",其标准号则在代号后加顺序号及年号。

由于标准的内容经常更新,机构也常有变动,标准号也必须随之改变。标准号改变后一般在标准中予以注明,如《中华人民共和国行政区划代码》在新标准号"GB2260 – 84"下注明"代替GB2260 –82"字样。标准号的复杂性与变动性是标准资料区别于其他文献的又一显著特征。

(五)出版形式多样:标准资料无统一的出版形式。有以单个标准出版的单行本,也有以几个标准的合订本的形式出版,有时有以某一类型标准的汇编本的形式出版。

三、标准资料的类型

(一)按级别与使用范围分

1. 国际标准:国际标准适用于世界各国有关学科领域或企事业。国际标准一般由国际标准化组织(International Organization for standardization,代号 ISO)及国际电工委员会(International Electrotechnical Commission,代号为 IEC)制订。许多有关情报文献工作与图书馆工作的国际标准是由 ISO 的第 46 技术委员会(ISO/TC 46)制定的。中国标准化协会于 1978 年 9 月加入 ISO。

2. 区域性标准:是由区域性标准化组织制订,适用于世界某一区域的标准。如欧洲标准化委员会(CEN)、欧洲电气标准协调委员会(CENEL)、亚洲标准咨询委员会(ASAC)等组织制定与颁布的标准。

3. 国家标准:是由全国性标准化组织制订、批准、颁布的适用于某一国家的标准。这类标准的代号均用字母表示,如美国标准代号 ANSI。我国自 1958 年起由国家标准局颁布国家标准,代号是 GB。现该局已提出《关于修改国家标准代号的建议》,拟将 GB 改为"中国标准"或"中国国家标准",代号分别为"ZB"或"ZGB"。

4. 部颁标准:是由政府各主管部门制定颁布,并在全国性各专业内统一使用的标准。如我国农业机械部的标准(代号为"NJ"),建筑材料部的标准(代号"JC")等。

5. 企业标准:这类标准一般属过渡性标准,有的是国家标准的前身或草案,供一个或若干个企业使用。自 1983 年起,我国不再制订标准,原有的部标准向国家标准或专业标准过渡。

(二)按内容分

1. 基础标准:包括术语、词汇、符号、缩写、绘图、命名及单位等标准。

2. 制品标准:如有关制品的形状、尺寸、材料、质量、性能等标准。

3. 方法标准:指有关产品试验、检验、分析、测定等方法及技术条件的标准。

（三）按标准的成熟程度及约束力分：有法定标准、推荐标准、试行标准和标准草案等。

四、标准资料的著录特点

我国目前尚无一个标准资料的标准著录规则，但根据标准资料所特有的特征，它的著录方法应有其自身的特点。

（一）书目描述

标准资料的书目描述部分共有标准名称、标准号与责任说明项，版本项，出版发行项，载体形态描述项，附注项，文献标准号及获得方式项，以及提要项共七大项。其中标准名称、标准号与责任说明项及附注项应反映标准资料的特点，其他各项的描述方法及规则与普通图书基本相同。

1. 标准名称、标准号与责任说明项

本项包括标准名称、标准号、标准类型、提出者、起草者、批准者等小项。责任说明项中各责任说明小项的顺序一般应以标准上所列顺序著录。如：

空间和时间的量和单位 GB3102.1-82[中华人民共和国国家标准]/全国量和单位标准化技术委员会第一分委员会提出、起草

2. 附注项

标准资料款目的附注项中有两个内容必须予以注明。

①标准发布单位、实施日期。

②标准号新旧代替的情况说明。

如：

本标准由第一机械工业部发布，自 1977 年 10 月 1 日实施。代替 JB886-66。

（二）标目选取

标准资料与普通图书一样，存在着标目的选择问题，因而

其款目必须设置排检项。排检项中同样有标准名称(即题名)、责任者、主题及分类号四种不同性质的标目。另外,为便于读者从标准号着手检索有关资料,可增设标准号标目。以标准号为标目的款目,可以单独组织专门的标准资料目录,便于检索。关于标准资料选取标目的规则可参考《普通图书著录规则》(附录 A)。

索取号　　　　标准名称　标准号[标准类型]/责任第一说明;其他
　　　　　　责任说明.—版本.—出版地:出版者,出版年.月(印制
　　　　　　地:印制者,印制年.月)
　　　　　　页数;开本.—(丛编题名;丛编内编号)
　　　　　　附注
　　　　　　文献标准号(装订):获得方式
　　　　　　提要
　　　　Ⅰ.①标准名称 ②标准号　Ⅱ.责任者　Ⅲ.主题
　　Ⅳ.分类号

例片(一)标准资料单行本通用款目

索取号   中华人民共和国行政区划代码＝Codes for the adminis-
trative divisions of the people's Republic of China GB2260 –
84〔中华人民共和国国家标准〕/全国文献工作标准化技
术委员会提出、归口;国家统计制度方法司等起草;起草
人,李守明等. —北京:中国标准出版社出版,1985.3
　61 页;16 开
　本标准由国家标准局批准,于 1984 年 3 月 1 日发布,
1985 年 1 月 1 日实施。
　本标准曾于 1980 年 12 月首次发布,现行标准号代替
GB2260 – 82。
　提要
　Ⅰ.①中…②GB…　Ⅱ.①全…②国…③李…　Ⅲ.主
题　Ⅳ.分类号

（三）款目著录格式

标准资料的各类款目著录格式与普通图书基本相同,其通用
款目的著录格式见 p.234。

例片（二）标准资料汇编本通用款目

索取号	文献工作国家标准汇编（二）. 著录规则专辑/全国文献工作标准化技术委员会编.—北京:中国标准出版社,1986.6

96 页;16 开

本汇编本包括:文献著录总则、普通图书著录规则、连续出版物著录规则、非书资料著录规则及情报与文献工作词汇基本术语六个标准,分别于 1983 年 7 月 2 日发布,1984 年 4 月 1 日实施;1985 年 5 月 10 日发布,1986年 1 月 1 日实施。

2.15 元

提要

Ⅰ.①文…②著…　Ⅱ.全…　Ⅲ.主题　Ⅳ.分类号

必要时为汇编本中的个别标准做分析附加款目。

例片(三)分析通用款目

索取号	文献著录总则 GB3792.1 - 83/〔中华人民共和国国家标准〕/全国文献工作标准化技术委员会提出;全国标准化技术委员会起草;起草人,黄俊贵

//文献工作国家标准汇编(二). 著录规则专辑/全国文献工作标准化委员会编.—北京:中国标准出版社,1986.6.—第 1 - 7 页

Ⅰ.①文…②GB…　Ⅱ.①全…②黄…　Ⅲ.主题
Ⅳ.分类号

第三节 非印刷型资料著录

一、非印刷型资料的意义

非印刷型资料(Non－print materials)又称"非书资料"(Non－book materials)或"非印刷型载体"(Non—print media)。这三个术语在西方国家是通用的。实际上三者概念的外延略有差异。"非书资料"是指除印刷型的图书(专著)及连续出版物外的所有知识载体;而"非印刷型资料"或"非印刷型载体"是指以形象、音响为手段,将知识记录于胶片、胶卷、磁带、磁盘、塑制片、胶木等非纸张型载体上的各种出版物,因此,它们不仅不包括印刷型图书与连续出版物,连地图、印刷型乐谱等也不属此范畴。非印刷型资料一般有以下几种类型。

(一)缩微资料:又称缩微复制品,是采用摄影技术将文献内容缩摄在特制的胶片、胶卷或照相纸上,阅读时必须用显微阅读机。一件缩微资料根据其规格及容量可容纳整套书、期刊、报纸或一篇、数篇文章或手稿,图书中的某一章、节,并作为一个出版单位出版发行。

缩微资料体积小、容量大、重量轻、占书库面积少,便于保存与携带。但必须用特别显微阅读机才能阅读,使用不便,我国不少大型图书馆均有这种摄制设备。

(二)视听资料:是指采用声像技术记录知识,以播放手段通过人们的视觉、听觉接受知识的资料。如录音资料(唱片及录音带等)、录像资料(透明图片、幻灯片等)及视听资料(如录像带、电视片、电影片等)。

(三)其他类型非印刷型资料:如图片、模型、智力玩具、机读件及光盘等。

二、非印刷型资料的特征

（一）体积小、贮存信息量大，如一张 4×6 吋的超缩微片可贮存 22500 页以上的文献；一张直径为 300 毫米的电视唱片，能贮存四十年的每期为 100 页的月刊的全部内容；一张慢转唱片或一盒磁带可录制数十首乐曲。

（二）载体材质不是纸张，而是具不同规格型号的胶片、磁带、塑料、胶木等。

（三）保存时间长，缩微胶片在适当温度、湿度下，可保存数百年而不影响使用。

（四）不以文字而以声像等为手段记录知识，因此，记录速度快，但必须通过一定的播放器材（如显微阅读机、录音机、放映机等）方可获得所需知识。

现将印刷型资料及非印刷型资料的特性列表比较如下：

		记录知识手段	载体				接受知识感官	记录速度	保存期	阅读视听直接性
			体积	容量	重量	材质				
资料	印刷型	文字图形	大	小	重	纸张	眼	慢	短	可直接阅读
资料	非印刷型	音像	小	大	轻	磁带塑料胶术等	眼、耳	快	长	必须通过显微阅读机及播放机方可阅读或视听

非印刷型资料的上述特性，决定了它与印刷型资料在某些著录方法上的不同。

三、非印刷型资料的著录特点

（一）主要著录资料源

由于非印刷型资料的载体与印刷型资料不同，它们的形体结构也不一样。有的资料无固定的题名页和版权页，因此，非印刷型资料的主要著录资料源应是整个载体的本身，如题名页、标签、封套、说明书等。非印刷型资料有的多为复制品，缺少充足的著录资料源，因此，必须参考必要的参考书目及有关附件。

（二）载体代码及语种

非印刷型资料的载体多样，语种各异，因此，在款目中必须注明载体类型及语种，才便于读者检索。我国《非书资料著录规则》（GB 3792.4－85）在国家标准《文献类型与文献载体代码》的基础上，结合非印刷型资料的特点做了补充，详见该规则附录 A：载体名称和代码（补充件），如：盒式磁带（sound cassette）的载体代码是"AH"，盒式录像带（video cassette）的代码是"VH"等。

（三）书目描述

非印刷型资料的书目描述部分共包括题名与责任说明项，版本项，出版发行项，数量、规格项（即载体形态描述项），系列项（即丛编项），附注项，文献标准号与获得方式项以及提要项共八大项，其中数量、规格项是非印刷型资料最突出的一个项目，其他项目中也或多或少有与印刷型资料不同的描述内容。现将各项反映非印刷型资料的著录特点简述于下：

1. 题名与责任说明项

①非印刷型资料的载体具有容纳信息量大的特点。同一载体中记录的作品与责任者较多且无总题名，这时，只需著录第一个作品的题名及其责任说明，在题名及其责任说明后均加"…"，表示删节。其余作品的题名及责任说明可依次列于附注项的子目部分。必要时，可为每个作品做分析附加款目，如：

军港之夜…[AH]／苏小明…演唱

②正题名与并列题名为不同语种题名时,选与资料所用语种相同的题名为正题名,其他语种题名作并列题名。若正题名为外文题名,在为我国出版不同语种的同一文献组织目录时,可按中文题名排列,如人民画报社出版的英文版画册,原题名为"中国风光 China　Scenes",著录时应以 China　Scenes 为正名,组织题名目目录时,可按"中国风光"排列。

若非书资料无文字说明,只有不同语种的题名,或同时有几种文字说明,则取第一个题名为正题名,组织目录的方法同上。

如资料为外语和汉语对照读物,或我国编写的外语课本,应取外语题名为正题名。

③载体代码及语种按《非书资料著录规则》附录 A 的规定著录。卡片格式,因排检项中已有载体代码,只需在题名后"[ ]"内著录语种。书本格式,则两者均需著录,如:

[VH,英]

④同一种非印刷型资料责任者的著作方式较多,如原作者、改编者、独奏者、合奏者等,著录时按主要著录资料源上的顺序著录,不必选择原作者为责任第一说明,因按《ISBD》及我国的《文献著录总则》规定,责任第一说明并不一定是对文献负主要责任的责任者。但在选主次标目时,应以对文献负主要责任者为主要标目。

2. 版本项

此项由版次与版本形式组成。版本形式是指非印刷型资料内容未变,但其载体有改变,或用不同于初版资料的生产方法或技术制作的版本,如:"翻制版"、"仿制版"等。

3. 出版发行项

非印刷型资料的出版发行项是指该资料的出版发行项而不是其原文献的出版发行项,如电视连续剧"红楼梦"的出版发行项应著录该电视片的出版发行内容,而非"红楼梦"原著的出版发行内容。

非印刷型资料必须在出版日期后"（　）"内著录制作地,制作者及制作日期,音乐作品应同时若录演出日期（因演出日期的早晚可反映演奏者的演奏成熟程度）。

4. 数量、规格项

①数量

数字使用阿拉伯数字,量词使用汉字（少数民族使用本民族的文字）,其中公制长度和公制重量采用国际单位的英文缩写字母。时间按"分"、"秒"计,分用"′"表示,秒用"″"表示。

页数、帧数、件数、播放时间等著录在数量后的"（　）"内。播放时间按资料载体标签上注明的时间著录,若没有注明时间,则按实际播放时间著录。如：

2 盒(150′)

1 张(53′30″)

非印刷型资料由几个相同类型的载体组成,且每个资料都有各自的播放时间,将各个资料播放时间的总和著录在"（）"内。若需注明每个资料载体的播放时间,可著录在附注项中。

②规格

规格包括载体的型号、材质、长度、转速、色别、声响、尺寸（或开本）等。每种资料载体的规格说明可参见《非书资料著录规则》中各资料载体的著录细则,此处从略。规格前用"：",多项规格则按次序著录,各规格间用"；",如：

2 盒:3/4 英寸;NTSC;彩色

1 套(16 张):9×12cm;彩色;复合片

（四）标目选取

非印刷型资料与普通图书一样,款目必须为读者提供检索点,因此,应设置标目及排检项。标目的选取规则可参考普通图书的有关规则。

非印刷型资料,尤其是视听资料的著作方式不同的责任者较多,必须根据读者的不同检索习惯,确定主要标目及附加标目。

(五)非印刷型资料各种载体的著录特点及格式

非印刷型资料载体按制作材质和制作方式分为:录音制品(包括音乐作品、语言教学用的唱片及录音磁带等)、录像制品(包括幻灯片、电影片、录像带、投影片等)、多载体、缩微制品、图片、模型、智力玩具、机读件及光盘等。现以录音制品、录像制品及缩微制品为例,略述它们的著录特点及卡片格式。

1. 录音制品

录音制品有四种:合式循环带(AX)盒式磁带(AH)、开盘磁带(AK)、唱片(AP)。

①通用款目卡片格式

```
                                        载体代码索取号
分类号      正题名＝并列题名:副题名及说明题名文字[语
         种]/责任第一说明;其他责任说明.—版次及版本形
         式/与版本有关的责任说明.—出版发行地:出版发行
         者,出版发行日期(制作地:制作者,制作日期)
         数量(实际播放时间):材质;转速;声响＋附件.
         (系列正题名　分卷(集)号＝系列并列题名:系列副
         题名及说明题名文字/系列责任说明,国际标准系列
         编号)

         附注
         标准编号:价格(商标名称)
         提要

         Ⅰ.题名　Ⅱ.责任者　Ⅲ.主题　Ⅳ.分类号
                      ○
```

②综合款目卡片格式

```
                                      载体代码索取号
              分类号        正题名 = 并列题名:副题名及说明题名
                           文字〔语种〕/责任第一说明;其他责任说
                           明.—版次及版本形式/与版本有关的责
                           任说明.—出版发行地:出版发行者,出版
                           发行日期(制作地:制作者,制作日期)
著录                           数量:规格 1;规格 2;规格 3 + 附件.
整套                          (系列正题名  多卷(集)号 = 系列并列题
资料                          名:系列副题名及说明题名文字/系列责
                           任说明,国际标准系列编号;本系列编号)
                           附注
                           标准编号:价格(商标名称)
                           提要
                           Ⅰ.题名 Ⅱ.责任者 Ⅲ主题 Ⅳ.分类号
著录                          (1)……载体代码索取号;(2)………载
组成                          体代码索取号;(3)……载体代码索取号;
部分                          (4)……载体代码索取号
```

综合著录法一般适用于多卷集非印刷型资料、系列非印刷型资料与多载体非印刷型资料。

③录音制品著录特点

例片(一)语言教学或讲座唱片

H319.4 　　北京业余外语广播讲座英语教学片初级班[英]/张冠

林,屠蓓,朱欣茂朗读;屠蓓,朱欣茂,吴千之,熊得轵演

播.—北京:中国唱片社,1978(北京:北京唱片厂等灌

制,1977~1978)

28 张(201′40″):塑料薄膜;17.5cm;33 $\frac{1}{3}$ + 教材 2 本

听力材料/朱欣茂,屠蓓,吴千之,熊德轵演播

歌曲/钱慧娜,施鸿鄂,张正演唱

适用于自学英语者

通过句型练写与对话,进行口语和笔译训练共 42 课。

Ⅰ.北…　　Ⅱ.①张…②屠…③朱…　　Ⅲ.主题

Ⅳ.分类号

◯

例片(二)语言教学或讲座录音磁带

G633.6 　　谈谈三角总复习[汉]/朱霖生.—哈尔滨:黑龙江省

电教馆,1981(哈尔滨:第 13 中学,[1981?])

1 盒(58′30″)

适用于中学

特级教师朱霖生的讲话录音

Ⅰ.谈…　　Ⅱ.朱…　　Ⅲ.主题　　Ⅳ.分类号

◯

例片(三)音乐音响资料(唱片)综合款目

1/2
载体代码索取号

分类号　　马车夫之歌:中国旋律轻音乐/广东省歌舞团乐队演奏.—北京:中国唱片社,1981

1 张(55′7″):塑料树脂;30cm,33 $\frac{1}{3}$ 立体声

子目

第一面:1.谁不说俺家乡好:电影《红日》插曲/丁家琳编曲—2.玛依拉:新疆民歌/丁家琳编曲—3.马车夫之歌:新疆民歌/丁家琳曲—4.沙滩/司徒抗曲;英国管独奏,金洪中—5.花香鼓舞:舞剧《小刀会》选曲/丁家琳编曲—6.太阳出来喜洋洋:四川民歌/金友中编曲

第二面:1.青春舞曲:新疆民歌/司徒抗编曲—2.杏花雨梧桐雨/金友中曲;小号独奏,汤广—3.……

(接下片)

○

续片

2/2
载体代码索取号

马车夫之歌

子目

……

……

DL－009(DL－810017)

Ⅰ.马… Ⅱ.广… Ⅲ.主题 Ⅳ.分类号

○

244

例片(四)音乐音响资料(唱片)分析通用款目

```
                                        载体代码索取号
整体资料
分类号      谁不说俺家乡好:电影《红日》插曲/丁家琳编曲
组成部分    //马车夫之歌:中国旋律轻音乐/广东省歌舞乐团演
分类号      奏.—北京:中国唱片社,1981.—第一面
           Ⅰ.谁…  Ⅱ.丁…  Ⅲ.主题  Ⅳ.分类号
                        ○
```

例片(五)音乐音响资料(录音磁带)综合款目

```
                                        载体代码索取号
分类号      中华人民共和国艺术团演出实况录音:器乐独奏
          (一)/中华人民共和国艺术团演出.—[北京]:[中国
          唱片公司],[1984?]
          1盒[60′]
          子目
          A1.百鸟朝凤:唢呐/郝玉岐—2.庆丰收:唢呐/郝玉
          岐—3.……
          B1.……
          F-21
           Ⅰ.中…  Ⅱ.中…  Ⅲ.主题  Ⅳ.分类号
                        ○
```

音乐音响资料(录音磁带)分析通用款目的著录方法与格式同唱片。

从以上各例,可以看出录音制品的主要著录特点有三:

a. 录音制品具有独特的数量、规格,包括数量、实际播放时间、材质、长度或直径、转速、声响、附件,应依次著录。数量单位为"盒"(盒式循环及盒式磁带)、"盘"(开盘磁带)、"张"(唱片)等。实际播放时间以"分"("′")、"秒"("″")表示。材质是指示音制品的制作材料。磁带分"普通"、"二氧化铬"、"金属"等,普通带不著录。唱片分"塑料薄膜"、"塑料树脂"等。长度或直径方面,盒式磁带以"分"("′")计,开盘磁带以"米"(如"460m")计,唱片著录其直径,以"厘米"计(如"25cm"、"17.5cm")。转速是指录制的速度,盒式不著录,开盘分"4.75"、"9.5"、"19"、"38.1"转速,唱片分"16"、"33 $\frac{1}{3}$"、"45"、"78"转速,即每分钟转的圈数,如"78"转速即每分钟转 78 圈。声响是指立体声、非立体声,非立体声不著录。录音制品的音轨数,如"4 音轨"、"8 音轨"等可著录在附注项中。

b. 录音制品一般有较多的著作方式,尤其是音乐音响的资料。读者的检索要求与习惯根据其职业会有所不同,因而,这种资料款目中各种检索点的重要性几乎相等。基于这种独特的检索特性,录音制品的责任说明及排检项中的排检点较多,它的目录体制一般应采用一文献多款目的目录体制。

c. 由于录音载体具备容量大的特点,录音制品,尤其是音乐音响资料的著录方法在综合著录的基础上,必须同时采用分析著录方法,以提供更多的检索途径,使读者既见林,又见树。

2. 录像制品

录像制品有四种:盒式循环录像带(VX)、盒式录像带(VH)、开盘录像带(VK)及录像片(VP)

①录像制品通用款目的著录格式

分类号　　正题名＝并列题名:副题名及说明题名文字〔语种〕/责任

第一说明;其他责任说明.—版次及版本形式/与版本有关的

责任说明.—出版发行地:出版发行者,出版发行日期(制作

地:制作者,制作日期)

数量(实际播放时间):型号;长度;制式;色别;声响＋附

件.—(系列正题名　分卷(集)号＝系列并列题名:系列副题

名及说明题名文字/系列责任说明,国际标准系列编号)

附注

标准编号:价格(商标名称)

提要

Ⅰ.题名　Ⅱ.责任者　Ⅲ.主题　Ⅳ.分类号

○

例片(六)

H193.4　　离群的小鸡:看图说话〔汉〕/郭思多.—北京:中央

电教馆,1981(辽宁,本溪:教育学院电教部制,1981)

1 盒(45′):3/4 英寸;60′;PAL;彩色

适用于小学教师、师范生。

本片是本溪市师范附小郭思多老师的一堂语文课

纪实。通过看图说话,培养学生观察问题、逻辑思维

和口头表达能力。

Ⅰ.离…　Ⅱ.郭…　Ⅲ.主题　Ⅳ.分类号

○

·②录像制品的主要著录特点

录像制品的书目描述与标目选取规则与普通图书基本相同，其主要特点表现在数量、规格项。

数量、规格项包括数量（"盒"、"盘"、"张"）、实际播放时间（"分"（"′"）、"秒"（"″"））、型号（录像带指宽度，如 1 /2 英寸、3/4 英寸等。录像片则著录其直径，以"cm"计）、长度（指录像带本身的时间长度，如，"20′"等）、制色（分 PAL，NTSC，SECAM 等）、色别（分黑白、彩色）、声响及附件。

3. 电影片

电影片分四种：盒式循环电影片（FX）、盒式电影片（FH）、开盘电影片（FK）及立体电影片（FL）。

①电影片通用款目著录格式

电影片通用款目的著录格式与录像制品基本一致。

例片（七）

```
                                              FK 索取号

J951        阿 Q 正传〔汉〕/鲁迅原著;陈白尘编剧;岑范导演;
            严顺开主演.—北京:中国电影发行公司,1982(上海:
            上海电影制片厂摄制,1981)

            12 本:35mm 宽银幕,彩色
            获第二届国际喜剧电影节最佳男演员奖
            提要

            Ⅰ.阿…   Ⅱ.①鲁…②陈…③岑…④严…Ⅲ.主题
            Ⅳ.分类号

                            ◯
```

②电影片主要著录特点

电影片有两个著录特点：

①数量、规格项的著录内容与其他非印刷型资料不完全相同。

248

包括数量（"盒"、"本"）、型号（即电影片的宽度，分 8.75mm、标8mm、超 mm、16mm、35mm，按电影片对银幕的要求分普通、宽银幕、遮幅。普通不著录）、长度（以"米"计算，一般不著录）、色（分黑白、彩色）、声响（分光还音、磁还音、有声、无声。光还音和有声不著录）。

②与音乐音响资料类同，电影片的著作方式不同的责任者较多，排检点也多，一般应采用一文献多款目目录体制。

4. 缩微制品

缩微制品分开窗式缩微卡（MC）、单轴盒式缩微卷片（MD）、双轴盒式缩微卷片（MH）、缩微平片（MP）、封套卡（MG）、缩微照片（MS）及缩微印刷片（MY）等。

缩微制品的款目著录格式（卡片式）与其他几种非印刷型资料基本相似，仅数量规格项稍有不同。

缩微制品的数量单位凡盒式为"盒"，盘式为"盘"，其他均为"张"。型号有：开窗式缩微卡、缩微平片、封套卡、缩微照片和缩微印刷片。以"长×宽毫米"计，一般标准尺寸为"105×148mm"。单轴和双轴合式缩微卷片、开盘式缩微卷片分为 105、70、35、16、8mm 五种，一般标准型号为"35mm"和"16mm"两种。缩率则按制品所标明的著录。色别则分为黑白与彩色。

至于其他几种非印刷型资料，一般图书馆收藏较少。有关图书馆需著录时，可参阅《非书资料著录规则》中有关规定，此处从略。

思考题

一、简述地图资料的含义、基本内容及种类。

二、与普通图书及连续出版物比较，请略述地图资料在书目描述方面的特点。

三、地图资料有哪几种著录方法？

四、略述标准资料的意义、特征及类型。

五、试简述标准资料的著录特点。

六、谈谈你对"标准名称、标准号与责任说明项"中"标准名称"及"标准号"两小项先后顺序的看法,并阐述载体代码的作用。

七、简述非印刷型资料的意义及种类。

八、非印刷型资料与普通图书在主要著录资料源方面有何不同?

九、试述非印刷型资料在描述项目方面的特点。

十、略述录音制品的主要著录特点。

十一、分别简述录像制品、电影片及缩微制品的著录特点。

主要参考文献

1. 非书资料著录规则 GB3792.4-86[中华人民共和国国家标准]/全国文献工作标准化技术委员会提出;起草人,李俊宣等//文献工作国家标准汇编(二)著录规则专辑/全国文献工作标准化技术委员会编.—北京:中国标准出版社,1986.6.—p.53-80

2. 新编图书馆目录/黄俊贵,罗健雄编著.—北京:书目文献出版社,1986.8.—p.216-254;p.265-281

3. 图书馆目录/李纪有,余惠芳编著.—北京:书目文献出版社,1986.6.—p.237-260

4. 图书馆文献编目/傅椿徽主编.—武汉:武汉大学出版社,1989.9.—p.159-206

第三部分　西文文献著录

　　作为著录对象的图书馆馆藏书目文献,按语言的不同,一般区分为中文文献及外文文献两大类。而外文文献又可大致划分为西文文献、日文文献及俄文文献三种类型。西文文献是图书馆馆藏外文文献中藏书量最大、使用率最高、使用者最多的文献。因此,西文文献著录是图书馆文献编目工作中的重要组成部分。西文文献主要是指用拉丁字母拼写的各种文字的文献。图书馆西文文献以英文文献为主,包括英文、德文、法文、西班牙文、葡萄牙文、斯洛伐克文、捷克文、匈牙利文、罗马尼亚文、意大利文、丹麦文、荷兰文、瑞典文、塞尔维亚文(拉丁字母部分)、冰岛文、世界语等文种的文献。但不包括东方某些国家以拉丁字母拼写的文种文献,如印尼文、越南文文献等。少数图书馆为便于编目,也将上述几种文种文献列入"西文文献"范围。

　　鉴于目前我国图书馆馆藏西文文献大多为专著(普通图书)及连续出版物(期刊为主),本部分拟以这两种类型的出版物的著录为重点,兼述其他类型文献的著录。著录条例的依据是《西文文献著录条例》及《AACR2》,着重阐述、讲解条例中我国常用的规则,并附例证。

第十五章　专著著录

"图书"在西方国家编目领域中又称"专著"（Monograph）是指一种印刷型非连续性书目文献,其全部内容记录在一个物理单元（卷或册）上（如单卷本专著）,或记录在出版前既定有限的若干物理单元上（如多卷书等）。

本章只讲述单卷本专著著录,多卷书著录另列章节。

第一节　专著的形体结构

专著著录是指对专著的内容与形式特征进行描述并记录的过程。因此,必须首先认识与了解专著的内容与形式特征才能依据特定规则或条例,选择必要的书目信息,有目的地进行著录,从而正确地报导它们。

由于语言文字及出版印刷的不同特点,西文专著的形体结构比中文图书更复杂。西文专著的形体结构主要分包装、书外及书内三大部分。

一、包装

1. 精装本（Cloth）:分皮面精装、全织精装、纸面皮脊精装及全纸面精装（亦称假精装）四种。

2. 平装本(Paperback(pbk))或称纸皮书。

3. 线装本或"东方书"(Oriental book,或 Traditional format)。

二、书外部分(以精装本为例)

1. 护封(或书衣)(Book jacket)

西方国家的精装本专著一般都有护封。护封即新书在正式封皮外所加的纸套,起保护图书及宣传特定图书作用。西文专著的护封一般多为彩色印刷。护封面记载的内容大致与正式封面相同,有题名(或简要题名)、责任者及出版者名称。护封向内折叠的两侧,主要记载以下几种内容:(1)著者简介;(2)内容梗概;(3)即将出版的同一著者的其他著作书目或该出版社即将出版的同类型的其他著作或某些丛编、多卷专著的整套记录。

2. 封面(Cover)

封面的记载内容较题名页上的简略。有的与护封内容相同。一般有正题名或简略正题名、责任者名称及出版者简略名称、版次。有时,封面上的题名与题名页上的题名不完全相同,著录时,应以题名页上的题名为准。必要时,可为封面题名做附注及附加款目。有的封面无任何内容。

3. 书脊(Spine)

书脊包括以下几部分内容:

(1)书脊题名(Spine title 或 Back title)亦称"装订题名"(Binder title)。书脊题名一般是指正题名或其简略形式。有的专著书脊分"格"(Panel),书脊题名一般列于书脊上方的格内。

(2)责任者名称。一般书脊上的个人责任者名称形式是其姓,亦有以其全称形式出现的。

(3)出版者名称。书脊的下方有出版者名称的简略形式,如:McGraw－Hill、ALA、Oxford 等。

(4)出版商丛编名称。有的书脊的最上方或下方印有出版商丛编的简略名称及其编号。

（5）版次。凡属新版的专著，其版次在书脊上有时也有反映。

书脊也可说是一个简明题名页，它为读者在书架上查找图书提供简略信息，便于检索。

三、书内部分

书内部分是指除护封、封面以外的专著的其他所有部分，包括以下几个主要方面：

（一）文前栏目（Preliminaries 或 Front matter）

文前栏目是指专著正文前的各部分，一般以大写罗马数字（如 $I = 1, II = 2, III = 3, IV = 4, V = 5, X = 10$，等）计页，主要包括：

1. 题名页（Title page）

题名页是集中反映文献形式特征的部分，因而是文献著录的主要资料源。西文文献题名页一般包括：

（1）正题名及副题名或说明题名文字　一般位于题名页的上半部分，印刷字体突出，或全部大写，或首字母大写，或全部小写。

（2）责任说明　责任说明通常位于题名页中部。题名页上的责任说明一般有以下两种形式：

（a）单纯责任者名称。如：

Ronald Hagler

Peter Simmons

（b）含有责任者名称及著作方式的短语。如：

By ··

Edited by ··

Compiled by ···

Retold by ··

Prepared by ···

Edited and with Introduction by ······················

With twenty illustrations by ··························

By the Author of Memoirs of a Fox – Hunting Man

Translated by ······································

Sponsored by ······································

Held under the auspices of ·····················

With the collaboration of ························

根据编目条例规定,著录时应按题名页上的词序照录责任说明(包括责任者名称前后的短语)。大小写不一定与题名页上的一致。

(3)版本说明　题名页上一般从新版开始列有版本说明,如:

Second edition

Annotated Edition

New edition

World's classics edition, New edition, revised, reset

(4)出版、发行说明　题名页上经常有出版地点(一个或数个)、出版者名称(包括含有出版者名称的短语,如:Published by ·························· for·················)及出版日期。有的专著题名页上只有出版者名称,无出版地点及日期。

(5)丛编说明　有的专著题名页上还有其所属丛编的题名及其编号,一般列于题名页最上方

(6)题上项(At head of title)　题上项包括对文献不负直接责任的机关团体名称或其他短语。

题名页样例:

```
BOHDAN S. WYNAR ─────────────────── 责任说明

INTRODUCTION
TO CATALOGING ─────────────────── 正题名

_____AND
CLASSIFICATION ─────────────────── 版　次
                                  与版次有
seventh edition by ─────────────── 关的责任
ARLENE G. TAYLOR                   说明




1985 ────────────────────────────── 出版年
LIBRARIES  UNLIMITED  INC ────────── 出版者
Littleton, Colorado ──────────────── 出版地
```

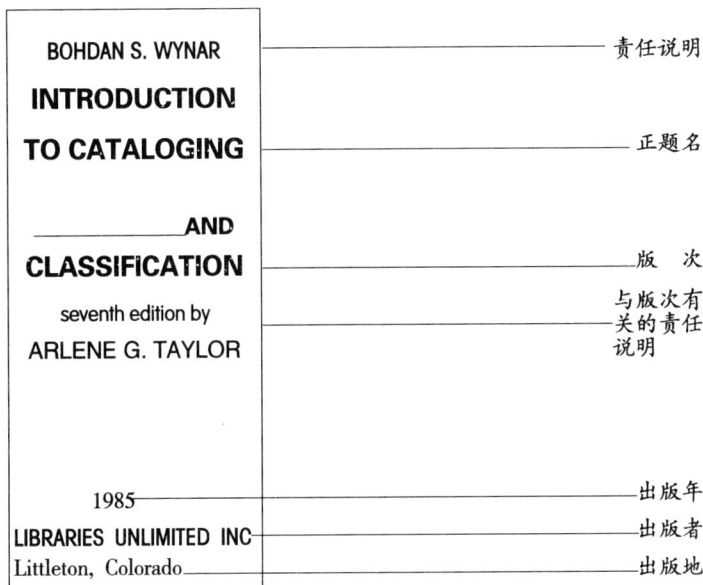

2. 版权页(Copyright page)

西文专著的版权页一般是指题名页背面的一页。该页所记载的书目信息比中文图书版权页上的资料更详细,因而,版权页也是西文专著的重要著录资料源。各种专著版权页上的信息不尽相同,大致包括以下几部分内容:

(1)版权说明:包括个人或机关团体或出版者的版权说明。

(2)出版说明:包括出版地点、出版者名称与出版日期(或版权年)。

(3)版次说明:版次说明一般指待编文献的版次或其历次版本说明。

(4)印制说明:包括印制地、印制者等。

(5)在版编目(Cataloguing in Publication,简称 CIP):包括专著款目的主要书目信息,如:主要款目标目、正题名、附注、ISBN、根

版权页样例：

LIBRARIES UNLIMITED, INC
P.O.Box 263
Littleton, Colorado 80160—0263

Library of Congress Calaloging–in–Publication
Wynar, Bohdan S.
Introductipn to cataloging and classification

(Library science text series)
Bibliography: p. 597
Includes index.
1. Cataloging. 2.Anglo–American
cataloguing rules. 3.Classification–Books. I.
Taylor, Arlene G.,
1941–   II.Title.
Z693.W94 1985 025.3 85–23147
ISBN 0–87287–512–1
ISBN 0–87287–485–0(pbk)

Libraries Unlimited books are bound with
Type II nonwoven material that meets and
exceeds National Association of State Textbook
Administrators´ Type II nonwoven material
specifications Class A through E.

右侧标注：
版权
说明

出版
说明

在版
编目

装帧
说明

查、分类号(美国国会图书馆分类号及杜威十进分类号)、美国国会图书馆印刷卡片号及其他事项。

(6)丛编题名:丛编题名一般列于半题名页,有时亦见于版权页。

3.扉页(Fly leaf)

一般指题名页版权页的前后页。有的扉页是空白页,有的有著者献词(Dedication),如:

(a)   Dedicated

to

Shawne, Joel, Frank Beth

and

especially

Mary

(b)   For Linda and the librarians

(c)   To the Teachers′Teachers:

the sttudents of the School of Librarianship

The University of British Columbia

over the years,

the instigators of this book.

4.半题名页(Half title page)

半题名页位于题名页前后,通常有简略题名及丛编题名。

5.目次(Contents)

6.序言或前言(Preface, or, Foreword)

7.导言(Introduction)

导言一般为专著著者所写,有时是其他著名人物所著。西文专著的导言有时可作该专著的绪论,是全书内容之精华,是一篇价值较高的论文。

(二)正文(Text)

（三）辅助资料

西文专著的正文后一般附有辅助资料，为读者理解正文起参考作用。辅助资料一般包括附录（Appendix）、书目或参考文献（Bibliography,or, Reference）、索引（Index ）、注释（Notes）及词汇表（Glossary）等。

第二节　各类款目的著录格式

本节主要阐述目前最常用的卡片式目录中各类款目著录格式。

一、单元卡的著录格式

西文专著单元卡片有两种著录格式，一是著者通用款目著录格式，二是题名通用款目著录格式。我国目前使用著者通用款目著录格式。

（一）著者通用款目著录格式

西文专著的著者通用款目即主要款目（著者主要款目），其著录格式如下：

("*"表示空格)

```
*
*
* * * * * * *
* Call Main entry beading.
* no. * * Title proper * [ GMD ] * = * Parallel title * : * other title informa-
    tion * / * statement of responsibility. * — * Edition statement * / * state-
    ment of responsibility relating to edition. * — * Place of publication,
    distribution, ete. * : * Publisher, distributor, etc. , date ( Place of
    manufacture * : * Manufactcurer, date of manufacture)
* * extent of item * : * other physical details * ; * dimentioas * + * ac-
    companying material. * — * ( Series * ; * numbering)
* * Notes.
* * ISBN
* * 1. * Subject heading – Subheading. * * 2. * Subject heading – Sub-
    heading. * * I. * Added entry. * * II. * Title. * * III. * Series.

                              ◯
```

(二)题名通用款目著录格式:

```
*

*

* * * * * * *

* Call * * Title proper * 〔GMD〕 * = * Parallel title * : * other title informa-
* no,    tion * / * statement of responsibilty. * — * Edition statement * / *
         statement of responsibility relating to edition. * — * Place of publi-
         cation, distribution, etc. * : * Publisher, distributor, etc. , date
         (Place of manufacture * : * Manufacturer, date of manufacture)
         * * extent of item * : * other physical details * ; * dimentions * + *
         accompanying material. * — * (Series * ; * numbering)
         * * Notes.
         * * ISBN
         * * 1. * Subject heading – Subheading. * * 2. * Subject heading –
         Subheading. * * Ⅰ. * Main entry. * * Ⅱ. * Added entry. * * Ⅲ.
         Title. * * Ⅳ. * Series.
                                    ◯
```

二、主要款目著录格式

（一）以个人责任者名称为标目的主要款目格式

262

例片(一)

```
Boswell,James.
＊＊Life of Johnson＊／＊James Boswell＊;＊edited by R. W. Chapman＊;＊
with a new introduction by Pat Rogers.＊—＊Rev. ed.＊／＊rev. by J. D.
Fleeman.＊—＊Oxford＊:＊Oxford University Press,＊1980.
＊＊xxxvi,＊1492＊p.＊;＊18＊cm.＊—＊(The World's classics)
＊＊Includes index.
＊＊ISBN 0－19－281537－7
＊＊1.＊Johnson,Samuel－Biography.＊＊2.＊Authors,English－18th cen-
tury－Biography.＊＊I.＊Chapman, R. W.＊＊II.＊Fleeman,J. D.＊＊III.
Roger, Pat.＊＊IV.＊Title.＊＊V.＊Series.

                              ◯
```

(二)以机关团体名称(机构名称)为标目的主要款目格式

例片(二)

```
International Federation Of Library Associations
＊＊＊＊and Institutons。Working Group on the General International
     Standard Bibliographic Description.
＊＊ISBD(G)＊:＊General International Standard Bibliographic Descrip-
tion＊:＊annotated text＊／＊prepared by the Working Gtoup on the General
International Standard Bibliographic Description set up by the IFLA Com-
mittee on cataloging.＊—＊London＊:＊IFLA International Office for
UBC,1977.
＊＊x,24＊p.＊;＊30＊cm
＊＊ISBN 0－903043－18－1
＊＊1.＊Descriptive cataloguing.＊＊I.＊Title.＊＊II.＊IFLA Internation-
al office for UBC

                              ◯
```

(三)以机关团体名称(会议名称)为标目的主要款目格式

例片(三)

EUROMICRO Symposium On Microprocessing and
****Microprogramming(9th*:*1983*:*Madrid)
**Microcomputers*:* developments on industry, business and educa-
tion*:* ninth EUROMICRO Symposium on Microprocessing and Micro-
programming, Madrid, Sept. 13 – 16, 1983*/*edited by D. R. Wilson,
Cees J. van Spronsen.*—* Amsterdam*:*North – Holland,*1983.

**ISBN 0 – 444 – 86742 – 2

1. Microcomputer.2.*Microprogramming.**I.*Wilson, D. R. ,
ed.** II.*Spronsen,Cees J. van, ed.** III.*Title.

○

(四)以题名为标目的主要款目格式(悬行式)(Hanging indention)

例片(四)

The Evolving earth*:*a text in physical
**geology*/*Fredrick J. Sankins*…*
  〔et al.〕.*—*2nd ed.*—*London*:*Macmillan,c1978.
  558*p.*:*ill.
  Includes index.
  ISBN 0 – 02 – 406510 – 2
  1.*Physical geology.**2.*Plate tectonics.**I.*Sawkins,
Frederick J.

○

264

注:悬行式是指西文文献编目中以题名为标目的主要款目著录格式,即在第一行责任者标目的位置著录第一大项,以下各行均缩进两格著录;从载体形态描述项开始的各项著录需移行时,其第二行需向前移两格与题名并齐。

三、附加款目著录格式

附加款目的著录格式是将附加款目标目著录在主要款目标目之上,缩进两格,附加标目同行再缩进两格。

例片(五)

```
＊＊＊＊＊＊＊＊＊＊＊Added entry
＊＊＊＊＊＊＊＊＊＊＊＊＊Second line of added entry〔if necessary〕
＊Call          Main entry heading
＊no.           ＊＊Title proper＊〔GMD〕＊＝＊Parallel title information＊/＊
               statement of responsibility.＊—＊Edition statement＊/＊state-
               ment of responsibility relating to edition.＊—＊Place of publi-
               cation, distribution,  etc.＊:＊Publisher, distributor, etc.,
               date(Place of manufacture＊:＊Manufacturer, date of munufac-
               ture)
               ＊＊extent of item＊:＊other physical details＊;＊dimension＊+＊
               accompanying material.＊—＊(Series＊;＊numbering)
               ＊＊Notes.
               ＊＊ISBN
               ＊＊1.＊Subject heading – Subheading.＊＊2.＊Subject heading
               – Subheading.＊＊Ⅰ.＊Added entry.＊＊Ⅱ.＊Title.＊＊Ⅲ.＊
               Series.

                              ◯
```

(一)著作方式不同责任者附加款目格式

例片(六)

```
**Chapman, R. W.
Boswell, James.
**Life of Johnson*/*James Boswell*;*edited by R. W. Chapman*;*
with a new introduction by Pat Rogers.*—*Rev. ed.*/*rev. by J. D. Fl-
eeman.*—*Oxford*:*Oxford University Press,*1980.
**xxxvi,*1492*p.*;*18*cm.*—*(The World's classics)
**Includes index.
**ISBN 0 – 10 – 281537 – 7
**1.*Johnson, Samuel – Biography.**2.*Authors, English – 18th cen-
tury – Biography.**I.*Chapman, R. W.**Ⅱ.*Fleeman, J. D.**
Ⅲ.*Roger, S. Pat.**Ⅳ.*Title.**V.*Series.
```
◯

(二)名称/题名或题名/名称附加款目格式
例片(七)

```
**Wolsch, Robert A. Poetic composition through
****the grades. Wolsch, Robert A.
**From speaking to writing to reading*:*relating the arts of communica-
tion*/*Robert A. Wolsch and Lois A. Wolsch.*—*New York*:*Co-
lumbia University Press, 1982.
**318*p.*:*ill.*;*23*cm.
**Rev. ed. of: Poetic composition through the grades*/*by Robert A.
Wolsch. 1970.
**Includes bibliogarphies.
**ISBN 0 – 8077 – 2607 – 9
**1.*Language arts.**2.*oral communication.**Ⅰ.*Wolsch, Lois
A., jt. auth.**Ⅱ.*Wolsch, Robert A. Poetic composition through the
grades.**Ⅲ.*Title.
```
◯

（三）主题附加款目格式

主题作标目时，全部大写。

例（八）

**JOHNSON, SAMUEL – BIOGRAPHY

Boswell, James.

**Life of Johnson*/*James Boswell*;*edited by R. W. Chapman*;*
with a new Introduction by Pat Rogers.*—*Rev. ed.*/*rev. by J. D. Fleeman.*—*Oxford*:*Oxford University Press,*1980.

**xxxvi,*1492*p.*:*18*cm.*—*(The World's classics)

**Includes index.

**ISBN 0 – 10 – 281537 – 7

1.*Johnson, Samuel – Biography.2.*Authors, English – 18th century – Biography.**Ⅰ.*Chapman, R. W.**Ⅱ.*Fleeman, J. D.**
Ⅲ.*Rogers, Pat**Ⅳ.*Title.**Ⅴ.*Series.

○

四、机读目录记录格式

020　　　$a0807726079（pbk.）

037　　　$a482377

050 0　　$aLB1576 $b. W65 1982

082 0　　$a372. 6 $219

090　　　$a2 $bHO $cW86

100 10　 $aWolsch, Robert A.

245 10　 $aFrom speaking to writing to reading：
　　　　　$brelating the arts of communication/
　　　　　$cRobert A. Wolsch and Lois A. Wolsch.

260 0 　$aNew York：$bTeachers College, Columbia University, $c1982.

300 　　　$a318 p. ：$bill. ；$c23 cm.

500 　　　$aRev. ed. of：Poetic composition through the grades/by Robert A. Wolsch. 1970.

504 　　　$aIncludes bibliographies.

650 0 　$aLanguage arts.

650 0 　$aOral communication.

700 10 　$aWolsch, Lois A.

700 11 　$aWolsch, Robert A. $tPoetic composition through the grades.

第三节　书目描述

一、描述资料源

西文专著、小册子和单页印刷品的主要描述资料源是题名页或代题名页。无题名页时可参考文前栏目各页、书尾题署、封面（包括单独的书衣）、书脊等。取自文献以外的资料源或编目员自拟的内容，均需外加方括号。

西文专著、小册子和单页印刷品的书目描述部分包括七大项，即：题名与责任说明项、版本项、出版发行项、载体形态描述项、丛编项、附注项及文献标准号与获得方式项。各项目的主要资料源规定如下：

项目	主要资料源
题名与责任说明项	题名页或代题名项
版本项	题名页或代题名页、其他文前栏目和书尾题署
出版发行项	同上
载体形态描述项	出版物本身
丛编项	出版物中任何地方
附注项	任何来源
文献标准与获得方式项	同上

二、各描述项目主要著录规则

(一)题名与责任说明项

1. 正题名

(1)准确地按照主要资料源上的用词、词序、拼法、重音符号及其他发音符号记录正题名,标点符号及大小写不必与主要资料源上完全一致。正题名第一个词的首字母应大写,其余根据各语种的语法规则处理。当正题名做主要款目标目时,若其第一个词为冠词,则其第二个词首字母也应大写。例:

Introduction to cataloging and classification

Life of Johnson

The nature and future of the catalog

Cataloging U. S. A.

Why a duck?

The 4:50 Paddington ⎫

Les Misérables ⎪

Der Natruralismus ⎬ (题名作标目,其第一个词为冠词)

The Bookman's glossary ⎭

(2)交替题名是正题名的一部分。正题名的第一部分题名后

269

和"or"（或其他语种的相等词）词后用逗号。交替题名第一个词的首字母大写。例：

Under the Hill, or, The story of Venus and Trannhauser

Marcel Marceau, ou, L'árt du mime

（3）如正题名冗长，可在保留其原意的前提下，做适当删节，但至少保留头五个词，省略部分用删节号（…）。例：

For the sake of a single verse…

（4）文献的补篇或分册单独发行，其标识词（supplement、part、volume、section 等）与主体文献题名无语法联系时，先记录主体文献题名，再抄录补篇或分册的标识，两者用句号断开。例：

原题：JOURNAL OF CHEMICAL ENGINEERING Supplement

Journal of chemical Engineering. supplement Faust. part one

但是：A supplement to the Oxford English dictionary

（主体文献题名与其补篇标识间有语法联系）

（5）题名页上有一总题名，又有个别著作的题名时，用总题名做正题名，个别著作的题名列入附注项的目次。例：

题名页上总题名：Three notable stories

个别著作题名列入附注项的目次：

Contents：Love and peril/the Marquis of Lorne – To be or not to be/Mrs. Alexander – The melancholy hussar/Thomas Hardy

（6）一般文献类型标识〔供选择〕。专著很少使用一般文献类型标识（GMD），使用时，可将有关标识列于正题名后，外用方括号，如[text]、[kit]等。关于 GMD 表见第 108 页。

2. 并列题名

文献题名多语种时，用与文献正文相同的语种著录正题名，其他语种的题名为并列题名。各并列题名前用等号（" = "）。例：

On world government = De Monarchia

National Library News = Nouvelles de la Bibliothéque Nationale

3. 副题名及说明题名文字(或其他题名说明)

(1)准确地按照主要著录资料源上的用词、词序、拼法、重音符号及发音符号记录副题名及说明题名文字,前用空格、冒号、空格(:)。副题名及说明题名文字的第一个词的首字母小写(专门名词除外),其他词的大小写规则同正题名的有关规定。有多个题名说明时,则按题名页上的顺序记录。例如:

Law among nations : an introduction to public international law

Letters to Horseface : being the story of Wolfgang Amadeus Mozart's journey to Italy,1769 – 1770, When he was a boy of fourteen

The American view : art from 1770 to 1978 Kennedy Galleries, December 6,1978 to January 6, 1979

A guide to historical reading : non – fiction : for the use of schools,libraries and the general reader

(2)其他题名说明应著录于其所属的正题名或并列题名之后,如:

Die Nacht : Die Studie für Klavier = Night : piano study

(3)其他题名说明过长时,在不影响其基本信息的情况下,可节略此说明,但不能删去其前五个词。删去部分用省略号,或将此说明列入附注项。

4. 责任说明

(1)责任说明应按主要著录资料源中原有形式、用词、词序及次序照录。责任说明前用空格、斜线、空格(/)。取自其他来源的责任说明应外加方括号。各项责任说明的大小写规则见本书附录二。如:

Introduction to reference work / William A. Katz

Every little crook and nanny : a novel / by Evan Hunter

International law essays : a supplement to international law in contemporary perspective / by Myres S. McDougal and W. Michael Reisman

Teach yourself Irish / Myles Dillon, Donncha O Croinin

A little treasury of Christmas / selected from the words of the Holy Bible by Kenneth Seeman Giniger

Obiter dicta / [A. Birrell]

A. L. A. cataloging rules for author and title entries / prepared by the Division of Cataloging and Classification of the American Library Association

(2)正题名或其他题名说明中的责任者名称与作为主要款目标目的名称完全相同时,不必重复著录。如:

Bardin,John Franklin.

The John Franklin Bardin omnibus. —2nd ed.

(题名中责任者名称与主要款目标目完全相同)

但:Bishop, Bernard W.

Bishop's concise garden encyclopedia / by Bernard W. Bishop

(题名中责任者名称与主要款目标目不完全相同)

(3)责任说明超过一个,即有若干个著作方式不同责任说明时,则各责任说明间用空格、分号、空格(;)断开。例如:

The Oxford dictionary of English etymology / edited by C. T. Onions ; with the assistance of G. W. S. Friedrichsen and R. W. Burchfield

Life of Johnson / James Boswell ; edited by R. W. Chapman ; with a new introduction by Pa Rogers

(4)同一责任说明(即同一著作方式责任说明)中有 2—3 个

个人姓名或机关团体名称时,根据以下情况著录。

a. 题名页上各责任者名称间无任何语法联系时,各责任者名称间用逗号、空格(,)。例:

题名页:

```
              MACHINE LETERATURE SEARCHING
                      James W. Perry
                       Allen Kent
                     Madeline M. Berry
                     With a Foreword by
                    Jesse H. Shera , Dean
               Western Reserve University Press
          Interscience Publishers. New York. London
```

责任说明著录格式:

Machine literature searching / James W. Perry , Allen Kent , Madeline M. Berry ; with a foreword by Jesse H. Shera

b. 题名页上各责任者名称间有连词时照录。例:

题名页:

```
                        Johnson's
                       DICTIONARY
                    A Modern Selection
                           BY
                     E. L. McAdam, Jr.
                      & George Milne
                            M
```

责任说明的著录格式:

Johnson's dictionary : a modern selection / by E. L. McAdam jr. & George Milne

另如：

A saint in Fhiladeiphia : John Neumann / Raymond C. Kam-
merer and Carl R. Steinbecker ; made by Creative Sight
& Sounds

（5）同一责任说明（即同一著作方式的责任说明）中有超过三
个个人姓名或机关团体名称时，只录第一个责任者名，其他予以省
略，省略部分用删节号（…）及缩写词 et al .（等）表示，并外加方
括号，即〔et al.〕。例：

题名页：

Anglo – American
Cataloging Rules
Prepared by
The American Library Association
The Library of Congress
The Library Association and
The Canadian Library Association
NORTH AMERICAN TEXT
With Supplement of
additions and changes
American Library Association
Chicago

责任说明著录格式：

Anglo – American rules / prepared
    by the American Library Association…〔et al.〕

另如：

A short-title catalogue of books printed in England, Scotland & Ireland…1475-1640 / compiled by A. W. Pollard & G. R. Redgrave with the help of G. F. Barwick…〔et al.〕

（另有十个合作者）

Chemical sensors : proceedings of the International Meeting on Chemical Sensors, held in Fukuoka, Japan, Sept. , 19 – 22, 1983 / edited by T. Seiyama…〔et al.〕

（共四个编者）

（6）个人责任者的姓名附有学位、尊称或头衔时，一般应予省略，不加删节号。例：

… / by Gerald Abrahams

（题名页上为：Gerald Abrahams M. A. ）

… / A. G. Milnes

（题名页上为：A. G. Milnes, D. Sc）

… / by M. M. Allen

（题名页上为：M. M. Allen F. R. Z. S. ）

但以下情况除外：

a. 该称号为语法上所必需。

… / prologo del Excmo. Sr. D. Manuel Fraga Iribarne

b. 略去称号只剩下姓或名。

… / by Dr. Seuss

c. 该称号为识别责任者所必需。

… / Rene A. Hennry, Jr.

… / Mrs. Henry Duberly

d. 该称号是贵族封号或英国的荣誉称号，如 Sir、Dame、Lord、Lady 等。

… / edited by Sir Reginald H. S. Bacon

(7)责任说明中的名词词组若是说明文献性质或体裁的,则作为其他题名说明处理。例:

题名页:

```
Son Well – Beloved
Sir poems by
Alcuin
Translated
By
The Benedictines of Stanbrook
STANBROOK ABBEY PRESS
WORCESTER
1967
```

责任说明著录格式:

Son well – beloved : six poems / by Alcuin

若该词组说明责任者的责任方式,则著录在责任说明项。例:

Roman Britain / research and text by Colin Barham

5. 无总题名的文献

一待编文献由多篇作品组成,题名页上刊载全部作品的题名或部分作品的个别题名而无总题名,可根据以下情况著录正题名及责任说明。

(1)若其中一篇作品在题名页上占主要地位,则将该作品题名作正题名,其余作品题名列入附注项。例:

题名页：

THE BIRDS'
CHRISTMAS CAROL

The story of Patsy, Timothy's
Quest, and other Stories

by
Kate Douglas Wiggin

Houghton Mifflin Company
Boston and New York

各作品题名及责任说明著录格式：

Wiggin, Kate Douglas.
　　The Birds'Christmas Carol ∕ by Kate Douglas Wiggin. —
Autograph ed. —Boston ：Houghton Mifflin, c1917.
　　xv, 330 p. 8ill. ；22 cm. —（The Writings of Kate Douglas
Wiggin ；v.1）
　　Contents ：The Birds'Christmas Carol – The story of Patsy –
Timothy's quest – A child's journey with Dickens – Fleur –
belis。

（2）若各作品不分主次,按主要资料源（或文献内）出现的次
序著录。

a. 属同一责任者的作品,各题名用空格、分号、空格(；)隔开,
即使题名间已有连接词 and 也不例外。例：

African politics ；More songs from Kenya ∕ David Nzomo

题名页：

```
NORTHANGER ABBEY and PERSUASION
              By
          Jane Austen
      With an introduction by
         Austin Dobson
         Illustrated by
         Hugh Thomson
          MACMILLAN
            London
             1933
```

各作品题名及责任说明著录格式：

Northanger Abbey ; and, Persuasion / by Jane Austen

b. 属不同责任者的作品,依次著录各作品的题名及责任说明,各组题名及责任说明间用句点、空格(·)隔开。例：

Cataloging and classification / by Maurice F. Tauber. Subject headings / by Carlyle J. Frarey

（二）版本项

1. 版本说明

版本说明应按主要著录资料源上的词序照录。版次用阿拉伯数字序数缩写形式(如:2nd ed. = Second edition;Rev. ed. = Revised edition 等)。版本说明第一个词是语词时,其首字母应大写。版次从新版开始著录,第一版一般不予著录。版本说明前用句号、空格、破折号、空格(. —)。例：

4th ed.

New ea.

Rev. ed.

World's classics ed.

2. 与版本有关的责任说明

与某一种或数种版本(不是全部版本)有关的责任说明著录在版本说明之后,前用空格、斜线、空格(/)。例:

Anglo – American cataloguing rules / prepared by the A-merican Library Association…[et al.]. —2nd ed. / edited by Michael Gorman & Paul W. Winkler

The nether world : a novel / George Gissing. —New ed. , repr. / edited, with an introduction, by John Good

3. 后继版本说明(或附加版本说明)

如待编文献是某一版本改动后的再版本,则将改动说明作为后继版本说明,著录在前一版本及其责任说明之后,用逗号(,)隔开。例:

The Bookman's glossary / edited by Jean Peters. —6th ed. , rev, and enl. ed.

(三)文献特殊细节项

专著不使用本项。

(四)出版发行项

1. 出版发行地

(1)出版发行地按主要著录资料源原题照录,并冠以句号、空格、破折号、空格(. —)。若有两个或两个以上出版发行地时,只著录第一个。例:

. —Oxford

. —New York

. —Toronto

. —Addermannsdorf, Switzerland

. —Berlin

(2)异地同名的地名或不著名的地名,必须时,需补充所属省

279

(州)名或国名,前冠以逗号(,)。若补充的地名选自主要著录资录源以外的资料,则外加方括号。例:

Alresford, Hants

Racine [Wis.]

Cambridge [England]

(3)出版地不详,或源于其他资料,地名外加方括号;推测地名加问号后再外加方括号。无从考查或推测的地名用[s.1.](出版地不详)表示。例:

[Sidney]

[Hamburg?]

[Canada]

[Chile?]

[s.1.]

2. 出版、发行者

(1)出版、发行者名称根据主要资料源上的形式,记录在出版地后,用空格、冒号、空格(:)隔开。国际知名又易于识别的出版、发行者可用简称著录。在不了解国外出版、发行单位的知名度时,可著录其全称,但可省略 Co. (Company)、Inc.(Incorporated)、Ltd.(Limited)、"Publisher"、"Publishing"等词。"Press"一词一般不予省略。名称前的冠词可省略。例:

London : Macmillan

Berlin : Springer

: Penguin

(全称:Penguin Books)

: Scarecrow Press

(全称:The Scarecrow Press, Inc.)

: Dodd, Mead

(全称:Dood, Mead & Co.)

: Macmillan

（全称：Macmillan Publishing Co. Inc.）

（2）与出版、发行者名称相连的短语应照录，但"由…出版"（Published by…）除外。短语第一个词首字母应大写。例：

: Southam Murray for Air Canada

: Published for the Town of Salem, H. H. by Phoenix Pub.

: For sale by the Supt. of Doc., U. S. G. P. O.

: Distributed by New York Graphic Society

不用：Published by Carter and Hendee

而用：Carter and Hendee

（3）两个或两个以上出版、发行者，只著录第一个出版发行者名称。

（4）题名与责任者项中已有出版者、发行者名称时，本小项只需著录它们最简略的形式。当出版者、发行者是个人姓名而非机关团体名称时，记录该人名的首字母和姓。例：

Chinese periodicals in the Library of Congress / compiled by Han Chu Huang. —Wash.: LC, 1978.

Even the waitresses were poets / Daisy Warren. —Iowa City : D. Warren, 1971.

（5）出版发行者不详可用［s. n.］（出版者不详）表示，外加方括号。例：

. —New York ：［s. n.］

. —［s. l.］：［s. n.］

3. 出版发行日期

（1）出版发行日期应记录版本项中的版次出版年。无该版次出版发行年时，则记录版权年（前冠"c"字）或第一版的出版发行年。出版发行年用阿拉伯数字记录于出版发行者后，前用逗号（,）隔开。例：

281

. —New York : Marcel Dekker, 1971

. —London : Plenum, c1980

（2）无确切出版发行日期时可著录印刷（制作）年及印刷（制作）方式，或提供一个估计出版发行年，外加方括号。例：

,1980 printing 　　　印刷年

,〔1979?〕 　　　　　不确定年

,〔ca. 1960〕 　　　　接近年

,〔196—〕 　　　　　十年内能确定的

,〔196 - ?〕 　　　　 十年内不能确定的

（五）载体形态描述项

1. 篇幅、数量

（1）专著的数量单位标识一般有：

page（s） 　　页（著录时用其缩写形式："p."）

leaf（leaves） 　　叶（单面标码，或单面印刷）

Column:（s） 　　栏（分栏印刷，按栏标码）

broadside 　　单页印刷品

Sheet 　　双面的或折叠的印刷品

Case 　　函套、盒

portfolio 　　文件夹

（2）用待编文献末页所标的阿拉伯数字、罗马数字或字母著录篇幅与数量。若全书含有数段页码，则依次著录，用逗号隔开。如文前栏目内容重要，亦可著录其页码，置于本小项之首。图版（plates）数著录在页码后，前用逗号隔开。例：

480 p.

xxi, 580 p. ,15 p. of plates

76 leaves, 3 p. of plates

A - Qp.

180 columns

1 sheet

1 portfolio

（3）供替换或增补的活页出版物著录"1v."，其后注明 Loose - leaf（活页）。例：

　　　1v.（loose - leaf）

　　　1v.

　　　附注：Loose - leaf for updating

（4）标码复杂可计算总页数，后注明 in various pagings（页码有多种标法），或用简单形式著录。例：

　　　150 p. in various paging

　　　1v.（various pagings）

（5）折叠于书内的正文或图版如重要，其数目著录如下：

　　　269 p., 3 fold. leaves of plates

　　　589 p., 12 leaves of plates（2 fold.）

2. 图表材料

一般图表材料用"ill."表示，前冠空格、冒号、空格（：）。详细著录可参看《西文文献著录条例》2.5.1.2 条规定。例：

　　　xix, 486 p. : ill.

3. 文献尺寸（或书型）

文献尺寸一般只记录其高度，以厘米（cm.）计，不足一厘米者按一厘米计算。并冠以空格、分号、空格（；）。例：

　　　xviii, 398 p. : ill. ; 23 cm

4. 附件

附件有其独立题名，并可单独使用者，可另行单独著录；若附件与文献主体是一个整体，必须结合使用，则著录在载体形态描述项最后，前用空格、加号、空格（ + ）。例：

　　　236 p. : ill. ; 22 cm. + teacher's notes

　　　150 p. : ill. ; 24 cm. + 2 maps

（六）丛编项

1. 待编文献属某丛编时,根据资料源上的形式、词序等记录其正题名。正题名第一个词若是冠词,其第二个词的首字母也应大写。如丛编本身有编号则记录此编号,并冠以空格、分号、空格（;）,必要时可记录与丛编有关的责任者名称（编者（editor）除外）或 ISSN,前用逗号。整个丛编说明外用圆括号,列于载体形态描述项之后,冠以句号、空格、破折号、空格（. —）或另起段落,前不用标识符号。例:

. —（The World's classics）

. —（Chemical applications of spectroscopy;pt. II）

（Western Canada series report, ISSN 0917 – 3127）

（Russian titles for the spectalist, ISSN 0305 – 3741;no. 78）

（Research monographs / Institute of Economic Affairs）

2. 附属丛编

待编文献若属一种主要丛编的附属丛编时,将附属丛编著录于主要丛编之后,前用句号、空格（. ）。若附属丛编只有字母标识或数字标识而无题名,则著录其标识;若附属丛编既有标识,义有题名,则先著录标识,后著录附属丛编题名,两者间用逗号（,）隔开。若附属丛编内有编号,则将编号著录于附属丛编题名之后,编号前用空格、分号、空格（;）。例:

. —（World of art library Artists）

. —（Music for today. Series 2 ; no. 8）

. —（Viewmaster sceince series. 4, physics）

. —（Everyman's library ; no. 429. For young people）

. —（Microwave molecular spectra ; v. IX. Chemical applications of spectroscopy ; pt. II）

3. 多种丛编

待编文献若属多种丛编,则依次将各种丛编说明分别置于圆括号内。例:

. —(General foreign policy series ; 53)

(Department of State publication ; 4245)

（七）附注项

附注项是对书目描述的补充。由于西文专著的形体结构较复杂,本项的内容要比中文图书的多,许多附注内容对识别文献起较重要作用。卡片式目录款目的各条附注一般是分别起行著录,每项附注前不用标识符号。若连续著录,则除第一条附注省略标识符号外,其余均应冠以句号、空格、破折号、空格(. —)。

专著各项附注的著录顺序,一般首先著录书后的附录,然后根据书目描述各大项内容的次序,依次著录有关附注内容。每项附注的最后用句号。例:

Bibliography : p. 234 – 236.

Includes indexes.

"Collection of essays on economic subjects"poems.

（文献的性质、范围或艺术形式）

Translation of : Les fleurs du mal.

Revision of : Guide to referemce books.

（文献的语种、译本或改写本）

Caption title.

Spine title.

Cover title

（正题名的来源或不同题名）

At head of title : ……

Sponsored by : Council of National Library Association.

（责任说明）

First ed. : 1978. （版本与历史）

Published semultaneously in Canada. (出版、发行)

Tables on 4 leaves in pocket. (载体形态描述)

Slides　in pocket. (附件)

Originally issued in series ：Envirenmental science seri-
es · (丛编)

For 9 – 12 year olds. (读者对象)

Summary ：……(摘要)

Contents ：The Marquis of Lorne - To beor not to be / Mrs.
Alexander - The melancholy hussar / Thomas Hardy.

（为强调文献中个别文章或章节的重要性,可有选择或整个
地将文献的目次列入附注项,记录各有关章节或文章的题名或责
任者名称。目次的各部分用空格、短横、空格隔开。）

With ：The reformed school / John Drury. —London ：
Printed for R. Wadnothe, 1950

（“with”（合订）说明。文献的各部分有单独题名而无总题名
时,可单独为其中一部分做款目,另在该款目的附注项中做一个说
明。说明开头用“with”:,后按文献所列次序记录其他部分的题
名、责任者名称、出版地、出版者及出版日期。）

（八）文献标准号与获得方式项

1. 西文专著的文献标准号是 ISBN,标准号各组数字间用连字
号。文献内同时有整套及分部分文献的 ISBN 时,先著录整套文
献的编号,后著录分部分文献的编号。将整套或分部分文献的卷
次标识记录在 ISBN 后,外用圆括号。各个 ISBN 可分别另起行著
录,前不用标识符号。连续著录时,第二个 ISBN 开始,冠以空格、
破折号、空格(. —)。例:

ISBN 0 – 387 – 12592 – 2

ISBN 0 – 379 – 00550 – 6(set). —ISBN 0 – 379 – 00551 – 4
(v. 1)

2. 获得方式　一般在 ISBN 后著录特定待编文献的价格,前用空格、冒号、空格(:),或另起行,前不用标识符号。例:

    ISBN 0 – 502 – 52853 – 4 ： ￥24.50

或　ISBN 20 – 502 – 52853 – 4

    ￥24.50

第四节　排检点的选择

一、概述

排检点的选择在西方国家的编目条例中历来处主导地位,也是西方编目理论中争论得较多的部分。"排检点"(Access point)这个术语是在国际书目文献编目标准化及机器编目实施后才取代"Entry"(作"标目"或"检索点"解)而开始被广泛使用的。

在机器编目及一文献多款目目录中,排检点不分主次,可作交替标目使用。《AACR 2》考虑到当前世界各国图书馆不同目录体系及编目条件的实际情况,在承认交替标目的同时,仍保留主要标目、主要款目、附加标目及附加款目的概念。它在总导论中明确提出,在编制一文献单款目目录时,必须在排检点中认定一个为主要标目;同时,在确定统一题名及促进书目引用(Bibliographic citation)标准化过程中有必要保留主要标目这个概念。这个决定的实施使《AACR 2》更具国际性。我国西文文献编目工作目前仍以手工操作为主,多款目目录体制尚未普及,因此,主要款目及主要标目无论在理论上或编目实际中仍有保留的必要。

基于上述背景,本节主要阐述特定书目文献款目中所有排检点的选择,并从中确定主要款目标目及附加款目标目的各项规则。

根据读者检索文献特征的习惯,西文文献著录中的排检点包括个人责任者名称、机关团体责任者名称及题名三种类型。

在解述与例证排检点选择的规则前,首先应明确以下几个概念。

1. 个人著者

个人著者是指对某一文献的知识或艺术内容的创造负主要责任的个人,如:专著(图书)的作者、乐谱的作曲家、书目编纂者、艺术家(雕塑家、画家等)等。在某种情况下,演出者是音像资料的著者。

西方国家的图书馆目录,一贯以著者款目为主要款目。款目中的著者项是沿袭希腊—罗马的传统。印刷术的发明促进了版权制的建立,进一步加强了个人著者在书目款目中的作用。著者目录可兼容集中一个著者的所有馆藏著作以及集中该著者某一著作的所有馆藏版本、译本及改写本。基于上述原因,西文文献编目历来优先选择个人著者为主要款目标目,其次才是题名。目前,这种著者主要标目优选观,由于西方读者检索习惯的改变以及机器编目的实施而开始动摇,从而出现著者主要标目及题名主要标目之争。

2. 机关团体(Corporate body)

机关团体是指具有特定专门名称标识的一个组织,或是由多人组成的团体与集会,如:协会、学会、机构、厂商、非营利企业、政府机构、项目、宗教团体、教堂、会议以及特设的临时性组织(如:运动会、竞赛会、展览会、探险队、博贸会和节庆会等)。

19 世纪以前,西方国家图书馆目录的款目只有个人著者标目。19 世纪中叶开始才将机关团体名称列为检索书目信息的依据。而日耳曼语文献的编目实践工作直到 1961 年巴黎编目原则会议后才承认机关团体责任者标目。机关团体责任者无论在其概念或作用等方面,一直是西方国家编目界长期争而未决的复杂问题。《AACR2》不根据上述两方面确定规则,而是独树一帜,以机关团体出版物的性质与类型作为选择机关团体名称为主要标目的标准,规定:源于(Emanating from)一个或多个机关团体的著作,即由一个或多个机关团体发出或产生的著作,其内容属下列一种或几种情况时,该团体可作为有关文献的直接或主要责任者,其名称可做主要款目标目。

(1)涉及特定机关团体内部事务的出版物,其内容包括该团体的方针政策、工作程序、活动、业务工作、财政报告、工作人员情况(工作人员名单)以及该团体本身情况的资料(目录、财产目录和成员指南)。

(2)某些类型的法律、政府或宗教出版物,如:法律条令、命令、布告、条约、管理规章、宗教法规、宗教礼仪、法庭判决、立法审理等方面的文献。

(3)记载有关团体的集体思想的著作,如委员会报告、政党的纲领、宣言、对外政策的官方声明等。

(4)报导会议集体活动的报告(如:会议录、论文集等)、考察组织的报告(如:考察调查结果的报告)及展览会、商品交易会、庆祝会等报告。

(5)记录演出团体集体活动的录音、影片及录像。

(6)源于某机关团体的测绘制图资料,该团体对该文献的制作负主要责任,如:绘制地图和球仪。

明确了上述六项源于机关团体出版物的性质与类型,机关团体排检点的选择较之过去方便得多。

机关团体的名称由某种语言或文字的大写字母组成,当名称各词的首字母均大写(冠词、介词、连词除外),或名称的首词始终是一个定型词时,均可作为机关团体的名称。

选择排检点的资料依据是主要著录资料源。只有在主要著录资料源不能提供必要的信息时,才可采用待编文献的其他部分或文献以外的资料源。

二、主要款目标目的选取原则

（一）凡对文献内容的创造负主要或直接责任的个人责任者可做主要款目标目，如专著的作者（Writers）、乐谱的作曲者（Composers）、书目编纂者（Compilers）、制图者（Cartographers）、艺术家（Artists）、摄影者（Photographers）、作品的改编者或改写者（Adapters）及某种情况下的录音、电影和录像的演出者（Performers）等。其他著作方式的个人责任者均不能做主要款目标目。

（二）凡源于机关团体的著作，即由机关团体发出或产生的著作，其内容属本节概述所提及的六种类型出版物中的一种或数种情况（详见《西文文献著录条例》3.2.2.2.条规定）者，可用机关团体名称做主要款目标目。

（三）不属于上述两条规定范围的文献，一般均以题名做主要款目标目。

三、主要款目标目选择的主要规则

（一）个人及机关团体责任者标目的选择

1. 单个个人责任者或机关团体的著作

（1）某一文献由单个个人所著时，用此人的名称做主要款目标目。

例一：

    题名与责任说明项：Introduction to cataloging and classification / by Mildred Harlow Downing

    主要款目标目：Downing, Mildred Harlow

例二：

    题名与责任说明项：Virginia Woolf : selections from her essays

    主要款目标目：Woolf, Virginia

例三：

　　题名与责任说明项：De bello Germanico⋯ / written in 1918
　　　　　　　　by the author of Undertones of war
　　　　　　　　　（著者姓名不在主要资料源上）

　　主要款目标目：Blunden, Edmund

例四：

　　题名与责任说明项：The poems of John Keats / edited by
　　　　　　　　Jack Stillinger

　　主要款目标目：Keats, John

　　附加款目标目：Stillinger, Jack

　　（2）源于一个机关团体，并属上述六种中的一种或多种类型的出版物，用该机关团体名称做主要款目标目。例：

　　题名与责任说明项：A. L. A. cataloging rules for author and
　　　　　　　　title entries / prepared by the Division of
　　　　　　　　Cataloging and Classification of the Ameri-
　　　　　　　　can Library Association ; edited by Clara
　　　　　　　　Beetle

　　主要款目标目：American Library Association. Division of
　　　　　　　　Cataloging and Classification

　　附加款目标目：Beetle, Clara

　　2. 两个或三个个人著者或机关团体合著的著作

　　（1）某一文献由两个或三个个人著者合著时，取其中的主要责任者做主要款目标目。若题名页上未突出某主要责任者时，则以排列在第一位的著者做主要款目标目，其余的责任者可做附加款目标目。

　　例一：

　　题名与责任说明项：The bibliographic record and information
　　　　　　　　technology / Ronard Hagler, Peter Sim-

mons

主要款目标目:Hagler, Ronard

附加款目标目:Simmons, Peter

例二:

题名与责任说明项:Geomorphological processes / E. Derby-
shire, K. J. Gregory, J. R. Hails

主要款目标目:Derbyshire, E.

附加款目标目:Gregory, K. J., Hails J. R.

(2)属于前列六种类型范围的出版物,源于两个或三个机关
团体时,选其中主要的团体做主要款目标目。题名页上未突出主
要的机关团体名称时,则以位于第一的机关团体责任者做主要款
目标目。必要时,可以第二及第三个团体名称为标目各做附加
款目。

3.超过三个个人著者或机关团体责任者(属上列六种类型范
围)的出版物,用题名做主要款目标目,以第一个个人著者或机关
团体名称做附加款目标目。

例一:

题名与责任说明项:Modernism in literature / Todd K. Bend-
er…[et al.]

(共四个个人著者)

主要款目标目:题名

附加款目标目:Bender, Todd T.

例二:

题名与责任说明项:Anglo – American cataloguing rules. 2nd
ed. / prepared by the American Library
Association… [et al.]

(共五个机关团体)

主要款目标目:题名

附加款目标目:ALA

4.传记著作一般以写传人姓名做主要款目标目。自传著作则以自传人姓名做主要款目标目。若传记著作包括被传人的生平及著作评论,并收有被传人的著作及书信等,则以写传人为主要款目标目,被传人为附加款目标目。如题名页上的写传人以编者身份出现,则以被传人做主要款目标目,写传人为附加款目标目。

例一:传记著作

题名与责任说明:Life of Johnson / James Boswell

主要款目标目:Boswell, James

例二:自传著作

题名与责任说明:The living of Charlotte Perkins Gilman : an
autobiography / by Charlotte Perkins Gilman

主要款目标目:Gilman, Charlotte Perkins

例三:传记有被传人生平、著作评论及被传人的著作与书信等

题名与责任说明: James Joyce´s Ulysses : a study / by
Stuart Gilbert

主要款目标目:Gilbert, Stuart

附加款目标目:Joyce, James

例四:写传人在题名页上以编者出现

题名与责任说明:Charles Dickens : the writer and his work /
selected and edited by M. and P. Floyd

主要款目标目:Dickens, Charles

附加款目标目:Floyd, M.

5.纯属一个人的书信集,则以写信人做主要款目标目;有编者时,以编者为附加款目标目。若属两人之间的书信集,则以题名页上列于第一者为主要款目标目,另一人做附加款目标目。

例一:单个人的书信集

题名与责任说明:The correspondence of Isaac Newton

主要款目标目:Newton,Isaac

例二:两个人之间的书信集

题名与责任说明:A psycho – analytic dialogue : the letters of
Sigmund Freud and Karl Abraham 1907 –
1926 / edited by Hilda C. Abraham and
Ernst L. Freud

主要款目标目 Freud,Sigmund

附加款目标目:Abraham,Karl

Abraham,Hilda C.

Freud,Ernst L.

6. 改写本

对某一文献进行改写的改写本,其性质、内容、体裁及载体形式有所变化时,以改写人做主要款目标目,为原著做名称/题名附加款目。例:

题名与责任说明项:The three musketeers / adapted by Manfred
E. Graham

主要款目标目:Grahm,Manfred E.

名称/题名附加款目标目:Dumas,Alexandre. Les trois mous-
quetaires

7. 节略本、简写本、复述本、增订本、修订本等在内容上基本忠于原著时,以原著者为主要款目标目,简写者等做附加款目标目。例:

题名与责任说明:Lucky Jim / by Kingsley Amis ; edited and
abridged by D. K. Swan

主要款目标目:Amis, Kingsley

附加款目标目:Swan, D. K.

8. 在编者指导下产生的文集一般以题名为主要款目标目,编者为附加款目标目。由编者编纂的书目、索引、文摘,则以编纂者为主要款目标目。词典、名人录、百科全书等工具书,一般以题名为主要标目,编者为附加款目标目。以题名为主要款目标目时,应悬行著录。

例一:在编者指导下的文集

题名与责任说明项:Recombinant DNA / edited by K. J. Denniston and L. W. Enquist

主要款目标目:题名

附加款目标目:Denniston,K. J.

Enquist,L. W.

例二:书目、索引、文摘

题名与责任说明项:Taxas bibliography II / compiled by Doreen S. Goyer

主要款目标目:Goyer, Doreen S.

附加款目标目:题名

例三:词典、名人录、百科全书等工具书

题名与责任说明项:Longman dictionary of contemporary English / editor – in – chief, Paul Procter

主要款目标目:题名

附加款目标目:Procter,Paul

题名与责任说明项:who's who in America

主要款目标目:题名

(二)以题名为主要款目标目的选择

以题名为主要款目标目的文献有以下几种类型:

1. 个人或团体责任者超过三个的文献,以题名为主要款目标目,用第一个责任者做附加款目标目。

2. 责任者名称不明确,或不是真实名称并无法查实,或无责任者名称的文献,以题名为主要款目标目。

3. 在编者指导下的文集,以题名做主要款目标目,以编者做附加款目标目。

4.词典、百科全书、名人录等以题名为主要款目标目,用编者做附加款目标目。

5.宗教团体的经书,以统一题名做主要款目标目。

法律文献、宗教书等著录特殊规则将在"统一题名"一章中一并阐述,此略。

四、附加款目标目选择

在某一文献款目的所有排检点中,根据规定选其中一个做主要款目标目,其余的排检点可根据需要做附加款目标目,以提供更多的检索途径。关于附加款目标目的选择,可归纳为以下几条主要规则:

(一)凡以责任者做主要款目标目时,均需用题名做附加款目标目。

(二)待编文献为2—3个个人或机关团体合著时,若其中一个人或团体做主要款目标目,则其余做附加款目标目。

(三)待编文献的合著者(个人或机关团体)超过三个时,以第一个责任者做附加款目标目。

(四)在编者指导下的文集,用编者做附加款目标目(书目、文摘、索引除外)。

(五)译著一般以原著者做主要款目标目。诗歌译本或名著译本,可用译者做附加款目标目。其他类型译著的译者一般不做附加款目标目。

(六)当插图是著作的一个重要特征,或文献的一半或一半以上是插图时,可用插图绘者做附加款目标目。

(七)丛编中每个著作单独编目时,为便于使用,可用丛编题名(也可包括其编号)做附加款目标目。

(八)必要时可用文献中某一个别著作或章节的责任者名称

及题名做名称/题名、题名/名称附加款目或分析附加款目。

（九）当主要著录资料源上有前言或导言，或其他著作方式责任者名称时，根据需要，应为它们做附加款目。

（十）当以文献的改写、改编者做主要款目标目时，应以原著者名称做附加款目标目；当原著的节略本、简易本、修改本等以原著者做主要款目标目时，则可用节略者、简写者、修改者等做附加款目标目。

图书馆西文文献卡片式目录款目中的附加款目标目集中列于款目的最后一个段落，这部分叫根查（Tracing），相当于中文文献目录款目中的排检项。根查共分两部分：一是主题标题标目，每标题前用阿拉伯数字标识。二是责任者名称及题名附加标目。每个责任者、题名标目前用大写罗马数字标识。其排列次序一般为：个人姓名、机关团体名称、名称/题名、题名/名称、题名、丛编题名。题名与丛编题名可分别用"Title"、"Series"两词代替，以节省卡片篇幅。

根查的著录格式如下：（＊表示空格）

＊＊1.＊Rural crimes – United States – Abstracts.＊＊

2.＊Criminal justice, Administration of – United States – Abstracts,＊＊I.＊Horton, David M.＊＊II.＊Duncan, J. T. Skip.＊＊III.＊Kravitz, Marjoie.＊＊IV.＊United States. National Criminal Justice Reference Service.＊＊V.＊National Institute of Justice(U. S.)＊＊VI.＊Aspen Systems Corporation.＊＊VII.＊Title.＊＊VIII.＊Series. HV6791. H8   364′. 973 – dc19   81 –601993

AACR 2 MARC

五、相关著作的排检点选择

相关著作（Related works）是指与某一文献有关并单独著录的

著作。西文专著的相关著作有续编和续集（Continuations and Se-quels）、补篇（Supplements）、索引（Indexes）、语词索引（Concord-ances）等。

著录一份相关著作时,用它本身的责任者或题名做主要款目标目,为与该相关著作有关的另一著作做名称/题名、题名/名称或题名附加款目。

例一:

An index to the Columbia edition of the works of John Milton / by Frank Allen Patterson ; assisted by French Rowe Fogle

主要款目标目:Patterson, Allen Frank

附加款目标目:Fogle, French Rowe

名称/题名附加款目标目用 Milton,John.

例二:

Supplement to Hain's Repertorium bibliographic –

um … / by W. A. Copinger

主要款目标目:Copinger, W. A.

用 Hain 做名称/题名、题名/名称附加款目标目。

例三:

A complete concordance to the Iliad of Homer / by Guy Lushington Prendergast

主要款目标目:Prenaergast, Guy Lushington

名称/题名附加款目标目:Homer. Iliad

第五节　标目名称的确定

一、个人责任者标目

（一）西文文献款目确定个人责任者标目时，应采取以下四个步骤：

1.个人责任者名称的选择

2.个人责任者名称形式的选择

以上两个步骤在本编第二部分第一章第四节"标目法"中已予阐述，此处从略。

3.决定标目首词

选定了个人责任者名称及其形式后，就要决定该名称的哪一部分做为标目首词。在中文文献标目法中由于语言特点，一般不存在这一步骤，而西文文献的标目法中必须有此步骤。标目首词（Entry word）亦称"款目词"、"著录标目要素"（Entry－element）或"排检要素"（Filing element），是指标目的第一个词（首冠词除外）。标目首词是排检款目依据的首要因素。西方国家个人名称的形式与我国的不同。我国的人名形式是姓在前，名在后，而西方国家个人名称一般是名在前，姓在后。作为标目的个人责任者名称，其标目首词一般应是姓氏，标目形式是姓在前，名在后。如：Charles Dickens 作标目时，其标目首词是 Dickens，整个标目形式是 Dickens, Charles。西方国家的人名形式相当复杂，有单姓，也有复姓，有单名，也有复名，有的人名还带前缀，有的姓名还附有贵族称号等。在这些复杂的个人名称形式中，究竟以哪一个词作标目第一个词？这是一个较为棘手的问题。因此，确定标目首词是确定标目形式过程中的一个重要环节，必须严格遵循一定的规则，才能统一标目著录形式,才能达到标目著录标准化的目的。如法国前总统的名称形式是 Charles de Gaulle,它的姓前有前缀"de"。过去有的编目员决定它的标目首词为 Gaulle,整个标目形式是:Gaulle,Charles de,有的人确定该名称的标目首词为 De Gaulle,因而,整个标目形式应为 De Gaulle,Charles。同一名称的不同标目首词会导致同一著者的不同著作的款目分散排列,不能起集中同一著者的所有馆藏文献的作用。因此,必须遵循一定的规则,使同一著者名称的标目首词统一起来。

4. 为同一著者的不同名称或其同一名称的不同形式做参照(关于参照详见第十八章,此处从略)。

(二)个人名称及其形式的选择原则有其发展过程。这里涉及一个"读者至上"的编目原则问题。国外有两种选择原则:其一,是选择著者的真名、全名的"严格原则",如:Mark Twain(笔名)的所有著作必须统一用其真、全名"Clemens amuel Langhorne"做标目。其二,是以待编文献上出现的名称形式做标目的"宽松(或灵活)原则",如 Mark Twain 在其不同著作中分别出现其笔名和真名时,则两者都可做标目。

美国 1967 年前的 ALA 条例是遵循以上第一个原则编制的。这个原则无论对读者的检索或编目员的编目都不方便。1967 年的《AACR》根据《巴黎原则声明》对第一个原则作了修改,规定统一标目必须是某一著者的所有著作中经常出现或使用的该著者的全称。这个原则可适当减少读者与编目人员检索与编目的时间。1978 年的《AACR 2》除继续贯彻巴黎原则声明中的有关原则外,在某种情况下还反映了统一标目选择的宽松原则,即当某一著者在其不同著作或同一著作中出现不同假名,而其中无一个名称较显著时,则这些不同名称均可做标目,并为它们做相关参照。这个规则进一步体现了"读者至上"的编目原则。我国的《西文文献著录条例》是根据《AACR 2》编制的,因而也同样遵循了这个原则。

总之,现在国内、外在西文文献著录中,个人标目名称及其形式方面的选择原则基本上已统一为:选择大家所熟知或惯用的名称及其形式做统一标目。在特殊情况下,可同时用不同名称及其形式做统一标目,并为它们做相关参照。

(三)选择个人名称的主要规则

1. 一个著者只用一个名称时,则选择主要著录资料源上的名称。例:

William Shakespeare(名称包含姓)

Pope John XXIII
Confucius   (名称不包含姓,用英语名称)
Alexander the Great

保留通常与名称同时出现的贵族头衔或荣誉称号。例:

Sir Harry Hookway(霍克威爵士,

Duchess of Windsor(温泽女公爵)

Lady Jane Grey(贵妇葛雷)

但在名称中出现、而非名称一部分的其他名词时,如 Nurse(护士)、Dr.(博士)及 Sir(先生)等,除少数例外,均可省略。

著者名称一般应用英语名称,如主要资料源上无英语名称,可用英语参考资料中出现的英语名称,若英语参考资料中亦无此名称,则用待编文献主要资料源上其他语种的名称。

2. 一个著者使用一个以上名称(包括真名、假名、笔名等),而其中一个是广为人知的,则选此名称,若无法确定,则按以下次序选择:

(1)已出版的该著者的各种著作中最常见的名称。

(2)当前参考资料中最常见的名称。

(3)最近使用的名称。

例:

用 Gerald R. Ford   (美国前总统福特,G. R.)

不用 Gerald R. Gardner

不用 Leslie King

用　Bob Hope　　（美演员艺名）

不用 Leslie Townes Hope

用　Clare Boothe Luce　　（美国作家卢斯,C. B.最近名称）

不用 Clare Boothe　　（未婚的名称）

不用 Clare Boothe Brokaw　　（第一次结婚后的名称）

用　Muhammad Ali　　（美国重量级拳王）

不用 Cassius Clay

用 Mark Twain　　（美国作家马克·吐温,笔名）

不用 Samuel Langhorne Clemens　　（真名,可为真名做参照）

用　George Eliot　　（英国作家,笔名）

不用 Maria Evans　　（真名,可为真名做参照）

若一个著者无众所熟知的名称时,则用其著作上所用的名称做标目,并为不同名称做相关参照。例:

　　Hunter,Evan.（即 McBain, Ed）

　　Every little crook and nanny：a novel ∕ by Evan Hunter

　　McBain, Ed.（即 Hunter, Evan）

　　Eighty million eyes：an 87th precinct mystery novel ∕ by Ed McBain

　3.同一著者的同一全名名称有不同形式时,选其中最常见的形式做标目,并为其他形式做参照。例:

用　George Bernard Shaw　　（常见形式）

不用 G. Bernard Shaw

不用 Bernard Shaw

用　Morris West　　（常见形式）

不用 Morris L. West　　（偶见形式）

用　J. Barbey d'Aurevilly　　（常见形式）

不用 Jules Barbey d′Aurevilly　　（偶见形式）

不用 J. A. Barbey d′Aurevilly　　（罕见形式）

4.若无法确定某一著者的名称及其形式时,可参考有关参考资料,如:LC 的名称标准档、LC 的国家联合目录（National Union Catalog,简称 NUC）或待编文献的在版编目资料等。如无任何资料可参考时,则选定一个名称及其形式为统一标目,为其他名称及其形式做单纯参照,或按待编文献主要资料源上出现的名称及其形式做标目,并为各标目（不同名称及其形式）做相关参照。

5.非罗马文字的个人著者名称按特定音译表（如美国国会图书馆编目工作公报 No. 118—;或国际标准化组织所公布的音译表）予以罗马化（Systematic Romanization）。

（四）标目首词（Entry word）

1.一个著者的名称及其形式确定后,就要选定该名称形式中哪一部分作为排检主要依据,即确定标目首词。凡有全称的名称,一般应姓在前,名在后,中间用逗号隔开。例:

原顺序:Seymour Lubetzky

　　　　（名）　　（姓）

著录用:Lubetzky, Seymour

　　　　（姓）　　（名）

原顺序:William A. Katz

　　　　（名）　　（姓）

著录用:Katz, William A.

　　　　（姓）　（名）

有的名称不包括姓,但有一个能识别著者、起姓作用的词,则以该词为标目首词,后用逗号。例:

原顺序:Muhammad Ali

著录用:Ali, Muhammad

2.复姓

西方国家不少著者的名称具复姓。复姓有两种形式:一种是在名后有两个姓,应用两个姓词做标目首词。例:

原形式:David Lioyd George
　　　　(名)　　(复姓)

著录用:Lioyd George, David
　　　　(标目首词)　(名)

另一种复姓形式是两个姓词间有连字符("－"),其著录方法同上。例:

原形式:James Orchard Halliwell—phillipps
　　　　(　名　)　　(复姓)

著录用:Halliwell—phillpps, James Orchard
　　　　(标目首词)　　　(名)

西方国家已婚妇女名称中的姓往往是包括娘家的姓及丈夫的姓的复姓,一般用夫姓做标目首词。如已婚妇女的语种为捷克语、法语、匈牙利语、意大利语、西班牙语时,则取其复姓做标目首词。例:

原顺序:Lautra Ingalls　Wilder　　(美国英语演说家)
　　　　(娘家姓)(丈夫姓)

著录用:Wilder, Laura Ingalls
　　　　(丈夫姓做标目首词)

原顺序:Inger Olson　Larsson　　(瑞典语已婚妇女)
　　　　(娘家姓)(丈夫姓)

著录用:Larsson, Inger Olson
　　　　(丈夫姓)

原顺序:Joan Mendès　France　　(法语已婚妇女)
　　　　(娘家性)(丈夫姓)

著录用:Mendès France, Joan
　　　　(标目首词)

304

原顺序：Alinda Bonacci Brunamonti　　（意大利语已婚妇女）
　　　　　（娘家姓）（丈夫姓）

著录用：Bonacci Brunamonti，Alinda

　　　　（标目首词）

西班牙语的复姓包括母亲娘家姓及父姓，两姓词间一般无连字符，很难识别是否属复姓，因此，必须查考参考资料明确是复姓后，方可以此复姓做标目首词。例：

原顺序：Emilio Cotatelo y Mori

著录用：Cotatelo y Mori，Emillio

除上述各种语种外，其他语种复姓作标目首词的规定见《西文文献著录条例》4.1.5.3（5）、4.1.5.3（6）、4.1.5.3（7）及《AACR2》有关规则。

3. 冠前缀的姓

西方国家不少著者的姓前包括一个冠词（如"le"）或一个前置词（如"de"、"van"）或二者均有（如"de la"），则按著者的语言规则处理，或用著者居住国书目中最常用作标目首词的姓。这里主要列举英语、法语、德语、西班牙语四种语种冠前缀的姓作标目首词的规则，其他语种的规则见《西文文献著录条例》4.1.5.4.条及《AACR2》22.5D 条中有关规定

（1）英语

将前缀与姓作为一个姓的整体做标目首词。例：

原顺序：Knightley d'Anvers

著录用：D'Anvers，Knightley

原顺序：Augustus de Morgan

著录用：De Morgan，Augustus

原顺序：Walter de la Mare

著录用：De la Mare，Walter

原顺序：Daphne du Manrier

著录用：Du Manrier，Daphne

原顺序：Richard le Gallienne

著录用：Le Gallienne，Richard

原顺序：Martin van Buren

著录用：Van Buren，Martin

原顺序：Wernher von Braun

著录用：Von Braun，Wernher

（2）法语

前缀若包括一个冠词（如"Le"、"La"）或一个冠词和一个前置词在一起的缩约形式（如"du"），则将前缀与姓作为一个整体做标目首词。例：

原顺序：Gustave le Rouge

著录用：Le Rouge，Gustave

原顺序：René la Bruyere

著录用：La Bruyere，René

原顺序：Edelestand pontas du Meril

著录用：Du Meril，Edelestand Pontas

原顺序：Charles - Marc des Granges

著录用：Des Granges，Charles - Marc

若前缀中前置词与冠词分开写（如"de la"）或只有一个前置词（如"de"）则将冠词与姓作一个姓整体做标目首词，而将前置词置于名后。例：

原顺序：Jean de la Fontaine

著录用：La Fontaine，Jean de

原顺序：Charles de Gaulle

著录用：Gaulle，Charles de

（3）德语

姓前缀包括一个冠词或一个冠词与一个前置词结合的缩约形

式时,将前缀与姓词作为一个整体做标目首词。(下例中的 Am、Vom、Zum 分别是 an dem、von dem 和 zu dem 的缩约形式)例:

原顺序:Eva Am Ende

著录用:Am Ende, Eva

原顺序:Bernhard vom Brocke

著录用:Vom Brocke, Bernhard

原顺序:Josef Paul zum Busch

著录用:Zum Busch, Josef Paul

若姓前缀是"van"、"von"、"von der"、"von und zu",则将前缀列于名后,用姓做标目首词。例:

原顺序:Johann Wolfgang von Goethe

著录用:Goethe, Johann Wolfgang von

原顺序:Ludwig van Beethoven

著录用:Beethoven, Ludwig van

原顺序:Peter von der Mühll

著录用:Mühll, Peter von, der

原顺序:Georg Ludwig von und zu Urff

著录用:Urff, Georg Ludwig von und zu

(4)西班牙语

如姓前缀只包含一个冠词,则将冠词置于名后,用姓氏做标目首词。例:

原顺序:Pedro de Lorenzo

著录用:Lorenzo, Pedro de

当无法确定姓前缀的处理方法时,或无任何参考资料供查考时,则选一种形式做标目首词,为另一种形式做单纯参照。例:

De Gaulle, Charles   ←未做标目的名称形式

see Gaulle, Charles de   ←已做标目的名称形式

若具不同形式的标目首词的名称均做标目时,则为它们做相

关参照。例:

Der Post, Laurens
    see also Van der Post, Laurens

均已做标目

Van der Post, Laurens
    see also Der post, Laurens Van

均已做标目

4.以贵族头衔做标目首词

西方国家有不少著者的名称包括贵族头衔,并通常是以此贵族头衔来识别其名称。一个具贵族头衔的现代著者,其名称一般包括以下几个要素(Element)。

一个词或两个词的名称,例:Arthur;George Gordon

一个姓,例:Wellesley;Maitland;Byron

一个贵族头衔,例:Duke of Wellington(公爵);Earl of Lauder-
        dale(伯爵);Baron Byron(男爵)

著录顺序:

Wellington, Arthur Wellesly, Duke of
(贵族头衔   名   姓   公爵)

Lauderdale, James Maitland, Earl of
(贵族头衔   名   姓   伯爵)

Byron, Genrdon Byron,   Baron
(贵族头衔 名 姓   男爵)

英国贵族爵位的等级名词比较复杂,它们是:

Duke	公爵
Duchess	公爵夫人
Marquess(Marquis)	侯爵
Marchioness	侯爵夫人

Earl	伯爵
Countess	伯爵夫人,女伯爵
Viscount	子爵
Viscountess	子爵夫人,女子爵
Baron	男爵
Baroness	男爵夫人,女男爵
Knight	骑士,爵士
Baronet	从男爵

当一个著者的名称通常是以贵族头衔来识别,在其著作中不用个人的姓而用贵族头衔,或以其头衔列入参考资料时,则以其贵族头衔的专门名称做标目首词。名称的著录顺序是:贵族头衔的专门名称、个人名称、本国语言的贵族爵位等级名称。例:

Byron, George Gordon Byron, Baron

(贵族头衔)(名　字)(姓)(贵族爵位等级名词"男爵")

(在他著作中用的名称是"Lord Byron")

↑

(Baron 的代用称呼)

5. 以首字母、字母、数字做标目

有的著者名称全部是首字母、字母或数字,做标目时,按主要著录资料源上的顺序照录。例:

原顺序:A. L. O. E.

著录用:A. L. O. E。

　不用:E. ,A. L. O.

原顺序:A. de O.

著录用:A. de O.

　不用:A. de. O,

原顺序:110908

著录用:110908

不用:One Hundred and Ten Thousand,

        Nine Hundred and Eight

   One, one, zero, nine, zero eight

6. 以短语做标目

名称若是一个短语,则按主要著录资料源上的顺序著录。例:

原顺序:Dr. X

著录用:Dr. X

原顺序: Father Time

著录用:Father Time

7. 英国的荣誉称号

若英国的荣誉称号"Sir"(爵士)、"Dame"(贵夫人)、"Lord"
(勋爵,即除公爵和公爵夫人外,对侯爵、伯爵、子爵、男爵等贵族
称号的通称或尊称),或"Lady"(贵夫人)等经常与著者的名称一
起出现在著作或参考资料中,著录时一般将荣誉称号著录在著者
名称最后,前用逗号,用姓做标目首词。例:

原顺序:Sir Ernest Gowers

著录用:Gowers, Sir Ernest

8. 若不同著者用同一名称,或同一名称形式,则应在各自名称
后附加适当内容以示区别,例如:全名相同,则加生或生卒年。

Smith, John, 1924 –

Smith, John, 1837 – 1896

名字的缩写与完整形式均相同时,除在圆括号内加名字的完
整形式外,再加各自的生卒年。例:

Smith, John P. (John Perceval),1841 – 1890

Smith, John P. (John Perceval),1871 – 1953

名字的缩写形式相同,而其完整形式不同时,在圆括号内加各
自名字的完整形式。例:

Smith,Russell E. (Russell Edgar)

Smith, Russell E. (Russell Eugene)

Lawrence, D, H. (David Herbert)

Lawrence, D. H. (David Horace)

Lawrence, D. H. (David Henry)

9. 不具姓的教名或圣徒名称,应将该教名做标目首词,后加与该名字相联的任何词或短语,前用逗号",".例:

John, the Baptist

Joseph, Nez Perce chief

White Antelope, Cheyenne chief

Teresa, of Avila, Saint

George VI, King of Great Britain

Margaret, Princess, Countess of Snowdon

John XXIII, Pope

10. 中国人姓名的著录

中国人的汉语姓名一般用汉语拼音字母拼写的名称,姓(包括复姓)在前,名在后,中间用逗号隔开。笔名则直录不用逗号。带有外文名字的中国人姓名其著录顺序是姓、外文名、中文名。例:

原顺序:Huang Jungui   黄俊贵

著录用:Huang, Jungui

原顺序:Ouyang Ping   欧阳平(复姓"欧阳")

著录用:Ouyang, Ping

原顺序:Lu Xun   鲁迅(笔名)

著录用:Lu Xun

原顺序:Philip Loh Fook Seng   (带有外国名字)
　　　(外文名)(姓)(中文名)

著录用:Loh, Philip Fook Seng
　　　(姓)(外文名)(中文名)

一些常见、著名的中国历史人物和现代名人原有惯用拼法时（一般用韦盖氏音译系统拼音），仍用惯用拼写法。例：

原题：Sun Yat – sen　　孙逸仙

著录用：Sun，Yat – sen

原题：Hua Loo – keng　　华罗庚

著录用：Hua，Loo – keng

原题：Chao Yuen Ren　　赵元任

著录用：Chao，Yuen Ren

三、地理名称的著录

地名一般用于：

（1）区别同一名称的团体

Labour Party（Ireland）

Labour Party（New Zealand）

（2）作为会议录标目的附加

International Conference on Low Temperature Physics（7th：1960：Toronto）

（3）经常用作政府的标目

France

Missouri

Chicago

1. 地理名称的选择。地理名称一般采用当前英语地名词典和地图集以及目前其他英语参考书中所见到的形式。例：

用　Denmark

不用　Danmark

用　Vienna

不用　Wien

用　Switzerland

不用　Helvetia

不用　Schweiz

不用　Suisse

不用　Suizzera

2. 政府名称的选择。政府名称一般亦取其英语形式。例：

　　用　Soviet Union

不用　Russia

不用　Union of Socialist Republics

不用　Soiuz Sovetskikh Sotsialisticheskikh Respublik

3. 如两个或多个地名相同时，对每个地名加其所在地区合适的更大地区的地名，大地区地名可用标准缩写。

当地名作标目时，将大地区地名置于地名后圆括号内。例：

Newport(Isle of Wight)

Paris(Ill.)Budapest(Hungary)

Montreal(Quebec)

Darwin(N.T.)

若地名用作附加时，则大地区地名前用逗号。例：

St. Mary's College(Tuticorin, India)

地名有不同范围地区的附加，一般有岛屿、城市、州、地区、省、国家、郡等地名附加。例如：

Newport(Isle of Wighs)	（岛屿）
Paris(Ill.)	（州）
Chelsea(London, England)	（城市）
Montreal(Quebec)	（省）
Darwin (N. T.)	（地区）
Glasgow (Scotland)	（地区）
Boston(Lincolnshire)	（郡）
Formosa (Argentina)	（国家）

Paris（France）　　　　　　　　（国家）

4. 地理名称若有更改,则采用最新名称。例:

用:Sri Lanka

不用:Ceylon

5. 中国的地理名称。中国地名的专名部分采用汉语拼音字母拼写,通名部分采用意译。个别习惯意译的地名仍译意,例如:南海译为 South China sea。例:

汉语拼音		英文中用
山东省	Shandong Sheng	Shandong Province
	（专名）（通名）	（专名）（意译）
昌平县	Changping Xian	Changping County
沈阳市	Shenyang Shi	Shenyang City
白洋淀	Baiyang Dian	Baiyang Lake
沂　河	Yi He	Yihe River
天　山	Tian Shan	Tianshan Mountains

关于中国地名汉语拼音写法可参考《中国人名地名汉语拼音拼写法》及《汉语拼音中国地名手册》两种参考工具书。

四、机关团体责任标目名称及其形式的确定

根据排检点选择的规则选择机关团体名称为标目后,其名称及其形式的确定有三个步骤:一是名称的选择,二是名称形式的确定,三是做名称参照。

（一）机关团体名称及其形式的选择原则

1. 选择文献主要著录资料,或权威性参考资料中的习见或著名的名称形式做标目。名称一般用该团体使用的官方语种名称,若官方语种不明确,则依英、法、德和西班牙等语种次序选择名称语种。非罗马语种的名称用文献标出的罗马文字译名。机关团体名称除连词、介词及冠词外,其他词首字母均需大写（冠词为名称

的首词时,此冠词的首字母需大写)。例:

习见名称形式:

用:Pierpont Morgan Library　　　　　(现代形式)

不用:Morgan Library　　　　　　　　(偶见形式)

简称形式:

用:AFAS

不用:Air Force Aid Society

用:Uuesco

不用:United Nations Educational, Scientific, and Cultural Or-
　　ganization

最近形式:

用:Hendon Natural History Assoaiation　(最近形式)

不用:Hendon Naturalists Association　(过去形式)

官方语种:

不用:Franco – American Historical Society(官方语种为英语)

用:Société Historique franco – americaine

政府习见名称:

用:France

不用:Republique française

国际组织习见名称形式:

用:Arab League

不用:League of Arab States

不用:Union des états arabes

2.机关团体名称更改

西方国家机关团体名称经常更改。根据编目条例规定,机关
团体名称若有更改,则以新名称做标目,并为新、旧名称做相关参
照(即"互见"参照)。为此,机关团体标目的选择很少贯彻"统一
标目"原则,因而相关参照及说明参照比个人著者标目的多。例:

①新旧名称相关参照

Ohio College Library Center

   see also the later heading：

OCTC

   see also the earlier heading：

Ohio College Library Center

②说明参照

Pennsylvania State University

The name of Farmers′High School was changed in 1862 to Agricultural College of Pennsylvania；in 1874 to Pennsylvania State College；in 1953 to Pennsylvania State University.

（该团体原名为：Farmers′High School；1862 年改为 Agricultural College of Pennsylvania；1874 年改为 Pennsylvania State College；1953 年改为 Pennsylvania State University.

该团体的文献分别以其出版时该团体所用名称做标目）

3. 机关团体标目选取的资料源

机关团体标目选取的主要资料源是该团体所出版的文献本身,并用该文献所使用的语言记录名称；或从参考资料中选定机关团体的名称形式。

（二）机关团体名称的省略及附加

1. 机关团体名称的首冠词及"Inc."等用语可省略。但有语法联系的首冠词应保留。例：

用：Library Association　（省略首冠词）

不用：The Library Association

但用：Der Blaue Adler（Association）　（保留有语法联系的首冠词）

用：American Ethnological Society（省略"Inc."）

2. 当机关团体名称不易识别（如相同名称的不同机关团体或

316

名称概念不明确)时,可在名称后圆括号内做适当的注解,例如:

概念说明:

Apollo II(Spacecraft)

区域或地点名称:

National Gallery(Great Britain)
National Gallery(South Africa) } (国家或地区)

Republican Party(Ill.)
Republican Party(MO.) } (州或省)

Loyola University(Chicago)
Loyola University (New Orleans) } (地点名称)

有关年代:

Scientific Society of San Antonio(1892 – 1894)

Scientific Society of San Antonio(1904 –   )

(三)会议名称做标目的形式

会议是机关团体的一种,当会议录用会议名称做标目时,应省略文献的主要著录资料源上会议名称中的会议届次、周期或年份的词,而将它们及会议地点列入标目后圆括号内,按届次、年份、会议地点顺序著录,年份及会议地点前用空格、号冒、格(":")。例:

原题:Proceedings of the VIIth International Conference on Low Temperature Physics,〔held at〕University of Toronto, Canada,29th August – 3rd September 1960 / ……

著录用:International Conferenc on Low Temperature Physics (7th : 1960 : Toronto)

关于会议录的著录另章详述。

(四)多层次团体做标目的形式

1. 基本概念

(1)多层次团体

具有两级或两级以上组织层次的团体称为多层次团体。多层次团体是由主体机构及隶属于它的各级从属机构组成。在文献著录领域中称主体机构为一级层次,其他从属机构为二级层次、三级层次,以此类推。

(2)多层次团体做标目时的标目层次

多层次团体做标目时的标目层次概念是:一级层次机构的名称称为主标目(Main heading)或首级标目,二级以后的各层次机构名称称为副标目或从属标目(Subheading)。多层次团体结构与多层次标目结构的关系是:

| 首(主)标目 | 一级副标目 | 二级副标目 | 三级副标目 | …… | (标目层次) |
| 一级 | 二级 | 三级 | 四级 | …… | (团体层次) |

主体机构　　　　　从属机构

例如:

团体级次:

一级:American Library Association

二级:Resources and Technical Services Division

三级:Cataloging and Classification Section

四级:Policy and Research Committee

标目级次:

American Library Association. Resources and

(主　标　目)

Technical Services Divsion. Cataloging and

(一级副标目)

Classification Section. Policy and Research

(二级副标目)　　　　(三级副标目)

Committee.

(3)基本标目层次

在多层次团体中对文献负直接责任的一级层次是基本标目层

318

次。根据编目条例规定,某一机关团体标目为多层次团体标目时,该标目必须包括基本标目层次,并将此标目层次著录为末级标目层次。例如,某一文献是由以下多层次团体中的"Board of Directors"这级机构负直接责任。

团体层次:

一级 American Library Association

二级 Resources and Technical Services Division

三级 Board of Directors

标目层次的著录应包括此级机构,并将它著录为末级副标目:

American Library Association. Resources and

（　　　主　　标　　目　　）

Technical Services Division. Board of Directors.

（一级副标目）　　（基本标目层次—末级副标目）

（4）直接标目与间接标目

当一个从属团体的名称具独立识别性时,直接以此从属团体名称做标目,该标目称为直接标目。若一个从属团体的名称无识别性,必须冠以上级机构名称做首级标目时,该从属团体名称标目称为间接标目,如:

团体级次:University of Oxford　（一级）

　　　　　Bodleian Library　（具独立识别性的二级机构）

用　　Bodleian Library 做直接标目

团体级次:Stanford University　（一级）

　　　　　Department of Civil Engineering(二级)

　　　　　（不具独立识别性的从属二级机构）

用　　Department of Civil Engineering 做间接标目

标目级次结构:Stanford University. Department of Civil Engineering.

（5）直接副标目（Direct subheading）与间接副标目（Indirect

319

Subheading)

根据编目条例规定,多层次团体做标目时,可省略中间各级机构名称,而将对文献负直接责任的那级从属团体名称直接著录在一级机构名称后,这级从属团体标目为直接副标目,例如:

团体级次:

一级 American Library Association

二级 Resources and Technical Services Divison

三级 Cataloging and Classification Section

标目级次:American Library Association. Cataloging

（主　标　目）

and Classification Section

（直接副标目）

根据编目条例规定,多层次团体做标目时,一级团体标目与末级团体标目(即基本标目层次)中间各层次团体名称必须保留时,该末级副标目(即对文献负直接责任的从属团体)称为间接副标目,例如:

团体级次:

一级 American Library Association

二级 Resources and Technical Services Division

三级 Board of Directors

标目级次:

American Library Association. Resources and

（主　标　目）

Technical Services Division. Board of Directors.

（一级副标目）　　　　　（间接副标目）

2. 副标目的规定

凡对文献负直接责任的从属团体名称属以下类型之一者,皆为不具独立识别性的从属团体,均应做副标目。

320

(1)从属团体名称中有一术语,表明该团体是另一团体的一部分,如:department, devision, section, branch 等。例如:

British Broadcasting Corporation. Engineering Division.
（　主　　标　　目　）　　（副　标　目）

International Ferderation of Library　　Associations and In-
（主　　　标　　　　目）

stitutions. Section on Cataloguing.
（副标目）

(2)从属团体名称中包含 Committee、Commission 等词,表明该团体与其上级团体是隶属关系。为识别此从属团体,需前加其上级机构名称。

例如:

Association of State Universities and Land Grant Colleges.
（主　　　标　　　　目）

Committee on Traffic Safety Resarch and Education.
（副　　标　　　目）

University of Wales. University Commission.
（主　标　目）（副　标　目）

(3)从属团体名称具通用性,不同多层次团体的不同从属团体用相同名称。例如:

Bell Telephone Laboratories. Technical Information Library.
（主　　标　　　目）　　（副　标　　目）

（从属团体名称:Technical Information Library）

International Labour Organisation. European Regional
（主　　标　　目）　　（副

Conference(2nd：1963：Geneva)
标　目）

（从属团体名称:Second European Regional Confernce 隶属于

321

International Labour Organisation)

    Sondley Reference Library. Friends of the Library.

    （主　标　目）　　　　（副　标　目）

（从属团体名称：Friends of The Library）

（4）大学的系（faculty）、研究所、院（institute）、学院、（school，college）实验室等从属团体名称表明是该大学的一个教学或研究机构。例如：

    Prenceton Universty. Burean of Urban Research.

    （主　标　目）　（副　标　目）

    Syracuse University. College of Medicine.

    （主　标　目）　（副　标　目）

    University College London. Communication Research Centre.

    （主　标　目）　　　（副　标　目）

    University of London. School of Pharmacy.

    （主　标　目）　（副　标　目）

（5）从属团体名称包括其上级团体的全称。例如：

    American Legion. Auxiliary.

    （主　标　目）（副标目）

（从属团体名称：American Legion Auxiliary）

    Auburn University. Agricultural Experiment Station.

    （主　标　目）　（副　　标　　目）

（从属团体名称：Agricultural Experiment Station of Auburn University）

    Labour Party(Great Britain). Conference (71st ：Blackpool)

    （主　标　目）　　　　（副标目）

（从属团体名称：71st Annual Conference of the Labour Party）

  3. 直接副标目与间接副标目的规定

  （1）直接副标目

322

a. 凡对文献负直接责任的从属团体名称属上列第 2 条规定中的五种类型中之一者,用该从属团体名称做直接副标目。

b. 对文献负直接责任的从属团体名称中若包含其上一级从属团体名称的全称或关键词时,可省略中间级次的从属团体名称,用末级从属团体名称做直接副标目。例如:

团体级次:

一级　American Library Association

二级　Young Adult Services Division

三级　Committee on Outreach Programs for Young Adults(ad hoc)

（末级对文献负直接责任的从属团体名称中包含其上一级从属团体名称中的关键词"Young Adults"）

标目级次:

American Library Association. Committee on Outreach

（主　　　标　　　目）（直　　　接　　　副

Programs for Young Adults(ad hoc)

标　　　目）

团体级次:

一级　American Library Assoiation

二级　Resources and Technical Services Divison

三级　Cataloging and Classification Section

（末级从属团体名称具二级团体名称的含义）

标目级次:

American Library Association. Cataloging and

（　主　标　目　）（直　接

Classification Section.

副　标　目）

(2)间接副标目

当对文献负直接责任的从属团体名称与其所属一级机构的其他从属团体名称相同时,则增加中间层次团体名称。例如:

团体级次:

一级　American Library Association

二级　Resources and Technical Services Division.

三级　Board of Directors

　　　(ALA 其他从属团体中也有名为 Board of Directors 的团体)

标目级次:

American Library Association. Resources and Technical

（主　　标　　目）　　　　　　（一　级　副

Services Division. Board of Directors.

标　　目）　　（间接副标目）

总之,对文献负直接责任的从属团体名称做直接或间接标目的标志是其识别性。当无识别性时,做间接副标目;具识别性时,则做直接副标目。同时,应为其中间级次团体名称的标目形式做参照。

4. 政府团体名称做标目的形式规定

(1)政府团体的概念:《西文文献著录条例》规定"政府团体"的概念是指中世纪以来所确立的国家、政府和国际政府间组织(如联合国、欧洲议会等)的各个整体而言。由政府直接创办、设立或支配、管理的机构和组织称为政府团体。此处的"政府"系指在特定地理区域范围内行使管辖权的各类机关团体(行政、立法、司法等)的总称,非指作为一般行政机关的"政府"。

政府团体包括行政、立法和司法等各级政府机关、军队、警察等组织,以职务身份履行公务的政府官员,政府派出机构及政府代表团,以及某些政治、经济和文化等单位和部门。

(2)政府标目名称一般应使用其惯用名称,如:用 France 而不用 République Française；用 Massachusetts，不用 Commonwealth of Massachusetts；用 Soviet Union，不用 Union of Soviet Socialist Republics 或 Russia。中国中央政府的标目使用英文地理名称，如：China. Ministry of Agriculture. 同时，可为其他汉语拼音名称或罗马文字的译名名称做参照。地方各级政府的标目名称用汉语拼音形式，如：用 Beijing. Education Bureau. 不用 Peking. Education Bureau.，同时，为惯用的罗马文字名称做参照。

（3）凡政府团体名称具有独立识别性者，应直接用此团体名称做标目，并为具上级机构名称的标目形式做参照，例如：（"×"表示"见自"参照）。

用：American Battle Monuments Commission.

 × United States. American Battle Monuments Commission

用：Canadian National Railways.

 × Canada. Canadian National Railways.

（4）凡不具有独立识别性的政府团体，均应做副标目。

例一：从属团体名称中有 department、division、section 等词。

United States. Division of Wildlife Service.

例二：从属团体名称中包括 Committee，Commission 等词。

Great Britain. Royal Commission on the Press

例三：从属团体名称用语具通用性。

United States. National Labor Relations Board. Library.

（末级从属团体名称为 Library ）

例四：从属团体名称为中央一级政府机关名称。

Great Britain. Home Office.

Great Britain. Ministry of Defence.

例五：从属团体名称为政府首脑的职称。

Great Britain. Sovereign.

United States. President.

例六:从属团体名称为立宪、立法团体名称。

France. Assemble Nationale.

United States. Congress

例七:从属团体名称为司法机关的名称。

United States. Supreme Court.

例八:从属团体名称为武装力量的名称。

Great Britain. Army.

United States. Navy.

例九:从属团体名称为使、领事馆名称。

Canada. Embassy(U. S.)

Great Britain. Consulate(New York)

例十:从属机关团体名称为代表团、使团的名称。

Great Britain. Delegation to the United Nations.

(5)在包含两级以上副标目层次中,如末级标目名称有识别性时,可以此为直接副标目,省略中间级次的标目,并为包含中间级次机构名称的标目形式做参照。例如:

团体级次:

California

Health and Welfare Agency

Employment Development Department

Employment Data and Research Division

标目级次:

California. Employment Data and Research Division.

X California. Health and Welfare Agency.

Employment Development Department.

Employment Data and Research Division.

5.联合委员会

联合委员会是指由两个或两个以上团体的代表组成的机构，如：joint Committee、joint Commission 等。联合委员会应以联合机构的名称做直接标目。

机构组织：由 the Department of Scientific and Industrial Research 和 the Medical Research Council 组成的联合委员会。

标目名称：Joint Committee on Individual Efficiency in Industry.

若联合前的团体属同一个上级机构时，则将联合机构作副标目处理，例如：

机构组成：由 the American Library Association 的 Resources and Technical Services Division 下属的 Acquisitions 和 Serials 两个 Sections 所组成的联合委员会。

标目名称：American Library Association. Joint Committee to Compile a List of International Subscription Agents.

思考题

一、西文文献目录一般应包括哪些主要语种的目录？

二、比较西文专著与中文普通图书形体结构的异同。

三、简述"在版编目"款目中的主要书目信息及它的作用。

四、解释"悬行格式"的含义及其作用。

五、西文专著的主要资料源是哪几部分？这些部分能提供款目中哪几个著录项目的信息？

六、试比较中文普通图书书目描述部分著录规则与西文专著的有关规则的主要不同点，这些不同点能否予以统一，请说明理由。

七、略述西方国家保留主要款目、主要标目概念的背景。

八、简述"个人著者"、"机关团体"的概念，以及西方国家采用机关团体做标目的发展过程。

九、试述《AACR2》关于机关团体做主要标目的六种类型出版物。

十、简述主要款目标目的选取原则。

十一、比较中、西文文献著录中关于个人责任者及机关团体责任者做标目规则的异同。并根据"读者至上"原则,评论西文文献著录中的标目选择规则。

十二、略述名称/题名附加款目的意义及作用。

主要参考文献

1. 西文文献著录条例/中国图书馆学会《西文文献著录条例》编辑组. —北京:中国图书馆学会,1985.8. — p. 3—183

2. 1961 年国际编目原则会议论文选译/全国第一中心图书馆委员会西文图书卡片联合编辑组编译. —北京:中国科学院图书馆,1962.12. — P. 7 – 10

3. Anglo – American cataloguing rules. —2nd ed. /prepared by the American Library Association… [et al.] ; edited by Michael Gorman and Paul W. Winkler. —Chicago:ALA, 1978. —pref. ;p. 1 – 82

4. Chan, Lois Mai. Cataloging and classification/Lois Mai Chan. —New York:McGraw – Hill, c1981. —p. 25 – 112

5. Gorman, Mrchael. The concise AACR2/prepared by Michael Gorman. — Chicago:ALA, 1981.

6. Hunter Eric J. Examples illustrating AACR2/by Eric J. Hunter and Nicholas J. Fox. —London:LAc1980.

7. Maxwell, Margaret F. Handbook for AACR2:explaining and illustrating Anglo – American cataloguing rules second edition. —Chicago:ALA, 1980. — p. 1 – 120

8. Using AACR/Malcolm Shaw… [et al.]. —London:LA. 1980. —P. 1 – 41

9. Wynar, Bohdan S. Introduction to cataloging and classification/Bohdan S. Wynar. —7th ed. /by Arlene G. Taylor. —Littleton, Colorado:Libraries Unlimited, 1985. —p. 51 – 122;227 – 320

第十六章　分析著录

第一节　概述

关于分析著录(Analysis)的含义、作用、文献对象及确定分析著录的因素等问题,在第十一章第一节中已有阐述。本节仅就西文文献中专著丛编、多卷书、多卷册个人作品文集或全集、多卷册百科全书等的分析著录问题作简要说明。

首先明确一个概念。在西方国家的编目学领域中无"分散著录"这个概念,只有"分析"这个术语。"分析"包括"分散著录","分散著录"是"分析"方法中之一种。"分析"是指以一套专著丛编、多卷集、多卷册个人作品的文集或全集中的某一个别著作或卷册为著录单元,进行著录的方法。

西方国家的专著丛编、多卷集、多卷册个人作品的文集或全集文献不仅其数量与种类比我国的多,而且在组织结构方面也更复杂。许多多卷集不仅有总题名,各分卷册还有单独题名及分部分题名。上述几种专著一般都具有较高的科学价值,其中以西德Springer出版商出版的各学科的专著丛编较为突出。个人作品的文集或全集,学科内容涉及面广,体裁多样。多卷册的百科全书或百科大全更是洋洋大观。诸如此类的文献究竟应根据什么原则进行分析著录呢? 除前编有关章节提及的原则外,应根据它们的入馆情况及外形、内容特征来确定。一般说,专著丛编虽有总题名,其个别著作的内容无一定内在联系,且通常均有单独题名,不少是无限期出版的连续出版物,读者习惯于从个别著作检索。因此,此类文献应以个别著作为著录对象进行分析著录(即分散著录),另做丛编附加款目,使丛编中的个别著作在目录中得以集中。同时,可以用丛编分类号做排架号,使一套丛编集中排架。个别卷册具单独题名且内容独立性强又非一次到馆的多卷集,可以分析著录为主,辅以综合著录。多体裁或学科涉及面较广的文集或全集,以综合著录为主,辅以分析著录。至于多卷册的百科全书或专科大全,若是一次到馆,一般应进行综合著录,不必采用分析著录法。

第二节　几种分析著录方法及格式

一、整套著录为主,兼做分析附加款目

这种方法一般适用于有总题名的多部分文献,其个别著作或分部分的题名独立性不强时,应以整套文献为著录单元做一个完整的款目,将分部分(或析出部分)的卷次标识、责任者名称及题名列入附注项中的"Contents"部分,再为"Contents"中各部分做名称/题名、题名/名称或题名附加款目,例如:

Three classic Spanish plays / edited and with introductions by Hymen Alpern. — New York : Washington Spuare Press, 1963.

229 p. ; 17 cm. — (The ANTA series of distinguished plays)

Contents : The sheep well / by Loep de Vega—Life is a dream / by Calderon de la Barca—None beneath the king. /

by Rojas Zorrilla.

Ⅰ. Alpern, Hymen. Ⅱ. Vega Carpio, Lope de. The sheep well. Ⅲ. The sheep well. Vega Carpio, Lope de. Ⅳ. Claderon de la Barca, Pedra. Life is a dream. Ⅴ. Life is a dream. Claderon de la Barca, Pedra. Ⅵ. Rojas Zorrilla, Francisco de. None beneath the king. Ⅶ. None beneath the king. Rojas Zorrilla, Francisco de Ⅷ. Series.

二、分析著录为主,以整体文献题名为标目做丛编附加款目

具总题名,又有独立的分部分题名的专著丛编、多卷书等,可采用此方法。即以分部分文献做著录单元,将整体文献的题名作为丛编题名列入丛编项,另做丛编附加款目,如:

Taylor, A. J. P.

English history, 1914－1945 / A. I. P. Taylor. — Oxford : Clarendon Press, 1965.

xxvii, 709 p. : ill. , maps : 23 cm. — (The Oxford history of England ; V. 15)

Bibliography : p. 602－639.

I. Title. II. Series : The Oxford history of England; v. 15.

三、做"In"(在)分析款目("In" analytics)

当读者不满足于列入附注项"目次"中分部分的书目信息时,可用"In"分析法。"In"分析法一般适用于单卷本专著的某一章、节,合订本专著、论文集中的某一专著、某篇文章,连续出版物的某一部分。

"In"分析款目包括析出部分的主要书目信息及其所属整体文献的主要书目信息。著录项目及款目著录格式如下:

（一）析出部分

1. 析出部分的标目；

2. 析出部分的题名与责任说明项；

3. 版本项；

4. 数字或其他标识（连续出版物）；

5. 析出部分的载体形态描述项（或析出部分在整体文献中的页码）；

6. 附注。

（二）整体文献部分

1. "In"导词。"In"用斜体字或在词下划横线；

2. 主要款目标目（及统一题名）；

3. 正题名；

4. 版本说明；

5. 数字或其他标识（连续出版物），或专著的出版发行项。

（三）析出部分的根查

款目著录格式：

Analytical heading.

Title and statement of responsibility area. — Edition area. — Numeric or other designation. — Publication, distribution, etc. , area. — Extent and specific material designation : other physical details ; dimensions. — Notes.

In Main entry(Uniform title) heading. Title proper. — Edition statement. — Numeric or other designation of a serial, or publication details of a monographic item.

I. Tracing of the part analyzed.

例片(一)

Webster, John.
　　The white devil / John Webster. — p. 19 – 119 ; 18cm.
　　In Webster and Tourneur : four plays. — New York : Hill and Wang,
1956
　　I. Title.

例片(二)

Johnson, Samuel.
　　Preface of the dictionary / by Samuel Johnson. — p. 1 – 29 ;20 cm.
　　In McAdam, E. L. Johnson's dictionary ; a modern selection / by E.
L. McAdam, Jr. & George Milne. —London : Papermac, 1982
　　I. Title.

四、多级次著录(Multilevel description)

多级次著录是指对整套或整体文献及其各层次内容按文献的
原结构层次,以分级形式进行书目信息全面记录的过程。整体及
其各层次内容的书目信息集中于一个款目,这种方法一般适用于
编制国家书目,或大型书本式目录。

多级次著录方法的主要作用是向读者全面详尽地一次性揭示
文献各层次内容的书目信息。

多级次著录的款目内容层次必须超过一个。第一级层次只记

录整体文献的总信息,以后各级层次是分部分各层次内容的分析著录,例如:

The Sacred books of the East / translated by various oriental scholars and edited by F. Max Müller. —Oxford ：Clarendon Preas，1879－1910.— 50 v.：23 cm.

 Vol. 39－40：The Sacred books of China：the texts of Taoism / translated by James Legg

 pt. 1．The Tâo teh king．The writings of Kwang－tsze，Books I－XVII.—1891.—xxii，396 p.

思考题

一、请根据西文文献中专著丛编、多卷集、多卷册个人作品的文集或全集、百科全书等特点,简述各自采用分析著录方法的原则。

二、何种类型的文献应以整套著录为主,兼做分析附加款目?略述此方法的著录特点。

三、何种类型的文献应以分析著录为主,为整套文献做丛编附加款目?略述此方法的著录特点。

四、在何种情况下需做"In"分析款目?试述此方法的特点。

五、简述多级次著录的适用文献对象及著录特点。

主要参考文献

1. 西文图书编目/王作梅,严一桥编著.—武汉:湖北省高等学校图书馆工作委员会,武汉大学图书情报学院,1985,12.—p. 168－175

2. 西文文献编目导论(初稿)/韩平,李元增合编.—北京:北京大学图书馆学系,1985.8.—油印本.—p. 153－170

3. Anglo－American cataloguing rules. —2nd ed. / prepared by the American Library Association…[et al.]；edited by Michael Gorman and Paul W.

Winkler. —Chicago: ALA, 1978. —p. 270 - 276

4. Chan, Lois Mal. Cataloging and classification/Lois Mai Chan. —New York: McGraw - Hill, c1981. — p. 77 - 84

5. Wynar, Bohdan S. —Introduction to cataloging and classification/Bohdan S. Wynar. — 7th ed. /by Arlene G. Taylor. —Littleton, Colorado: Libraries Unlimited 1985. — p. 218 - 226

第十七章 统一题名

第一节 概述

一、统一题名的含义与职能

统一题名(Uniform title)是指同一著作的不同版本与其他文本各具不同题名时,依据一定规则,在其中选定一个为标准题名,或为文献某一体裁(或类型)确定一个体裁(或类型)题名,这两种题名统称为统一题名,例如:

标准题名:

Arabian nights(统一题名)

The thousand and one rights

The Arabian nights′enterainments

The book of the thousand nights and one night

不同版本的不同题名

体裁题名:

Works(全集)   Selections(选集)

Constitution (宪法)   Novels(小说)

Correspondence(通信集)   Poems(诗歌)

Plays(戏剧)   Speeches(演讲)

Short stories (短篇小说)   Treaties, etc(条约等)

统一题名起集中文献单元的作用,其主要职能有二:

1. 集中同一著作的不同版本、文本等,著作的修订版具不同题名者除外。

西文文献中同一著作的不同版本、文本具不同题名者较普遍,若在编制它们的款目时照录不同题名,其结果必然使同一著作的不同版本与文本分散排列在目录中,不利于读者采取最经济的步骤,利用最少的时间,获得最大的检索效果。若用统一题名,则可集中同一著作的不同版本,以提高检索效率,例如:

①Shakespeare, William

　[Hamlet]

　Shakespeare's Hamlet…

②Shakespeare, William

　[Hamlet]

　The tragedy of Hamlet, Prince of Denmark…

以上《Hamlet》两种版本的款目,在著者目录中虽都集中在莎士比亚的名下,但在同一标目下按题名排列时,就会被分散排列在"S"与"T"字头下而难以集中。同样,在组织题名目录时的结果也是如此。如用统一题名"Hamlet",则该著作具不同题名的版本或文本,就可统一排列在"Hamlet"这个题名下,这样,就能体现集中文献单元的作用了。

2. 集中某一体裁的文献

某一著者的某种体裁或类型的文献不止一种,如确定一个统一的体裁(或类型)题名,就可避免同一著者的同一体裁文献款目分散排列在目录中。因而,同样能达集中文献单元之目的,为读者查阅并研究某一著者的某一体裁文献提供检索方便,例如:

① Shakespeare, William

　[Works]

　The Complete works of Shakespeare…

②Shakespeare, William

[Works]

Shakespeare's works…

③Dickens, Charles

[Novels]

Pickwick papers…

④Dickens, Charles

[Novels]

A tale of two cities…

以上各例说明只要用体裁或类型题名"Works"、"Novels"等，就可将莎士比亚全集的所有版本及文本、狄更斯的所有小说分别集中起来。

二、采用统一题名的依据

"统一题名"不是每个图书馆必用的著录方法，一般应根据以下几个因素，综合研究，作出决定。

（一）本馆是否藏有一种文献的不同版本或文本。

（二）图书馆的性质与对象。高等院校、研究机关的图书馆及公共图书馆供学术研究用的馆藏，其服务对象为大学生、研究人员、教师等时，一般应采用统一题名。

（三）学科特点。自然科学的文献，题名一般变动不大，可不采用统一题名。人文科学著作的不同版本与文本题名变动较多，同一著者的同一体裁或类型的文献也不少，特别是音乐资料，其专题题名较少，许多作品使用体裁题名，这类文献用统一题名集中，效果较好。

（四）所编文献是否属宗教圣书或佚名古典作品。

（五）编目人员的业务素质。编目人员必须具备一定的学科基本知识，熟知同一文献不同版本、不同题名中的惯用或最早的题名，并掌握统一题名的使用与著录方法，才能得心应手，准确而有效地采用这种著录方法。

我国目前仅少数图书馆藏有同一著作的不同版本与文本,西编工作人员在西文文献学及编目学方面的知识水平又不高,基此背景,《西文文献著录条例》将"统一题名"列为选择性规则。

第二节　使用统一题名的文献范围

使用统一题名仅限于下列几种情况:

一、以不同正题名出版的同一著作的不同版本或文本(再版时改换题名的著作不使用统一题名),例如:

Shakespeare, William

[Romeo and Juliet]

The most excellent and lamentable tragedy of Romeo and Juliet…1953.

Shakespeare, William

[Romeo and Juliet]

Romeo and Juliet…1916.

Shakespeare, William

[Romeo and Juliet]

Shakespeare's tragedy of Romeo and Juliet…1892.

Shakespeare, William

[Romeo and Juliet]

The tragedy of Romeo and Juliet…1964.

Shakespeare, William

[Romeo and Juliet. French]

Romeo et Juiette…

ShakesPeare, William

[Romeo and Juliet. German]

Romeo und Julia…

Bible. English. 1846.

The Holy Bible…

Bible. English. 1907.

The modern reader's Bible…

Arabian nights. English.

Arabian nights…

Arabian nights. English.

The Arabian nights' entertainments…

Arabian nights. English.

The book of the thousand nights and one night…

Arabian nights. French.

Le livre des mille nuits et une nuit…

二、一种著作的正题名不为读者所熟知,读者可能从另一习见题名去检索,例如:

Twain, Mark

[Tom Sawyer]

The adventures of Tom Sawyer…

Melville, Herman

[Moby Dick]

The whaling story from Moby Dick…

三、法律、宪法、条约等法律文献，例如：

India.
　[Laws, etc.]
　The Code of civil procedure…
United States.
　[Constitution]
　The Constitution of the Unitded States of America…
China.
　[Treaties, etc.]
　Treaties between China and foreign countries…

四、各种宗教经书，例如：

Bible. English.
　The Holy Bible.
Koran. English.
　The holy Koran.

五、古典佚名作品，例如：

Beowulf
　The story of Beowulf…
Chanson de Round. England.
　The song of Roland…

六、一个著者作品的全集、选集或同一体裁的作品，例如：

Lenin, V. I.
　[Works. English]
　Collected works of V. I. Lenin…

Liu, Shaoqi

　　[Selctions. English]

　　Selections works of Liu Shaoqi…

Lu Xun

　　[Poems. English.]

　　Poems of Lu Hsum…

Beethoven, Ludwig van

　　[Symphonies]

　　Beethoven's symphonies…

第三节　统一题名的选择原则及其著录形式

一、统一题名的选择原则

1.一般应选择文献的习见题名为统一题名,若无从查考或无法断定其习见题名时,则以最早版本的正题名做统一题名,例如:

Dickens, Charles.

　　[Pickwick papers]

　　The posthumous papers of the Pickwick Club…

Swift, Jonathan.

　　[Gulliver's travels]

　　The travels of Lemuel Gulliver…

2.统一题名的语种一般采用原文题名的语种,例如:

Malory, Sir Thomas.

　　[Morte d'Arthur]

　　King Arthur and the knights of the Round tadle…

Hemingway, Ernest.

[Sun also rises]

Fiesta…

对非罗马字母语种的较古老的俄文、希腊文、阿拉伯文等著作,选择该著作在英语参考资料中最知名的题名为统一题名,例如:

Arabian nights

The book of 1001 nights…

Homer.

[Iliad]

The sacking of Troy…

Aristophanes

[Frogs]

A literal translation of Aristophanes´The frogs…

二、统一题名的著录形式

统一题名有以下几种著录形式:

1. 当以个人著者或团体名称为主要款目标目时,统一题名置于主要款目标目及正题名之间,外加方括号,例如:

Shakespeare, William

[Hamlet]

The tragedy of Hamlet, prince of Denmark…

2. 若文献款目不以责任者为主要款目标目时,则以题名做主要款目标目,统一题名外不用方括号,例如:

Arabian nights

The book of a thousand nights and a night…

3. 附加款目中的"名称/题名"标目,及统一题名的"名称/题名"参照,可不加方括号。

4.统一题名的首冠词若无语法联系,可省略。

5.宗教经典,如"圣经"及其各部分用统一题名"Bible"附加"N．T．"(新约)或"O．T．"(旧约)及待编圣经的分部分题名。必要时,可附加语种,例如:

Bible.

The Holy Bible…

Bible. N. T. English.

The new testament of Our Lord and Saviour Jesus Christ…

Bible. O. T. Genesis.

The book of Genesis…

第四节　附加款目与参照

具有统一题名的主要款目在必要时,也应做附加款目与参照,以提供更多的检索途径。

一、应为以统一题名为标目的每一出版物的正题名做一个附加款目,例如:

Arabian nights

The thousand and one nights…

附加款目标目 The thousand and one nights

二、若某一文献的主要款目标目是责任者名称,并具有统一题名时,则做名称标目及正题名参照,并以正题名为标目做附加款目,例如:

United States.

　〔Constitution〕

　Your rugged Constitution…

参照:United States. Your rugged constitution

附加款目:Your rugged constitution

Twain, Mark.

　〔Tom Sawyer〕

　The adventures of Tom Sawyer…

参照:Twain, Mark. The adventures of Tom Sawyer

附加款目:The adventures of Tom Sawyer

Scott, Sir Walter

　〔Novels〕

　The Waverley novels…

参照:Scott, Sir Walter. The Waverley novels

附加款目:The Waverley novels

思考题

一、简述统一题名的含义及职能。

二、略述采用统一题名的依据。

三、试述使用统一题名的文献范围。

四、试举例说明统一题名选择的原则。

五、简述统一题名的几种著录形式,请举例说明之。

六、举例说明具统一题名的主要款目在什么情况下需做附加款目与参照,它们的作用是什么?

七、举例说明统一题名款目的附加款目及参照的著录形式。

主要参考文献

1. 西文文献著录条例/中国图书馆学会《西文文献著录条例》编辑组. ——北京:中国图书馆学会,1985.8. —— p.188 – 229

2. 西文文编目导论(初稿)/韩平,李云增合编. —北京:北京大学图书馆学系,1985.8.—油印本,—p.171 – 183

3. 西文编目/陶涵彧,王建民编著. —上海:上海大学文学院,1986.—p.191 – 214

4. 关于采用 AACR2 第 25 章统一题名的有关问题/韩荣宇//西文图书编目标准化与自动化研讨会会议录,1983 年.—北京:北京大学图书馆编印.—p. 45 – 50

5. Anglo – American cataloguing rules. —2nd ed./prepared by the American Library Association⋯[et al.]; edited by Michael Gorman and Paul W. Winkler. —Chicago:ALA, 1978. —p. 438 – 489

6. Chan, Lois Mai. Cataloging and classificatign/Lois Mai Chan. —New York:McGraw – Hill, c1981.—p. 119 – 122

7. Hunter Eric J. Examples illustration AACR2/by Eric J. Hunter and Nicholas J. Fox. —London :LA,c1980.

8. Maxwell, Margaret F. Handbook for AACR2:explaining and illustrating Anglo – American cataloguing rules. —2nd ed. —Chicago:ALA, 1980. —p. 385 – 410

9. Wynar, Bohdan S. Introduction to cataloging and classification/Bohdan S. Wynar. —7th ed./by Arlene G. Taylor. —Littleton, Colorado:Libraries Unlimited, 1985.—p. 329 – 344

第十八章　参　　照

第一节　概述

西文文献编目中的参照有以下五种类型：

一、单纯参照（See reference）：

单纯参照有以下几种情况：

1. 从同一检索点未做标目的名称或题名（如个人的假名、短语、真名、俗名、教名、早期名称及近期名称等，机关团体的不同名称或不同题名）见其已做标目的名称或题名。

2. 从同一检索点未做标目的名称形式（如个人的全名、首字母、不同语言形式、不同拼法、不同的罗马化，以及机关团体的不同名称形式或首字母等）见其已做标目的名称形式。

3. 从同一检索点未做标目的标目因素（如个人的复合名称的不同因素、前缀、前缀后跟部分姓氏、无姓氏的名字、称号或别名、作为圣者的人名、圣者或统治者的家族名称等）见其已做标目的标目因素。

二、相关参照（see also reference）

将同一责任者已做标目的不同名称或名称形式相互联系起来；将统一题名与其相关著作的题名相互联系起来。

三、名称/题名参照(Name – title reference)

当某一责任者的著作具不同题名时,根据需要,可做名称/题名单纯参照或相关参照。这种参照由责任者名称及有关题名组成。一般适用于做统一题名的文献。

四、说明参照(Explanatory reference)

说明参照(亦称"一般参照")提供关于一定事项的详细说明或一条编目通则,或某一目录组织规则。换句话说,当单纯参照或相关参照不足以说明特定的参照关系,或需要进一步说明标目的某些细节,则可使用说明参照。

说明参照的用语根据需要有详简之分。带有细节性内容的参照用语有:

see(also)the old heading

see(also)the new heading

see(also)the earlier heading

see(also)the larger heading

see(also)the later catalog heading

see(also)the old catalog heading

see(also)the new catalog

For works cataloged before(after)……see

For works of this author written under(in)……see

For publications issued by……before(after)……see

说明参照款目的参照说明文字一般应是英语,必要时可用中文,可根据编目的不同条件决定。

五、参照记录片(Reference record card)

在确定作为款目统一标目的个人、机关团体名称或统一题名后,分别记录统一标目的名称形式、题名及其不作为统一标目的名称形式、题名。这种以统一标目名称形式为基础编制的参照片叫参照记录片。参照记录片的要求及格式与标准名称款目的基本相似,因此,它也可做标准名称款目。

第二节 参照款目的著录格式

一、个人名称标目参照

1. 单纯参照

当待编文献上的个人名称形式或有关参考资料源上个人名称形式与已做标目的名称形式不同时,应用单纯参照将同一检索点的不同名称形式指引到其已确立的标目名称形式,如:

不同名称见已确立的标目名称:

Lucas , Victoria

see }真名见假名

Plath , Sylvia

不管是真名见假名,或假名见真名,只要是已做标目的名称的同一检索点有其他不同名称时,根据需要与可能,均可做单纯参照。

不同的名称形式见已确立的标目名称形式:

Davies , William Henry

see

Davies , W. E.

不同的名称标目首词见已确立的名称标目首词:

De Gaulle, Charles ⎫
     see   ⎬ 姓前缀
Gaulle, Charles de ⎭

其他复姓名称、无姓名称和首字母名称等均应使用单纯参照方法。款目著录格式同上例。

2. 相关参照

同一著者的不同名称或名称形式均已做标目时,应用相关参照沟通该著者的不同著作,例如:

    Wright, Willard Huntington
        see also
    Van Dine, S. S.

    Van Dine, S. S.
        see also
    Wright, Willard Huntington

3. 名称/题名参照

当同一著者在其同一著作的不同版本中使用不同名称时,若其中一个版本的该著者名称已做标目,则应为其他版本做名称/题名单纯单照,例如:

    Ashe, Gordon(未做标目的名称)
    The crosker(题名)
        see
    Creasey, John(已做标目的名称)

4. 说明参照

由于个人名称标目著录时较为复杂,必要时,可做说明参照,例如:

    Abbott, Angusi Evan.
      see also the old heading

Barr, James

Barr, James
　　see also the new heading
Abbott, Angus Evan

Bloom, Ursula
　　For works of this author written in
collaboration with Charles Eade, see
Prole, Lozania

Prole, Lozania
　　The joint pseudonym of Ursula Bloom and
Charles Eade. For works written by Bloom
under her own name, see
Bloom, Ursula

二、机关团体名称标目参照

1. 单纯参照

单层次机关团体名称标目单纯参照的应用规则类同个人名称
标目的单纯参照,例如:

Common Market
　　see
European Economic Community ⎫ 不同名称见统一标目名称

European Common Market
　　see
European Economic Community ⎫ 同上

E. E. C.

    see   缩写名称见全称

European Economic Community

UNESCO

    see   不同缩写形式见统一缩写形式

Unesco

当从属团体做直接标目时,应为该团体作为间接标目的层次形式做单纯参照,即以从属团体名称作间接标目的层次形式见其已作直接标目的层次形式,例如:

American Library Association, Library

    and Information Technology Association

    see

Library and Information Technology Association

当从属团体做直接副标目时,应为该团体做间接副标目的层次形式做单纯参照,即以该从属团体做间接副标目的层次形式见其已作直接副标目的层次形式,例如:

American Library Association Resources and

    Technical Services Division. Cataloging

    and Classification Section

    see

American Library Association. Cataloging and

    classification Section

2. 相关参照

当同一机关团体的不同名称或名称形式均已做标目时,或同一机关团体名称变更后做标目时,应为这些不同名称标目做相关参照,例如:

British Ornithologists´ Union

    see also

British Ornithologists´Club

British Ornithologists´Club
    see also
British Ornithologists´Union

Agricultural College of Pennsylvania
    see also
Pennsylvania State College
Pennsylvania State University

Pennsylvania State College
    see also
Agricultural College of Pennsylvania
Pennsylvania State University
Pennsylvania State University
    see also
Agricultural College of Pennsylvania
Pennsylvania State College

3. 说明参照

当读者需了解机关团体名称标目的更详细或复杂的情况时,可用说明参照,例如:

Catholic Church, Pope(1958 – 1963 : John XXIII)
    Here are entered works of the Pope
acting in his official capacity. For other
works, see
John XXIII, Pope
Conference···
    Conference proceedings are entered under the name of the
conference, etc. ,or the title of the publication if the confer-

ence, etc., lacks a name. Thus see also：Symposium…,
Workshop…,etc.

三、统一题名参照

1. 单纯参照

对同一著作因版本或文本不同而具不同题名时,如该著作主
要款目用统一题名,则应为不同题名或题名的不同形式做题名或
名称/题名单纯参照,例如：

Dickens, Charles
 The personal history of David   具不同题名著作的
Copperfield   名称/题名
 see   （未做主要款目）

Dickens, Charles   用统一题名的同一著作
 David Copperfield   （已做主要款目）

Sentimental
 see

Flaubert, Gustave, 1821 – 1880
 Education sentimental. English

2. 相关参照

为著录在不同统一题名下的有关著作做相关参照,例如：

Klage
 see also

Nibelungenlied

Nibelungenlied
 see also

Klage

3. 说明参照

可为统一题名的有关版本及检索方法做详细说明,例如：

354

Arabian nights

For separately published parts of this collection, see

Ali Baba

Sindbad the sailor

…

四、参照记录片

参照记录片是为参照的应用情况所建立的根查记录。用此记录片可以随时掌握参照的全面应用情况。

参照记录片包括两部分内容：

1. 已作统一标目的名称(列于记录片首行)。

2. 参照根查(或反参照)，即与统一标目有关的参照名称。

上述 1、2 两部分间用参照说明符号简要注明两者的关系。"x"(单纯参照根查或单纯反参照说明符号)表示其后是不作为标目的名称或名称形式，应为该名称或名称形式做单纯参照。"xx"(相关参照根查或相关反参照的说明符号)表示其后的名称或名称形式曾做标目，需为之做相关参照。

例一：

(a)个人名称参照记录片

Carvalho, Joaquim Barradas de

 x Barradas de Carvalho, Joaquim

 x De Carvalho, Joaquim Barradas

 x Carvalho, J. (Joaquim)

(b)相应的单纯参照片(以三个不同名称共做三张)

Barradas de Carvalho, Joaquim

 see

Carvalho, Joaquim Barradas de

例二：

（a）机关团体名称参照记录片

International Congress on Acoustics

   x ICA

   x International Congress on Electroacoustics

   x Mezhdunarodny Kongress po Akustike

   x Centres International d'Acoustique

   xx International Commission on Acoustic

（b）相应的单纯参照片（以四个不同名称共做四张）

ICA

see

International Congress on Acoustics

（c）相应的相关参照片（共做两张。若参照记录片与参
照片一起排列，则下面第二张相关参照片可省略
不做。）

International Commission on Acoustics

   see also

International Congress on Acoustics

International Congress on Acoustics

   see also

International Commission on Acoustics

思考题

一、简述西文文献编目中的五种参照类型及它们与中文文献
编目中参照类型的异同。

二、试述参照记录片的作用。参照记录片与各类参照片一并
排列时，哪一种相关参照片可不做，请说明理由。

主要参考文献

1. 西文文献著录条例/中国图书馆学会《西文文献著录条例》编辑组. —北京:中国图书馆学会,1985.8. — p. 230 – 248

2. 西文图书编目/王作梅,严一桥编著. —武汉:湖北省高等学校图书馆工作委员会:武汉大学图书情报学院,1985. —p. 176 – 184

3. 西文编目/陶涵彧,王建民编著. —上海:上海大学文学院,1986. —p. 215 – 235

4. 西文文献编目导论(初稿)/韩平,李云增合编. —北京:北京大学图书馆学系,1985.8. —油印本. —p. 184 – 219

5. Anglo – American cataloguing rules – 2nd ed. /prepared by the American Library Association···[et al.];edited by Michael Gorman and Paul W. Winkier. —Chicago:ALA, 1978. —p. 490 – 512

6. Chan, Lois Mai. Cataloging and classification/Lois Mai Chan. —New York:McGraw – Hill, c1981. — p. 117 – 120

7. Wynar, Bohdan S. Introduction to cataloging and classification/Bohdan S. Wynar. —7th ed. /by Arlene G. Taylor. —Lettleton, Colorado:Libraries Unlimited, 1985. —p. 345 – 360

第十九章　标准档

第一节　标准档的意义与作用

标准档（Authority file）是编目部门为实行标准控制（Authority Control）而设立的文档。

标准控制是实施于图书馆目录的一个技术过程。其基本原则是要保证目录中标目的唯一性、标准性和联系性。标准控制是使作为检索点的每个名称、丛编、主题标目在进入目录前都要受到一套特定的处理，包括研究、确定标目及其标准形式，使标目具有唯一性，不与已进入目录的或即将进入目录的标目相冲突；为该标目的其它形式和相关标目设立参照，并将这些资料记录、保存、备查。

标准控制的作用是要保证目录组织结构的统一性和连续性，使标目得到统一，特定责任者、丛编、主题的文献都能集中到统一的标目下，使目录具有完善明确的参照结构来反映标目之间的联系，从而使不拥有全面的书目信息，对编目原则不太了解的目录使用者，能迅速、准确、全面地检索文献，提高目录的使用效率。

标准档是实行标准控制，供编目人员公务之用的工具。标准档有卡片式、机读型等载体形态。标准档记录了正式采用的标目形式与同一个人或团体、题名、主题等的其它未被采用的名称、标题形式，记录了本部门在以往编目实践中形成的一贯的处理原则、方法等。编目人员在编目过程中，对选择标目，决定标目的标准形式,设立参照等,都必须查阅标准档,以求得编目工作的一致性和连续性。同时编目人员要根据工作中遇到的新情况,增删标准档的记录,并对目录做出相应的修改。

简而言之,标准档是编目部门主要通过参照手段,对正式采用的标目形式与同一个人或团体、题名、主题等的其它未被采用的名称、标题形式的全面记录与说明,是供编目人员使用的工具。它的目的是为了实行标准控制。

第二节　美国图书馆标准档工作简介

标准档在我国尚未广泛开展。据了解,目前只有北京图书馆、北京大学图书馆等少数单位建立了自己的标准档。美国在这方面已做了不少工作,这里略作介绍。

1901 年美国国会图书馆在发行印刷卡片的同时实行了标准控制,至今已有 80 余年。标准控制一开始并未受到普遍重视,因而未予以广泛实施。原因之一是标准档工作是编目过程中费用最大的部分,需耗费大量的人力与财力。如美国国会图书馆编目部门在名称标准档方面需花费 50% 的工作时间。有的图书馆认为没有必要也没有能力建立自己的标准档。除了美国国会图书馆,还有不少图书馆建立了各自的标准档,但由于没有合作关系,它们的标准资料不能共享,以致重复劳动,造成大量浪费。

随着计算机在编目工作中的应用,手工编制的目录向联机目录转换,人们日益认识到标准控制的重要性,标准档开始向合作、共享发展。1979 年 9 月美国图书馆界召开的建立全国统一标准档的会议是一个转折点。自此以后,美国的标准档向全国统一的方向发展。这种发展是在原有的各机构和系统的高质量标准化工作的基础上进行的,既符合统一著录的需要,也带来巨大的节约效

果。美国国会图书馆在标准控制中起着主导作用。由 LC 制定的
"名称标准协作规划"NACO(Name Authority Co – op Project)是一
个全国性的名称标准档,已吸收了 37 个图书馆参加。NACO 统一
执行 LC 的著录标准,参加 NACO 的图书馆要派人到 LC 接受培
训,培训合格才能向 LC 主文档输调标准资料。各馆根据自己的
馆藏特色向 LC 输送某一方面的新的标准资料,如得克萨斯大学
图书馆提供拉丁美洲人名和团体名称标目。NACO 的标准可利用
"系统连接规划"LSP(Linked Systems Project,即 LC、RLG、WLN 和
OCLC 间的计算机网络)用电子通信传递,每隔 24 小时就可传递
一次。这使参加 NACO 的图书馆的新的标准名称资料一经完成
即可通过联机传送到国会的图书馆,并可通过联机进行核查。另
外参加"系统连接规划"的 RLG、WLN、OCLC 的成员馆都可通过联
机及时、准确地提高标准资料。NACO 同时还可提供缩微胶卷和
磁带载体的标准资料,这使许多图书馆避免了重复劳动,促进了目
录著录的标准化。

第三节　各类标准档的内容、作用
及款目著录格式

标准档包括标准记录使用款目及其相对应的参照系统。它是
以统一标目的名称、题名、标题为依据,将款目按字顺排列而成的。
标准档的记录款目必须与其对应的参照系统配套使用,方能有效
地履行其核查职能。

标准档有卡片及机读两种形式。这里着重介绍卡片式。标准
档款目记录一般包括以下几部分内容:

1. 统一标目的标准形式

2. 参照根查(或反参照)

3. 统一标目的标准名称、题名、标题的资料源。

4. 时间

5. 编目人员姓名首字母

其著录格式如下（"×"表示"单纯参照""see"或"见参照"的
根查，"××"表示"相关参照""see also"或"参见参照"的根查）：

1. 统一标目————————→ Van Buren, Martin.
2. 参照根查————————→   x Buren, Martin Van
3. 统一标目的标准名称→ IC; CBI
   题名标题的资料来源
4. 时间————————————→ 5/5/76
5. 编目人员姓名首字母 → JH

标准档一般有名称标准档、丛编标准档、主题标准档三种。

一、名称标准档（Name Authority file）

名称标准档包括人名、机关团体名称、会议名称、统一题名的
标准档。

本文档的作用是使目录中同一责任者的全部著作，同一著作
的全部版本得到集中而提供统一标目的核实数据。

各类名称标准档款目的著录格式如下：

1. 人名标准档

   a. 人名标准记录款目

              Milne – Bailey, W.

                 x Bailey, W. Mile –

   b. 人名参照（单纯参照）

              Bailey, W. Milne –

              see

              Milne – Bailey, W.

2. 机关团体名称标准档

   a. 机关团体名称标准记录款目

Great Britain. Army. Royal Signals.

x Royal Signals.

x Great Britain. Royal Signals

b. 机关团体名称参照(单纯参照)

Royal Signals

see

Great Britain. Army. Royal Signals.

Great Britain. Royal Signals.

see

Great Britain. Army. Royal Signals.

3. 统一题名标准档

a. 统一题名标准记录款目

Dickens, Charles

David Copperfield

x The personal history of David Copperfield

b. 统一题名参照(单纯参照)

Dickens, Charles

The personal history of David Copperfield

see

Dickens, Charles

David Copperfield

二、丛编标准档(Series Authority file)

丛编标准档除记录馆藏丛编题名、参照根查等外,还包括对该丛编的一贯处理方法(如集中还是分散,是否作分析或附加等)。

本文档的作用在于确定丛编的标准题名,为未被采用的其它

题名形式作参照;决定是否为该丛编做丛编附加款目(因西文丛
编的数量很多,并在不断增长,图书馆无能力也无必要为所有的丛
编都做附加款目,必须根据使用者的需求和各馆实际的工作条件,
有选择地为馆藏丛编做丛编附加款目)。编制丛编附加款目可使
分散在目录中的丛编各分卷集中在丛编题名标目下,以满足目录
使用者检索特定丛编的全部个别著作的要求。

丛编标准记录款目格式如下:

a.

Materials science monographs 　　SAE　　Yes　　√　　(表示要做附加款目) 　　　　　　　No

注:　　　SAE:Series Added Entries

b.

McGraw – Hill problems series in geography 　　SAE　　Yes 　　　　　　　No　　　√(表示不做附加款目)

c.

National Council for Civil Liberties. NCCI 　　know your legal rights hand books 　　x NCCI know your legal rights hand books 　　　　SAE　　Yes　　√ 　　　　　　　　No

三、主题标准档(Subject Authority file)

关于主题标准档,本教材第三编"主题编目"中有详尽阐述,

363

这里仅将主题标准档的著录格式列举于下：

1. 主题标准记录款目

Fighting(Psychology)

   x Combativeness

   x Pugancity

   sa Aggressiveness(Psychology)

2. 主题参照(单纯参照及相关参照)

a. 单纯参照

   Combativeness

      see

   Fighting(Psychology)

b. 单纯参照

   Pugnacity

      see

   Fighting(Psychology)

c. 相关参照

   Aggressiveness(Psychology)

      see also

   Fighting(Psychology)

思考题

一、试述标准档的意义、种类及作用。

二、略述标准记录款目与参照款目的关系。标准记录款目（无对应的参照系统）能否单独使用，请说明理由。

三、简述如何开展我国的标准档工作之你见。

主要参考文献

1. 西文图书编目/王作梅,严一桥编著. —武汉:湖北省高等学校图书馆
工作委员会,1985. — p. 188 – 192
2. 美国图书馆的标准档工作/邱国谓//图书馆杂志/上海图书馆,1982
(3). — p. 75 – 76
3. Burger, Robert H. Authority work: the creation, use, maintenance and e-
valuation of authority records and files/Robert H. Burger. —Littleton,
Co. : Libraries Unlimited, 1985.
4. Chapman, Liz. How to catalogue: a practical hand book using AACR2 and
Library of Congress/Liz Chapman. —London: Clive Bingley, 1984.
5. Clack, Doris Hargrett. Authority contral: issues and answers/Doris Har-
grett Clack. In Libraries in the 80s/Dean H. Keller, editor. —New York:
Haworth, 1983.
6. Fenly, Judith G. The Name authority Co – op(NACO)Project at the Li-
brary of Congress: present and future/Judith G. Fenly, Sarab D. Irvine.
In Cataloging & Classification quartley. —Vol. 7, no. 2.
7. Larry, Auld. Authority control: an eighty – year review/Auld Larry. In
Library resources & technical services. —Oct. 1982.

第二十章　丛书与多卷书著录

第一节　丛书著录法

丛书是西文文献中使用较广的一种文献类型。它在内容与形体结构等方面比中文文献复杂。西文丛书一般有以下四种类型：

1. 著者丛书：通常是指由一个著者所编著的丛书，或汇集某一著者或若干著者的所有著作的丛书，如"The writing of Kate Douglas Wiggin"等。

2. 科普丛书：由一个著者或数个著者编写的科普小册子丛书。

3. 出版商丛书：西方国家的出版商均有各自的出版物特色，因而也有各自较突出著名的出版商丛书。这种丛书一般由出版商委托某一著者或若干著者围绕某一主题编著并冠以出版商名称，如，"Dover（出版商名称）books for children"、"Doubleday（出版商名称）anchor book"、"Schocken（出版商名称）paperbacks"等。

4. 专著丛书（或称"专著丛编"Monographic Series）是指围绕一个较大主题或某一学科范围，具总题名，其个别著作均有独立专题题名，一般有规律而无限期出版的出版物。这种丛书是西方国家广为出版，科学价值较高的一种文献。西德出版商 Springer - Verlag 出版的一系列学科专题讲座丛书或教科书丛书，是一种典型的专著丛书，如"Lecture notes in mathematics"，"Lecture notes in

physics",“Graduate texts in mathematics",“Topics in applied physics"等。专著丛书还包括会议录丛书。

西文丛书题名通常包括“Series"、“Library"、“Classics"、“Monograph"、“Studies"、“Lecture notes"、“Publications"、“Text"、“Writings"、“Records"、“Papers"、“Reports"等语词,便于识别。也有不包含上述语词的题名,这类丛书必须从题名含义及其在著录资料源上的位置加以识别。

西文丛书一般以分散著录为主,综合著录为辅。即以丛书中个别著作为著录单元进行单独著录,将与丛书有关事项(如正丛书题名、副丛书题名、题名说明、与丛书有关的责任说明(编者除外)、ISSN 及丛编内编号等)列入丛编项,并做丛编附加款目,以便在目录中集中特定丛书的所有个别著作,为读者从丛书角度提供检索途径。

例片(一)

Gilman, Charlotte Perkins.

The living of Chalotte Perkins Gilman : an autobiography / by Charlotte Perkins Gilman. —Reprint ed. —New York : Arno Press, 1972.

xxxviii, 341 p. :ports. ;23 cm. —(American women : images and realities)

Originally published : New York : Appleton – Century, 1935.

Ⅰ. Title. Ⅱ. Series.

○

具连续出版物性质的专著丛编一般应以分散著录为主,为便于集中检索,亦可以综合著录为主,著录方法见本部分第八章连续出版物著录。

科普小册子丛书往往是一次到馆,不必分散著录,可以综合著

录为主,如:

题名页:

BASIC SCIENCE SERIES

BOOK 1

AIR

Revised Edition

FEP Internatonal Private Ltd.

Accra Banykok Hong Kong

其他著录信息:c1978   16bks. ill.   20cm.

Book 1. Air

Book 2. Earth

Book 3. Electricity

Book 4. Forces and measurements

Book 5. Heat

Book 6. Light

Book 7. Living things – Animals

Book 8. Living things – Man

Book 9. Living things—plants

Book10. Magnetism

Book11. Sound

Book12. Water

Book13. Animals and their young

Book 14. Space and man

Book15. Life in the sea

Book16. Atoms

例片(二)

Basic science series. — Rev. ed. — Accra：
FEP International Private，c1978.
16 v.：ill.；20cm.
Contents：Bk. 1. Air — Bk. 2. Earth — Bk. 3. Electricity — Bk.
4. Forces and measurements Bk. 5. Heat — Bk. 6. Light — Bk. 7.
Living things – Animals — Bk. 8. Living things – Man — Bk. 9. Living
things-plants — Bk. 10. Magnetism — Bk. 11. Sound — Bk. 12. Water
— Bk. 13. Animals and their young — Bk. 14. Space — Bk. 15. Life
in the sea — Bk. 16. Atoms

○

必要时,可为丛编中各个别著作做题名附加款目。

第二节　多卷书著录法

西文多卷书在内容与形体结构方面虽与中文多卷书大致相
同,但有一定的差异。具总题名,各分卷又具独立性较强的分卷题
名的西文文献,在西方国家是一种常见的多卷书。由于这个特点
与上节所提及的丛书的特点类同,致使这两种类型的图书往往难
以区别,因而著录方法的选择也不易掌握,从以下例举的题名页分
析就可反映这个问题(见 p. 370)。

在这种情况下,只能突破丛书与多卷书的概念界限,根据各文
献内容的相关程度及到馆情况选择主要著录方法。

西文多卷书的著录方法与中文多卷书一般相似,是在专著单
卷本著录的基础上,根据其内容及形式的特殊情况进行著录。其

题名页：

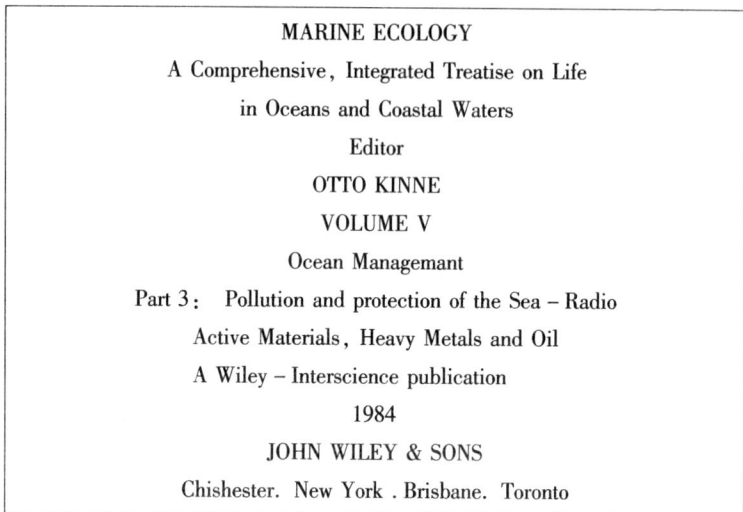

著录方法大致有以下几种：

一、整套书有总题名，各卷有分卷编号而无分卷题名，有以下两种录著方法。

（一）整套书一次或分批出齐但一次到馆时，以整套（综合）著录为主。它与专著单卷本著录的不同点是：

1. 载体形态描述的数量部分记总卷数（必要时可记录总页数或各分卷页数）。

2. 出版年如一次出齐则记录该出版年，若分年出齐，则记录起讫年，例见 p. 371。

（二）整套书一次或分批出齐，分批到馆时，以分卷为著录单元进行分散著录，等全书出齐并全部到馆后再进行综合著录，撤销原分卷款目。著录方法与单卷本专著基本相同，仅在正题各后加卷次号，前用"·"。例见 p.373。

题名页:

Eighteenth – Century
Critical Essays
Edited by
Scott Ellege
Volume I
Cornell University Press
ITHACA, NEW YORK

例片(一)
主要款目(一):一次出齐

Eighteenth – century critical essays / edited by Scott Elledge. —Ithaca, New York : Cornell University Press, c1961.

2v. (1224p.) ; 23 cm.

Includes index.
2nd printing 1966.

I. Elledge, Scott, ed.

○

例片(二)
主要款目(二):分年出齐

Eighteenth – century critical essays / edited by
Scott Elledge. —Ithaca, New York : Cornell University press,
1961 – 62.
　　2v. (570p. ; p. 571 – 1225) ; 23 cm.
　　Includes index.
　　2nd Printing 1966.
　　I. Elledge, Scott, ed.

○

题名页:

PROGRESS
IN BIOMASS CONVERSION

VOLUM　3

Edited by
KYOSTI V. SARKANEN
DAVID A.　TILLMAN
EDWIN C.　JAHN

ACADEMIC PRESS　1982
NEW YORK LONDON

Paris San Diego San Francisco Sao Paulo Sydney
Tokyo Toronto

例片(三)

Progress in biomass conversion. V. 3 / edited by Kyosti V. Sarkanen,
David A. Tillman, Edwin C. Jahn.—New York ： Academic
Press, 1982.

291 p. : ill. ; 23 cm.

Includes references and index.
ISBN 0 – 12 – 535983 – 9

Ⅰ. Sarkanen, Kyosti V. , ed. II. Jahn, Edwin C. , ed. III. Tillman,
David A. , ed.

○

二、整套书有总题名,各卷有分卷编号并有单独的分卷题名时,有两种著录方法。

题名页(一)

INTRODUCTION
TO REFERNCE WORK
Volume I Basic Information Sources
Fourth Edition
William A. Katz
Professor, School of Library and Information Science
State University of New York at Albany

McGraw – Hill Book Company
New York St. Louis San Francisco Audkland Bogota
Hamburg Johannesburg London Madrid Mexico
Montreal New Delhi Panama Paris Sao Paulo
Singapore Sydney Tokyo Toronto

题名页(二)

INTRODUCTION
TO REFERENCE WORK

Voume II Reference Services
and Reference Processes

Fourth Edition
William A. Katz
Professor, School of Library and Information Science
State University of New York at Albany

McGraw – Hill Book Company
New York St. Louis San Francisco Audkland Bogota
Hamburg Johannesburg London Marid Mexico
Montreal New Delhi Panama Paris Sao Paulo
Singapore Sydney Tokyo Toronto

（一）一次出齐或分批出齐,并一次到馆时,一般采用综合著
录法。

1. 以总题名为正题名,将分卷编号、题名及其责任者列入附
注项中的"Contents";在第五大项"数量"部分著录总的卷数;用整
套书的 ISBN,或各分卷 ISBN 均著录。

2. 必要时,做题名或名称/题名、题名/名称分析附加款目或
"In"分析款目,例如:

例片(四)

Katz, William A.

Introduction to reference Work / William A.

Katz. —4th ed. —New Yrok : McGraw – Hill, c1982.

2 v. (309 p. ; 368 p.) ; 23 cm . —(McGraw – Hill series on library

education)

Includes bibliographies and index.

Contents : v. 1. Basic information sources – v. 2. Reference services

and reference processes.

ISBN 0 – 07 – 033333 – 5(v. 1)

ISBN 0 – 07 – 033334 – 3(v. 2)

I. Title. II. Series.

○

（二）一次或分批出齐并分批到馆时,通常采用分散著录法。
有以下两种方法:

1. 当总题名在题名页上处于显著位置时,以总题名为正题
名,后接分卷编号,编号前用句号,再后著录分卷题名,前面用
",",。在第五大项数量部分著录分卷页数,用分卷的 ISBN,例如:

例片(五)

Katz, William A.

Introduction to reference work. V. 1, Basic information sources / Wil-

liam A. Katz. —4th ed. —New York : McGraw – Hill, c1982.

398 p. ; 23 cm. —(McGraw – Hill series in library education)

Includes bibliographies and indexes.

ISBN 0 – 07 – 033333 – 5

Ⅰ. Title. Ⅱ. Series.

○

2. 当分卷题名在题名页上处于显著位置,且题名独立性较强时,可采用分散著录法。这种方法与丛编的分散著录法类同。

①以分卷题名为正题名。

②将总题名及分卷编号列入丛编项。

③做丛编附加款目。

④用分卷的页码及 ISBN,亦可同时列出整套书的 ISBN。

例如:

题名页:

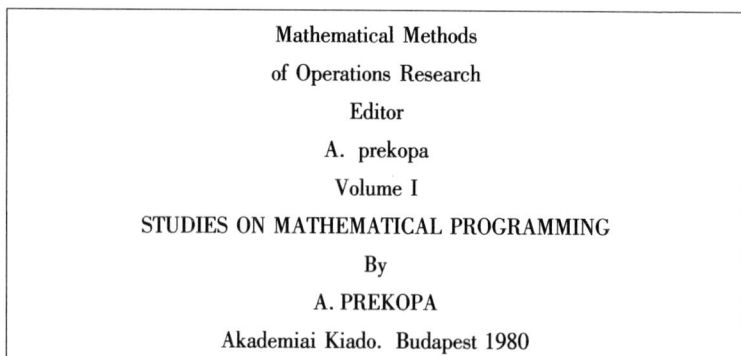

Mathematical Methods
of Operations Research
Editor
A. prekopa
Volume I
STUDIES ON MATHEMATICAL PROGRAMMING
By
A. PREKOPA
Akademiai Kiado. Budapest 1980

例片(六)

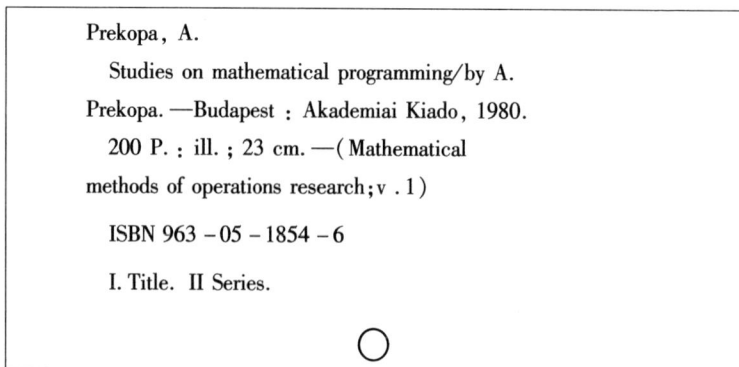

Prekopa, A.

Studies on mathematical programming/by A.

Prekopa. —Budapest : Akademiai Kiado, 1980.

200 P. : ill. ; 23 cm. —(Mathematical
methods of operations research;v . 1)

ISBN 963 – 05 – 1854 – 6

I. Title. II Series.

三、有整套总题名，又有分卷编号及分卷题名，同时还有分卷内分部分的编号及题名时，有以下几种著录方法：

（一）若分卷及其分部分内容的题名独立性不强，又是整套题名页：

HANDBOOK OF STRATA – BOUND AND
STRATIFORM ORE DEPOSITS

PART IV

Edited by
K. H. WOLF

Volume 14
REGIONAL STUDIES AND
SPECIFIC DEPOSITS

Indexes Volumes 11 – 14

ELSEVIER SCIENCE PUBLISHERS B. F.

Amsterdam – Oxford – New York – Tokyo 1986

題名页左页(verso of title page):

一次出齐、一次到馆,一般应整套综合著录,方法是:

1. 以总题名为正题名。

2. 将分卷编号及其题名,以及分卷中分部分题名及其编号与责任者一起列入附注项的"Contents"。

3. 必要时为分卷做名称/题名、题名/名称附加款目或"In"分析款目。

4. 载体形态描述项中记录总卷数。

5. 用整套的 ISBN 或全部分卷的 ISBN。例如:

例片(七)

Hanbook of strata – bound and stratiform ore
   deposits / edited by K. H. Wolf.—Amsterdam : Elsevier Sci-
   ence, 1976 – 1986.
   14 v. : ill. ; 23cm.
   Includes indexes volumes 1 – 14.
   Contents : V. 1. Classifications and historical
studies — V. 2. Geochemical studies — V. 3.
supergene and surficial ore deposits : Textures
and fabrics — V. 4. Tectonics and metamophism;
Indexes volumes 1 – 4 — V. 5. Regional studies —
V. 6 Cu, Zn, Pb, and Ag deposits — V. 7. Au,
U, Fe, Mn, Hg, Sb, W, and P deposits ; indexes
volumes 5 – 7 — V. 8. General studies — V. 9.
Regional studies and specific deposits — V. 10.
Bibliography and ore occurence data ; indexes
volumes 8 – 10 — V. 11. General studies — V. 12.
General studies — V. 13. Regional studies and
specific deposits — V. 14. Regional studies and
specific deposits ; indexes volumes 11 – 14.
   I. Wolf, K. H. ,ed.

如分批到馆,则进行分散著录,以整套题名为正题名,后接分卷编号,编号前用句号,再接分部分编号,前用逗号,最后接分部分题名,前用逗号,如:

例片(八)

> Handbook of strata – bound and stratiform ore
> deposits. Part IV, v. 14, Regional studies and specific deposits
> / edited by K. H. Wolf. —Amsterdam : Elsevier Science, 1986.
> 506 p. : ill. ; 23cm.
>
> Includes indexes volumes 11 – 14.
> ISBN 0 – 444 – 41401 – 0
>
> I. Wolf, K. H. , ed.
>
> ○

(二)当分卷题名独立性强或在题名页上处于突出位置时,则以分卷为著录单元进行分散著录,方法是:

1. 以分卷题名为正题名。

2. 将总题名及分卷编号列入丛编项并做丛编附加款目。

3. 将分卷中分部分题名及编号列入附注项的"Contents"。

4. 必要时为各分卷中分部分做题名或名称/题名、题名/名称附加款目,或"In"分析款目。例如:

题名页:

Salzburg Studies in English Literature

Under the Direction of professor

Erwin A. Stürzl

JACOBEAN DRAMA STUDIES

Editor: Dr. James Hogg

49

DOMESTIC DRAMA

A Survey of the Origins, Antecedents and Nature

of the Domestic play in England,

1500 – 1640

by

Andrew Clark

Volume 1

1975

Institüt für Englische Sprache

und Literatur

Universitat Salzburg

A – 5020 Salzburg

Austria

例片（九）

Clark, Andrew.

Jacobean drama studies. 49, Domestic drama : a survey of the origins, antecedents and nature of the domestic play in England, 1500 – 1640 / by Andrew Clark. — Salzburg : Institut für Englische Sprache und Literatur, Universitat Salzburg, 1975.

2 v. (221 p. ; p. 222 – 455) ; 21 cm. — (Salzburg studies in English literature / under the direction of professor, Erwin A. Stuzl)

Includes index.

Editor of Jacobean drama studies : Dr. James Hogg.

I. Stuzl, Erwin A. II. Title: Jacobean drama studies. III. Clark, Andrew. Domestic drama. IV. Domestic drama. Clark, Andrew. V. Series.

○

思考题

一、简述西文丛书的种类。

二、从哪几方面来识别西文丛书?

三、略述西文丛书的著录方法及其特点。

四、试比较中文、西文两种丛书著录方法的异同。

五、在难以区别西文丛书及多卷书时,应根据哪些因素确定主要著录方法?

六、整套多卷书有总题名,各分卷有编号而无分卷题名时,请根据其入馆情况,略述其著录方法及特点。

七、整套多卷书有总题名,各卷有分卷编号并有单独的分卷题名时,请根据其入馆情况简述其著录方法及特点。

八、整套多卷书有总题名,又有分卷编号及分卷题名,同时还有分卷内分部分的编号及题名时,请根据其入馆情况略述其著录方法及特点。

主要参考文献

1. 西文图书编目/王作梅,严一桥编著. —武汉:湖北省高等学校图书馆工作委员会,武汉大学图书情报学院,1985. —p. 153 - 158

2. 西文文献著录条例/中国图书馆学会《西文文献著录条例》编辑组. —北京:中国图书馆学会,1985. 8. —p. 5 - 75;81 - 95;106 - 182

3. Anglo - American cataloguing rules. —2nd ed./prepared by the American Library Association⋯[et al.];edited by Michael Gorman and Paul W. Winkler. —Chicago:ALA, 1987. —p. 55 - 82

4. Maxwell, Margaret F. Handbook for AACR2:explaining and illustrating Anglo - American cataloging rules second edition. — Chicago:ALA, . - p. 101 - 120

5. Wynar, Bohdan S. Introduction to cataloging and classification/Bohdan S. Wynar. —7th ed. / by Arlene G. Taylor. —Littleton, Colorado:Libra - ries Unlimited, 1985. —p. 97 - 122

第二十一章　会议录著录

第一节　概述

会议录(Proceedings)是指各种会议中的报告、论文或讨论记录的汇编。

会议录能及时报导学科的最新成果,学科中的不同论点往往能在会议录中得到充分反映。因此,西方国家十分重视会议录的出版。

会议录的类型繁多,常见的有国际性会议、全国性会议、专业性会议、党政机关召开的会议、机关团体召开的季会、年会等会议录。一些重要的活动,如研讨会、座谈会、现场会、纪念会、庆祝会、运动会、展览会、博览会、集会、讲座、训练班、研究班、考察探险队等,它们的出版物著录时一般也作会议录处理。

会议录的出版形式较复杂,一般在题名页上有会议名称、机关会议名称、会议主办机构名称及编者名称。有的出版物虽属会议录,但题名页上无会议全称。会议录的题名形式各异,有的有专题题名,有的只有形式题名,如:"Proceedings of⋯⋯"等。

识别会议名称的标志是:在会议名称中一般均含有"Symposium"(专题讨论会)、"Conference"(会议)、"Congress"(代表大会或大会)、"Colloquium"(学术讨论会)、"Meeting"(会议)、"Wokshop"(专题讨论会)、"Seminar"(专题讨论会或专家讨论会）、"Council"（讨论会或商议会）、"Round table"（圆桌会）、"Exhibition"（展览会）、"Exposition"（博览会）、"Expedition"（探险、考察队）、"Festival"（节日）、"Fair"（交易会）、"International Course"（国际讲座或研究班）、"Institute"（讲习会）、"International School"（国际训练班）等类属词。

第二节 会议录的标目选择及其著录格式

一、会议录标目选取的原则

（一）会议是机关团体的一种，凡源于会议的会议录类型出版物，原则上以正式会议全称做主要款目标目。会议全称是由表示会议的类属词与反映会议内容的专题词组成。

（二）会议名称除冠词、介词外，组成会名的每个词的首字母必须大写。

（三）作为标目的会议名称首词是定冠词时，该冠词可省略。

二、会议名称标目的著录格式

（一）将题名页上会议名称中的届次、会期、会址省略，置于会名后，按以上顺序列于圆括号内。届次、会期及会址间各用空格、冒号、空格，例如：

题名页上的会议名称：

Proceeding of the VIIth International Conference on Low Temperature, held at University of Toronto, Canada, 29th August – 3rd September 1960……

作为标目的会议名称格式：

International Conference on Tow Temperature Physics (7th :

1960：University of Toronto）

（二）会址是指会议召开所在地区或机构，一般用所在机构名称著录会址。为使会址具识别性，可在其后加注地区名称，前用逗号，例如：

Conference on Local Computer Networks（7th ：1982 ：Hilton
  Inn，Minneapolis）

（三）同一会议在同一年内召开数次，则在会期项加注召开的月、日，例如：

Conference Agricole Interalliee（1st ：1919 Feb . 11 – 15 ：…）

Conference Agricole Interalliee（2nd ：1919 mar. 17 – 19 ：…）

（四）会址是会名的一部分时，保留会名中的地名，在会址项不必重复反映，例如：

Heidelberg Colloquium on Spin Glasses（1983）

（五）会名前所冠会期的词语，著录时应略去，例如：

原题：Biennial Wind Engergy Conference and Workshop.

著录：Wind Engergy Conference and Workshop.

（六）会议名称前有机构名称缩写时，照录，例如：

IEEE International Symposium on Electromagnetic Compatibility
（1980）

第三节　会议录的著录特点

一、正式会议名称做主要款目标目的依据

凡在主要著录资料源（题名页）上有正式会议全称的，均以该会名做主要款目标目。以召开会议的第一个机构名称及编者做附加款目标目。

例一：
题名页：

PROCEEDINGS OF THE

VIIth INTERNATIONAL

CONFERENCE ON

LOW TEMPERATURE

PHYSICS

University of Toronto, Canada

29th August – 3rd September 1960

Edited by G. M. Graham and A. C.

Hollis Hallett

UNIVERSITY OF TORONTO PRESS: TORONTO

NORTH – HOLLAND

PUBLISHING COMPANY: AMSTEDAM

1961

例片（一）

International Conferene on Low Temperature Physics (7th : 1960 :
University of Toronto)

Proceedings of the VIIth International Conference on Low Tempera-
ture, [held at] University of Toronto, Canada, 29th August – 3rd Sep-
tember 1960 / edited by G. M. Graham and A. C. Hollis Hallett. —
Toronto : University of Toronto Press, 1961.

725 p. : ill. ; 24cm.

Includes index.

I. Graham, G. M. , ed. II. Hallett, Hollis A. C. , ed. III. Title.

○

如会议录题名页上无正式会议全称,只有简称或会议名称的类属词,则一般应以题名做主要款目标目。

例二:

题名页:

ADHESION 8

Edited by K. W. Allen

ELSEVIER APPLIED SCIENCE PUBLISHERS

LONDON and NEWYORK

Verso of title page:

This volume is based on papers presented at the 21st Annual Conference on Adhesion and Adhesives held at The City University, London.

Previous conferences have been published under the titles of Adhesion 1 - 7.

例片(二)

Adhesion 8 / edited by K. W. Allen. — London : Elsevier Applied Science Publishers, 1984.

214 p. : ill. ; 24 cm.

This volume is based on papers presented at the 21st Annual Conference on Adhesion and Adhesives held at the City University, London.

Previous conferences have been published under the title of Adhesion 1 - 7.

ISBN 0 - 85334 - 252 - 0

I . Allen, K. W. , ed. II. Conference on Adhesion and Adhesives (21st:London)

○

二、会议录的题名著录

1. 题名页上无具体专题题名而有正式会议全称,即以 Proceedings of 某某会议为题名,Proceedings 后的会名与主要款目标目的会名相同时,可用删节号(…)代替与标目相同的部分;从机器编目的发展远景看,以照录题名页上的正题名为宜,即 Proceedings of 后不用删节号,例如:

题名页:

PROCEEDINGS OF THE FOURTH

INTERNATIONAL CONGRESS ON

PHOTOSYNTHESIS

Held at the University of Readings, Readings,

Berks. ,U. K. ,4 – 6 September 1977

Editors:

D. O. HALL

J. COOMBS

T. W. GOOKWIN

1978

London: THE BIOCHEMICAL SOCIETY

例片(三)

主要款目(一)

International Congress on Photosynthesis(4th : 1977 : University
of Readings)
Proceedings of the⋯ / editors, D. O. Hall, J. Coombs, T. W.
Gookwin. — London : Biochemical Society, 1978.
827 p. : ill. ; 23cm.
Includes index.
Ⅰ. Hall, D. O. , ed. Ⅱ. Coombs, J. , ed. Ⅲ. Gookwin, T. W. ,
ed. Ⅳ. Title.

○

例片(四)
主要款目(二)

International Congress on photosynthesis(4th : 1977 : University
of Readings)
Proceedings of the fourth International Congress on Photosynthesis :
held at the University of Readings, Readings, Berks. , U. K. , 4 – 6
September 1977 / editors, D. O. Hall, J. Coombs, T. W. Gook-
win. —London : Biochemical Society, 1978.
827 P. : ill. ; 23 cm.
Includes index.
I. Hall, D. O. , ed. II. Coombs, J. , ed. III. Gookwin, T. W. ,
ed. IV. Title.

○

2. 题名页上有专题题名,同时题名说明中还有会议的全称
时,以会议全称为主要款目标目。

题名说明中与主要款目标目的会名相同之处,可用删节号

（…）代替,也可重复著录。用删节号的方法适于手工编目,可以节省人力、物力及时间;重复著录有利于转换成机读形式,例如:
题名页:

Analytical Chemistry Symposia Series Volume 17

CHEMICAL SENSORS

Proceedings of the International Meeting
on Chemical Sensors, held in Fukuoka,
Japan, September 19 – 22, 1983

Edited by
T. Seiyam, K. Fueki, J. Shiokawa and
S. Suzuki

1983

KODANSH A LTD.   EISEVIER

Tokyo   Amsterdam – Oxford – New York

例片(五)
主要款目(一):省略题名说明中与标目相同的会议全称

International Meeting on Chemical Sensors
　　(1983 : Fukuoka, Japan)
　　Chemical sensors : proceedings of the … /edited by T. Seiyama, … [et
al.]. —Tokyo : Kodansha, 1983.
　　775 p. : ill. ; 24 cm. —(Analytical chemistry symposia series ; v. 17)
　　ISBN 0 – 444 – 99638 – 9 (v. 17)
　　ISBN 0 – 444 – 41786 – 6 (Series)
　　Ⅰ. Seiyama, T. , ed Ⅱ. Title. Ⅲ. Series.

○

例片(六)

主要款目(二):照录题名说明中与标目相同的会议全称

International Meeting on Chemical Sensors(1983 : Fukuoka, Japan)

   Chemical Sensors : proceedings of the International Meeting on Chemical Sensors, held in Fukuoka, Japan, September 19 – 22, 1983 / edited by T. Seiyama⋯[et al.]. —Tokyo: Kodansha, 1983.

   775 p. : ill. ; 24 cm. —(Analytical chemistry symposia series ; v. 17)

   ISBN 0 – 444 – 99638 – 6(v. 17)

   ISBN 0 – 444 – 41786 – 6(Series)

   Ⅰ. Seiyama, T. ,ed. Ⅱ. Title. Ⅲ. Series.

◯

---

3. 题名与做主要款目标目的正式会议全称相同时,有两种著录方法:

题名页：

Symposium on
ocular pharmacology
and therapeutics
Transactions of the New Orleans
Academy of Ophthalmology
JOHN ADRIANI, M. D.
HOWARD N. BERNSTEIN, M. D.
ROBERT P. BURNS, M. D.
STEPHEN M. DRANCE, M. D.
PHILIP P. ELLIS, M. D.
WILLIAM H. HAVENER, M. D.
KENNETH T. RICHARDSON, M. D.
With 98 illustrations,
including 33 figures on 5 color plates
THE C. V. MOSBY COMPANY
Saint Louis 1970

著录方法一：将作为题名的会议全称按题名页上的形式重复著录在题名项。

例片（七）

Symposium on ocular Pharmacology and Therapeutics.
Symposium on Ocular pharmacology and Therapeutics : transactions of the New Orleans Academy of Ophthalmology / John Adriani … 〔 et al. 〕. —Saint Lois : Mosby, 1970.
311 p. : ill. ; 22 cm.
"previously published Transactions of the New Orleans Academy of Ophthalmology" – T. P. verso.
Includes index.
Ⅰ. Adriani, John, ed. Ⅱ. New Orleans Academy of Ophthalmology.
Ⅲ. Title : Transactins of New Orleans Academy of Ophthalmology.

○

（二）著录方法二：将主要款目标目与题名合一，以题名为主
要款目标目，悬行著录。

例片（八）

Symposium on ocular Pharmacology and Pherapeutics：

transactions of the New Orleans Academy of

Ophthalmology / John Adriani…〔et al.〕．—

Saint Lois ：Mosby，1970.

311　p. ：ill. ；22cm.

"Previously published Transactions of the New Orleans Academy

of Opthalmology" – T. P. verso.

Includes index.

Ⅰ. Adriani，John，ed. Ⅱ. New Orleans Academy of Opthalmology. Ⅲ.

Title ：Transactions of the New Orleans Academy of Opthalmology.

○

三、正式会名前冠有机构缩写名称时，照录。缩写名称一律大
写，中间不加句号，亦不空格。用机构缩写名称的全称做附加款目
标目，或为该全称做单纯参照。例如：

题名页:

1969 IEEE Symposium on
Adaptive processes(8th)
                    DICISION AND CONTROL
The Pennsylvania State University
November 17 – 19, 1969
Sponsored by
IEEE Group on Automatic Control
Participating Groups
IEEE Group on Systems Science and Cybernetics
IEEE Group on Information Theory
IEEE, Inc.
New York, NK10017

例片(九)

IEEE Symposium on Adaptive processes(8th : 1969 : Pennsylvania State U-
niversity)

Dicision and control : 1969 IEEE Symposium on Adaptive Processes(8th) :
[held at] the Pennsylvania State University, November 17 – 19,1969 / spon-
sored by IEEE Group on Automatic Control ; participating groups, IEEE
Group on Systems Science and Cybernetics, IEEE Group on Information Theo-
ry. —New York:IEEE, c1969.

Various pages : ill. ; 24 cm.

I. IEEE. Group on Automatic Control. II. IEEE. Group on Systems Sci-
ence and Cybernetics. III. IEEE. Group on Information Theory. IV. Institute
of Electrical and Electronics Engineers. V. Title.

○

四、会议录同时有正式会议全称和机关团体名称时,以会议全称做主要款目标目,用机构会议名称或机构名称及编者做附加款目标目。例如:

题名页:

```
ANALYTICAL
          CALORIMETRY
Proceedings of Symposium on Analytical
Calorimetry of the American Chemical
Society, San Francisco, California,
April 2 – 5, 1968
Edited by
Roger S. Porter
and
Julian F. Johnson
PLENUM PRESS. NEW YORK. 1968
```

例片(十)

```
Symposium on Analytical Calorimetry(1968 : San Francisco)
    Analytical calorimetry : proceedings of Symposium on Analytical Calo-
rimetry of the American Chemical Society, San Francisco, California, A-
pril 25, 1968 / edited by Roger S. Porter and Julian F. Johnson. —New
York : Plenum, 1968.
    322 p. : ill. ; 22 cm.
    Includes index.
    ISBN 0 – 306 – 30364 – 7
    Ⅰ. Porter, Roger S. , ed. Ⅱ. Johnson, Julian F. , ed. Ⅲ. American
Chemical Society. Ⅳ. Title.
                            ◯
```

五、机关团体召开的会议名称的著录

机关团体召开的会议,在题名页上只有机关团体的全称及表示会议的类属词(如:"Conference"、"Congress"、"Meeting"等)时,用机关团体名称做主标目,类属词做副标目,后在圆括号内著录会议的届次、年代、会址,例如:

题名页:

AMERICAN INSTITUTE FOR DECISION SCIENCES

PROCEEDINGS

Tenth Annual Meeting

of the

American Institute for Decision Sciences

St. Louis, Missouri

October 30 – November 1, 1978

Edited by

Ronald J. Ebert

Robert J. Monroe

Kenneth J. Roering

例片(十一)

American Instiute for Decision Sciences. Meeting (10th : 1978 : St.
Louis, Missouri)
    Proceedings : tenth Annual Meeting of the American Institute for Deci-
sion Sciences, St. Louis, Missouri, October 30 – November 1, 1978 ╱
edited by Ronald J. Ebert, Robert J. Monroe, Kenneth J. Roering. —
[s. 1.] : [s. n.], [1978?]
    320 p. : ill. ; 24cm.
    At head of title : American Institute for Decision Sciences.
    Ⅰ. Ebert, Ronald J. , ed. Ⅱ. Monroe, Robert J. , ed. Ⅲ. Roering,
Kenneth J. ,ed. Ⅳ. Title.

○

六、会议录题名页上无正式会议全称,只有会议的类属词,则
以题名为主要款目标目。

为在该会议录其他资料源中提及的会议全称做附加款目标
目,例如:

题名页:

Lecture Notes in
Mathematics
Edited by A. Dold and B. Eckmann
648

Nonlinear Partial Differential
Equations and Applications
Proceedings of a Special Seminar
Held at Indiana University, 1976 – 1977
Edited by J. M. Chadam
Springer – Verlag
Berlin Heidelbert New York 1978

例片(十二)

Nonlinear partial differential equations and applications : proceedings of
a special seminar, held at Indiana University, 1976 – 1977 / edited
by J. M. Chadam. —Berlin : Springer, 1978.

206 p. : ill. ; 23 cm. —(Lecture notes in mathematics ; 648)

"During the 1976 – 77 academic year a special seminar was held at In-
diana University – Bloomington, on Nonlinear partial Differential Equa-
tions and Applications." —pref.

ISBN 6 – 540 – 08756 – 1

Ⅰ. Chadam, J. M., ed. Ⅱ. Seminar on Nonlinear Partial Differential
Equations and Applications (1976 – 1977 : Indiana University) Ⅲ. Ti-
tle. Ⅳ. Series.

○

　　七、关于政党和政府会议文件的著录,一般以会议全称做
主要款目标目,标目形式与一般会议录类同。

　　例一:共产党国际会议文件
　　主要款目标目
　　Communist International. Congress(7th : 1935 : Moscow)
　　例二:各国共产党代表大会和会议文件
　　题名项
　　The twelfth National Congress of the CPC (September,
　　1982) : (Chinese Documents). —
　　主要款目标目
　　Communist Party of China. National Congress(12th :
　　　1982 : Beijing)
　　例三:政府会议文件

398

题名项

Documents of the First Session of the Fifth National People´s
Congress of the People´s Republic of China.

主要款目标目

China. National People´s Congress(5th,1st Session ：
1978 ：Beijing）

思考题

一、简述会议录的含义及特征。

二、略举识别会议录名称的标志。

三、举例说明会议录的不同类型标目的著录格式。

四、会议录无具体专题题名,只有一个形式题名,即以 Pro-
ceedings 某某会议为题名时,正题名有哪两种著录方
法? 你认为哪一种方法便于读者检索?

五、题名与做主要款目标目的正式会议全称相同时,请简述其
两种著录方祛。试比较此两种方法的优缺点。

六、会议录题名页上有专题题名,又有会议全称时,应取何者
为标目?

七、机关团体的年会或年报应取何者为标目?

八、会议录题名页上有机关团体会议的机关团体全称及会议
全称时,应如何选取标目?

九、会议录题名页上有专题题名,无会议全称,只有“Proceed-
ing of a conference”等说明时,应如何选取标目?

主要参考文献

1.西文文献著录条例/中国图书馆学会《西文文献著录条例》编目组. —
北京:中国图书馆学会,1985.8. — p. 10 – 118

2.AACR2 ISBD 的应用及会议出版物著录若干问题/刘光玮//西文图书

编目标准化自动化研讨会会议录,1983 年. —北京:北京大学图书馆编印. —p. 11 – 25

3. Anglo – American cataloguing rules. —2nd ed./prepared by the American Library Association···. [et al.]; edited by Michael Gorman and Paul W. Winkler. —Chicago:ALA, 1978. —p. 416 – 418

4. Chan, Lois Mai. Cataloging and classification/Lois Mai Chan. —New York:McGraw – Hill, c1981. —p. 112

5. Gorman, Michael. The concise AACR 2/prepared by Michael Gorman. —Chicago:ALA, 1981. —p. 112 – 113

6. Wynar, Bohdan S. Introduction to cataloging and classification/Bohdan S. Wynar. —7th ed./by Arlene G. Taylor. —Littleton, Colorado: Libraries Unlimited, 1985. —p. 314

第二十二章　连续出版物著录

第一节　概述

期刊与报纸在西方国家是种类最多、发行量最大的两种连续出版物。年册、年度报告、指南、成系列的会议录及有编号的专著丛编在种类与发行量方面虽次于期刊与报纸,但它们的科学价值与使用价值却不亚于上述两种连续出版物,其中成系列的会议录及有编号的专著丛编则更高一筹。

一、形体结构

除期刊与报纸外,其他西文连续出版物的形体结构与专著的基本相似。这里以期刊为例,它的形体结构与专著的主要区别是:大部分期刊无固定题名页与版权页,书目描述的信息往往分散在封面、封面反面页、正文或目次上端、编辑页及文后页等部分,有的甚至包含在出版物说明中,因此,著录较费时、费工。

封面:

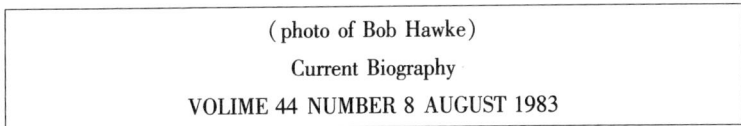

(photo of Bob Hawke)

Current Biography

VOLIME 44 NUMBER 8 AUGUST 1983

封面反面页：

	Business	Anderson, Riy A.	
In this	Education	Erye, Northrop	Gerbner,
George	issue	Lang, Jack	

Government Cuomo, Mario

and politics, Hecklerm Margaret M. Dingoll,

U.S. John D.,

Jr.

....

....

....

Current Biography, published monthly except

December by The H.W. Wilson Company, 950

University Avenue, Broex, N.Y.

10452. Subsription price, U.S.and Canada, $28 per

year; foreign $33. Second-class postage paid at

Bronx, N.Y.

题名页(包括版权页内容及目次):

August 1983   Volume 44   Number 8

Current Biography

Charles Moritz, Editor

Associate Editors: Evelyn Lohe, Hanry Sloan,
Kieran Dugan, Judith Graham

Assistant Editor: Mary E. Kiffer

Contents

Cover: Bob Hawke

(Photo: Australian Information Service)

ISSN 0011 – 3344

二、描述资料源

西文连续出版物的主要描述资料源是其第一期的题名页或其替代物。若无上述资料,则用待编那一期的题名页。若待编文献无题名页,其替代物应按下列顺序优先选用:封面、正文上端的说明、报头、编辑页、文后页、其他各页。选用规定的资料源以外的资料应外加方括号。

项名	规定的描述资料源
题名与责任说明	主要描述资料源
版本	主要描述资料源、其他文前栏目、文后页
数字和/或字母、年代或其他标识	主要描述资料源、其他文前栏目、文后页
出版、发行等	主要描述资料源、其他文前栏目、文后页
载体形态描述	连续出版物本身
丛编	连续出版物任何部分
附注	任何来源
国际标准号及文献获得方式	任何来源

三、描述项目与标识符号

西文连续出版物的描述项目与中文的基本类同,它比专著多第三大项:"数字和/或字母、年代或其他标识项"。前置标识符号与专著大致相同。

四、标目选取

西文连续出版物按《AACR2》的规定,与专著一样,也有一个标目选择问题。连续出版物一般属源于机关团体的出版物,极少由单个人编辑。因此,《AACR2》规定,只要符合源于机关团体的六种文献类型中之一种或数种者,均应用机关团体名称做主要款目标目(见《西文文献著录条例》3.2.2.2 条规定,《AACR2》21.1B2 条规定),否则,一律以题名为主要款目标目,悬行著录。

西方国家有人对上述规定提出异议,认为根据读者的检索习惯,连续出版物一般应以题名为主要款目标目。它的主要款目是题名主要款目。我们同意这种观点,因这是符合"读者至上"原则的做法。

五、款目著录格式

西文连续出版物款目的著录格式有卡片式、书本式及机读格式三种,下面主要介绍卡片著录格式。

(一)以责任者为主要款目标目的著录格式

```
Minnesota Library Association. State Organization Service.
    MLA newsletter. —Vol. 1, no. 1(June / July1974) –      . —Minne-
apolis, Minn. : MLA, 1974 –
    V. : ill. ; 22 cm.
    Ten issues per year.
    Continues : North country librarian.
    Library has:
    Ⅰ. Title.

            ◯
```

（二）以题名为主要款目标目的著录格式（悬行式）

Latin American music review = Revista de musica latino americana. —
    Vol. 1, no. 1 (Spring / Summer 1980) –   . —Austin, Tex. : Uni-
    versity of Texas Press, 1980—
    V. : music ; 23 cm.

Semiannual.

English, Spanish, or Portuguese.

Other title : LAMR.

Continues : Yearbook for inter – American musical research.

ISSN 0163 – 0350 : $17.00 / year.

Ⅰ. Title : Revista de musica latino americana. Ⅱ. Title : LAMR.

○

第二节　连续出版物的著录特点

鉴于连续出版物有其特殊内容结构及形体特征,因此,它有以下几方面的著录特点:

一、书目描述

1. 不少连续出版物的题名页上不仅有共同题名,同时,还有分册或补篇题名。著录时,应首先记录共同题名,后著录冠有句号的分卷或补篇题名,如:

Acta Universitatis Carolinae. Philologica Key abstracts. Indusrial power and control systems Journal of the American Leather Chemists´Association. Supplement

Études et documents tchadiens. Série B

当分册或补篇题名前冠有一个计数或字母标识时,则先录共同题名,接以冠有句号的标识,最后是冠有逗号的分册或补篇题名,如:

Journal of polymer science. Part A, General papers

Progress in nuclear energy. Series 2, Reactors

2.整个正题名或其中一部分是一个首字母缩写词,若主要著录资料源中有该词的完整形式,则将此完整形式列为题名其他说明,如:

REED:review of environmental educational developments

Q:question:the independent political review:arts, business, science

3.编者一般不列入责任说明项,必要时,可置于附注项。

4.使用第三大项,即数字和/或字母、年代或其他标识项。此项主要记录连续出版物的卷次、年代、字母或其他标识,如:

Population trends. —1 –

Papers on formal linguistics. —No. 1 –

Policy Publications review. —Vol. 1,no. 1 –

Buck Jones annual. —1957 –

Renewable energy bulletin. —Vol. 1,no.1 (Jan. ／ Mar, 1974) –

New locations. —No.1(Apr. ／ May 1973) –

5.附注项中固定三个附注内容:

①出版频率:如 Daily（每日一次）、“Weekly”（每周一次）、“Semimonthly”（半月一次）、“Bimonthly”（双月一次）、“Monthly”（每月一次）、“Quarterly”（每季度一次）、“Biannually”（每半年一次）、“Biennially”（两年一次）、“yearly”（每年一次）、“Irregularly”（不定期）等。

②连续出版物的变动情况,如合并、改名等。

③馆藏情况。由于连续出版物是以整套文献为著录单元,进行综合著录,因此,必须著录馆藏情况(Library has:),以揭示其连续性。

6. 载体形态描述项中的数量范围著录"V.",前空三格

二、标目

连续出版物多以题名为主要款目标目(悬行著录)。凡源于机关团体的连续出版物则以机关团体名称为主要款目标目。

三、连续出版物改名时,必须重做新款目,并在附注项中注明变动情况。

四、著录单元及资料源

连续出版物一般以整套文献为著录单元,以其创刊号或第一期为著录资料源,若无创刊号或第一期,则用待编的那一期为资料源,并在附注项中注明:"Description based on……(即待编文献的卷次、年代等标识)"

五、著录方式及格式

连续出版物一般采取整套著录方式及待编款目或开口款目(Open entry)的形式。例见本章第一节,五、款目著录格式(一)、(二)。

第三节 几种主要连续出版物的著录

一、期刊的著录

（一）以创刊号或第一期为著录资料源者，一般采取开口著录法，其著录特点是：

1. 记录创刊号或第一期上的数字和/或字母、年代标识，后加一个连字号，再空四格。

2. 记录创刊号或第一期的出版日期后加一个连字号再空四格，例见本章第一节、五、款目著录格式（一）、（二）。

（二）以非创刊号（或第一期）为著录资料源的连续出版物一般不采取开口著录方法，其著录特点是：

1. 省略第三大项。

2. 出版年不著录。

3. 附注项中著录：

① Description based on：（待编文献的卷期、年代）

②若在有关书目中查到创刊号或第一期的创刊日期，可著录在附注项内，前用导词"Began with："。

例如：

题名页:

October 14, 1985　　　　　Volume 7 Number 41

CURRENT

CONTENTS

Arts &

Humanities

(ISSN 0163 – 3155)

Current Comments:

More for Your Money: Technology, Marketing,

and Hard Work Help ISI Beat Inflation and the

Information Explosion

ISI

Institute for Scientific Information

3501 Market Street, Philadelphia, Pennsylvania 19104

U. S. A.

例片(一)

Current contents. Arts & humanities. — Philadelphia, Pa. : Institute
for Scientific Informaton.

v. ; 22 cm.

Weekly.

Began with : Vol. 1, no. 1(1979)

Description based on : Vol. 7, no. 41(1985)

Library has:

ISSN　0163 – 3155 : $257 per year.

○

二、系列会议录作连续出版物著录

连续性会议录作连续出版物著录的优点是可以集中该不同届次、同一会议的会议录,不管其会议名称是否相同,其著录特点是:

1. 正题名中的数字、届次或年代用省略号代替。

2. 会议录的著录资料源一般应是第一次会议录。其著录方法与格式同期刊第一种类型,若用后几次会议录作著录资料源,其著录方法与格式同期刊第二种类型,例如:

题名页:

Proceedings

of

the Seventh Symposium

on

Operating Systems Principles

10 – 13 December 1979

Asilomar Conference Grounds

Pacific Gorve, California

Special Interest Group on Operating Systems(SIGOPS)

Association for Computing Machinery(ACM)

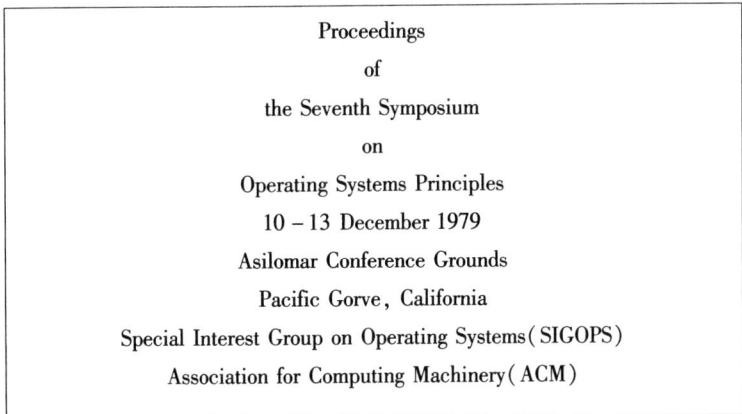

①以第一届会议录为著录资料源的主要款目:

例片(二)

```
Symposium on Operating Systems principles.
   Proceedings of the ⋯ Symposium on Operating
Systems Principles. —New York : Association
for Computing Machinery, 1971 –
   v. : ill. ; 28 cm.
   I. Title.

                    ◯
```

②以待编文献(非第一届会议录)为著录资料源的主要款目:
例片(三)

```
Symposium on Operatink Systems Principles.
   Proceedings of the ⋯ Symposium on Operating systems Principles. —
New York : Association for Computing Machinery.
   v. : ill. ; 28 cm.
   Description based on : 7th Symposium(1979)
   I. title.

                    ◯
```

三、专著丛编的著录方法

专著丛编是连续出版物的一种,是指具有一个专著丛编总题
名,个别专著各具独立的题名,整个丛编以编号形式出现,并无限
期出版的出版物。专著丛编有以其个别著作为著录单元进行分散
著录的,其著录方法与单卷本同;也有以整套丛编为著录单元进行
综合著录的,其著录方法同连续出版物,著录特点是:

1.用丛编题名为正题名。

2.第三大项的数字按丛编的第一卷著录。

3. 用第一卷的出版年。

4. 不著录丛编内个别著作的任何有关书目信息,例如:

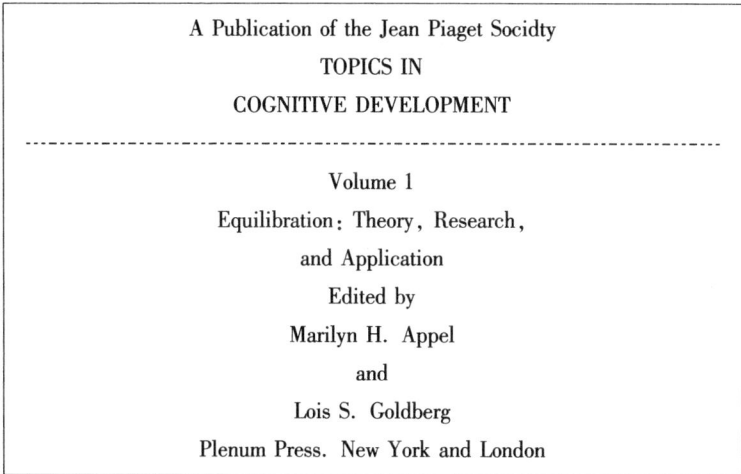

题名页:

```
        A Publication of the Jean Piaget Socidty
                    TOPICS IN
             COGNITIVE DEVELOPMENT
----------------------------------------------------------
                    Volume 1
        Equilibration: Theory, Research,
                 and Application
                    Edited by
                Marilyn H. Appel
                       and
                Lois S. Goldberg
        Plenum Press. New York and London
```

例片(四)

```
Topics in cognitive development: a publication of the Jean Piaget So-
    ciety. —Vol . 1. –        . New York: Plenum Press, 1977 –
    v. ;ill. ; 24 cm.
    Ⅰ. Jean Piaget Society.

                        ◯
```

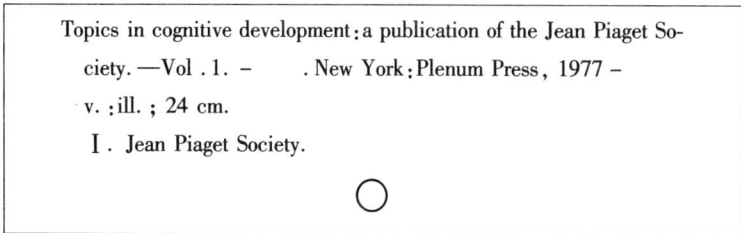

四、年报的著录方法

年报(Annual report)一般是指机关团体的每年工作报告。年报有两种著录方法。一种是以特定年代的年报为著录单元,采用单卷本专著的分散著录方法。另一种是以整套文献为著录单元,

采用连续出版物的综合著录方法,其著录特点是:

1. 正题名中的数字或年代用省略号。

2. 第三大项中的数字用第一次年报的年代,后空四格,用第一年年报的年代著录出版年,后空四格。

3. 用有关的机关团体名称做主要款目标目。例如:

题名页:

Central Bureau of the International Polar Motion

Service

ANNUAL REPORT

OF

THE INTERNATIONAL POLAR MOTION SERVICE

FOR

THE YEAR 1974

MIZUSAWA

1976

Published for the International Council of

Scientific Unions with the Financial

Assistance of the Unesco

例片(五)

International Polar Motion Service.

Annual report of the International Polar Motion Service for the year ···. —Mizusawa : IPMS, 1962 –

v. : ilI. ; 24 cm.

Published for the International Council of Scientific Unions with the financial assistance of the Unesco.

Ⅰ. International Council of Scientific Unions. Ⅱ. Unesco. Ⅲ. Title.

◯

思考题

一、试比较西文专著与连续出版物在形体结构方面的异同。

二、简述西文连续出版物各描述项目的资料源。

三、略述西文连续出版物标目选取之你见。

四、与专著相比,西文连续出版物在书目描述部分有哪些著录
特点?

五、试述西文期刊的著录特点。

六、系列会议录作连续出版物处理时有哪些著录特点?

七、略述专著丛编的著录特点。

八、年报有哪几种著录方法,它们的著录特点是什么?

主要参考文献

1. 西文图书编目/王作梅,严一桥编著. —武汉:湖北省高等学校图书馆
工作委员会,武汉大学图书情报学院,1985. — p. 193 - 221

2. 西文文献著录条例/中国图书馆学会《西文文献著录条例》编辑组. —
北京:中国图书馆学会,1985. 8. — p. 5 - 105;146 - 182

3. 国际标准书目著录(连续出版物)= ISBD (S)/国际图书馆协会、学会
联合会,国际连续出版物标准书目著录联合工作组编;夏文正译. —
第一标准版. —北京:书目文献出版社,1983. 4

4. 西文连续出版物著录规则/中国科学院西文连续出版物联合目录编辑
部. —北京:中国科学院文献情报中心出版组,1987

5. Anglo - American cataloging rules. —2nd ed. /prepared by the American
Library Association 〔et al. 〕; edited by Michael Gorman and Paul W.
Winkler. —Chicago:ALA,1978. —p. 247 - 269

6. Chan, Lois Mai. Cataloging and classification/Lois Mai Chan. —New
York:McGraw - Hill, c1981. —p. 55 - 98

7. Hunter Eric J. Examples illustrating AACR2/by Eric J. Hunter and Nicho-

las J. Fox. —London: LA, c1980.

8. Maxwell, Margaret F. Handbook for AACR2: explaining and illustrating Anglo – American cataloguing rules second edition. —Chicago: ALA, 1980. —p. 213 – 233

9. Seminar on AACR2: proceedings of a seminar / organized by the Cataloguing and Indexing group of the Library Association at the University of Nottingham, 20 – 22 April 1979 ; edited by Graham Roe. —London: LA, 1980. —p. 50 – 59

10. Wynar, Bohdan S. Introduction to cataloging and classification/Bohdan S. Wynar. —7th ed. /by Arlene G. Taylor. —Littleton, Colorado: Libraries Unlimited, 1985. —p. 195 – 217; 227 – 264; 303 – 327

第二十三章　其他类型文献著录

第一节　地图资料著录

一、概述

西文地图资料的含义、特征、类型、主要著录资料源与中文地图资料的基本相同,描述项目除"提要项"不单列大项外,其他项目与中文地图资料类似,此处从略。

关于西文地图资料的主要款目标目问题,英美两国官方编目机构(包括制定编目条例的人及机构)与图书馆编目工作者之间存在着历史性的意见分歧。自19世纪末克特的编目条例开始,至1978年的《AACR2》都一贯规定地图资料应以制图者(Carto-grapher)为主要款目标目。而图书馆工作者却始终认为地图资料应用题名或主题标题做主要款目标目。意见分歧的根源仍然是一个著者单元款目与题名单元款目之争问题,这个问题争论至今,终未解决。我们认为,根据目录使用者的检索习惯及地图资料特定的形体结构特征,地图资料的主要款目标目应以题名为宜。这是国内外西文文献编目条例的修订问题,留待以后解决。结合目前国内外编目工作标准化的实际情况,本章仍以《AACR2》及《西文文献著录条例》为依据,选取地图资料的标目。

二、地图资料著录特点

根据特定的形体结构,西文地图资料书目描述部分的著录特点主要表现在第三大项,即数据项及第五大项,即载体形态描述项。

1. 数据项包括比例尺说明及投影法说明。本项使用英语,有关术语和数字用标准缩写词,见《西文文献著录条例》附录一、六。

①照录地图资料上的比例尺说明,如:

Scale 1 : 24,000

Scale ca. 1 : 63,360

比例尺不详,则注明 not drawn to scale(未注比例尺)、Scale indeterminable(比例尺无法判定)。比例尺不等时,应注明 Scale varies、Scales vary(比例尺不等)

②若地图、天体图载有投影法说明,则在比例尺说明后,照录此说明,前用(;),如:

Scale 1 : 24,000 ; Polyconic proj.

Scale 1 : 4,815,360. 1 in. to 76 miles ; Oblinue Mecator Proj.

2. 载体形态描述项包括数量(及单位标识)、其他形态细节、尺寸及附件四小项。数量单位标识见《西文文献著录条例》p. 53 - 54,如:

1 map : col. , silk ; 93 × 68 cm.

1 map : col. ; 92 × 65 cm, folded to 23 × 10 cm.

1 atlas(viii, 286 p.) : col. ; 27 cm.

I relief model : col. , wood ; 50 × 35 × 4 cm.

1 globe : col. , wood, mounted on metal stand ; 20cm. in diam.

17 hydrographic charts ; 90 × 96 cm. + 1 book(xvii, 272p. ; 25 cm.)

地图资料的标目选取有以下几个常用规则:

418

1.主要著录资料源上注明制图者姓名时,以此名称做主要款目标目,以题名为标目另做题名附加款目。

2.在某些情况下,如探险队绘制的地图,或某地区土地利用规划图等,可用机关团体名称做主要款目标目。

3.主要著录资料源上无任何责任说明时,用题名做主要款目标目。

现以单张地图、地图集及鸟瞰图为例。

例片(一)　以制图者为主要款目标目的单张地图

Wintle, William.

The Golden Chain Council highway map of the northern & southern mines : the Mother Lode / delineation & cartography by William Wintle. — Scale ca. 1 : 700,000. —Murphys, Calif. : Golden Chain Council of the Mother Lode, 1971.

1 map : col. ; 57 × 43 cm. folded to 22 × 10 cm.

Panel title : California's golden chain : the Mother Lode highway.

Includes 16 insets, ill. of early mining operations + mileage charts. On verso : Text and photos. of area by county.

Ⅰ. Golden Chain Council of the Mother Lode. Ⅱ. Title. Ⅲ. Title : The Mother Lode highway. Ⅳ. Title : California's golden chain.

○

例片(二)　以题名为主要款目标目的单张地图

Bartholmew one inch map of the Lake District. —Rev. —Scale 1 :
63, 360. —Edinburgh : Bartholomew, 1971.

1 map : col. ; 71 × 82 cm. folded to 21 × 12 cm.

ISBN 85152 - 362 - 5 (paper). —ISBN 85152 - 363 - 3 (cloth)

Ⅰ. John Bartholomew & Son.

○

例片(三) 以机关团体名称为标目的单张地图

Tulsa Metropolitan Area Planning Commission.

Existing land use, 1964 : in Tulsa, Oklahoma / Tulsa Metropolitan Ar-
ea Planning Commission. —Scale ca. 1 : 140, 000. —Tulsa : The Com-
mission, 1965.

1 map : col. ; on sheet 48 × 40 cm.

Ⅰ. Title.

○

例片(四) 地图集

Oxford economic atlas of the world / prepared by the Economist Intelligence
Unit and the Cartographic Department of the Clarendon Press. —3rd
ed. —Scale varies ; Oxford equal - area proj. —London ; New York :
Oxford University Press, 1965.

1 atlas(viii, 286 p.) : Col. ; 27 cm.

Includes statistical index.

Ⅰ. Economist Intelligence Unit, Ltd. Ⅱ. Clarendon Press. Cartographic
Dept.

○

420

例片（五） 鸟瞰图

Dyer, C. J.

Bird´s eye view of Phoenix, Maricopa Co. , Arizona : view looking North-East / sketched by C. J. Dyer ; W. Byrnes, Litho.—Not drawn to scale.—Phoenix : Phoenix Historical Society, 1976.

1 map veiw : col. ; 33×51 cm.

Reprint of : Phoenix : Daily Phenix Herald, 1876.

Ⅰ. Title.

○

第二节　非印刷型资料著录

结合我国图书馆西文非印刷型资料的馆藏情况,本章着重介绍西文录音制品、电影片、录像制品的著录特点。其他类型非印刷型资料可根据《西文文献著录条例》及《AACR2》进行著录。

一、录音制品著录特点

（一）书目描述

西文录音制品书目描述部分的著录特点,主要表现在第一大项的责任说明小项、第四大项的出版日期小项及第五大项。其余各项的著录规则与专著的规则大同小异。

1. 题名与责任说明项。录音制品的著作方式较多,如文学作品的著者及播读者,音乐作品的作曲者、作词者、演奏者(包括独奏、独唱、合唱、合奏、重奏、协奏、伴奏等)、演出者等。为分清主次,节省篇幅,《AACR2》规定,除作品的著者及流行音乐、摇滚乐及爵士乐的演奏者列入责任说明项外,其他方式的责任说明可根据具体情况列入附注项。

2.出版发行项。录音制品,尤其是音乐音响资料不仅有出版日期,且更强调演出日期(Date of performance)。因为,演奏者随着年龄及修养的增长,技术的逐步完善,在演奏风格和对作品的理解和处理上各有变化,所以,国外出版的音乐音响资料上都标明演出日期,著录时也需予以注明,如:

. —West Germany : Boosey & Hawkes, c 1981, p1979

(注:"p"即"performance"的缩写)

3.载体形态描述项。录音制品的载体形态描述项包括数量(含数量单位标识及运转时间)、其他形态细节(含转速和声道数)、尺寸及附件四小项。有关数量单位标识见《西文文献著录条例》p.58。所用术语编写见本教材附录三。如:

①唱片

1 sound disc : 33 1/3rpm, mono. ; 12 in. +1 booklet (8p.)

②盒式录音带

1 sound cassette (85min.) : 3 3/4 ips, mono.; 7 1/4 × 3 1/2 in.

③开盘录音带

1 sound sape reel (60min.) : 7 1/2 ips, mono.; 7 in., 1/2 in. tape

④声道胶片

1 sound track film reel(10min.) : 25 ips ; 16 mm.

(二)标目选择

西文录音制品具有著作方式多样、检索途径并重的特征,因此,它的标目的选择比专著更困难,更复杂。我国的《西文文献著录条例》与《AACR2》均未为之单独列则,归纳以上两条例有关章节中的规则,西文录音制品常用的标目选择规则大致有以下几条:

1.一个音乐作品、文学作品及演讲、报告(包括一个创作者的多个作品)等一般以该作品的著者做主要标目,演出者做附加标目。

2.包括两个、三个人或团体的作品取第一个作品的著者做主要标目,为其余作品做名称/题名、题名/名称附加款目,根据需要与可能为演出者做附加款目。

3.超过三个人或团体的作品,根据以下具体情况选择标目。

①若该录音制品属某一演出者的演出集,如美国著名小提琴家海费茨演奏不同作曲家作品的录音制品,则以演出者做主要标目,根据需要与可能,为第一个作品,或所有作品做名称/题名、题名/名称附加款目。

②主要著录资料源上有总题名,则以总题名做主要标目,根据具体情况为各作品及演出者做附加款目。若无总题名,则以第一个作品的著者做主要标目,根据具体情况做附加款目。

③流行音乐、摇滚乐、爵士乐等一般以演出者做主要标目,根据需要与可能做附加款目。

④录音资料的连续出版物,一般按印刷型连续出版物著录。

(三)几种主要录音制品著录实例

例片(一) 唱片(文学作品)

Carroll, Lewis.

Alice´s adventures in Wonderland 〔Sound recording〕: the Lewis Carroll
classic, complete / music composed by Alec Wilder ; produced by Modern
Voices. —New York : Released by Bill Grauer Productions, 〔1957?〕

4 sound discs(ca. 176 min.) : 33 1/3 rpm, mono. ; 12 in.

Read and sung by Dyril Ritchard ; music played by the New York Wook-
wind Quintet.

Recorded in New York City, Spring and Summer 1957.

Text(facsim. of 1865 ed. ,192 p.)laid in container; notes on container.

(continued on next card)

423

Carroll, Lewis

Alice's adventures in Wonderland [sound recording]. [1957?]

(card2)

Summary : Alice goes down a rabbit hole to a strange world of fantasy.

Riverside : SDP 22.

Ⅰ. Ritchard, Cyril. Ⅱ. New York Woodwing Quintet. Ⅲ. Wilder, Alec. Ⅳ. Title.

○

例片(二)　唱片(音乐作品)——多个人作品,一人演唱的演唱集

Denver, John.

Rocky Mountain high [sound recording] / John Denver. —New York : RCA Victor, c1972.

1 sound disc(32 min.) : 33 1/3 rpm, stereo. ; 12 in.

Songs ; John Denver accompanying himself on the 6 or 12 string guitar, instrumental and vocal ensemble.

Texts on album.

Contents : Rocky Mountain high / John Denver with Mike Taylor (4 min. , 41 sec.)—Mother Nature's son / John Lennon & Paul McCartney(2 min. ,26 sec.)

(continued on next card)

○

424

Denver, John

Rocky Mountain high 〔sound recording〕. c1972.

(card 2)

Contents continued

—Paradise / John Prine (2 min. , 20 sec.)—For Baby (for Bobbie) / John Denver(2 min. ,58 sec.)—Darcy Farrow / Steve Gillette and Tom Cambell (4 min. ,22 sec.)—Prisoners / Joh Denver (3 min. ,38 sec.)— Goodbye again / John Denver (3 min. , 36 sec.)—Season suite / John Denver, with Mike Taylor and Dick Kniss(10 min.)

RCA Victor : LSP 4731.

Ⅰ. Title.

根据需要可为各个别作品做名称/题名、题名/名称附加款目或题名附加款目。

例片(三)　唱片(古典音乐)——两个作曲者的作品无总题名

Mozart, Wolfgang Amadeus, 1756－1791.

〔Concerto, flute, harp, orchestra, K. 299, C major. Sound recording〕

Concerto in C major, K. 299 / Mozart. Suite in A minor / Telemann 〔sound recording〕. —London : Angel, c1964.

1 sound disc (59 min.) : 33 1/3 rpm, stereo. ; 12 in.

Elaine Shaffer, flute ; Marilyn Costello, harp ; Philharmonia Orchestra, Yehudi Menuhin, conductor.

Durations : 31 min. ; 28 min.

Programme notes on container

Angel : S 36189.

Ⅰ. Telemann, George Philipp. Suite, flute, string orchestra, A minor.
Ⅱ. Shaffer, Elaine. Ⅲ. Costello, Marilyn. Ⅳ. Meruhin, Yehudi. Ⅴ. Philharmonia Orchestra.

古典音乐录音制品的题名专指性不强,近乎形式题名,为集中某一作曲家不同题名的同一作品或同一体裁的不同作品,或同一作品的不同版本,著录西方古典音乐录音制品时一般应采用统一题名。这是西方古典音乐录音制品独有的著录特点。关于音乐作品统一题名的著录规则详见《西文文献著录条例》及《AACR2》。

例片(四)　盒式磁带(报告)

Tooze, Ruth.

　Storytelling〔sound recording〕/ Ruth Tooze. —Los Angeles : Listener Corp. ,〔197 – ?〕

　4 sound cassettes(ca. 216 min.) : 1 7/8 ips, 2 track, mono. —(Listener in – service cassette library ; album 6)

　In container(24 cm.)

　Synopsis and biographical note on container.

　Contents : 1. Why we tell stories. What makes a story good to tell—2. How to tell a story—3. Selectd stories—4. poetry for today´s child.

　Ⅰ. Title. Ⅱ. Series.

例片（五） 盒式磁带（音乐作品）

Ciccolini , Aldo.

Aldo Ciccolini plays Saint – Saens. —Hayes Middlesex , England :
EMI , c1983.

1 sound cassettes (doble play , over 90 min.) : 1 7/8 ips , stereo , Dol-
by processed. —(Portrait of the artist)

Producer : Rene Challan.

Balance engineer : Paul Vavasseur.

Publishers : MCPS.

p1971. p1967 original sound recordings made by Pathe Marconi EMI.
This compilation p1983 by EMI Records Ltd.

Contents : Side one. 1. Piano concerto no. 4 , C minor , op. 44 / Saint-
Saens—2. Six etudes pour la main gauche seule , op. 135 / Saint –
Saens—Side two. 1. piano concerto no. 2 , G minor , op. 22 / Saint –
Saens—2. The carnival of the animals / Saint – Saens.

TCC2—POR 1545959

8307 DP

Ⅰ. Saint – Saens , Camille. Ⅱ. Title. Ⅲ. Series.

○

上例在必要时,可为各个别作品做名称/题名、题名/名称附加
款目。

二、电影片、录像制品的著录特点

(一)书目描述

西文电影片与录像制品书目描述部分的著录特点主要表现在

第一大项的责任说明小项及第五大项,即载体形态描述项。其他与专著的基本相同。

1. 题名与责任说明项。电影片及录像制品与录音制品一样,是一种集体制作,具有著作方式多样化的特点,根据《AACR2》的规定,责任说明项中只著录重要著作方式的责任者,如制片人、导演和动画片绘图者等,其他责任者根据需要可列入附注项。

2. 载体形态描述。西文影片、录像制品的载体形态描述项包括数量(含数量单位标识及运转时间)、其他形态细节(含声响及色别)、尺寸及附件四个小项。关于数量单位标识见《西文献著录条例》p.60,术语缩写见本书附录三。例如:

①影片

i film reel(12 min.) : sd. ,col. ; 16 mm.

②录像带

1 videocassette(50min.):sd. ,col. ;1/2 in. +1script booklet

③录像盘(片)

1 videodisc(ca/35 min.):sd. ,b & w;12 in.

(二)标目选择

西文电影片及录像制品的标目选择与录音制品一样,一直是西方国家编目工作人员感到棘手的一项工作。《西文文献著录条例》与《AACR2》都未专列规则。西方编目界对这个问题始终存在分歧意见。有的认为鉴于电影片与录像制品是一种集体创作,因而很难确定用哪一个责任者做主要标目。同时,读者一般的习惯是从"题名"检索,因此,应以题名为主要标目,其他责任者做附加标目。有的人认为一部影片或录像制品创作的主要责任者应是导演,其次是摄影师及影片作者,应用导演做主要标目,后两者为附加标目。这种分歧意见至今尚未统一。归纳《AACR2》及有关条例,电影片及录像资料标目选择的常用规则有以下几条：

1.一般以片名或题名做主要标目,根据需要为其他不同著作方式责任者做附加款目。

2.影片内容涉及某一团体的行政事务、产品等时,可以该团体名称做主要标目,片名做附加标目。

3.根据文学作品改编的电影片,一般以片名做主要标目,改编者及其他责任者做附加标目。

4.当电影的编剧、导演、制片等为同一人时,可用其姓名做主要标目,片名及必要的其他责任者做附加标目。

（三）几种著录类型实例

例片（一）　电影片——某一书的改编

Alice in Wonderland〔motion picture〕/ Walt Disney Productions ; Producer,Ben Sharpsteen / director, Clyde Geronimi ; animation, Milt Kahl. —Santa Monica, Calif. : RKO Radio Pictures, 1951.

3 film reels（ca. 75 min.）: sd. ,col. ; 35 mm.

Credits : Story, Winston Hibler ; Oliver Wallace ; film editor, Loyd Richardson.

Based on : Alice´s adventures in Wonderland / by Lewis Carroll.

Ⅰ. Carroll, Lewis. Alice´s adventures in Wonderland. Ⅱ. Sharpsteen, Ben. Ⅲ. Geronimi, Clyde. Ⅳ. Walt Disney Productions.

例片（二）　电影片——由一人编、导、制

McDermott, Gerald.

Arrow to the Sun 〔motion picture〕 : a Pueblo Indian tale / designed and directed by Gerald McDermott ; produced by Gerald McDermott & Texture Films, Inc. —New York : Texture Films, c1973.

1 film reel (ca. 15 min.) : sd. , col. ; 16 mm.

Credits : Music, Thomas Wagner ; camera, Frank Koenig ; voice of the boy, Joquin Brant ; story and research consultant, Charles Hofmann.

Summary : The son of the Sun god is shot on an arrow to the Sun. He successfully passes four trials and returns to Earth, bringing the magic of the Sun with him.

I . Texture Films, Inc. II . Title.

○

例片（三）　盒式录像带——会议录音

Governance in the academic library 〔videorecording〕 : a program / presented under the auspices of the Committee on Academic Status of the Association of College and Research Libraries. —Chicago : Distributed by ACRL, 1974.

1 videocassette (Sony U – Matic, UC – 60) (ca. 40 min) : sd. , b & w ; 3/4 in.

Participants : David Laird Jane Flener, Ellsworth Mason, Stuart Forth, and Frederick Duda ; moderator, Eldred Smith.

Summary : Patterns of administration in academic libraries, a panel discussion.

I . Association of College and Research Libraries. Committee on Academic Status.

○

例片(四) 盘式影片——团体产品制作过程

> TRW Electronics Group.
>
> Beats reading the annual report〔motion picture〕/(sponsored by)
> TRW Electronics Group ; produced for TRW Electronics Group by TRW
> Systems Group, Motion Picture Department. —〔Redondo Beach, Calif. :
> Distributed by TRW Systems Group, 1970〕
>
> 1 film reel(ca. 15 min.) : sd. ,col. ; 16mm.
>
> Summary : Shows electronic products manufactured by TRW Electron-
> ics Group ; summarizes TRW Electronics Group operatrons for the previ-
> ons year.
>
> Ⅰ. TRW Systems Group. Motion Picture Dept. Ⅱ. Title.
>
> ○

思考题

一、英、美两国编目界在地图资料主要款目标目的选择方面有
　　哪些不同论点？你的意见如何？

二、试述地图资料在书目描述方面的著录特点。

三、略述地图资料标目选取的主要规则。

四、简述西文录音、录像制品在书目描述方面的著录特点。

五、谈谈你对西文录音、录像制品标目选取的看法。

主要参考文献

1. 西文图书编目/王作梅,严一桥编著. —武汉:湖北省高等学校图书馆
　　工作委员会,武汉大学图书情报学院,1985. —p. 251 – 271

2. 西文文献著录条例/中国图书馆学会《西文文献著录条例》编辑组. —
　　北京:中国图书馆学会,1985. 8. — p. 27 – 197

3. Anglo – American cataloguing rules. —2nd ed. /prepared by the American

Library Association···[et al.] ; edited by Michael Gorman and Paul W. Winkler. —Chicago: ALA, 1978. —p. 144 – 181; 83 – 109; 277 – 427

4. Chan, Lois Mai. Cataloging and classification/Lois Mai Chan. —New York: McGraw – Hill, c1981. —p. 8; 21;59; 90;91;94;31 – 33;56;57; 61;65 – 66;68;69;99 – 116

5. Maxwell, Margaret F. Handbook for AACR2: explaining and illustrating Anglo – American cataloguing rules second edition. —Chicago: ALA, 1980. —p. 150 – 176,121 – 140

6. Seminar on AACR2: proceedings of seminar/organized by the Cataloguing and Indexing Group of the Library Association at the Unversity of Nottingham, 20 – 22 April 1979 ; edited by Graham Roe. —London: LA, 1980. p. 25 – 31 ;42 – 49

7. Wynar, Bohdan S. Introduction to cataloging and classification/Bohdan S. Wynar. —7th ed. /by Arlene G. Taylor. —Littleton, Colorado: Libraries Unlimited, 1985. —p. 123—179; 227—328

第三编　主题编目

第二十四章　西文文献主题编目

第一节　主题编目的原理

一、主题编目的由来及发展

主题编目或者说主题标引的历史在我国可以上溯到古代按字韵编排的类书,如唐代颜真卿编纂的《韵海镜原》、明代的《永乐大典》和《佩文韵府》等。它们均采用"用韵以统字,用字以系事"的做法,与现代主题编目按字顺排列,按主题集中事物的做法十分相似,而近代我国图书馆的主题编目技术是 20 世纪初由西方传入的。在国外,主题编目的发展与书后主题索引及语词索引,尤其是《圣经索引》的发展有着十分密切的关系。就主题编目来说,最早出现的形式是主词款目(Catchword entries),即以书名中的主要词作为书名款目的标目。由于这种主词往往不能表达图书的真正内容,编目员就从图书正文中抽取一、二个表达内容主题的词作为附加款目,这样就产生了标题(Subject headings),主词款目逐渐发展为真正的主题款目。到了本世纪五、六十年代,又在标题(或称标题词)的基础上,发展出元词、叙词和关键词。用这些主题词作为标目,可以编制出标题目录、元词目录、叙词目录和关键词目录(统称为主题目录)。关于元词、叙词、关键词,另有专门课程(情报检索语言)予以介绍,本课程着重介绍标题、标题表及标题目录的编制。

除了上述主词款目外,字顺分类目录是主题目录的另一个起源。主题款目可以有多种排列方式。最早的一种是按主题之间的关系进行系统排列,通常按一种特定的分类表组织,并分别配备分类号,则可以组成分类目录(Classified catalog)以后为了简化分类目录的编制,把字顺排列的方法引进了分类目录中,在18世纪末、19世纪初出现了字顺分类目录(Alphabetical – classified catalog)。它的各个大类按类名的字顺排列,每个大类下的小类也按其类名的字顺排列。字顺分类目录与分类目录的唯一区别,在于它的同位类不按逻辑次序而按字顺排列。由于这种目录既丧失了系统性,又缺乏直接性,在西方行时不久就被淘汰了。后来欧美不少图书馆把目录中类目的等级体系打乱,全部大类、小类和细目都按字顺排列成一个单一的序列。这样就完成了由字顺—分类序列向纯字顺序列的过渡,形成了字顺主题目录。有些图书馆把主题款目与书名款目、著者款目混排在一起,这种目录被称为字典式目录。随着情报检索语言的发展以及计算机在编目工作中的应用,主题编目出现了新的方式和新的技术,朝着自动化、标准化及分类主题一体化的方向发展。

二、主题编目的原理

主题编目是用语词来揭示文献所阐述、讨论或研究的对象——主题。由于自然语言的语词具有模糊性、不确定性,往往发生一词多义和一义多词的现象,给主题编目带来很多的麻烦,因而必须对语词进行控制。通过词汇控制,可以明确词义,使主题内容的表达保持一致,而且可以便于特性检索和族性检索,提高检索的效率。词汇控制是主题编目的基本原理。它主要包括以下五个方面:

1. 词量控制　由于自然语言词汇浩如烟海,不便于编目时选

436

用,因此必须压缩词量、精选词汇。主题编目通常使用那些在文献中经常出现,并为用户所查找的语词。控制词量的主要办法是规定收词范围,合并词汇,设置参照和示范标题,进行概念分解和组配等。另外,控制词类和词形也有助于压缩词量。

2. 词类控制　在自然语言中词类繁多,但主题编目规定采用名词和名词性词组,英语中还包括使用动名词。另外可以使用极少量的形容词、连词和介词。其他词类如动词、副词、代词、助词、叹词等均不采用。

3. 词形控制　一个概念在自然语言中往往可以用多个语词表达,而一个语词又往往具有多种词形。这种情况给编目和检索带来诸多不便。为了使主题编目所用语词具有单义性,一般对同义词、准同义词及近义词(包括学名与俗称、新名与旧称、全称与简称、不同译名等)进行优选,还对同一语词的不同拼写形式、不同词形(包括单数与复数、简体与繁体、正装与倒置、大写与小写等)进行优选,以达到一个主题概念只用一个语词表达、一个语词只用一种书写形式的目的。控制词形的主要方法是编制单纯参照,消除同义现象,同时对一些过于专指的词进行归并。

4. 词义控制　为了消除自然语言中存在的一词多义的现象,主题编目中除了采取词间关系控制的种种方法以外,还往往在语词之后添加带括号的限定词,例如,Cranes 一词有二义,可以区分为:

Cranes(Animal)　　　　　　鹤
Cranes(Lift equipment)　　　吊车

另外可以在语词之下增添含义注释、范围注释或定义来区分同形异义词或多义词。

5. 词间关系控制　主题目录是按主题标目(即主题词)的字顺排列的,因而不能像分类法那样显示主题之间的关系,除了一小部分语词可以在字面上成族以外,绝大多数互相关联的语词分散

437

在字顺序列之中。为了便于进行族性检索,便于扩大检索范围和缩小检索范围,在主题编目中引进一些分类的因素,诸如编制相关参照、设置复分标题、倒置标题等,甚至可以编制进行分类显示的辅助索引来显示语词之间存在的属种关系、整体和部分关系、方面关系和相关关系等。

通过上述几个方面的词汇控制,就可以把自然语言加工处理为一种可以满足主题编目与检索需要的人工语言,即主题检索语言。

三、主题编目的步骤与方法

主题编目主要包括主题分析、主题标引与编制参照三个步骤。主题分析是主题标引的前提。只有通过全面的主题分析,才能把文献主题准确、充分地表达出来。主题标引是主题编目工作中最重要的步骤。通过主题分析与主题标引,完成主题款目的编制。现按工作步骤,分述于下:

1. 主题分析　主题编目的第一步是确定文献的主题,即确定一种文献论述和研究的对象。主题分析包括两个方面:一是调查文献内容,摸清其中心内容;二是经过分析判断,获得最恰当的主题概念。主题分析的方法大致与文献分类相同,不能单看题名,还必须浏览目次、提要、序跋、结论以至全书,甚至访问专家。

主题分析可以一套文献、一种文献为单位进行,也可以一套文献中的一种、一种图书中的一章一节为单位进行。要根据读者的特点和文献的具体情况,决定主题分析的广度及深度。广度是指一种文献究竟有几个主题;深度是指不仅要找出文献论述的整体主题,而且要弄情文献所论及的非中心主题或局部主题,弄清这些主题概念之间的关系。主题分析要充分反映文献的内容,不能遗漏其中的重要内容,还要正确地判断文献论述的重点,抓住其中提出的新观点、新内容。

438

2. 主题标引　　主题编目的第二步是把主题分析的结果转换成主题词,即用最确切的语词表达图书的主题概念,也就是主题标引。主题标引的质量直接影响到主题编目的质量。这是一项较为细致的技术工作,要求编目员遵循下列三个原则:

①定型名词原则。应当采用事物定型的名词或通用的名词进行标引。选词时要以读者为中心,考虑图书馆主要读者群的需要和习惯。对于半定型的名词,可以考虑采取倒置或正装的形式。至于不定型名词,可以为它编制单纯参照,指向正式选用的主题词。

②特称原则。应当直接采用最专指地表达图书内容主题的语词进行标引。早在 1876 年克特编写的《字典式目录编制规则》中就规定:"一个主题要标引在尽可能专指的标题之下。"如一本讲猫的书,要标引在"猫"这个主题词之下,而不能标引在"家畜"、"动物学"或"哺乳类动物"之下。如果实在选择不到一个确切的主题词进行专指标引,也可以采取组配标引的办法,即用几个主题词的组配形式表达,或者采取上位标引的做法,即归入最邻近的上位概念。

③一致性原则。关于某一主题概念的文献即使不同的著者用不同的语词表述,但在编目时也应当前后一致地进行标引。要防止对同一主题采取不同的标引用语。例如,有的采用正装标题,有的采用倒置标题,或者是有的用固定好的复合标题,有的用几个单一标题的组配形式。

主题标引是一项较为复杂的智力劳动。为了节省人力、物力,提高标引的质量,现在不少国家都开展了集中编目、合作编目和在版编目。我们可以充分利用这些成果,但要注意不能简单地直接照搬。一是要核对词表及文献的内容;二是要根据本馆的情况,对标引的专指度进行控制。如果文献已经过分类标引,则可以利用分类表与标题表或叙词表兼容互换的工具,如《中国分类主题词表》、《分类的美国国会图书馆标题表》（Classified Library of Congress Subject Headings）、《主题标准档》（Subject Authority）等，将该书的分类号转换成相应的标题或叙词。但是，也必须注意核对。

3. 编制参照　参照（References）是用来揭示主题之间的关系和联系的方法。参照的编制是主题编目工作的重要组成部分，如果缺乏参照或参照系统不完善，将会直接影响主题目录的质量。

主题目录中使用的参照分成以下三种：

①单纯参照（See reference）。也叫见参照。在主题目录中有两类词，一类是用作主题标目的正式主题词（包括正式标题和正式叙词），另一类是不用作主题标目的非标题词和非叙词，但仍被收入主题目录，起着向读者提供检索入口的作用，被称为入口词。由入口词指向正式主题词的指示就是单纯参照。不用作主题标目的入口词包括在选词时落选的同义词、近义词和不同书写形式的词，还包括那些过于专指的词。单纯参照的作用在于方便查词，加快查词的速度，提高检索的效率。编目时一般根据标题表的见自参照（即单纯参照的反参照）及叙词表中的代项（UF）编制单纯参照。

②相关参照（See also reference）。也叫参见参照，是从一个用作主题标目的正式主题词指向另一个被目录用作主题标目的正式主题词。如果说单纯参照是显示主题词之间的等同关系，那么相关参照则是显示主题词之间的等级关系及相关关系。

显示等级关系的相关参照分为两类：一类是由表示上位概念的上位词指向表示下位概念的下位词。例如：

　　　　血液　参见　红血球
　　　　血液　参见　白血球

另一类是由下位词指向上位词，例如：

　　　　红血球　参见　血液
　　　　白血球　参见　血液

为了节省篇幅,在主题目录中一般只做前者,不做后者。用相关参照显示等级关系,一般只指向等级系列中与它直接相邻的下位词,不能跳跃显示。例如:

粮食作物　参见　玉米

玉米　参见　甜玉米

玉米　参见　　马齿玉米

但不能作如下参照:

粮食作物　参见　甜玉米

显示相关关系的相关参照一般联系两个平行、交叉的概念,例如:

图书馆学　参见　情报学

情报学　参见　图书馆学

或是联系两个具有因果、影响、作用、应用、工具或其他关系的主题概念,例如:

吸烟　参见　肺癌

肺癌　参见　吸烟

导电性　参见　绝缘性

绝缘性　参见　导电性

孙中山　参见　辛亥革命

辛亥革命　参见　孙中山

编目时可以根据标题表中的参见自(相关参照的反参照)及叙词表中的分项(NT)参照及参项(RT)参照进行编制。相关参照可以根据需要选编,不必全编。

③一般参照(General reference)。一般参照实际上是把许多条参照合并在一起,或是某种编制体例的说明,或是目录查找方法的指示。例如:

图书馆

　参见各类型的图书馆,如公共图书馆、高等院

校图书馆……等

历史

参见具体国家名称下的历史,如朝鲜——历
史、美国——历史……等

振动

参见各种构件下的振动,如梁的振动、板的振
动等。

一般可以根据标题表的规定及本馆的情况,编制必要的一般
参照。

编制参照时应当遵循下列几点:

①同一内容的参照只需编制一次,以后就可以一劳永逸了。
假如为第一本有关索引法的书编制了"主题法　参见　索引法"
的参照,以后再进有关索引法的书,就不必再编上述参照了。

②要根据本馆读者的情况及其查阅习惯,选编有关的参照,不
必机械地完全照搬词表。例如,叙词中规定:

马铃薯

D　　土豆

山药蛋

洋芋

洋山芋

……

如果是专业图书馆,考虑到读者不可能用"山药蛋"、"洋芋""洋山
芋"查找,就可以只编一条单纯参照,即:

土豆　见　马铃薯

③参照只能指引读者查阅已入藏文献的主题词,不能指引读
者去查看无文献的主题词。也就是说编制参照的出发点是想方设
法指引读者来看手中正在编目的文献。假如正在为一本关于主题
法的书编目,就要求编制如下两条参照:

索引法　参见　主题法

分类法　参见　主题法

而不允许编制如下参照：

主题法　参见　索引法

主题法　参见　分类法

因为此时馆里可能还没有入藏索引法、分类法的书。只有以后收藏了索引法、分类法方面的书，才允许编制上述两条参照。

④同一主题参见几个主题，可以合并为一条，写在一张参照片上，即在原先已编的参照片上添加被指引的主题。如上例已有"主题法　参见　索引法"的参照，如果再新编一本有关"分类法"的书，则可以在这条参照之后添加"分类法"一词，写成：

主题法

参见　　索引法

分类法

4. 主题编目的工具——词表　为了使主题词及参照标准化、规范化，就必须实行词汇控制，词汇控制的结果就是词表或称主题词表。

词表是主题词的总汇，也可以说是一部主题词的词典。词表是主题编目与检索的依据，其主要作用是：

①对主题词进行严密的控制，并不断地予以更新；

②显示主题词之间的关系，便于扩检与缩检；

③便于编目员与用户查词、选词；

④提供主题标引与检索的方法指示。

图书馆主题编目常用的词表分为标题表、叙词表两类。世界上最早的标题表是 1895 年问世的《美国图书馆协会标题表》(List of Subject Headings for Use in Dictionary Catalogs)。在该表的基础上，美国国会图书馆又于 1909—1914 年出版了 LCSH。此后大批标题表纷纷出版，用于主题目录的编制。1959 年美国杜邦公司编制了世界上第一部用于检索的叙词表。此后就进入了"叙词表时代"，涌现了数以千计的叙词表。叙词表的出现和流行，不仅取代了元词语言，而且在逐渐取代标题表。像《医学标题表》(MeSH)等多部标题表已经实际上演变为叙词表。连世界上历史最悠久、影响最大的 LCSH(第 11 版)的版面，从 1986 年底也已改换成叙词表的格式(详见本章第二节)。叙词表已成为计算机情报检索时代主题标引的主要工具。在我国，解放前及解放初曾经出版过中文标题表，但影响不大，无人使用。1980 年我国出版了收词多达 10 万的综合性词表——《汉语主题词表》，成为中文文献主题编目的主要工具。目前国内西文文献主题编目几乎全都采用LCSH。

一般来说，词表可以分为以下三个部分：

①主表(或称字顺主表)。这是标题表或叙词表的主体，大多按字顺排列。主表是由众多的词款目组成的。词表对一个词(包括正式主题词及非主题词)的完整记录，称为一条词款目，如标题款目、叙词款目。每条词款目包括款目词、标注项和参照项三部分。款目词是居于词款目标目位置的词，也是词款目的排检点。标注项是由标记符号和注释组成的。标记通常是与主题词对应的分类号、范畴号或字顺序号。注释通常是定义注释或范围注释，有时还包括历史注释(说明主题词演变的历史)或编目注释(说明编目的具体要求)。参照项通常包括与款目词相关的各种词，其中包括上位词、下位词、相关词、等价词等。

②副表。这是为了便于词表的使用而编制的。标题表的副表较为简单，通常由各种复分标题一览表组成，有的还附有分类标题表。分类标题表是把主表中的标题按照某一分类体系排列，以便从学科体系出发查找有关的标题。叙词表的副表则较为复杂，是由多个辅助索引组成，包括叙词范畴索引、词族索引(或词族图)、轮排索引、专有叙词索引、双语种对照索引等。副表著录的内容一

般都不齐全,不能单独用于主题标引,但是却为读者查词提供了很大的方便。

③编制、使用说明。通常是词表的导言部分,往往包括词表的编制经过、编制体例、选词标准、词款目著录规则、标引规则及排列的方法等,是进行标引与检索的向导,使用词表以前不可不读。

词表虽然是主题编目的依据,但不能说没有词表就不能编制主题目录。主题编目的历史证明,事实上是先有主题目录、先有主题编目工作,而后产生词表的。最早编制主题目录的人是没有现成的词表可以依据的。

没有词表,可以参考各种词典、教科书及文摘刊物的主题索引等,一边进行主题标引,一边逐渐积累词汇和参照。通过不断使用和增补、修订,日益完善,可以形成一个适合本单位使用的词表。由于现已出版了成千上万种标题表和叙词表,就不必采取这种积累成表的做法。现在有这样几种办法可供打算新编主题目录的图书馆参考。一般可以选用一种适合自己需要的词表,或是翻译一种国外现成的词表,供本馆使用。也可以一种现有的词表为基础,经过增补修订,编制一部新的词表。如找不到一部适合自己需要的词表,也可以参考多部词表,通过总体设计、拟定框架、收词选词、词汇控制、编制参照及副表、试标引、修改定稿等步骤,编成一部适用的词表。

除了词表以外,标引规则也是主题编目的重要依据。词表为主题编目工作提供了标准化的词汇,但是究竟如何使用这些词汇去表达各类文献的主题及读者的情报需求,则需要一套细致的标引规则。编目员一定要认真执行标引规则,以保证标引的一致性。

由于情报检索语言课对《汉语主题词表》及中文文献的主题标引法已作详细的介绍,本课程着重介绍 LCSH 及西文文献标题法。

第二节 《美国国会图书馆标题表》评介

一、历史沿革

1897 年美国国会图书馆迁入新落成的馆舍。当时的馆长斯波福德（A. R. Spofford）决定不再继续编制分类目录，而开始着手编制当时流行的字典式目录。从这一年开始，该馆开始累积用于字典式目录的标题，1898 年开始发行印有标题的印刷卡片，1900—1914 年终于出版了两卷的《用于国会图书馆字典式目录的标题表》（Subject Headings Used in the Dictionary Catalogs of the Library of Congress）。以后该标题表不断发展。1975 年出到第 8 版，改名为《美国国会图书馆标题表》（Library of Congress Subject Headings）。最新一版是 1988 年出的第 11 版，三卷本。

LCSH 第 11 版收录了 1898 年到 1987 年 8 月底美国国会图书馆字典式目录中所采用的标题。此后标题的变动情况，在美国国会图书馆出版的《美国国会图书馆标题表周报》（L. C. Subject Headings Weekly Lists）、《美国国会图书馆标题表增补公报》（Supplement to LC Subject Headings）季度本或年度累积本上，连续予以报道。除了印刷版之外，该标题表还出版及时全面更新的缩微版（分缩微胶卷及缩微平片两种），每季度出一次，包括该表直至出版前所作的全部变动。以上不同形式的标题表，用户均可订购选用。

如采用印刷版标题表进行标引，必须查看最新一版的标题表，还要查看最近一年或几年的年度累积本《增补公报》。另外还要补查本年度出版的季度增补本及本季度的《周报》。如采用缩微版标题表就较为省事，只要直接查看最新一版就可以了。

LCSH 现在是美国甚至是全世界使用最为广泛的标题表了。在美国、加拿大、英国及一些欧美国家中，大型图书馆，包括大型公共图书馆、高等院校图书馆，一般都采用该表。在美国中小型图书馆往往采用《西尔斯标题表》(Sears´ List of Subject Headings)。专业图书馆往往采用专业标题表或叙词表。随着美国国会图书馆印刷卡片及机读目录(LC/MARC)的发行，LCSH 在国内外的影响越来越大。

二、标题的形式和结构

LCSH 所收标题的形式，可以分为以下四种：

1. 单词标题　以一个词，通常是名词和动名词作为标目，叫做单词标题。例如，Birds(名词)、Cataloging(动名词)。

2. 复词标题　由两个或两个以上的词作为标目，叫做复词标题。复词标题可以分为以下五种：

①两词标题，以连接词 And 连接的两个词作为标题，两词的涵义相近，但又不是同义词。例如：

Cities and towns(名词与名词)

Skis and skiing(名词与动名词)

但是也可以用两个反义词相连组成标题，如：

Religion and science

Open and closed shelves

②短语标题，即两个名词用介词连接，例如：

Machinery in art

Children as artists

③形容词和名词标题，例如：

Electric railroads(普通形容词)

Women´s institutes (所有格)

Chinese drama(国名专用形容词)

May Day（Labor holiday）（其它专用形容词）

④倒装名词标题,例如:

Libraries, Children´s

Libraries, University and college

以上③、④两种标题中,何者应倒装,何者可以不倒装,应根据所用标题表的规定。一般说来,需要按类集中的,即用倒装法。

⑤双名词标题,前一个名词用作形容词,其后又有一个名词。例如:

Department stores

Garden cities

3. 名字及名称标题

①人名标题,凡记述或论述个人的传记或评传,以及个人著述书目,均用个人的名字作标题。标题的形式与该人的著者标目的著录格式完全一致,只是使用副标题时可略去生卒年。例如:

Mao, Tse－tung 1893－

Shakespeare William——Bibliography

②机关团体名称标题,与机关团体著者标目的著录格式完全一致。

③地名标题,应用甚广,见下文。

④题名标题,以题名作著录标目的匿名著作及有关评论,以该文献题名作标题,即是题名标题,例如:

Bible－Criticism, interpretation, etc.

4. 形式体裁标题

①文学体裁标题。由于文学类文献倾向于用体裁分类,文学作品多人集的标题,也就用体裁作标题,并以 Collected works（文集）作副标题。例如:

Chinese drama－Collected works

English poetry－Collected works

诗歌等文学体裁的本身也可以是一个主题标目,即评论某种文学体裁的著作,应以该种体裁作标题。

②著作形式标题。综合性图书如百科全书、字典、书目、综合性期刊等,因内容广泛,不适合于任何主题的,就以其著作形式作标题。这种著作形式标题的本身,一样可以用作主题标目。例如:

Encyclopaedias and dictionaries

Bibliography

上述各种标题都可以单独使用,但在同一标题下款目过多时,为了便于查找,应设置副标题。也就是说从标题的结构上区分,有单一标题和复合标题之别。

①单一标题。上面所列的各种标题形式,只要未经复分,都是单一标题。单一标题也是主标题。

②复合标题。复合标题由两个或两个以上的标题组成,中间用破折号隔开,第一个标题为主标题,第二个标题为副标题,第三个标题为次副标题。西文文献大多只采用一、二个副标题。例如:

History——Philosophy

有时也可以多到三、四级,例如:

Japan – History——Handbooks

三、结构剖析

LCSH 与其他标题表一样,由以下三部分组成:①导言,即编制和使用说明,其中有不少重要的标题工作的参考资料;②字顺主表;③附录,一个儿童读物标题表。至于"示范标题表"、"通用复分标题表"、"地名复分标题表"(后两者以后通称"自由浮动复分标题表")等均已列入导言之中。

标题表主表的款目由以下几部分组成:

①标题和非标题。正式标题用黑体字,非标题用一般字体,两者组成检索的入口。非标题款目著录极为简单,只有指向正式标

题的单纯参照。

②分类号。在标题后一般都印有相应的美国国会图书馆分类法分类号,有时一个标题可分入一个以上的类,则印出一个以上相应的分类号,并用简洁的文字指明其所属的方面。例如:

Marriage(Indirect)(HQ503 – 1057；Enthnology,GN480；Folk –
    lore, GR465)

③注释。说明一个标题在国会图书馆字典式目录中使用的范围,说明它与其他相关标题的界限或说明它有几种涵义,哪一种用于本标题。

④参照。1986 年前 LCSH 有四种参照,使用的符号如下:

See　　　　　见(表示用作标题的词)

SA(See also)参见(表示用作标题的下位词或相关词)

X（See from)见自(表示未用作标题的词)

XX（ See also from)参见自(表示用作标题的上位词或相关词)
后两种参照是为编目员而设立的。如在"Agricultural machi – ne-ty"一词下著录了材料,那就需要根据标题表所提供的见自参照和参见自参照,编制以下参照,例如:

Agriculture – – Equipment and supplies　　（单纯参照）
    See Agricutural machinery

Crop – – Machinery　　　　　　　　　　（单纯参照）
    See Agricutural machinery

Farm equipment　　　　　　　　　　　（相关参照）
    See also Agricultural machinery

Farm supplies industry　　　　　　　　（相关参照）
    See also Agricultural Machinery

（请参看以下 LCSH 第 10 版有关 Agricultural machinery 的款用格式）

⑤副标题(子标题)。副标题往往用破折号表示,有时副标题

450

后还可进行复分,这就是次副标题,用两个破折号表示。例如:

London

——History(DA675 – 689)

——To 1500

——16th century

——17th century

副标题及次副标题往往是地名复分、时代复分或形式复分等。一般不超过三级,太多了会形成分类,使字顺标题目录变成字顺分类目录,丧失直接性,反而不便于检索。在副标题下有时也有参照,指向有关的标题。副标题不能单独使用,必须连同主标题一起使用,如上例应读作"伦敦——历史"、"伦敦——历史——1500 年以前"、"伦敦——历史——16 世纪"、"伦敦——历史——17 世纪"。

Agricultural machinery(Indirect)(S671 – 760)

　　SA Agricultural engineering

　　　Agricultural implements

　　　Farm equipment

　　　Machine – tractor stations

　　　……

　　　subdivision Machinery under names of crops,

　　　e. g. Corn – Machinery

　　X　Agriculture – Equipment and supplies

　　　Crops – – Machinery

　　　Farm machinery

　　XX Farm equipment

　　　Farm supplies industry

　　　Implements, utensils, etc.

　　　Machine – tractor stations

Tools

Example under Machinery

——Cost of operation

——Dynamics

…………

LCSH1985 年第 10 版旧款目格式

Agricultural machinery(May Subd Geog)(S671 –670)

UF Agriculture – Equipment and supplies

Crops – Machinery

Farm machinery

BT Farm supplies industry

Implements, utensils, etc.

Tools

RT Farm equipment

Machine – tractor stations

SA subdivision Machinery under names of crops,

e. g. Corn – machinery

NT Agricultural engineering

Agricultural implements

…………

LCSH 第 11 版新款目格式

1986 年 12 月,LCSH(缩微平片版)开始采用了一种新的款目格式。新格式改变了以往所用的表示参照的符号,由下列符号组成(参见下表):

新格式所用符号	英文涵义	中文涵义	相当于 LCSH 的旧符号	相当于《汉语主题词表》的符号
USE	Use	用(叙词)	See	Y
UF	Used for	代(非叙词)	×	D
BT	Broader terms	属(上位词)	× ×	S
RT	Related terms	参(相关词)	× × SA	C
SA	See also	参见	SA	
NT	Narrower terms	分(下位词)	SA	F

除 SA 外,其他各项均与叙词表相同,由此可见 LCSH 也正在朝着叙词表的方向演变。除上述符号外,新格式还有些改动,诸如在款目词后增加了主题规范记录控制号(以 sh 开头的数字编号),用(May Subd Geog)这个短语代替以往表示可进行地理复分的(Indirect),还取消了一些注释。总之新格式使词间关系的显示变得更加清楚,明确区分了等级关系(用 BT、NT)和相关关系(用 RT)。另外,所用的符号醒目、易记。

四、标题的编排

LCSH 的全部标题款目按字顺排列,每页分成三栏。为了便于电子计算机排档,标题编排的方式从 1975 年的第 8 版开始作了重要的变动。新规定一律严格地按照语词的书写形式逐词排列(Word by Word)。LCSH 把"词"定义为由一个或一个以上的字母或数字组成的,并由空格或其他标点(如连字符)等予以区分的语言单位。根据这个新的定义,像 Dr、ALCOL、IBM 等缩略语都标作一个词,但用标点隔开的首字母缩写如 A. D. C. 就算作三个词。C – Coefficient 算作两个词。新规定还把数字排在字母前,按增值的次序排列。请看下例:

旧方式	新方式
C – Coefficient	C – Coefficient
CCPM test	C. F. & I. clause
C. F. & I. clause	C. O. D. shipments
C. O. D. shipments	Ca Caba Indians
CTC system(Railroads)	Cazean Indians
Ca Caba Indians	CCPM test
Cazean Indians	Crystals
Crystals	CTC system(Railroads)

LCSH 的排档次序也作了更动,自第 8 版开始按以下次序排列:

①空白(主标题)

②——(副标题)

③,(倒装标题)

④( )(说明语)

例如:

旧的序列	新的序列
Children	Children
Children(International law)	Children, Adopted
Children(Roman law)	Children, vagrant
Children, Adopted	Children(International law)
Children, vagrant	Children(Roman law)

如果主标题下有一批副标题,一般依次分成以下三组:

①时代复分,按编年次序排;

②形式和论旨复分,按字母顺序排;

③地域复分,按字母顺序排。

例如"United States——Foreign relation"下的若干副标题,就按上述次序分组排列(详见 LCSH 第 10 版导言)。

五、简要的评论

LCSH 自 1909 年初版问世至今已有 80 多年,现已成为世界上规模最大、流行最广、用户最多的一部标题表。词表第 8 版为 2026 页,第 9 版为 2591 页,第 10 版为 3543 页,篇幅迅速增长,用户不断增加。这部庞大的标题表之所以能在世界许多国家广泛流行,看来主要有下列一些原因:

①美国国会图书馆所处的地位及其发行的印刷卡片、机读目录和西文图书上的在版编目记录上都标有 LCSH 的标题,大大扩大了 LCSH 在美国及世界许多国家的影响。这是它得天独厚的地方。

②它较好地体现了克特关于标题法的理论,确立了标题法的一些基本原则,诸如用经过控制的语词作为文献主题的标识,用参照系统显示并加强主题之间的相互联系,用字顺序列来提供主题检索途径等。后来的主题法(包括标题法、叙词法等)的检索语言,不管是先组式还是后组式,都在不同程度上接受和发展了这些原则。因此,LCSH 是主题编目发展史上的一个重要里程碑。

③它是以美国国会图书馆字典式目录(现已达数百万张)为基础而编制的,因此有着相当充足的"文献保证"。无论是标题的选择和确立,还是复分标题及参照的编制和运用,都比较符合图书馆藏书的实际。正如安格尔(Richard S. Angell)在 LCSH 第六版导言中所指出的,该表随着图书馆藏书的增长、语义的变化和标题工作理论的发展而不断发展,"它不是理论完善的体现,而是标题实践的准确反映"。

④它有着很强的实用性,是一个有实用价值的工具。LCSH 的实用性体现在:一是学科面广泛,标题详细,标题数量现已达 162750 个,比较适应用户的要求。二是明确规定了标题复分的方法,设置了大量的副标题和次副标题,便于手工标引和检索。三是

参照众多,便于使用。据抽样估算,在 LCSH 第 7 版中,设有参照的标题占总标题数的 79.9%,每个标题平均有 1.032 个参照(其中只包括单纯参照和相关参照,不包括一般参照)*(见 p.457),第 8、9 两版,参照数量又略有增加,据第 9 版统计,标题总数为 127000,非标题总数为 28000,两者之比为 23%,可见入口词众多,为检索提供了方便。四是除了印刷版以外,还有缩微版和机读版,可供用户选用。

⑤它有着专门的管理机构——美国国会图书馆编目部经常进行修改,定期(按季度、年度)出版增补公报,并每隔几年进行一次全面的修订,出版一个新的版本。频繁的修订虽为标题工作带来了一些麻烦,但却保证了它香火不断,久盛不衰,未被时代的发展所淘汰。

总之,LCSH 是一种能够适应标题工作需要、便于实际应用的工具,所以它被不同政治制度、不同意识形态、不同民族的国家广泛采用。但是,必须指出,它也存在着如下一些问题。

第一,这部标题表的根本性错误在于编者的指导思想。标题的选择和命名、参照的设立等都是从资产阶级的立场、观点出发,即使经过许多次的修改,但它以美国和白人世界为中心、以资本主义制度为中心的思想体系仍然没有改变,这些都是我们使用该表需要特别注意的。例如,在 LCSH 第 9 版 1979 年增补公报中“义和团运动”被标引为:

China——History——Boxer Rebellion,
$$1899——1901$$
这里把义和团农民起义称之为“拳匪叛乱”,编者的立场昭然若揭。

第二,标题形式前后不一致,由于 LCSH“不是理论完善的体

---

* 见兰开斯特著《情报检索词汇规范化》(1982 年,科学技术文献出版社)第 95 页

现",不注意吸收标题工作新的理论和技术,长期以来一直沿袭传统的、与实际进展产生种种矛盾的克特的理论,加之该表又是美国国会图书馆主题编目工作的反映,所以标题工作中产生的许多不一致的地方就反映在 LCSH 之中。在标题的字面形式上,同类标题时而用倒装,时而用正装,时而用名词型,时而用形容词型;单复数运用随便,前后矛盾,用法混乱。

例如: Library, naval

但　　Library, military See Military libraries

　　　Library, Catholic

但　　Library, Hebrew See Jewish libraries

　　　Libraries, Pharmacy School

但　　Libraries, Nursing School See Nursing School libraries

　　　Libraryadministration(不是 Libraries——Administration)

但　　Acquisition(libraries)

　　　Cataloging of moving——Pictures

但　　Classification——moving——pictures

最典型的例子是以下几个复合主题,其处理方法各不相同。

Geographical location codes

Geographical models

　　See Geography——mathematical models

Geographical names

　　See Names, geographical

Geographical pathology

　　See Medical geography

Geographical photography

　　See Photography in geography

在 LCSH 中,这样的例子还有不少。仅此数例,可以想见由于标题形式的不规范,将给标引和检索带来多少麻烦。当然,通过

LCSH 设置的参照，最终仍可以找到所需资料，但辗转查找，毕竟损失了主题检索的重要特性——直接性。

第三，参照的编制显得混乱。它既无周密的计划，又无严格的规定和依据（现在有些词表参照系统的编制以某种图书分类表为基础，可避免或减少人为性、任意性）。这样的参照系统就显得杂乱无章，不能形成一个完善的、隐蔽的分类体系，指引读者进行族性检索。例如：

Insects, Fossil See also Trips, Fossil

但不编 Insects See also Trips

Weevils See also Beetle

Beetle See also Sugarcane beetle

但不做 Beetle See also Sugarcane weevil

又如：

Education See also Libraries

See also General semantics

但是却做 Education See also Museums—Education aspects，不知这里为什么一定要引向 museums 的副标题？

第四，缺乏专指性和灵活性。由于 LCSH 属于先组式检索语言，除了部分自由浮动复分标题以外，其他的标题形式在标题表中都是固定的，主标题与副标题的搭配也是固定不变的。即使是自由浮动复分标题，关于它们与主标题的搭配，LCSH 也作了极为烦琐的规定。通用复分标题的使用说明（见第八版导言），竟长达 10 余万字，使用起来是极为复杂的。由于 LCSH 的标题不能自由组配，这样标引的能力显然不如叙词，不能恰切地标引较为复杂的主题概念。一个复杂的主题概念往往要分别标引成几个宽泛的标题，因此专指性就不如叙词。先组式标题语言的另外一个根本性的弱点是由于 LCSH 的标题形式固定，不能像叙词语言那样可以按任何主题特征进行多途径的自由检索，检索起来就不如叙词灵活。另外,先组式的标题语言不能摆脱企图列举一切标题的局限性,随着科技的不断发展、文献的增加,LCSH 势必变得臃肿不堪,不便使用。

针对 LCSH 存在的以上几个根本性的缺陷,第二次世界大战以后,标题工作出现了以下两方面的进展。一方面是凯塞(J. Kaiser)、科茨(E. J. Coates)、奥斯汀(D. Austin)等学者发展了克特的理论,对标题的引用次序(Citation Order)进行了一系列研究,提出了引用公式,为控制标题的形式、提高标题的专指度、发展词串式标题做出了一系列贡献。最为突出的是英国奥斯汀研制了保留上下文索引系统(PRECIS),用于编制《英国国家书目》、《澳大利亚国家书目》等检索工具的主题索引。这是主题编目领域的一大革新。70 年代末美国国会图书馆曾经讨论了是否采用这种技术上先进、可用计算机辅助编制的 PRECIS 来取代 LCSH 的问题。据说主要因为改用 PRECIS 后,每年需增加 100 万美元的经费而未采用 PRECIS。另一方面的进展是卢恩(Luhn)等人打破了先组的桎梏,吸收了标题法(主要是 LCSH)、元词法、键词法、分类法等多种检索语言的优点,首创了一种后组式的检索语言——叙词语言,大大改善了标引和检索的性能,为计算机检索开辟了道路。在许多专业图书馆及情报机构中,叙词语言青出于蓝而胜于蓝,很快就取代了以往的标题语言和分类语言。

但是,从检索语言的发展历史来看,LCSH 筚路蓝缕,开创之功是不容抹杀的。目前它仍在手工检索(诸如图书馆目录)中占据着重要的地位,有着广泛的影响,值得我们不断研究、改进。

第三节 《美国国会图书馆标题表》的使用

长期以来,我国图书馆编制西文文献主题目录的寥寥无几。

为了向读者提供字顺主题的检索途径,编制西文文献主题目录的问题现在已经提到了大型公共图书馆、高等院校图书馆及专业图书馆的议事日程上了。但是采用什么词表呢? 到底是采用我国自编的《汉语主题词表》,还是采用 LCSH? 目前我国图书馆界西编工作人员大多倾向于采用 LCSH。他们认为,虽然 LCSH 存在着思想意识形态和技术方面的一些问题,但瑕不掩瑜,它仍不失为一种实用的工具,并且已被世界许多国家广泛采用。它比较适合西文文献的标题工作,而且积累了丰富的经验,有着充分的文献保证。从我国目前已经采用 LCSH 的图书馆的情况来看,LCSH 是基本适用的,而《汉语主题词表》虽然出版近十年,但在技术上仍存在不少问题,它在出版前未经试标引,出版后又未进行修订。目前中文文献用它标引的单位极少,用它标引西文文献尚无把握。为了共享国际上已有的编目成果(LC 卡片、CIP、LC/MARC、UK/MARC、UN/MARC 等都标有 LCSH 的标题),加速实现我国西文编目的自动化与集中化,我们可以在采用 ISBD 及 AACR2 的同时,采用 LCSH 作为西文文献标题工作的依据。当然,也需要结合我国的国情,对 LCSH 作出一些必要的修改及有关的具体规定。

关于在我国西编工作中使用 LCSH,存在着以下几个问题:

一、采用 LCSH 的方针

对 LCSH 应当采取"基本采用、个别改动"的方针。对 LCSH 的标题,特别是对哲学、社会科学方面的标题,在使用前要进行严格审查,发现问题要进行删除或修改。例如 LCSH 把太平天国、捻军称作"太平叛乱"(Taiping Rebellion)、"捻匪"(Nian Bandits),把发展中国家称作"不发达地区"(Underdeveloped area)。我们应把这些标题相应地修订为"Taiping Revolution "、"Nian Uprising"、"Developing Countries"。对原表中一些具有种族歧视,或有政治性错误的标题等,必须严格审查,逐一修订或删除。

对于我国人名、团体名、地名等标题,不能照搬 LCSH 的规定,应根据我国情况作必要的改动。例如我国地名复分标题可以仿效加、美、苏、英四国的做法,不以国家而以省作为集合的一级。如"福建汕头桔子"可以标引为 Orange——Fujian——Shantou,而不标为:Orange——China——Swatow。另外,也可规定我国北京、上海、天津、广州、南京、武汉、西安、沈阳等城市作为复分标题时,均采用直接法。LCSH 对于我国人名、地名的拼写采用妥玛氏拼音,我们应改用汉语拼音方案。

另外鉴于 LCSH 缺少有关我国的标题,而我们的西文标题目录又必须充分反映我国用西文出版的文献及外国出版西文文献中有关我国的标题,所以必须适当增设一些新的标题,对于被 LCSH 所忽略的有关其他国家的重要标题,也可根据文献出版的情况,作适当的补充。

二、标题的选择

我们知道,标题法与分类法的重要差别之一在于标题表是列举的,而分类表是网罗的。换句话说,一般的传统的体系分类表是把所有的类目都全部列出,并配上相应的分类号;而标题表却只是标题法精神的体现和范例,因为它不可能把世界上所有事物的名称网罗殆尽一一列出。因此我们在使用 LCSH 选择标题之前,必须了解 LCSH 中收入哪些标题,不收入哪些标题(即省略哪些标题),否则会因查找标题而浪费大量时间。

LCSH 是一部综合性的大型标题表,在标题的收录范围上时有变化,因此在使用标题表之前,必须细致研读标题表的导言(即编制及使用说明)。为了贯彻 LCSH 的编辑方针,节省篇幅,第八版把国会图书馆印刷卡片上出现的大量的专有名词的标题未印入标题表。这些未印标题,即省略的标题主要有以下 14 类:

①个人名字;

②姓氏；

③神、女神及神话中的人物；

④大多数机关团体，包括政府及其机构、宗教团体、社团、学会或商行；

⑤地域及地区；

⑥考古遗址；

⑦自然地形，如海湾、海峡、沙漠、湖泊、山脉、河流及火山；

⑧建筑物，如沟渠、桥梁、运河、坝堰、水库、楼房、城堡、历史上有名的房屋、要塞；

⑨都市区划、林荫大道、道路、广场、街道、城市居民区；

⑩公园、森林、森林保护区及野生动物保护区；

⑪大多数宗教书籍、佚名的宗教经典或专门的祈祷书；

⑫艺术作品、影视节目；

⑬植物学及动物学中的动植物的种、属、科、目、纲、门等系列名称；

⑭化合物名称。

但是，从1976年开始，由于LCSH编辑方针上的变动，许多被省略的标题又补回标题表中，补入的以前未印标题主要包括以下九类：

①宗教书籍；

②姓氏、朝代和王室；

③神及神话故事中的人物；

④地域、地形、城市的组成部分；

⑤名胜古迹、古城、帝国；

⑥建筑结构、建筑物、道路、公园及保护区、广场等；

⑦艺术作品；

⑧生物名称；

⑨化合物名称。

实际上仍然省略未印的标题主要是以下三大类：

①大多数著者标目，包括无作者的经典、电影片、广播及电视节目等，但只收一些人名和团体机构名用作范例；

②以个人名字命名的艺术品专藏；

③城市的市区及都市区。

了解了 LCSH 的收录范围，就可以"对号入座"，选用专指的标题及副标题。如果只有主标题，尚缺地区、时代、形式等副标题，则可以从自由浮动复分标题表中选用合适的标题。为了便于编目员标引那些标题表上省略未印的标题，LCSH 采取了以下两个措施：

其一，设置示范标题表（Table of Pattern Headings）。从众多的被省略的标题中选择一些典型样例，印在主表的导言中，作为各类省略标题复分的范例，这就是示范标题表的作用。例如 LCSH 关于人体器官已有消化道、神经节、垂体、血管、肾动脉、趾等典型标题，但在示范标题表中关于人体器官这一类设立两个示范标题——足和心脏。凡是在这两个标题下出现的复分标题，都可用作该类的任何标题的自由浮动复分标题。例如 LCSH 中虽然未列"关节——活组织检查"这一标题，但它仍是一个能够成立的标题，因为"活组织检查"被用作"心脏"的复分标题。

1980 年 6 月 LCSH 编制的示范标题表共分为哲学和宗教、史地、娱乐、社会科学、艺术和科技六大学科领域，共 35 类、47 个示范标题。LCSH 第 11 版重编了示范标题表，共收 37 类、46 个示范标题，而且 37 个类改按字顺排列。

学科领域	类　别	示　范　标　题
哲学和 宗教	哲学家	Thomas Aquinas, Saint 托马斯·阿奎纳斯
	宗教创始人	Jesus Christ 耶稣·基督
	宗教和寺院团体	Jesuits 耶稣会
	宗教	Christianity 基督教
	基督教派别	Catholic Church 天主教会
	宗教著作	Bible 圣经
	神学论题	Salvation 救世(主)
艺术	文学家	Shakespeare 莎士比亚
	语言	English language 英语
	文学	English literature 英国文学
	音乐家	Wagner 华格纳
教育	机构类型	Schools　　　　　学校
	大学	University and colleges 大学和学院
		Harvard University 哈佛大学
历史和 地理	统治者、政治家等	Lincoln　　　　　林肯
		Washington　　　 华盛顿
		Napoleon　　　　拿破仑
	立法机关	United States. Congress　　美国·国会
	陆军和海军	United States. Army　　　美国·陆军
		United States. Navy　　　美国·海军
	战争	World War, 1933—1945 世界大战, 1933—1945
		United States—History—Civil War, 　1861—1865　美国—历史—南北战 　　　争,1861—1865
社会科学	产业	Retail trade　　零售业
	各类人员	Children　　　儿童
科学和 技术	运输系统	Railroads　　铁路
	………………	………………

LCSH 示范标题表(1980 年 6 月编)

464

LCSH 在人名方面只收录了阿奎奈斯（Thomas Aquinas）、莎士比亚、华格纳（Wagner）、林肯、华盛顿及拿破仑作为哲学家、文学家、政治家一类人物标题复分的范例。因此当标引某一文献，在标题表中找不到恰切的标题时，就可按学科、按类别查看示范标题表，看能否找到同类的示范标题。如果加工一本汤显祖的传记，表中无现成的标题，估计被省略了，就可以从示范标题表中文学艺术这一领域下的文学家这一类中找到莎士比亚，然后仿照这一标题编制复分标题及参照。这种做法与分类工作中的仿分十分相似。

其二，为省略标题编制标准参照示范表（Stardard Reference Pattern for Nonprint Headings），该表刊载在第八版导言中，共列出19个省略标题，在每一典型的标题下列出设置参照的范式，并列举出范例。例如：

Art Collections（Private）

　　Stardard references

〔name of owner〕——Art collections

X〔alternative name of the collection〕

XX Art——Private collections

Examples：

Heinemann. Lore——Art collections

X Collection of Lore and Rodolf

　　Heinemann

XX Art——Private collections

遇到其他的省略标题，就可以如法炮制参照。假如图书馆新到一本有关梅兰芳艺术专藏的新书，则可为之标引如下标题：

Mei Lanfang——Art collections

并编制如下两条参照：

①Collection of Mei Lanfang

　　Sec Mei Lanfang——Art collectins

②Art——Private collections

　　See also Mei Lanfang——Art collections

三、标题的复分

LCSH 的标题可以分为单一标题及复合标题两类,后者往往是由主标题、副标题、次副标题组成的。由于 LCSH 属于先组式的词表,一般对标题如何复分、主标题与副标题的相互搭配,都作出明确的规定。遇到此种情况,选择标题的工作就比较容易进行。

LCSH 有四类复分标题,现分别介绍如下:

1. 论旨复分标题　又称方面副标题,用于主标题或其它复分标题之下,把标题所表达的主题概念限制在一个专门的子论题(某一方面、某一观点)的范围之内。适合于某一主题的论旨复分标题列举在主标题的各项参照之后。例如:

Locomotives——Dynamics

Fruit

　　　　——Anatomy

　　　　——Breeding

　　　　——Canning

　　　　——Diseases and Pests

　　　　——Harvesting

　　　　——machinery

2. 形式复分标题　或称体裁副标题,用于表示关于某一主题的材料、组织或提出的形式(如会议、字典、期刊),加在主标题或复分标题之后,成为标题的最后一个组成部分。形式复分表示这一著作是什么,而不表示这一著作是讲什么。因为它经常广泛地用于任何论题之下,所以在具体的主标题下很少作为复分标题列出。例如:

Chemists——Directories

Children´s literature——Bibliography

Geography——Maps

Bible——Pictorial works

但是要注意文献的形式或体裁,也可以成为文献论述的对象,用作主标题,这类标题已不是形式复分标题。

3. 时代复分标题　又叫时代副标题,用于表示国家或地区标题或论旨标题下的编年次序。从第 8 版开始,LCSH 不再使用不带年份的时代复分标题,改为采用数字表示年份,或在语词后附以年代,以便计算机排序。它也可以用来表示某论题下的编年顺序,或者用来表示某一主题的文献发展历史中有着重要意义的时期,有时也用出版日期来人为地为文献分组。西文文献标题级数最多的是时代副标题,例如:

China——History——Ching Dynasty——Taiping Revolution,1850—1864

Great Britain——History——Northman

Conquest to the Tudors

Philosophy, French——18th Century

Mathematics——1961——

Aeronautics——Early Works to 1900

4. 地名复分标题　又称地名副标题,是用地区名、地名或国名作副标题。LCSH 地名复分标题的使用最为复杂,有关规定也最为细致,大致可以分为以下三类:

第一类规定是关于地名标题的复分方法。在 LCSH 中,许多重要的地名标题下都列有复分标题。对于表中未印出的国家或地名可以 United States(美国)及 New York (City)(纽约市),作为示范标题进行复分。

第二类规定是关于间接及直接地名复分标题的用法。地名复分标题分成直接法和间接法两种。LCSH 的许多标题下都分别注明(Indirect)或(Direct)的字样,但是也有一些标题(包括省略标题)未注明是采用直接法还是间接法。从第九版起取消了"(Direct)",只注"(Indirect)"。1986年12月发行的LCSH缩微版把"(Indirect)"的字样改为"(May Subd Geog)",加在主标题之后,主题规范记录控制号及分类号之前。直接法是在主标题之后,直接采用一个国家、城镇或地区的名称。一般大城市或著名的地区均采用直接的地名副标题。例如:

Palaces——Peking

Tea——Ceylon

间接法是在主标题与地名之间,加上所在国(省或州)的国(省或州)名,前后均用破折号隔开。一般中等以下城市和不太出名的地区,均用间接的地名作副标题。例如:

Orange—China——Swatow

Birds——England——Yorkshire

70年代中期,LCSH又规定了以下新的使用地名复分标题的做法。

①凡是跨国的地域,采用直接法。例如:

Geology——Europe

Transportation——Great Lakes

Agriculture—Nile Valley

②凡是在某一国家之内的地域,采用间接复分。即一般分成两级,以国家作为集合的一级。例如:

Agriculture—— France——Rhone Valley

Music——Switzerland——Zurich

除以上基本规则外,LCSH还规定了一些例外的情况。譬如,加拿大、美国、英国、苏联四个国家,凡采用间接法时,不插入国名,而是插入省名、州名、加盟共和国名等。例如:

Music——British Columbia——Vancouver

Agriculture——California——San Joaquin Valley

Nursing——Ukraine——Kiev

Sports——England——London metropolitan area

如果某地域超过一省、一州的范围,就可直接用它复分。又如它规定凡是用柏林、纽约、华盛顿、耶路撒冷四城市作为复分标题时,均采用直接法。另外还有一些具体规定,标引时应注意掌握。

第三类规定是使用地名复分与形式复分或论旨复分的先后次序。凡是主表中在主标题后注明采用间接法,复分的次序为主标题＋地名复分＋论旨复分或形式复分。例如:

词表:Construction industry(Indirect)——Finance

标引:Construction industry——Poland——Finance

假如主表中在副标题后注明采用间接法,复分的次序则为主标题＋论旨复分或形式复分＋地名复分。例如:

词表:Construction industry(Indirect)——Law and legislation(Indirect)

标引:Construction industry——Law andlegislation——Poland

另外,LCSH关于地名的变动、领土从属关系的变动及参照的使用,都有一些具体规定,就不一一列举了,可以查看第10版、第11版导言。

由于论旨复分标题、形式复分标题、地名复分标题的使用频率极高,许多主标题(包括省略标题)下,都可以搭配这几类自由浮动的复分标题。为了压缩标题表的篇幅,增加标题表的灵活性。LCSH采取了类似分类法中附设辅助复分表的做法,编制了下面三种常用的自由浮动复分标题表:①通用复分标题表;②由示范标题控制的复分标题表;③地名复分标题表。在现有标题后加上标准的自由浮动词或短语,亦可形成新的短语标题。例如在现有标题后加上(Personal name)in fiction, drama, poetry, etc. (Topic)in Art,(Topic)in literature,就可以形成下列短语标题,例如:

469

Shakespear, Willian, 1564—1616, in fiction,

    drama, poetry, etc.

Horses in art

Horses in literature

通用复分标题表（Most Commonly Used Subdivisions）包括最常用的形式复分及论旨复分标题,几乎占美国国会图书馆字典式目录中的复分标题的三分之一。该表见于《复分标题用法指南》,长达十余万字,实际上是一个极为详细（甚至有些烦琐）的使用手册。它说明某一复分标题的使用范围、该复分标题与其他复分标题含义上的差别,有时还列出参照提示编目员应同时考虑其他有关的、相近的复分标题。有了使用复分标题的具体规定,不同图书馆不同编目员的标题工作就可以趋于一致。例如:

事故（Accidents）

    用于论旨性标题,特别是用于各种工业和商业、建筑物或设备、技术过程等标题下。至于特殊的体育运动或游戏的标题下,使用复分标题"事故和损伤"。

    参见 爆炸

            火灾与消防

            安全措施

            剧院灾祸

    见自 损伤

注意这里的参见和见自参照仅仅指向通用复分标题表中的其他复分标题,不是指向主表中的标题。

地名复分标题表共分成以下三部分:①用于地区、国家、州等名称下的复分标题;②用于城市名称下的复分标题;③用于特定的水体（河溪、航道、港湾）等名称下的复分标题。这些复分标题可以按照其从属的类别,用于任何被核准用作标题的地名之下。上述地名复分标题表的第①、②部分见于第八版导言。第③部分是

470

1979 年年度增补公报上新增设的。凡是省略的地名标题,都可以从以上三个地名标题复分表中选取有关的复分标题。

图书馆对复分标题的使用,应该考虑本馆的规模、任务以及各个标题的具体情况。规模大、藏书多,固然应该考虑把款目过多的标题进行复分;专业图书馆即使规模较小,因为同类书较集中,读者经常查找一些细小专深的主题,也应考虑使用副标题来作区分。例如历史、地质、地理、生物、农业等学科的专业图书馆,对地区复分往往有特殊的要求,图书馆必须因馆制宜地去考虑。

四、标引深度和专指度的确定

标引深度是指一种图书所论述到的各个主题被确认和转换成标题的程度,也可以说是给一种被标引文献指定标题的数量。这是一个衡量标题工作质量的重要尺度。一般说来,较高的标引深度可以向读者提供较多的检索入口。据统计,美国国会图书馆字典式目录的平均标引深度为 1.2,即每种书需 1.2 个主题款目。《西尔斯标题表》的编者西尔斯(M. E. Sears)认为一般情况下每种文献应编 1—3 个主题款目。如超过三个标题,就使用一个概括的上位标题。例如,一个论述柠檬、酸橙和桔子的图书可以分别用上述三个词为标目编三个主题款目。但如果该书还讨论了柚等水果,就只给一个标题"柑桔属水果"。美国国会图书馆不设分类目录,只有标题目录或字典式目录,对标引深度尚且作一定的限制。在我国以分类目录为主、主题目录为辅的情况下,对标引深度更应予以限制。实际上,标引的主题款目太多,不仅增加费用,而且会降低查准率。在我国一般的省市公共图书馆或高校图书馆,每种书应编的主题款目可控制在 1—3 个。有些大型图书馆或专业图书馆也可根据自己人力、物力的情况,适当提高标引深度。机检时,标引深度可比手检提高二、三倍。

需要指出,图书馆没有必要为馆藏每一种文献都编制标题,文学作品一般可以不必标引。对于应当剔除的书、陈旧过时的书、不合本馆主要读者群需要的书，都可以不标引，不收入标题目录。在公共图书馆或理工学校图书馆也可以只为自然科学和技术书籍编制标题。

标题工作的专指度是指标题与文献主题概念的内涵、外延相接近的程度，是另一个衡量标题工作质量的重要尺度。从理论上说，应该用最专指的标题进行标引。但实际上，专指度是相对的，应该根据图书馆的规模、藏书的性质、图书馆的职能及读者等情况，来确定标题的专指度。在这里，实用的考虑比理论上的要求更为重要。例如在 LCSH 中，除了概括标题"Libraries"及许多副标题以外，还有"Libraries, Catholic"、"Libraries, Children's"、"Libraries, Church"……"Libraries, University and college"等不少专指标题。在一个工科院校图书馆中，即使标引一本"Childrens' libraries"的书，也可以用较概括的标题"Libraries"，没有必要用太专指的标题。与此相反，在一些专业图书馆，对于本专业的文献可以采用较专指的标题。总之，各馆使用 LCSH 时，必须根据本馆的情况，决定标题的专指度，而不可拘泥于 LCSH，生搬硬套。

五、标题变动的处理

应当妥善地处理标题的变动。标题表是动态的，必须不断地更新，以跟上时代前进的步伐。更新的内容包括增加、删除和改动。因此必须密切注意 LCSH 的增补公报，按公报的要求来变动标题。

一定要慎重地处理标题的变动，不能轻率地更改已经采用的标题。更改已经采用的标题就意味着更改目录中有关的全部主题款目和参照。

处理标题的变动，存在着一个从新还是从旧的问题。即究竟是把旧标题下的材料改为新标题呢，还是把新标题的材料放到旧标题下？目前的作法有以下三种：

第一种是从新，即把旧标题下的全部材料全部予以审查，将适合的部分归入新标题，这就需重新标引。如果标题目录的历史长，旧标题的数量大，就需要相当的人力、物力。这不是一般图书馆力所能及的。

第二种是从旧，即从新的语词、新的标题做一条参照指向旧的标题，把有关的材料归入旧的标题。如果目前有关新主题、新语词的材料不多，可以采取这样的权宜之计，但这样做并不合理。如果有关新主题的材料越来越多，读者又往往采用流行的新标题进行查找，这样就会给查找带来麻烦。

第三种是在新、旧标题下分别著录材料，在二者之间建立参照。即旧标题下的材料保留不动，新标题也在使用，在新标题和旧标题之间编制两条相关参照。这样既可以节省重新标引的人力、物力，也可以互相照应，便于读者检索。这是一个可行的办法。例如：

Library science See also Library economy

Library economy See also Library science

也可以采用《医学标题表》增加标题历史注释的办法，对标题沿用的情况作适当的说明。例如：

Emergency services, Hospital

  1978；was Hospital emergency service

  1966－77

X Hospital emergency service

X Emergency outpatient unit

····················

这条注释表示 1966 年—1977 年用 Hospital emergency service 作为标题，1978 年起改用倒装形式 Emergency services, Hospital。看到这条注释，在查找材料时就要用以前采用的标题，一直追溯到 1966 年。有了标题历史注释,编目员可以省去大量的烦琐的更改标题的工作,读者也可据之查全所需材料。注意这里要求做的是单纯参照。目前 LCSH 尚未采用这种做法。我国在建立主题标准档时可以用中文编写这样的历史注释,也可以把历史注释改写成一般参照,指引读者查找。

六、主题标准档的建立

应当一边编目,一边建立主题标准档(Subject Authority File)。主题标准档是由一套记载本图书馆所采用的标题及其复分、参照,连同有关的依据的卡片所组成。这种卡片就称为主题备查卡(Subject Authority Card)。

为什么有了 LCSH,还要建立主题标准档呢? 因为 LCSH 只是标题法精神的体现,而不可能收罗一切标题,实际上有许多主标题和副标题是被省略的。也就是说图书馆实际所使用的标题与 LCSH 并不完全一致,所以就需要建立一套主题标准档,这和文献分类法的使用本有些相似。

主题备查卡的内容包括以下几项:

①本馆采用(包括从 LCSH 上选取及自己补充或改定)的标题及其应参见、见自、参见的项目(包括建立人名标准档和地名标准档)。

②对采用标题涵义的注释及关于原来各标题涵义的变更事项及其说明。

③关于所补充或改动标题的来源、根据或增设的理由。

④采用该标题的时间及编目员姓名。

建立主题标准档是保证标题工作一致性的重要措施。在标题工作中需随时参考它,用它核对已用的标题,以免发生分歧。当标题形式发生变动时,就可通过它追溯查找到相关的标题,逐一进行修订,避免遗漏,不至于产生盲参照(Blind reference),把读者指向一个实际上已经不存在的或不著录文献的标题。例如，LCSH 中有农业（"Agriculture"）这样一个标题，并可以按地名复分，但未列出具体的地名复分标题。假如来了两本有关"法国农业"及"乌克兰农业"的书，就需在主题标准档记录" Agriculture——France"及"Agriculture——Ukraine"这样两个标题及有关的参照。如" X France——Agriculture"、"X Ukraine——Agriculture"等。假如"Agriculture——Ukraine"这一标题发生变动时，就可从主题标准档得到提示，改动从"Ukraine——Agriculture"及其他有关标题指向"Agriculture——Ukraine"的参照。

目前有些图书馆不打算另建一套主题标准档，而是在现有的 LCSH 使用本上做有关的记录或增删。凡是标引过某一个主题，就在选用的标题上打上记号（一般打"√"号），同时还要在"见自"、"参见自"栏的相应标题上打上记号，如果参见栏中相应标题已入藏文献，也须打上记号。如果某一标题未收入 LCSH，则应补入标题表，并注意编制相应的参照，并在有关的标题上打上记号。这是一个变通的方法，藏书量不太大的或人力较为紧张的图书馆可以采用这一简便的方法。但一旦 LCSH 出版新的版本，又必须把新改动的标题全部抄到原来使用的旧版 LCSH 上，或者干脆在新版 LCSH 上增加以前所作的各种有关记录及记号，这同样是相当麻烦的。当然，如果增加的标题过多，在 LCSH 上无法填写时，必须另外组织一套补充标题的标题备查卡。这样在标题工作中必须既核对做了记号的 LCSH 标题，又核对标题备查卡，也比较复杂费事。因此，凡是有人力、物力条件的单位，应逐步单独建立一套主题标准档。

思考题

一、简述主题编目的原理。

二、主题编目与描述性编目有什么不同？

三、《美国国会图书馆标题表》在我国西文文献编目工作中应用的前景将会如何？请简要分析。

主要参考文献

1. 情报语言学基础/张琪玉.—武汉:武汉大学出版社,1987
2. 西文图书主题标引手册/王先林,侯汉清等.—北京:中国人民大学书报资料中心,1986
3. Chan, Lois Mai. Library of Congress subject headings:principles and application—Littleton:Libraries Unlimited, 1978.
4. Library of Congress. Subject Cataloging Division. Library of Congress subject headings. —11th ed. —Wash. :LC,1988.

第四编　目录组织与目录体系

第二十五章　目录组织概述

第一节　目录组织的意义与作用

通过文献著录编制成许多零散而各不相关的款目个体,这只是编目工作的第一个步骤。编目工作的第二个步骤是将众多的款目个体,依据其不同性质的标目,按一定的原则与方法排列起来,组成各种不同性质、不同类型的款目集合体,这就是目录组织。

每个款目个体只有通过目录组织才能相互联系起来,形成一个完整的目录有机体系,才能为使用者提供单元或系统检索文献的条件,从而使款目个体的单功能职能扩大为多功能的系统职能。目录组织是编目工作中最后一个环节,也是体现目录职能的关键程序,而目录又是图书馆揭示全部馆藏文献,交流书目信息的唯一而重要工具。因此,目录组织是完成图书馆目的、任务的重要工作枢纽。

第二节　目录组织的依据

目录组织的有效性取决于以下三个主要因素:一是确立科学而稳定的目录体系;二是编制高质量的文献著录款目;三是编制并使用统一的目录组织规则。

(一)确立科学而稳定的目录体系

目录体系是根据图书馆的性质、任务、服务对象、读者的检索习惯、馆藏规模与其组织,以及人力、物力等因素而确立的,因此,不同的图书馆有其不同的目录体系(关于目录体系的论述详见第二十八章)。确立目录体系的内容是指目录的种类和数量,以及各职能目录间的相互关系。明确了目录体系的内容,才能决定款目编制的种类与数量以及目录组织工作的具体任务、要求、范围和组织结构。目录体系一经确定,就必须保持其相对稳定性。目录体系的经常变动,不仅不能充分发挥目录的排检、揭示、宣传作用,给读者带来诸多不便,并在一定程度上会影响图书馆任务的完成。

(二)编制高质量的文献著录款目

文献著录款目的质量取决于三个因素。首先是文献著录的条例依据。编制高质量的文献著录款目应始终如一地遵循统一的文献著录条例。就目前来说,这个条例是文献标准著录条例(或规则)。以文献标准著录条例为依据编制的款目是全国及国际文献资源共享的基本检索单元,也是编目工作自动化、网络化的书目信息基础。其二,是款目著录内容的详简程度。根据特定编目条例编制的款目,其著录内容的详简程度必须一致。文献标准著录条例规定文献著录有三个著录级次。著录时,应选定一个著录级次,不能三个级次混淆或交替使用。否则,会影响款目质量。其三是编目人员的业务素质。编目人员的业务素质表现在:具备较丰富的编目理论知识与实践经验;通晓各种编目条例;既能熟练掌握,又能准确而灵活地使用特定的文献标准著录条例,具备各类学科的基本知识及掌握一至数门外语,较熟练地运用现代化编目手段。以上三个因素相互影响,彼此制约,缺一不可。总之,编制高质量的文献目录款目是指由高水平的编目人员根据统一的文献标准著录条例编制同一著录级次的款目。

第三节　编制与使用统一的目录组织规则

　　款目的组织依据是特定的目录组织规则。目录组织规则是目录组织工作的方法指南及科学根据。有了高质量的文献著录款目而无统一的目录组织规则作依据将它们组织起来,款目只能是一堆无任何内在联系的书目信息单体,不能成为一个能行使目录职能的款目有机整体。即使有了目录组织规则,还必须确定一个特定规则,坚守始终。任意更换目录组织规则,必然破坏款目组织的前后一致性,导致目录内部结构的混乱,影响其检索效果。

　　编制目录的首要原则是"读者至上",目录组织规则的制定也应遵循这个原则。要使规则易于理解,便于使用。目录组织规则还应与特定时期的文献著录规则相适应,与之配套编制并使用。根据以上原则,编制目录组织规则的具体要求是:

　　(一)规则应具较大的通用性,尽量减少与避免例外规则或选择性规则。

　　(二)规则可分为通用规则与特殊规则。通用规则适用于频繁出现的书目信息及字符串的排列,而特殊规则适用于出现频率较少的书目信息及字符串的排列。特殊规则应是通用规则的扩大或延伸,而不是例外或可选择的规则。

　　(三)规则的条款尽量少而精,叙述要简练、精确、易懂。

第二十六章　分类目录组织法

第一节　分类目录的意义、作用及种类

一、分类目录的意义

分类目录是从文献内容所属的知识门类揭示文献，它是根据文献内容的学科分类类目体系排列而成的款目集合体。

二、分类目录的作用

分类目录有三大作用：一是文献排架的依据；二是从学科类目的角度全面、系统、深入地揭示图书馆的馆藏文献；三是图书馆的工作人员依此目录从事各学科文献的增补、宣传、推荐与阅读指导等工作。

分类目录虽具上述各种作用，但它不是图书馆唯一的文献检索工具。它的局限性是不能集中同一主题的文献，使读者无法"因物求书"；读者难以掌握分类体系，从而影响检索效果；读者不能通过已知责任者名称或题名来检索特定文献。而这些不足之处只能由主题目录、责任者目录及题名目录来弥补。

分类目录一般由分类主要款目、分类附加款目、分类参照款目、分类分析款目及类目指导片组成。

三、公务分类目录、排架分类目录与读者分类目录

分类目录可分为公务分类目录、排架分类目录及读者分类目录。它们虽均以分类标识为检索点,但由于作用与用途的不同,三者在性质、款目著录内容、目录结构与体制等方面都有差异。公务分类目录供图书馆工作人员查核之用,是全部馆藏的学科分类帐目,是由分类主要款目组成的一文献单款目目录。每一文献款目中应著录各册分布收藏地标识。排架分类目录通常是以公务分类目录为基础的文献排架依据。它虽是一文献单款目目录,但不是全部馆藏财产清单,而是"文献上架才有目"的特定收藏处所的分类目录,因而,一个图书馆只能有一套公务分类目录却可以有数套排架分类目录。排架分类目录是按排架分类体系排列的。读者分类目录专供读者检索使用,它必须是由分类主要款目、分类附加款目、分类分析款目、分类参照款目等多种款目组成的有选择性的一文献多款目目录。它能为读者提供更多的学科类目检索途径。读者分类目录不是财产目录,因而款目中无须著录各册分布收藏处的标识。读者分类目录一般按分类法体系排列。

我国不少图书馆限于人力与时间而精简制片手续,将公务分类目录编制成一文献多款目目录,并以此为基础将上述三种分类目录合而为一,根据不同要求,有选择地复印或复制各种排架分类目录及读者分类目录,这种做法只要不失三种分类目录的功能,可以采用。

西方国家图书馆的分类目录一般仅供排架使用,因而只设一种排架分类目录。

第二节　中文文献分类目录组织法

分类目录是根据各分类款目的分类排架索取号的顺序排列的。

分类排架索取号一般由分类号、种次号或著者号、卷（册）次号或年代号组成，如：

例一：　　　0571.2E ←————分类号

　　　　　　1 ←————种次号

　　　　　　:2(1) ←————卷（册）次号

例二：　　　B32 ←————分类号

　　　　　　LYH ←————著者号

　　　　　　1986 ←————年代号

一、分类目录的一般排列方法

分类目录的排列步骤有二：首先，各类款目按特定文献分类法的分类号码顺序排列；其次，同类款目再按种次号或著者号、卷（册）次号及年代号逐个按顺序排列。

（一）各类款目按特定文献分类法分类号码顺次排列。这是分类目录的主导组织方法。

这里必须说明一点，从理论上讲这里所说的分类号是指目录分类号，不是索取号中的分类号。索取号中的分类号较之目录分类号宽泛、简短、便于排架索取，而目录分类号更详细。但实际上，我国大部分图书馆限于人力与制片时间，都将索取号中的分类号与目录分类号合而为一，我们认为，这种做法较切合我国实际。

我国目前分类号的标识主要有两种，一是以《中国图书馆图书分类法》为代表的字母与数字混合制，另一种是以《中国科学院

484

图书馆图书分类法》为代表的单纯阿拉伯数字制。它们的排列方法是:字母数字混合制是先按字母表顺序排列,相同字母按其后的小数制的顺序排。如 A161;A41;B2;C8;D6;E275 ....。单纯数字制则按分类号的数字顺序排列,小号在前大号在后。若首位数字相同,则按次位数字排列,依次类推,例如:11. 5;12. 1;13. 162;13. 168;13. 23;13. 231;26. 1;33. 18。

分类号带有辅助符号时,按下列方法排列:

1. 带有"a"推荐号的,一律排在有关类目款目的最前面,如:Ga;G－2;G0;G1

2. 凡带有"－"总论复分号的,排在类号为数字"0"的前面,如:F;F－43; F－61;F0;F2;F21

3. 带有":"组配复分号的按":"后其它学科的类号顺序排列,如:

> Z88
>
> Z88:B9
>
> Z88:B94
>
> Z88:D822
>
> Z88:K87
>
> Z88:TB
>
> Z88:TD

4. 一般文献需进一步复分,包括下列各符号时,按其先后次序,大小顺序排印,各符号排列顺序是:＝,( ),－。如:

> S512　　　麦(综论)
>
> S512　＝5　麦(综论,时代复分)
>
> S512( )　麦(综论,国家复分)
>
> S512－33　麦(种植经验)
>
> S512－33＝5 麦(种植经验)现代

(二)同类款目按责任者号、种次号、题名号或出版年顺序排列。

1. 按责任者号码顺序排列。中文文献款目中的责任者号一般为责任者的姓名汉语拼音的首字母大写,如 BJ(巴金)、LS(老舍)。姓名首字母相同的责任者,则后加阿拉伯数字以示区别,如 LY.1(李玉)、LY.2(李渔)。这种方法的优点是可集中同类文献中同一责任者的著作。缺点是:①必须编制责任者号码表,查核费时,影响编目速度。②机关团体责任者的号码冗长,影响款目著录位置,查检不便。

2. 按种次号顺序排列。即将同类文献中的不同款目按文献分编先后次序,给予不同顺序号,再将顺序号自小至大排列。这种方法的主要优点是:号码简短利于取书、排架并易学。缺点是:①不能集中同类中同一责任者的著作款目;②必须编制每类目种次号记录卡、查核记录等手续繁多,影响编目效率及质量;③分类法的分类号一变动,种次号会发生混乱。

3. 题名号排列法。是指将同类中的不同款目按款目中题名字顺取四角号码或拼音字母,再按各自自然顺序排列。

4. 按出版年顺序排列。可按出版年的正顺序排列,也可以按出版年的反顺序排列。

以上各种方法都是实践经验的积累,各有利弊,各馆可根据具体情况采用,或另创更合理可行的方法。

至于同类目责任者或题名下的不同卷(册)、版次等可根据以上办法,自创标识与著录方法。

(三)分类分析款目、分类附加款目及分类参照款目一般排在同类款目同一类号的后面。分类一般参照可排在同类款目同一类号的前面。

二、分类目录的特定排列法

(一)马克思、恩格斯、列宁、斯大林与毛泽东的单行著作,按写作年代排列。

（二）党和政府的会议文件,按会议届次顺序排列。

（三）中小学教科书及教学参考资料,同类中按出版年代排列。

（四）同一种文献的不同版本,按反纪年排列,即最近版本排在前,早期版本排在后。

（五）单项国家标准、部颁标准及专利文献等,按本身的编号排列。

以上五种特定排列法,各馆可根据具体情况选择或另列规则使用。原则是便于读者检索。

三、分类目录指导卡

分类目录中的款目是根据特定分类体系排列的,各类目间有密切的从属与逻辑关系,每一类目下有相当数量的款目。如此庞大的分类检索工具,必须有一种工具,指引读者迅速而准确地查到所需的类目,这就是分类目录指导卡。它可以概括一组具有共性的款目。

分类目录指导卡又称指引卡,简称导卡、导片。它是一种与款目卡片大小相等的厚质卡片,所不同者是在卡片上方有较一般卡片突出一厘米的导耳。导耳高于款目卡,使导耳上的类目名称更醒目,便于读者检索。

（一）指导卡的类型及记录格式

1. 全长导耳指导卡:表示基本大类,如:

全长导耳（1cm高）
基本大类

S　　农业科学

主　要　类　目

S1　农业基础科学　　S6　园艺

S2　农业工程　　　　S7　林业

S3　农学（农艺学）　S8　畜牧、兽医、狩猎、

S4　植物保护　　　　　　　蚕蜂

S5　农作物　　　　　S9　水产、渔业

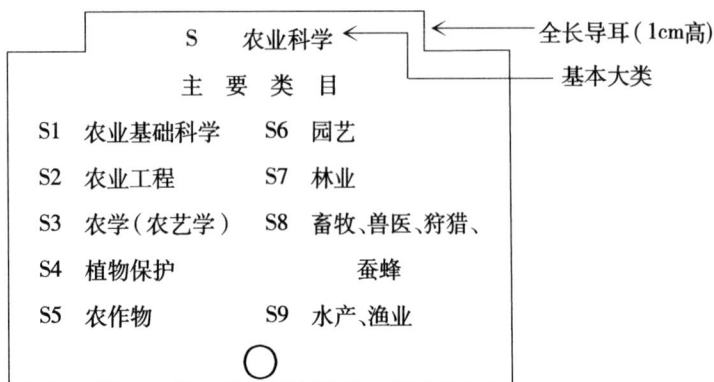

2.二分之一导耳指导卡:表示二级类目,如:

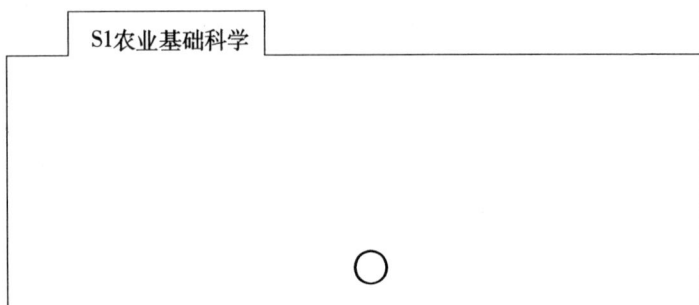

S1农业基础科学

3.三分之一指导卡:表示三级及三级以下类目,如:

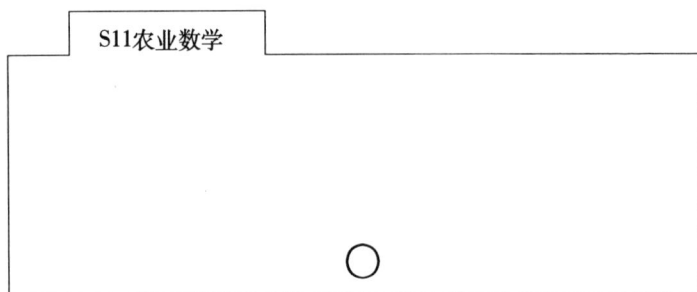

S11农业数学

488

4.指出分类规则及排列方法的指导卡:一般指出本类文献所论述的重要范围与分类规则。这与一般分类参照类似,必要时,两者可结合使用,如:

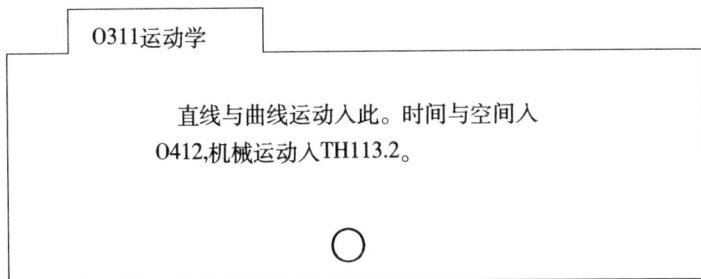

O311运动学

直线与曲线运动入此。时间与空间入O412,机械运动入TH113.2。

○

(二)类目指导卡的排列方法

1.类目指导卡排在同一类内所有款目的前面。

2.如同一类的款目分排在两个或两个以上目录屉时,应从第二个目录屉开始逐个在屉前重复反映本类的指导卡。

四、分类目录的宣传

分类目录在揭示文献的学科内容,向读者宣传、推荐文献方面起着重要作用。但读者对作为分类目录排列依据的分类体系不了解,不熟悉,因此,必须做一定的分类目录的宣传工作,帮助读者掌握。

分类目录的宣传方法:(1)读者目录厅若有咨询工作人员,可通过咨询,帮助读者了解、熟悉分类体系与目录组织规则,使读者逐渐掌握与利用分类目录。(2)目录厅无咨询工作人员时,可通过书面宣传,如张贴分类体系简表,编印利用分类目录的宣传手册等。

五、分类目录主题索引

（一）分类目录主题索引的意义与作用

前已提及分类目录的局限性之一是将同一事物、同一对象的文献分散在数个不同类目中，不便于读者集中检索。同时，我国不少图书馆限于各种原因，尚未设置主题目录。鉴于这种情况，为使读者通过分类目录检索同一事物或同一对象，即同一主题的文献，以提高分类目录的利用率，必须编制一种辅助工具——分类目录主题索引。

分类目录主题索引是将分类目录中所收资料的主题标题与它们的对应分类号著录在卡片上，按字顺排列成索引。读者可通过这个索引中的有关标题找到其对应类目号，再到分类目录中查找所需文献。

分类目录主题索引的主要作用有三：

1. 为读者提供特定主题在分类体系中的位置与类目号。

2. 可将分散在分类目录内各类目中同一主题的有关文献集中起来，例如：

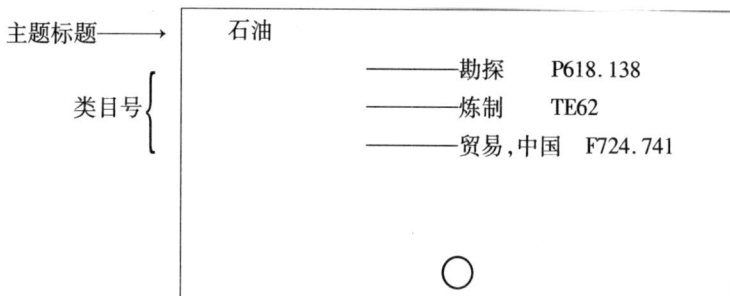

3. 编制统一的分类目录主题索引可将采用不同分类体系中属同一主题的不同类目联系起来，即可将同一主题而用不同分类体

490

系的类目号标识的文献集中予以揭示,以便读者检索,例如:

激光技术
TN　24　　(中图法分类号)
33.771　　(科图法分类号)

(二)分类目录主题索引与分类类名索引

分类目录主题索引是以主题标题及分类目录中的分类类目为对象而编制的标题——分类类目对照索引,其作用则是以主题标题入口,配合分类目录,集中揭示馆藏。而分类类名索引则是将分类表的类目名称及其相应的类号,按类名字顺排列起来的索引。它既可包括一类表的全部类目,也可只收分类目录中已用的类目。其作用是便于读者熟悉和利用分类表。从以上分析可知:分类目录主题索引与分类类名索引不能等同而言,两者都是分类目录的重要辅助工具。

(三)分类目录主题索引与主题目录

分类目录主题索引是分类目录的辅助工具,读者不能通过索引直接查到文献,而必须通过索引中主题标题所指引的类目号再查分类目录才能查获所需文献。分类目录主题索引也可发挥分类目录族性检索的功能。在当前编制主题目录条件还不够成熟的情况下,编制分类目录主题索引不失为是个权宜之计。

六、分类主题一体化

从情报检索角度分析,分类目录与主题目录各有利弊,都只能通过一种检索语言来查找文献,而分类与主题两种检索语言目前正相互交叉渗透,相互融合吸收。分类目录主题索引虽在分类目录与主题目录间起了桥梁作用,但终究因其检索的直接性差而不便于读者使用。基于这种背景,分类主题一体化这个问题应运而生。

分类主题一体化是将分类检索语言与主题词检索语言融合为一体,从而形成一种兼具两种标引和查找功能的检索语言。如采用这种语言做款目标目,编目人员只需对文献内容进行一次主题分析和一次标引,即可同时产生分类号和主题标题两种不同的检索标识,从而建立分类与主题两套目录,既简化了编目人员的编目程序,又提高了目录的查准率与有效率,同时可满足读者的分类与主题两种不同检索要求。

分类主题一体化是当今世界情报检索语言研究与编目学研究中的一个新课题与发展的必然趋势。西方国家在这方面已做了大量工作与研究。我国自1981年以来也进行了一系列研究和试验,现正由北京图书馆主持,北京图书馆图书馆学研究部和武汉大学图书情报研究所提出方案,以全国公共图书馆为主体编制《中国分类主题词表》,即《中图法》与《汉语主题词表》对应表(包括《分类号—主题词对应表》和《主题词—分类号对应表》两部分)。这个词表的编就与使用可能是编目工作的一大改革,也将为读者检索文献提供诸多方便。

分类主题一体化属情报检索语言的范畴,这里只略述一二。

第三节　西文文献分类目录组织法

西文文献分类目录的组织方法与中文文献分类目录组织法基本相似,稍有差异。

西文文献分类目录主要包括主要分类款目、分析分类款目、分类参照款目和类目指导片。西文文献分类目录组织结构主要依据特定分类体系（目前常用的分类法有《中图法》与《科图法》）编制。分析分类款目、分类参照款目均按目录组织号（分析分类号、参照分类号）排入有关目录中。

一、分类排架索取号的组成

西文文献分类目录也是主要以分类款目中的分类号为依据，按特定分类体系的顺序排列的。分类排架索取号码一般是由排架区分号、分类号、著者号（或种次号）、版本区分号或会议年号和卷册区分号等组成。如：

① 2 ←——————— 排架区分号

K837.1256 ←——————— 分类号

LJR ←——————— 著者号（或种次号）

1977 ←——————— 版本区分号（出版年号或会议年号）

② 2 ←——————— 排架区分号

H31 ←——————— 分类号

BPA ←——————— 著者号

v.1 ←——————— 卷次号，v小写，（德文卷次标识为Bd.1)

1. 排架区分号。一般是指目录文种的标识，如"2"；工具书的标识，如"G"（公务排架目录可将工具书款目单独列目，置于分类号"Z"之后）。排架区分号的标识可由各馆自拟，无统一规定。

2. 分类号。与中文文献目录的相同。

3. 著者号或种次号。西文文献分类目录中著者号的选取目前大体有两种方法。一种是与中文文献目录的相似，选取责任者名称的首字母大写或题名第一个实词的首字母大写。第二种是采用克特著者号，简称克特号（Cutter numbers）。

克特著者号原为美国近代编目学家克特所创编,原先的表名为《两位数字著者表》(Two – Figure Author Table)

每个著者号由一个著者的姓的大写字母和两位数字组成。后经桑波恩(Kate E. Sanborn)修订再加配了第三位数字,表名为《克特—桑波恩三位数字著者号码表》(Cutter – Sanborn Three – Figure Author Table)。接着,克特又修订了他的两位数字著者表,编成:《三位数字著者号码表》。目前,西方国家和我国图书馆常用的是《克特—桑波恩三位数字著者号码表》。

克特著者号码表的编表目的是为了组织目录和排列文献。凡同一分类号不同责任者的文献或同类号同责任者不同题名的文献都可用著者号码或著作号码加以标识和区别。号码表的基本排列方法是两个姓的前几个字母合用一个两位或三位数字。现根据上述三种著者表以查英国诗人 John Donne 的著者号为例,分别予以说明(下列三表中的字母与数字仅属与 Donne 有关的部分) :

克特两位数字著者号码表

Doll	69	Foh
Dom	71	Folg
Doo	720	Foll

克特三位数字著者号码表

Donk	718	Folk
Donnet	719	Folke
Doo	720	Foll

克特—桑恩三位数字著者号码表

Donk	684	Fonti
Donn	685	Fontr
Donner	686	Foo

根据上述三种表的使用规定,Donne 的著者号应分别为 D71(第一种著者号)、D718(第二种著者号)、D685(第三种著者号)。

同一类号同一著者的不同著作的著者号除著者号外另加一个题名第一个实词的首字母大写。如 Henry James 的小说《Wings of the Dove》的索取号是：

813.4 ←————— 杜威分类号

J29 W ←——————— 小说第一个实词"wings"的首

著者号　　　　　字母大写

美国国会图书馆近期设计了较为简便的克特号码表,这种表是根据以下几条规则选取著者号的：

（1）首字母为母音字母：

为其第二个字母：　b　d　l,　m　n　p　r　s,　t　u-y

用数字：　2　3　4　5　6　7　8　9

如：Abernathy 的著者号是 A2

（2）首字母为：S

为其第二个字母：　a　ch　e　h,　i　m-p　t　u

用数字：　2　3　4　5　6　7-8　9

如：Schaefer 的著者号为 S3

（3）首字母为：Qu

为其第三个字母：　a　e　i　o　r　y

用数字：　3　4　5　6　7　9

如：Quabbe 的著者号为 Q3

为名称开始字母为：Qa - Qt

用数字：2—29

如：Qadriri 的著者号为 Q2

（4）首字母为其他辅音字母

为其第二个字母：　a　e　i　o　r　u　y

用数字：　3　4　5　6　7　8　9

如：Carter 的著者号为 C3(7)

若用两个数字时,其第二个数字加"( )"。

(5)必要时可加一个数字

为第三个字母为：a-d　e-h　i-1　m　n-p　r-t

用数字：　2　　3　　　4　　5　　6　　7

u-w　x-z

8　　9

如：Cabot 为　　　C3

Callahan 为　　C3(4)

Carter 为　　　C3(7)

以上三种克特号码表各馆可根据具体情况选择使用,但必须固定使用其中一种著者号码表。

克特号的优点是有固定的号码表,查阅方便,它较前一种著者号(即只用姓名首字母不用数字)专指性与准确性均强,一般不必另做著者登记卡,制片速度较快。

我国西文文献款目中种次号的标识及著录方法目前亦无统一规定。有的排架区分号用文种标识时,则种次号纯为流水号。不用排架区分号者,则将文种标识置于流水号前组成种次号,如：

P156.1—— ——分类号

西文文种标识————→ W21—— ——流水号

(West的首字母)　　种次号

4.出版年号、会议年、卷次号的标识与中文款目基本相同。

二、分类目录基本排列方法

(一)首先排列排架区分号。排架区分号超过一种标识时,可按各标识分别排列,也可混合排列。

(二)排架区分号标识相同或混合排列时,按分类号排列,分类号排列方法同中文款目。

(三)分类号相同时,按著者号或种次号顺次排列。

1.著者号按字母顺序排列,先排第一个字母,第一个字母相同时,再按第二个字母排列,以此类推。

由字母与数字组成的著者号,先按字母顺序排列,字母相同,再按数字顺序排列。

2.种次号的排列方法与中文款目的相同

(四)分类号与著者号相同时,则按出版年或会议年正顺序或反顺序排列。

(五)卷次号按正顺序排列。

第二十五、二十六章思考题

一、试述目录组织的意义与作用。

二、简述目录组织的依据。

三、略述编制目录组织规则的原则及具体要求。

四、试述分类目录的意义及作用。

五、简述公务分类目录、排架分类目录、读者分类目录的意义、
   作用及三者的异同。

六、试比较种次号与著者号的优缺点。

七、公务分类目录、排架分类目录及读者分类目录三者能否合
   而为一? 请阐明分或合的理由。

八、简述目录分类号与索取号中分类号的区别,两者能否统一
   为一个分类号? 请说明分与合的理由。

九、试述分类目录特定排列法的必要性或不必要性。

十、简述分类目录指导卡的意义与作用。

十一、略述分类目录主题索引的意义与作用。

十二、试比较分类目录、分类目录主题索引、主题目录三者的
   优缺点。

十三、简述分类主题一体化的意义与作用。

十四、比较克特—桑波恩三位数字号码表与美国国会图书馆
设计的克特号码表的特点及使用上的优缺点。

主要参考文献

1. 新编图书馆目录/黄俊贵,罗健雄编著. —北京:书目文献出版社,
1986.8. —p. 327 – 365

2. 图书馆目录/李纪有,余惠芳编著. —北京:书目文献出版社,1986.
6. —p. 281 – 286

3. 图书馆目录/刘国钧等编. —北京:高等教育出版社,1957. 8. —p. 290
– 309

4. 图书馆文献编目/傅椿徽主编. —武汉:武汉大学出版社,1989.9. —p.
207 – 240

5. 分类主题一体化是我国情报检索语言的发展方向/刘湘生//北京图书
馆通讯. —北京:北京图书馆. —1987,(4). —p. 12 – 16

6. 中国科学院图书馆目录组织规则(图书部分)/中国科学院图书馆编
目部. —北京:书目文献出版社,1980.3. —p. 1 – 13

7. 北京图书馆目录组织规则(图书部分)/北京图书馆编目部编. —北
京:书目文献出版社,1984.5. —p. 1 – 15, 30 – 38

8. 西文文献编目导论(初稿)/韩平,李云增合编. —北京:北京大学图书
馆学系,1985.8. —油印本. —p240 – 244

9. Chan, Lois Mai. Cataloging and classification:an introduction/Lois Mai
Chan. —New York:McGraw – Hill, 1981. —p. 339 – 344.

10. Wynar, Bohdan S. Introduction to cataloging and classification/Bohdan
S. Wynar. —7th ed. /by Arlene G. Taylor. —Littleton, Colorado:Libraries
Unlimited, 1985. —p.567 – 569

第二十七章　字顺目录组织法

第一节　字顺目录的意义、作用及种类

一、字顺目录的意义和作用

字顺目录是指以作为款目标目的题名、责任者名称及标题的特定字顺或特定单元字符串为依据,按照一定的目录组织规则进行排比而组成的目录。它可以使每个互不相关的题名款目、责任者款目、主题款目分别或混合联系起来形成一个有机的款目集合体。每种文献款目可以在字顺目录中具有各自不同的准确位置,从而在题名、责任者及主题三方面揭示馆藏文献,以满足使用者"以字求书"的要求。

字顺目录虽具上述特定作用,但也存在一定的局限性。首先,字顺目录从反映文献特征的语言的字顺揭示文献,读者也只能从文字的角度检索文献,不能从文献所属学科内容着手进行检索。因此,在建立字顺目录的同时,另需组织一套相应的分类目录,使两者相辅相成,互为补充,以满足读者的不同检索要求。其次,各种文字形体结构各具不同的复杂性,汉字数量众多,字体繁简不同;西文有不同语种、发音、连音符号、冠词、词前缀、不同形式的标点符号和缩写等复杂因素,字顺目录组织规则也就相应繁多,致使目录使用者无所适从,难以掌握,因而影响检索效果。

二、字顺目录的种类

字顺目录可从不同角度划分其种类。

（一）按目录所揭示的文种划分，可分为中文字顺目录、日文字顺目录、西文字顺目录及俄文字顺目录等。

（二）按目录使用的对象划分，可分为读者字顺目录及公务字顺目录。

1.读者字顺目录：读者字顺目录所揭示的文献应是有选择性、最合乎读者需求或专业性强、学术价值较高的文献。它必须为读者提供多种检索途径以提高其检索效果，因而，读者字顺目录一般应是一文献多款目的目录。这种目录除索取号外，可省略其他业务注记。

2.公务字顺目录：公务字顺目录是专供图书馆工作人员在采访、分类、编目等工作中使用的目录。一般包括题名字顺目录与责任者字顺目录，也可包括主题目录。中文公务字顺目录中的题名字顺目录是图书馆文献资源的财产目录。由于以题名为标目的款目不作为责任者款目列入责任者目录，因此，中文公务责任者目录仅反映只有责任者的馆藏文献。有的图书馆的西文公务字顺目录，将无责任者的题名款目列入责任者目录，这样，西文公务题名目录与公务责任者目录就都是全部馆藏的财产目录。

公务字顺目录应记录业务注记，一般可以是一文献单款目目录。

（三）按款目标目所反映的检索标识的性质划分，可分为题名字顺目录、责任者字顺目录及主题字顺目录。前两种目录在读者字顺目录与公务字顺目录中均有反映，而主题目录通常供读者使用。但为便于采购或典藏，有时公务字顺目录也设置主题目录。

（四）按目录的组织方式划分，可分为：

1.分立式目录：分立式目录是指分别将同一性质的款目单独

500

组成几套目录,如题名目录、责任者目录、主题目录等。

2.字典式目录:字典式目录是指将具不同性质的款目混合起来,统一按标目的字顺组织起来的一整套目录。

(五)按目录的载体形式划分,可分为纸张型目录(包括卡片式目录、书本式目录等)、非纸张型目录(包括缩微目录、机读目录等)

第二节　中文字顺目录组织法

一、主要汉字排检法简介

中文字顺目录的组织必须以一定的汉字排检法为依据,因此,排检中文字顺目录应首先掌握特定的汉字排检法。所谓汉字排检法是指将一系列汉字(包括复词),按一定的规则排列成能区分每一个汉字(包括复词)次第的系统,从而便于检索的一种方法。

汉字是形、音、义的统一体,不仅字数浩瀚,并且字形结构复杂。基于此特点,为提高中文文献的检索效率,人们对汉字排检法作了许多研究。据统计,我国探讨与研究出的汉字排检法已超过一百五十种,但由于缺乏广泛的经验总结,未经集中研讨与验证,目前汉字排检法的研究与使用尚处于各抒己见、随意采用阶段,至今未获统一。因此,读者必须掌握数种汉字排检法才能在不同图书馆检索所需文献。这给排检文献带来莫大的困难与障碍,降低了检索效果。

万变不离其宗,汉字排检法再多,归结起来,离不开从形、从音及音形结合排列这三个原则。我国目前图书馆所采用的汉字排检法主要有以下三种。

(一)笔画笔形法

笔画笔形法又称笔画笔顺法或笔画查字法。这种方法是先按汉字的笔画数目,少在前,多在后顺次排列,笔画相同时,再按起笔的笔形顺序,如、一丨丿或、一丨丿一或、一一丨乚乀乚等排列。不少图书馆将起笔笔形顺序规范为一 丨 丿 、 一。第一个字相同时,其后各字的排比目前有三种不同方法。第一种是用第一个字的方法排比,以此类推。第二种是直接比第二个字的笔画数,第三种是比第二个字以下的字数多少。一般来说,取第一种方法者为多。笔画、笔形完全相同时,则依第一、二笔关系的离、接、交为序,第一、二笔的关系完全相同时,再按第二笔与第三笔关系的离、接、交为序。余类推。笔画、笔形和起笔关系完全相同时,首笔短者在前,长者在后,如"人"在"人"前,"土"在"士"前。

笔画笔形法的最大优点是:通俗简单,易为人们所接受与掌握。其主要缺点有二:首先,由于汉字形体结构的经常变化,笔画笔形无一定规范,起笔笔形因人而异而影响目录的稳定性与目录排检的准确性。其次,计算笔画,决定笔形顺序费时费工,必然影响目录的排检效率。

(二)四角号码法

四角号码法是将一个汉字作为一个方块,依其四角笔形结构(当有四角时)配置一定号码,再依号码大小确定其排列次第的一种排检方法。四角号码法的十种笔形代号是:0 零即"亠",1 横即"一",2 垂即"丨",3 点捺即"丶""乀",4 叉即"十",5 插即"丰",6 方即"口",7 角即"㇀㇉",8 八即"八",9 小即"小"。为了帮助记忆,有人为四角号码法编一个口诀:"1 横 2 垂 3 点捺,4 叉 5 串方框 6,7 角 8 八 9 是小,点下有横变 0 头"。这就是四角号码法的一个概括。一字根据四角号码法配号的顺序是:左上、右上、左下、右下,如"大"字为 4080,"端"字为 0212,"张"字为 1223,按号码数字大小排列,以上三字的顺序为"端"、"张"、"大"。关于四角号码法的详细规则可参阅 1977 年出版的《四角号码新词典》(修订

502

重排本)。

四角号码法有新旧之分。最早是 1926 年出版的《四角号码检字法》,几经修订于 1963 年公布了新的《四角号码查字法》。1977 年出版的《四角号码新词典》(修订重排本)就是根据 1963 年版改排的。为此,各馆在使用四角号码法时必须严格区别,固定使用,切忌混淆。

四角号码法的主要优点是只要掌握了十种笔形代号就能见字识码,配号迅速简捷。它的缺点较多。首先,重号太多不能做到一字一码,造成排检困难;其次,新旧法易混淆,使用者难以适从;第三,字体繁简变化较大,易同字异号,造成排检障碍,影响目录质量;第四,排检者对字的四角笔形的识别各异,尤其是单笔形与复笔形容易混淆。因此,常会误定号码。由于缺点多于优点,根据"读者至上"的原则,四角号码法不宜于组织读者目录,从长远观点考虑,也不适于组织图书馆目录。

(三)汉语拼音音序法

汉语拼音音序法是将汉字按照《汉语拼音方案》所规定的拼音字母顺序排列其顺序的一种排检法。

我国目前采用汉语拼音音序法排检汉字的具体方法主要有以下三种:

1. 严格按《汉语拼音方案》拼写连缀的字母顺序排列。

mianhua　　　　棉花

mianhua　haichong　　　棉花害虫

mianhuai　　　　棉槐

mianhua　jiagongji　　　棉花加工机

mianhua　jiaobanbing huangdanbaojun　棉花角斑病黄单胞菌

mianhua　shouhuoji　　　棉花收获机

mianji　　　　面积

　　　　　　　　(摘自《汉语主题词表》第二卷自然科学

第三分册主表)

上例类似西文字顺目录组织中"按字母顺序排列,字母与字母相比"的方法,也即一般外文词典的排列方法。这种方法完全脱离了我国汉字形体结构的特点,形成一种类似西方拉丁文字的拼音文字,它既不能集中相同的汉字,又不切合我国读者的检索习惯,因此不宜推广使用。

2. 完全按照《汉语拼音方案》拼写词的音节顺序排列。即先按各词第一个字的首字母排比先后,首字母相同再按第二个字母排比,直至最后一个字母。第一个字的字母完全相同,则按声调(阴、阳、上、去)次序排列。第一字的音节(包括字母及声调)完全相同,再以同样方法排比第二个字,依此类推。例如:

fēnbié	分别
fēnfán	纷繁
fēnpèi	分配
féndi	坟地
fénhuà	焚化
fényíng	坟茔
fěnbǐ	粉笔
fēnzǐ	分子

这种方法是以词为排比单元,分离了同一字形的字,脱离了我国读者以字排检的习惯,因此,与第一种方法一样,较难推广使用。

3. 以《汉语拼音方案》拼写每个字的音节顺序排列,辅以笔画笔形。方法是:

①先将首字相同的汉字集中,再按第二字、第三字及其以后各字的汉语拼音排比。如:

mǎ　　《马克思的资本论》
　　　　《马克思恩格斯论中国》
　　　　《马克思列宁主义基础》

máo	《毛泽东论调查研究》
	《毛泽东选集》
	《毛主席的哲学著作》

②首字的音节相同时,按其声调先后(阴、阳、上、去)顺序排列。如:

āi	《埃及》
ái	《癌的药物治疗》
ǎi	《矮脚南特》
ài	《爱社的人》

③首字的音节及其的声调完全相同时,按它们的笔画顺序,从少到多排列,例如:

lì	《历史》
	《厉行节约反对浪费》
	《傈僳语语法纲要》

④首字的音节、声调及其笔画数完全相同时,再按它们笔形的前后次序排列,例如:

lì	《沥青表面处理》
	《丽梅的心事》
	《励磁成组调节系统的电子模拟计算的研究》
	《利用野生植物除四害》

这种排检法的最大优点是:既紧跟我国文字改革汉语拼音的长远发展方向,提高目录的稳定性与准确性,又照顾了我国当前拼音文字和方块文字以及目录使用者目录排检习惯的实际。排检汉语拼音音序字顺目录的先决条件有二:一是熟悉并掌握汉语拼音方法和声调顺序;二是掌握汉字正音的正确读法,换句话说,要学会普通话的标准发音。前一条件除少数未学过汉语拼音的中老年同志外,大部分受过初等以上教育的人都基本解决。而要解决第二个条件,在目前标准普通话尚未普及,地方音还相当普遍的情况

下,是有一定困难的。这就是这种方法难以即时普及使用的唯一障碍。但从文字改革的长远观点看,不失为一种较科学、稳定性较强的排检方法。

综观上述三种排检法,(前两种是从形排检,第三种中的前两种方法是从音排检,而其第三种则音形结合排列),虽各有利弊,却相互取长补短,互为补充。在当前文字改革及汉语拼音尚待完善,方形汉字仍需长期存在,人们的排检习惯正在改变的过渡阶段,全国不宜硬性规定一个统一排检法,而应让这些不同的排检方法较长期地并存下去。各图书馆或情报检索单位可根据具体情况选择采用。并据此结合各馆文献收藏情况、目录体系及读者排检习惯编制具体细致的排检规则。

我国大部分图书馆采用分立式目录,下面就此目录形式分别介绍各种性质目录的组织法。

二、题名目录组织法

前已提及,题名目录是指将以题名为标目的各种相关款目,严格遵照一定的汉字排检法及特定的目录组织规则组织成的款目集合体。它是一种供查找特定题名文献的检索工具。题名目录由题名主要款目、题名附加款目、题名分析款目、题名综合款目,以及题名参照款目和题名指导片组成。

题名目录的主要组织规则如下:

(一)先按题名的第一个字的字顺排列,如第一个字相同,再依第二、第三及以后各字的先后顺序排列。

(二)题名完全相同时,再按责任者或出版者(当无责任者时)的字顺排列。责任者与出版者均无的款目,排在有责任者、出版者的款目的前面。

(三)具副题名或说明题名文字的款目,当其正题名相同时,则按副题名或说明题名文字的字顺排列。当正题名相同,其后另有国家、地区、时代等文字或顺序号时,分别按国家、地区名称的字顺或历史时代、顺序号的先后顺序排列。

（四）题名中的各种标点符号省略不排。

（五）题名前冠有的"增订"、"增补"、"简明"、"袖珍"、"最新"、"新编"等词,一律照排,不必省略。用题名参照片以集中冠有上述词的同一文献。

（六）题名以外文字母、阿拉伯数字或罗马数字开始的款目,集中排列于整个题名目录之前或后,以阿拉伯数字及罗马数字、拉丁字母、其他字母各自的次序排列;如这些数字或字母在题名中间,应排在与其前面汉字相同的款目之后,其中的阿拉伯数字和罗马数字可转换为相应的汉字排列,如"8"、"Ⅷ",按"八"字排。

（七）题名以"第"字开始,其后又有数字或阿拉伯数字时,应按数字小、大顺序排列,再按数字后的汉字字顺排列。数字在题名之中时,则排在与其前面汉字相同的款目之后。

（八）同一种丛编文献或多卷文献既有整套综合款目,又有个别著作的子目款目时,可将子目款目集中在有关的综合款目之后;同时将子目款目分散按字顺插入整套题名目录,以便读者从个别著作的题名查找有关文献。

（九）题名参照片按其字顺插入应有位置。题名指导卡按各馆制定的多寡置于相应位置。

（十）为突出文献间的逻辑、系统、连续关系及完整性,可突破上述九条字顺体系的排列法,采用系统组织法。即同一题名与责任者的不同版本文献,按版次新旧次序排列;同一机关团体的会议文献款目,按会议届次或年份排列（正顺序或反顺序）;对某一著作的评介、注释或索引等款目,可排在原著作款目之后。

三、责任者目录组织法

责任者目录是指将以责任者名称为标目的款目,按责任者名称的字顺,严格遵循一定的汉字排检法及特定目录组织规则组织起来的款目集合体。它是读者通过责任者名称查找文献的检索工具。责任者目录由责任者主要款目、责任者附加款目、责任者分析款目、责任者综合款目、责任者参照款目及指导片组成。责任者目录的主要组织规则如下:

(一)将责任者款目按其标目的字顺排比,如首字相同,再排比第二、三字,依此类推。

(二)同一责任者的不同著作按题名字顺排列。如题名相同,则按索取号或版次排。

(三)责任者名称相同,而不是同一责任者时,根据不同情况排列。

1.同一国籍的责任者名称完全相同时,按历史时代先后排列。属我国现代责任者时,建国后的责任者款目排在建国前责任者款目之前。同一时代责任者名称相同时,按生卒年先后排列。

2.中国责任者名称与外国责任者汉译名相同时,中国责任者的款目在前,外国责任者的款目在后。不同外国责任者的汉译名相同时,按其国籍名称字顺或按原文字顺排列。

(四)同一外国人在其不同译著中的汉译名称完全相同时,按其原文姓氏后表示名字的第二、第三个缩写字母的顺序排列;汉文姓氏后不附原文姓名者,排在有原文的前面。

(五)责任者目录中的参照款目与指导片的排列方法同题名目录。

(六)责任者目录与题名目录一样,除上述汉字字顺排列法外,可以另外采用系统排列法,其具体规则如下:

1.同一责任者的不同著作款目,按全集、选集、文集、单行本、专题汇编的顺序排列。单行本按题名字顺或写作日期排列。

2.各种著作的续编、摘要或改写本款目,排在原著款目之后。

3.党的不同著作可按以下次序排列①党纲、党章,②以党的名义发表的文告、宣言等，再按题名字顺排。③代表大会或代表会议的文件，先按届次、次数、年份排，再依文件题名排。④中央各部的文件，先按组织系统排，再按文件名称排。⑤地方党组织的文件，先按省（市、自治区）排，再按市、县排，最后按题名排等。

责任者目录的系统排列，有助于集中同一责任者的不同著作方式，或不同类型文献。

四、主题目录组织法

主题目录是指将以主题的标题名称为标目的款目，按一定的汉字排检法及目录组织规则组织起来的款目集合体。主题目录是目录使用者从主题的角度找查文献的检索工具。它是由主题主要款目、主题附加款目、主题分析款目、主题参照款目及指导片组成。

主题目录的主要组织规则如下：

（一）将主标题相同的款目排在一起，先排单字标题，后排词组标题。

（二）标题中具各种标识符号时，按如下顺序排列：

—　　短横（限定关系的组配符号）

：　　冒号（交叉关系的组配符号）

，　　逗号（倒置符号）

·　　圆点（间隔符号）

（　）　括号（限定符号）

《　》　书名号

"　"　引号

（三）主标题相同时按各级副标题的字顺排列。副标题为历史年代时，按年代正顺序排列。副标题为地区时，先排我国的国家名称，后按字顺排其他各国及其地区的名称，如：中国、北京、上海、广东、英国、伦敦、美国、纽约等。

（四）标题完全相同时，再按题名或责任者名称字顺排列。

（五）主题目录中的参照款目按其字顺列于目录相应位置；指导卡的排列方法与题名目录的相同。

五、字顺目录的指导卡

字顺目录指导卡与分类目录指导卡一样是用来区分目录中一部分与另一部分款目，概括一组款目共性的特殊卡片。它可以指导目录使用者在目录内更迅速、准确地查到所需文献的书目信息。字顺目录中的指导卡可分为一般指导卡与特殊指导卡两种。一般指导卡通常用来指导目录组织方法或字顺法，而特殊指导卡则是用来推荐某一重要文献或知名责任者。这两种卡片的形式与分类目录指导卡基本相同，其内容结构目前无统一规定，各馆可根据所采用的汉字排检法及目录组织规则等具体情况编制。编制原则是便于目录使用者迅速查找目录中的有关款目。

由于目录体积庞大，目录柜抽屉数量较多，为进一步指导读者迅速找到特定目录抽屉，并保持整套目录有序排列，还需在目录柜及其抽屉上作适当的标志。标明每一目录屉内款目排列的起讫单字、号码或字母。

我国目前尚无统一的目录组织规则，各馆均有自拟的规则。较成熟的目录组织规则有 1984 年出版的北京图书馆编目部编的《北京图书馆目录组织规则》（图书部分）及 1980 年出版的中国科学院图书馆编目部编的《中国科学院图书馆目录组织规则》（图书部分）。

第三节　西文字顺目录组织法

西文文献目录款目中的书目信息是用拼音文字记载的，这种文字结构比方块汉字简单，因而款目排检方法也相对地较为单一简便,不必从字形,只需从拼音字母顺序排检。

一、款目排比的信息单位及其划分

西文文献款目排比的信息单位是书目信息中的单元字符串（Character strings），即书目信息中的自然语言的单词。这种单词可以是一个字母,或多个字母的组成形式,也可以是一组首字母的缩写名称或缩写的缩略语形式,如：

A.

Slowpoke

O. R. U. N.

Unesco

除语言文字的单词外,单元字符串也可以由单个或成组数字、标记、符号等组成,如：

112　Elm　Street

$\$\$\$$　and　sense

%　of　gain

单元字符串还可由字母与符号或字母与数字混合组成,如：

$20　a　week

3M　Company

单元字符串通常是由空格及语言标点符号（包括常用标点符号,如逗号、句号、冒号、分号以及非常用标点符号,如破折号、连字号、斜线、删节号和括号等）划分。如：

C. I. B

O, Chae－ho

B－－s

John/Paul/George/Ringo

Life；a book for young men

ELH：a journal of English…

St. Louis(Mo. , U. S.)

西文中"词"(word)这个术语,一般容易被理解为由一个字母或数个字母组成的语言文字形式。根据上述定义,"单元字母串"的概念较之"词"的概念更具概括性,更适用于编目学领域。

二、款目组织原则

西文字顺目录的组织原则是:根据款目中书目信息的自然语言及其顺序如实地排列(File - as - is),即如实地根据款目中所出现的单元字符串的形式及顺序从无到有地进行排比。

三、基本排检规则

(一)按字母顺序,单元字符串与单元字符串相比进行排比。

目前按字母顺序的排列方法一般有两种,一是按字母顺序,字母与字母相比(letter - by - letter);二是按字母顺序,词(即单元字符串)词相比(word - by - word)。根据这两种方法排列两组相同的款目,它们在目录中的先后顺序各异。各馆必须选定一种方法,以免款目排列混淆,影响目录质量及排检效率,如:

word – by – word	Letter – by – letter
New Hampshire	Newark(N . J.)
New Haven(Conn.)	Newcastle(N. S. W.)
New York(N. Y.)	Newfoundland
New York(State)	New Hampshire
New Zealand	New Haven(Conn.)
Newark(N. J.)	Newman, Arthur
Newcastle(N. S. W.)	Newport(Isle of Wight)
Newfoundland	NEWSPAPERS
Newman, Arthur	New York(N. Y.)
Newport(Isle of wight)	New York(State)

512

目前,国内外大部分图书馆都采用"单元字母串与单元字母串相比"(即词词相比)的排比方法。

(二)数字排于字母之前,英语字母系统排在非罗马字母系统之前。

(三)变音字母(如ł)按明显对应的英语字母排列,不考虑发音符号。

(四)标点符号及非字母系统的标记及符号(& 符号及数字字符串中某些类似标记,如划分千数位的逗号等除外)不作为排比因素。

常见的变音、特殊字母和明显对应的英文字母如下:

变音、特殊字母	英文字母	变音、特殊字母	英文字母
á	a	ơ	o
ä	a	ö	o
å	a	ø	o
æ	ae	œ	oe
đ	d		
ƒ	d	Þ	th
ł	l	ü	u
ñ	n	ʊ	u
ı	i	ÿ	y
		æ	ɑe
		œ	oe

(五)不考虑大小写形式,等同排列所有字母。

基本规则综合使用实例:

10   ans   de   politique   social   en   pologne

\$20   a   week

112   Elm   Street

150   science   experiments   step – by – step

1918, the last act

130,000 kilowatt power station

A.

A. A.

A. B. C. programs

Aable, Marie

AAUN news

$$$ and sense

Camp – fire and cotton – field

Camp Fire Girls

Campbell, Thomas J.

Campfire adventure stories

LIFE

Life – a bowl of rice

LIFE(BIOLOGY)

Life, its true genesis

LIFE – ORIGIN

Life! physical and spiritual

Life, Spiritual. See SPIRITUAL LIFE

LIFE STYLES

Muellen, Abraham

Muellenbach, Ernst

Mullen, Allen

Mullen, Gustav

Mullen, Pat

New York

Newark

% of gain

514

One   hundred   best   books

Parenting   guidebook

Rolston, Brown

Rolvaag, Ole   Edvart

Rølgat, Jane

Zookeeper´s   handbook

πεA：A   history

（六）"&"符号的排列（选择性规则）

当单元字符串为一连接词符号"&"时，则可按该符号所代表的相应文种的原连接词词形排比。如：

未按本规则排列 （略去"&"符号）	按本规则排列 （将"&"拼成原文词形排列）
A Alfonso Reyes, 17 de Mayo de 1949	A Alfonso Reyes, 17 de Mayo be 1949
A and G motor vehicle	A & B poetry
A and P Company	A and G motor vehicle
A & B Internationale	A & O International
A & B poetry	A and P Company
A &c	A estrela sobe
A estrela sobe	A &B Internationale（＆作 et 排）
A. F. , ed.	A. F. , ed.
A & O International	A un joven socialista
A & O österreich.	mesicano
A un joven socialista Mexicano	A und O
A und O	A & O österreich（＆作 und 排）
A une courtisane	A une courtisane
	$ $ $and sense

$ $ $and sense	Art and beauty
Art and beauty	Art & commonsense
Art & commonsense	Art & c. (&c 作 etc. 排)
Arte and crafte	Art & beautye(& 作 and 排)
Arte & beautye	Arte and crafte
Arte & cultura（意大利语）	Arte e arqueologia
Arte & cultura（西班牙语）	Arte & cultura(& 作 e 排)
Arte e arqueollogia	Arte e historia
Arte e historia	Arte & cultura(& 作 y 排)

与"&"相对应的几种主要西文连接词的原形如下：

英　文	and
德　文	und
法　文	et
西班牙文	y
意大利文	e
荷兰文	en
波兰文	i

四、特殊排检规则

（一）缩写

缩写形式的字符串均如实按款目上出现的书写形式排比，如果各缩写首字母由空格、破折号、连字号、斜线或句号隔开，则各首字母作为一个单独的单元字符串处理；当各首字母间无任何标点符号，或仅由其他标记或符号联系时，则将它们作为一个单独的单元字符串排比，如：

Concord（Mass.）

The Coucord saunterer

Concord(Va.)

CONCORD(VT.)

Doctor comes quickly

Doktor Brents Wandlung

Dr. Christian´s office

Dr. Mabuse der Spieier

K. Akademie der Wissenschaften, Berlin

K. K. AKademie der bildenden Künste, Vienna

MM. Plule, Laigre & c^{ie}

Monsieur Beaucaire

Mr. Deeds Goes to Town

Mrs. Miniver

Ms.

Mss. (Rothschild 2973)

（二）首冠词

凡首冠词属个人名称或地名的组成部分时, 则作为一个单元字符串照排。机关团体名称、题名及主题标题具首冠词, 并不属上述情况时, 一律不予排比, 例如:

Las cartas largass.

El Chico.

The Club.

Der Club.

Club 21(New York)

Club accounts

The Club(London)

El – Abiad, Ahmed H. , 1926 –

El Campo(Tex.)

The   El   Dorado   Trail.

The   John   Crerar   Library today.

La   Fontaine, Jean de, 1621 – 1695.

Las   Hurdes(Spain)

Las, Michal.

Lasa, Jose   Maria   de.

几种主要西文文种的冠词如下：

文种	定冠词	不定冠词
英　文	The	A,An
德　文	Der, Die, Das	Ein, Eine
法　文	Le, La, L´, Les	Un, Une
西班牙文	El, La, Lo, Los, Las	Un, Una
意大利文	Il, Lo, L´,La, Gli,Gl´,I, Le	Un, Uno, Una,Un´
荷兰文	De, Het,´t	Een, Eene, ´n
匈牙利文	A, Az	Egy

（三）上下角字母与数字的排比

当一个单元字符串附有上下角字母或数字时,应将这些字母或数字与其所依附的字母或数字同等排列,它们之间用空格,如：

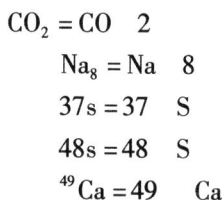

$$CO_2 = CO \quad 2$$

$$Na_8 = Na \quad 8$$

$$37s = 37 \quad S$$

$$48s = 48 \quad S$$

$$^{49}Ca = 49 \quad Ca$$

（四）名称前缀的排比

前缀属于人名或地名的组成部分,若单独分写时,则作为单独的单元字符串处理;当与名称紧连(包括无空格的省略号"′")时,则与其紧连部分一起作为一个名称单元字符串进行排比,例如：

Darby, William

D′Arcy, Ella

Dard, Alfred

De Alberti, Amelia

De Forest, Charlotte

De, Harinath

Mac

MacAlister, James

Macbeth Gallery, New York

McAlister, Edward

McLaren, Jack

M′Ilvaine, William

（五）数字的排比

数字字符串根据其数值自低至高地进行排比。数字中便于读写的标点符号不作为划分单元字符串的标识,其他标点符号作空格处理;小数则位位相比进行排列,如小数不与一个整数组合,则排在数字"1"前;分数作为字母排列,按"分子、线(作空格处理),分母(如:21/2 的排比是:2 空格 1 空格 2);非阿拉伯数字作对应的阿拉伯数字排比;上标/下标数字与写于中间的数字等同处理,但其前需空格,例如:

.300 Vickers machine gun mechanism

1:0 für Dich

1 3/4 yards of silk

1.3 acres

1^3 is one

1/3 of an inch

$2 \times 2 = 5$

3.2 beer for all

3:10 to Yuma

3 point 2 and what goes with it

$ 20 a week

XX Century cyclopaedia and atlas

20 humorous stories

XXth century citizen's atlas of the world

200 years of architectural drawing

2000 A. D. ,a documentary

5 ,000 – and 10 ,000 – year star catalogs

The 5000 and the power tangle

（六）日期的排列

题名中的日期按数字排列。年代档的日期,如主题的副标题,或人名后的生卒年按公元纪年排列,公元前（B. C. ）的日期在前,公元后（A. D. ）的日期在后。缩写,如 b. 、d. 及 fl. 略去不排,如：

Brown ,John ,1610？ – 1679

Brown ,John , 1610 – 1680

Brown ,John ,1800 – 1869

Brown ,John ,b. 1817

Brown ,John ,d. 1826

Brown ,John ,fl. 1854

Brown ,John A.

概括的年代或以词表示的年代,按该时期完整的一段日期处理,如"17th Century"可接 1700 – 1799 排。

五、款目中书目信息的排比层次

款目中书目信息的排比层次从标目名称或题名之首的单元字符串开始,接着按著录项目的顺序终止于出版日期。不同性质的款目,其书目信息的排比层次不尽相同。具体规则如下：

（一）责任者主要款目或以统一题名为主要标目的款目,按标目名称、题名及出版发行日期的层次顺序进行款目排比。

（二）题名主要款目按题名及出版发行日期的顺序进行款目排比。

（三）以责任者主要款目（即著者单元款目）为基础的责任者附加款目，则以附加标目代替主要标目进行款目排比，按附加标目、题名、出版发行日期的顺序层次进行排比。

以责任者主要款目为基础的题名附加款目，其书目信息排比层次是：题名附加标目、责任者主要标目、出版发行日期（题名省略不排）。

（四）以题名主要款目（即题名单元款目）为基础的责任者附加款目的书目信息排比层次是：责任者附加标目、题名、出版发行日期。

（五）以责任者主要款目或题名主要款目为基础的主题或丛编附加款目，均从附加标目开始排比，不必省略主要款目的任何排比因素。

（六）以责任者主要款目或题名主要款目为基础的题名/名称附加款目（非主题或丛编附加款目），用题名/名称附加标目代替责任者主要款目中或题名主要款目中的主要标目进行排比。

（七）参照说明排在被参照说明的标目名称之前，单纯参照及相关参照排在被参照标目之后。

以上（一）—（七）条规则综合应用的假设性实例如下：

The American remembrancer; or, An impartial…①

Gentleman's、progress.

Hamilton, Alexander, 1712 – 1756. ②
　　Gentleman's progress…

Hamilton, Alexander, 1757 – 1804. ③
Gentleman's progress…

Hamilton, Alexander, 1757 – 1804.

Hall, Margaret Esther, 1905 –　　ed.　　④

　Alexander Hamilton reader; a compilation…

Hamilton, Alexander, 1757 – 1804.　③

　Colonel Hamilton's second letter…

　Hamitlon, Alexander, 1757 – 1804. Defense of Mr.

　　Jay´s Treaty.　　⑤

The American remembrancer; or, An impartial…

Hamilton, Alexander, 1757 – 1804.　③

　The fate of Major Andre;…

HAMILTON, ALEXANDER,1757 – 1804. A FULL

　VINDICATION OF THE MEASURES OF CONGRESS.　⑥

Seabury, Samuel, Bp. ,1729 – 1796

　Letters of a Westchester farmer…

Hamilton, Alexander, 1757 – 1804

　Geni. Alexander Hamilton's Confidential letter…　③

Hamilton, Alexander, 1757 – 1804

　[Selections]　　⑦

　Alexander Hamilton and Thomas Jefferson… 1943.

Hamilton, Alexander, 1757 – 1804

　[Selections]　　⑦

　The basic ideas of Alexander Hamilton…1957.

Hamilton, Alexander, 1757 – 1804

　[Works.]　　⑦

　The works of Alexander Hamilton…1810.

522

HAMILTON, ALEXANDER, 1757 – 1804 ⎫
Flexner, James Thomas, 1908 –   ⎬ ⑧
　The Young Hamilton   ⎭

Hamilton, Alexander, pseud.   ⎫
　See Shiman, Russell Gardner   ⎬ ⑨

编号说明：

① 题名主要款目

② 以责任者主要款目为基础的题名附加款目

③ 责任者主要款目

④ 以责任者主要款目为基础的责任者附加款目

⑤ 以题名主要款目为基础的名称/题名附加款目

⑥ 以责任者主要款目为基础的主题附加款目

⑦ 具统一题名的责任者主要款目

⑧ 以责任者主要款目为基础的主题附加款目

⑨ 单纯参照

六、西文文献字顺目录中导片的编制与排列

西文字顺目录中的导片有以下两种类型：

(一)严格按字母顺序记录一组款目的首字母或音节。

(二)记录知名或多著作的责任者名称。

导片的导耳上记录什么内容及其形式，各馆可根据具体情况处理。导片一般排列在一组有关款目之前。

思考题

一、简述字顺目录的意义与作用。

二、请按不同角度划分字顺目录的类型。

三、略述公务字顺目录与读者字顺目录的异同。

四、解释"分立式目录"、"字(词)典式目录"与"汉字排检法"

的含义。

五、试比较"笔画笔形法"、"四角号码法"、"汉语拼音音序法"的优缺点。

六、中文文献题名的前冠词,如"增订"、"增补"、"简明"、"袖珍"、"新编"等在组织款目时是否应该省略不排?谈谈你的看法。

七、请简述中文字顺目录系统排列法的优缺点。

八、试述字顺目录中指导卡的作用。

九、略述西文文献款目排比的信息单位及其划分。

十、比较"单元字符串"与"词"的概念。

十一、简述西文文献字顺目录款目的组织原则。

十二、比较组织西文字顺目录的两种字母顺序法。

十三、详述西文文献款目中书目信息的排比层次规则。

十四、试评本章所涉及的字顺目录组织规则的优缺点。

主要参考文献

1. 新编图书馆目录/黄俊贵,罗健雄编著. —北京:书目文献出版社,1986.8. —p. 366 - 369

2. 图书馆目录/李纪有,余惠芳编著. —北京:书目文献出版社,1986.9. —p. 297 - 280

3. 图书馆目录/刘国钧等编. —北京:高等教育出版社,1957.8. —p. 183 - 203

4. 图书馆文献编目/傅椿徽主编. —武汉:武汉大学出版社,1989,9. —p. 207 - 240

5. 北京图书馆目录组织规则(图书部分)/北京图书馆编目部编. —北京:书目文献出版社,1986.5. —p. 16 - 29;39 - 78

6. 中国科学院图书馆目录组织规则(图书部分)/中国科学院图书馆编目部. —北京:书目文献出版社,1980.3. —p. 14 - 16;25 - 34

7. 西文文献编目导论(初稿)/韩平,李云增合编. —北京:北京大学图书

馆学系,1985.8.—p. 240 – 267.—油印本

8. 字顺目录述略/罗健雄//图书馆学界/该刊编辑部.—1984(3).—p. 58 – 62

9. 几种常用汉字排检方法述评/邹华享//图书馆/该刊编辑部编辑.—1983(6).—p. 13 – 19

10. 试谈中文字顺目录排检法/黄俊贵//北图通讯/北京图书馆.—1978(2).—p. 46 – 50

11. 汉字排检法/查启森著;四川省图书馆学会主编.—成都:四川省图书馆学会,1985.8

12. 汉语拼音排检法刍议/陈建文//江苏图书馆学报/该报编辑部.—1984,(3).—p. 63 – 66

13. American Library Association. Filing Committee. ALA filing rules/Filing Committee, Resources and Technical Services Division, American Library Association. —Chicago:ALA. 1980.

14. Wynar, Bohdan S. Introduction to cataloging and classification/Bohdan S. Wynar. —7th ed./Arlene G. Taylor. — Littleton, Colorado:Libraries Unlimited, 1985. —p. 549 – 566

第二十八章　目录体系

第一节　目录体系的意义及确立依据

一、目录体系的意义

上章已提及目录组织的依据之一是确立科学而稳定的目录体系，只有这样，目录组织才成为可能。

图书馆目录体系是指图书馆根据需要与可能编制各种目录，并通过它们之间的相互关系与相互联系构成一个目录有机整体。关于图书馆目录体系的范围，目前我国编目学界有两种不同理解。第一种是广义的理解，认为它既包括反映特定馆藏的各种基本目录，又包括反映非特定馆藏文献的某些书目资料(即其他图书馆的馆藏文献目录及其他特种书目资料)。第二种是狭义的理解，认为它是专指特定图书馆自编、反映该馆馆藏文献的各种文献。这两种理解的主要分歧，实质上还是对"图书馆目录"概念不同理解的延伸。我们认为从我国目前的编目实际出发，目录体系应作狭义理解，若就图书馆编目工作的发展观点看，可以作广义理解。

二、目录体系的确立依据

图书馆目录种类的设置及它们之间相互关系的处理，不能一概而论，硬性规定，应根据各馆具体情况，实事求是地确定。一个图书馆的目录体系必须具备科学性与稳定性。科学性是指设置各种切合该馆具体情况的目录,并正确而科学地处理各类目录之间的关系;稳定性是指目录体系一经确定后必须在一个相当长的时期内保持稳定。确定一个科学而稳定的目录体系的主要依据是:

(一)图书馆的类型、任务及服务对象

不同类型的图书馆有其不同的工作任务及服务对象,目录体系应与之相适应。因此,公共图书馆的目录种类不能与高等院校图书馆的完全相同,同样,高等院校图书馆的目录种类也不应与科研机关图书馆的完全一致。读者的文化水平与对文献资料的需求各有差异,目录种类也就不能相同。

(二)读者群体的检索习惯

不同类型图书馆读者群体的检索习惯不一,如公共图书馆读者群体一般惯于从文献题名检索,主体目录应是题名目录;高等院校、科研单位图书馆读者群体的检索习惯是分类或主题,因而应以分类或主题目录为主体目录,辅以题名、责任者及其他目录。

即使是同一类型的图书馆,它的读者群体的检索习惯也不一致,如高等院校理工科院校的读者大都从主题及题名检索文献,而音乐院校的读者则分类、主题、责任者、题名(包括统一题名)四种检索途径并重,这两种院校图书馆的目录种类当然不应统一。因此,图书馆目录体系的确立仍应遵循"读者至上"这个原则。

(三)馆藏规模及其组织

图书馆具完备的人力、物力、财力时,其目录体系可在综合考虑以上两个依据的基础上建立得复杂、完备些,反之,则简单、粗略些。而人力、物力、财力是三个相互联系、互相影响的因素。这三个因素同时具备则是建立较完善图书馆目录体系的最佳条件。

第二节　图书馆各类目录的相互关系

已确定的目录体系,它的各种目录(关于图书馆目录的种类及职能见第一编第二章,第二、三节)不是孤立地执行各自的职能,而是相互联系、互为补充的。因此,必须处理好它们之间的某些关系,使之成为一个充分揭示馆藏,协助完成图书馆各项工作任务,便于使用者排检的高功能、高效率的有机整体。

各类目录之间有哪些关系需处理、调整呢?综合当前编目学界的论述,大致有以下几种关系:(一)主体目录(亦称主导目录或主干目录)与辅助目录之间的关系;(二)各种文献目录之间的关系;(三)各种文种目录之间的关系;(四)读者目录与公务目录的关系;(五)总目录与部门目录、特种目录之间的关系;(六)分类目录、主题目录、题名目录、责任者目录之间的关系;(七)卡片式目录与书本式目录以及其他形式目录之间的关系;(八)特定图书馆的目录与其他书目资料的关系。这里仅就第(一)、(四)、(六)三种关系作些论述,其余的关系问题可参阅有关文献(书目见本章主要参考文献)。

一、主体目录与辅助目录之间的关系

主体目录是指款目著录最全、一文献多款目、能反映全部馆藏、读者使用率最高的目录。而辅助目录一般可以是一文献少款目或单款目,不一定反映全部馆藏,读者使用率较低的目录。图书馆究竟应以哪类目录为主体目录?我国大部分编目学者认为应以分类目录为主体目录,理由可归结为二,一是继承传统,二是便于宣传、推荐、辅助阅读馆藏文献。"传统"不是一成不变,而是随着社会、科技文化及编目工作的发展,读者检索习惯的改变而有所转

移。我国至今仍以分类目录为主体目录,而西方国家的图书馆主体目录却由古代的分类目录逐步转为近现代的著者或主题目录。宣传、推荐、辅助馆藏文献虽然强调了便于工作,具有一定主观性的一面,却忽视了向读者揭示全部馆藏,便于读者检索的客观一面。图书馆主体目录的确定不能硬性规定,应以"便于读者,服务至上"为原则,有利于完成图书馆工作任务为基础来确定。主体目录与辅助目录是针对手工编制的目录而产生的两个概念,机读目录的普遍使用,将逐步废除这两个概念。

二、读者目录与公务目录的关系

图书馆的基本任务是保存与传递文献,"保存"是手段,"传递"是目的。换句话说,图书馆应最大限度地保存各种文献,从而为读者全面提供图书馆的文献资源。为达此目的,图书馆目录必须以读者目录为主。

目前公认读者目录与公务目录的主要区别是:读者目录是推荐性、宣传性的目录,因而也是一种选择性的目录。公务目录是揭示全部馆藏文献的财产目录,也是图书馆的工作目录,它必定是无选择性的。这是五十年代沿袭苏联的理论与做法。从理论上讲,社会主义图书馆读者目录的含义及做法理应如此,无可非议。事实上,"思想性"、"推荐性"、"宣传性",由于人、地、时三个因素的经常变化,很难统一其标准。因而在实施中往往不易行得通。我们认为,从图书馆的目的任务出发,依据"读者至上"的原则,读者目录也应揭示全部馆藏文献,使读者能全面了解馆藏资源,以便根据需要,而充分利用。它与公务目录的主要区别是目录种类应多于公务目录,以适应不同检索要求。为贯彻一定的思想性、推荐性、宣传性原则,起指导阅读的作用,可在有关文献款目上注以"参考"、"内部"等字样,或将读者目录按"一般"、"参考"、"内部"三部分分别组织目录,在流通过程中根据不同文献借阅对象,采取相应借阅措施,灵活掌握、区别对待。这样,读者目录既可全面反映馆藏资源,又能起一定的宣传推荐、辅导阅读的作用;而公务目录则纯属财产目录。事实上,我国已有部分图书馆采用此法组织读者目录与公务目录。西方国家不少图书馆将读者目录与公务目录合而为一,这种做法也有一定可取之处,既向读者全面揭示馆藏,又节省编目工作中的人力与时间。唯一缺点是读者目录过于客观,缺少一定程度的思想性。

三、分类目录、主题目录、题名目录、责任者目录之间的关系

处理好分类、主题、题名、责任者四种目录的关系,可具体化为以下三个问题:一是一个图书馆是否需全部设置这四种目录;二是以何种目录为主体目录;三是各类目录间的平行反映现象的消存问题。前已提及,一个图书馆应根据具体情况,确定设置目录的种类。目前我国绝大部分图书馆都设有中、西文分类目录。西文主题目录虽有少数图书馆在试设,但尚未广泛使用。从发展趋势及读者检索要求看,设置主题目录是势在必行,并有取代分类目录(分类目录仅作排架用)之势。对责任者目录的设置目前有不同看法,有的赞成,有的建议取消。中、西文题名目录是被公认为必设的目录。一个大型图书馆一般来说这四种目录均应设置,责任者目录从读者的检索要求出发,不仅不能废除,还应提高其质量,特别是西文责任者目录更应长期保留。任何类型的读者一般都有从题名检索文献的习惯,即使是西方国家的读者,他们的检索习惯也正由责任者转向题名,因此,题名目录对中、西文文献的检索都是必不可少的工具。至于这四种目录中以何种目录为主体目录,本节(一)对此已作论述,这里不再重复。所谓平行反映现象是指在不同类型的目录里,同时罗列一组相同文献的款目,这种现象一般是指同一种文献的不同版本,在几种目录中同时予以反映;或分类法按责任者分类时,同一责任者的全部著作,在分类目录与责任

者目录中均有反映。主张消灭平行反映现象的主要理由是"可以减少许多人力物力的浪费"。这种"便于编目工作"的观点是与"读者至上"原则相违背的。不同种类目录的设置是为读者提供不同的检索途径,以便更迅速地获得所需文献信息。如果消灭平行反映现象,则当读者需从责任者目录中查找同一责任者的所有著作时,由于责任者目录中取消了反映该责任者的所有著作的款目,就无法获得所需文献信息,还需通过查找说明,再从分类目录中查寻,这样,反而降低了目录的检索效率,给读者带来不便。何况,各类目录间的平行现象只是少数,为消灭平行现象而做补充说明所花的人力与时间,不一定比保存平行现象所花的人力与时间为少。为了便于读者检索,即使"浪费"一定的人力与时间也在所不惜。因此,基于"方便读者"的观点,不同类型目录中的平行反映现象应予保留。

思考题

一、略述目录体系的意义及其确立依据。

二、谈谈主体目录与辅助目录关系之你见。

三、试述读者目录与公务目录的主次关系。

四、简述你对读者目录与公务目录之间的关系的看法。

五、略述分类、主题、题名、责任者目录之间的关系。

六、谈谈你对责任者目录存、废的看法。

七、试述各类目录间平行现象的含义。谈谈你对"平行现象"保留与否的观点。

主要参考文献

1. 图书馆目录体系问题的探讨/刘国钧//刘国钧图书馆学论文选集. —北京:书目文献出版社,1983. 6 . —p. 342 – 260

2. 新编图书馆目录/黄俊贵,罗健雄编著.—北京:书目文献出版社,

1986. 6. 8. —p. 397 – 408

3. 图书馆目录/李纪有, 余惠芳编著. —北京:书目文献出版社, 1986. 6. —p. 17 – 25

4. 图书馆文献编目/傅椿徽主编. —武汉:武汉大学出版社, 1989. 9. —p. 241 – 260

5. 关于图书馆目录体系问题:北京大学图书馆学系举行传统的"五四" 科学讨论会(节选)//图书馆. —1961(2)

6. 对"图书馆目录体系"的两种不同理解:兼谈我的一点看法/冯锦生// 图书馆通讯/山西省图书馆编. —1980(2)

附录一 编目工作流程框图

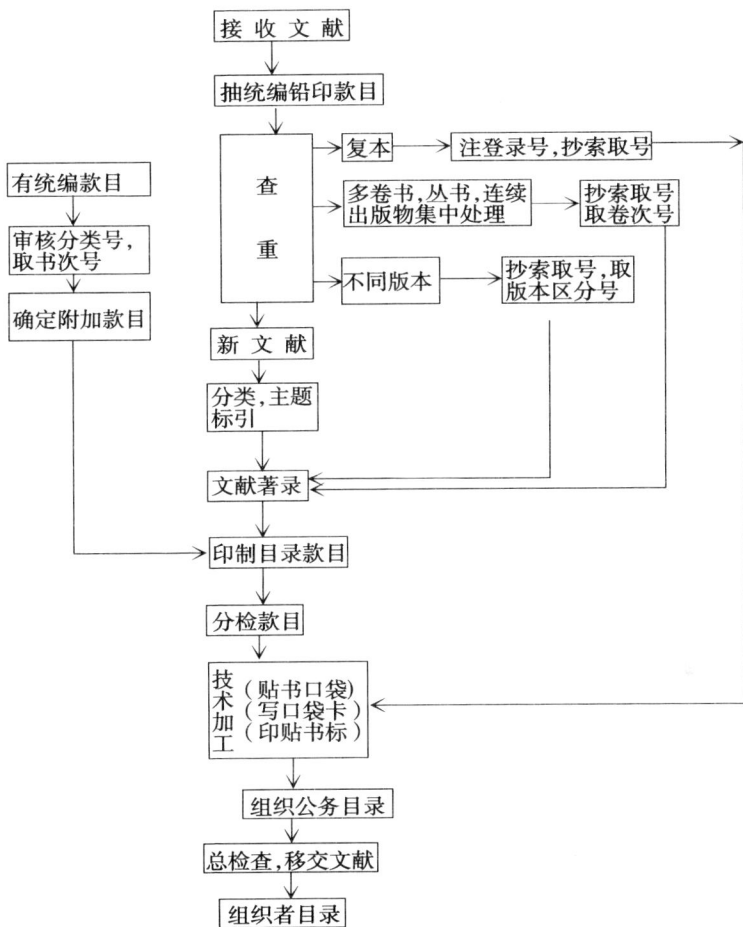

接收文献

抽统编铅印款目

查重	复本 → 注登录号,抄索取号
	多卷书,丛书,连续出版物集中处理 → 抄索取号,取卷次号
	不同版本 → 抄索取号,取版本区分号

有统编款目

审核分类号,取书次号

确定附加款目

新文献

分类,主题标引

文献著录

印制目录款目

分检款目

技术加工 (贴书口袋) (写口袋卡) (印贴书标)

组织公务目录

总检查,移交文献

组织者目录

附录二　西文文献款目著录的大写规则

一、首字母与首字母缩略词

作为标目或出现在书目描述中的机关团体名称，根据该团体的习惯用法，大写该名称的首字母和首字母缩略词，如：

AFL – CIO

Uneco

二、标目

(一)总则

作为标目的个人名称、机关团体名称和作为副标目的机关团体名称，应按用语的常规大写，例如机关团体英语名称中的名词、形容词和动词，其首字母均应大写。当名词的第一词是冠词、前置词，或冠词与前置词的缩约形式时，大写其首字母，如：

Alexander, of Aphrodisias

De la Mare, Walter

La Fontaine, Jean de

Du Meril, Edelestand Pontas

Vom Ende, Erich

University of London. School of Pharmacy

Third Order Regular of St. Francis

Société de chimie physique

Det Norske Nobelinstitutt

Ontario. High Court of Justice

(二)个人标目名称的附加部分

按用语的常规大写个人标目名称的附加部分。当附加部分在括号中时,大写附加的第一个词和任何专用名称的首字母,如:

Moses, Grandma

Deidier, abbé

Grown, George, Rev.

Thomas(Anglo – Norman poet)

(三)机关团体名称的附加部分

机关团体名称附加部分的第一个词的首字母均应大写,其他词按用语的常规大写,如:

Bounty(Ship)

Knights Templar(Masonic order)

Regional Conference on Mental Measurement of the Blind(1st: 1951:Perkins Institution)

Washington(U. S. :State)

三、统一题名

(一)个别统一题名的第一词的首字母应大写,其他词按用语常规大写,如:

Hamlet

A Tale of two cities

Arabian nights

(二)集合统一题名

集合统一题名只需大写其第一个词的首字母,如:

〔Works〕

〔Short stories〕

〔lnstrumental music〕

〔Polonaises, piano〕

四、书目描述

（一）题名与责任说明项

1. 题名与题名说明

（1）正题名、交替题名或并列题名的第一个词的首字母一律大写，其他词（包括题名说明的第一个词）按用语的日常规大写，如

The materials of architecture

The 1919/20 Breasted Expedition to the Near East

Les misérables

IV informe de gobierno

Eileen Ford's A more beautiful you in 21 days

Journal of polymer science

The people of the state of New York, plaintiff, against the Erie
    Railway Company and others, defendants

Sechs Partiten für Flöte

Still life with bottle and ´grapes

The Edinburgh world atlas, or, Advanced atlas of modern geography
    phy

Coppelia, ou, La fille aux yeux d´emall

Man and sun = Mmensch und Sonne

（2）"圣经"的分部分、单行本和分部分合订本等的名称均需大写；当"book"一词表示整本"圣经"时，应大写，否则小写，如：

Holy Bible

Holy Scriptures

Sacred Scriptures

New Testament; Old Testament

Gospels

Acts of the Apostles

Genesis

History of Susanna

Song of Songs

The Book

The book of the Prophet Isaiah

(3)引用题名第一个词的首字母应大写,如:

An interpretation of The ring and the book

Selections from the Idylls of the king

Supplement to The Oxford companion to Canadian history

and literature…/by the author of Memoirs of a fox – hunting

(4)当正题名作标目,其第一个词是冠词时,除首冠词首字母大写外,其第二个词的首字母也应大写,如:

A Dictionary of American English on historical principles

The Encyclopedia of photography

The Porcupine book of verse

The International tax journal

Les Cahiers du tourisme

The Anatomical record

(5)题名具首冠词,而此题名(外不用引号)出现在与题名同一语言的句子中,或用同一语言引用在另一题名中时,该首冠词只要小写,如:

"Reprinted from the Anatomical record, vol. 88, Jan. —Mar. 1944"

Songs in the opera called the Beggar's wedding

A Supplement to the Journal of physics and chemistry of solids

(6)文献的补篇和分部分具语法上独立的题名时,它们的第

一个词的首字母需大写。若补篇和分部分题名前有一字母或数字标识,而此标识冠有一词时,该词首字母应大写,如:

Faust. Part one

Advanced calculus. Student handbook

Journal of biosicial science. Supplement

Acta Universitatis Carolinae. Philologica

Progress in nuclear energy. Series 2, Reactor

(7)题名说明的第一个词除按用语常规大写外,其首字母均应小写,如:

Private eyeballs:a golden treasury of bad taste

Letters to an intimate stranger:a year in the life of Jack Trevor Story

American Ballet Theatre:thirty – six years of scenic and costume design, 1940 –1976

2. 一般资料标识〔GMD〕:一般不大写

3. 责任说明

责任说明中的个人及机关团体名称均按其用语常规大写,其中包括伴随名称出现的部分,如贵族尊称、称呼及学会的首字母等。其他词除用语常规需大写外,一般均不大写,如:

… /by Mrs, Charlces H. Gibson

… /by Alfred, Lord Tennyson

…/International Symposium on the Cataloguing Coding, and Statistics of Audio – Visual Materials;organised by ISO/TC 46 Documentation in collaboration with IFLA and IFTC, 7 – 9 January 1976 in Strasbourg

(二)版本项

第一或其他版本说明由一词或词的缩写开始者,大写该词,其他词按用语常规大写,如:

538

Household ed.

Facsim. ed.

1 st standard ed.

Neue Aufl.

Rev. et corr.

Wyd. 2 – gie

World´s classics ed. , New ed. , rev.

（三）文献（或出版类型）特殊细节项

文献（或出版类型）特殊细节项由一个词或词的缩写开始,则大写该词的首字母,其他词按用语常规大写,如:

Scale 1:500,000

Vertical exaggeration 1:5

Transverse Mercator proj.

Vol. 1 , no. 1 (Jan. /Mar. 1974)—

No. 1 (Juil. 1970)—

（四）出版、发行项

1. 出版地、出版者、发行者及制作者名称按用语常规大写,如:

Montreal

Coloniae Agrippine

The Hague

Den Hage

2. 出版发行项的起始词若非地名及名称时,其首字母应大写,其他词按用语常规大写,一般为小写,如:

V Praze

Londini:Apud B. Fellowes

Lipsiae:Sumptibus et typis B. G. Teubneri

New York:Released by Beaux Arts

New York:The Association

Wiesbaden:In Kommission bei O. Harrassowitz

Toronto: Published in association with the Pulp and Paper Institute of Canada by University of Toronto Press

（五）载体形态描述项

本项中除某些商号、商标名称及其他技术术语按用语常规大写外,其他均小写(包括本大项第一个词),如:

leaves 81 - 144

1000 P. in various pagings

310 leaves of braille

ill. ,col. maps, ports. (some col.)

on 1 side of 1 sound disc(13 min.)

1 videoreel(Quadruplex)(ca. 75 min.)

12 slides:sound(3M Talking Slide),col.

14 film reels(157 min.):Panavision

（六）丛编项

丛编正题名、并列题名、其他题名说明及责任说明均按题名与责任说明项规定大写。与丛编号相联的词,如 v. , no. , reel, t. ,等,除特定语言的特殊规则外(如德语 Bd.),一律小写,如:

Great newspapers reprinted

The World of folkdances

Master choruses for Lent and Easter

Jeux visuels = Visual games

Concertino:Werke für Schul - und Liehaber Orchester

Standard radio supersound effects. Trains

Acta Universitatis Stockholmiensis. Stockholm studies in history of literature

Publicacion/Universidadde Chile,Departamento de Geologia

Deutscher Planungsatias；Bd. 8

Music for today. Series 2；no. 8.

Typewriting. Unit 2，Skill development；program 1

National standard reference data series；NSRDS – NBS 5

（七）附注项

每条附注的起首词（包括缩写词）应大写。若一条附注由若干个句子组成，每个后继句子的第一个词应大写，其他词按用语常规大写，如：

Title from container

Eacsim. reprint. Orignally Published：London：I. Walsh，ca. 1734

（八）文献标准号及获得方式项

标准号中的字母应大写。标准号后的规格或价格一律小写。若获得方式部分不是价格而是文字说明，则说明的第一个词首字母大写，如：

ISBN 0 – 435 – 91660 – 2（cased）

ISSN 3305 – 3741

ISBN 0 – 435 – 91598 – 4 ：Subscribers only

$1.00（pbk. ）

£ 4.40（complete collecton）. —£ 0.55（individual sheets）

关于西文文献款目著录的大写，这里仅列若干常用规则，详细规则可参阅《AACR2》附录 A。

附录三 编目常用的西文缩写

一、一般缩写

原词形	缩写
and	& (Use only in uniform tilte in listing languages.)
and others	et al.
Anno Domini	A. D.
approximately	approx.
arranged	arr.
Auflage	Aufl.
Bande	Bde.
Bänd	Bd.
Before Christ	B. C.
black and white	b & w
book	bk.
born	b.
bulletin	bull.
bytes per inch	bpi.
Cataloging in publication	CIP
centimetre, – s	cm.
century	cent. (Use in headings and in indicating the period when a mannscript was probably written)

原词形	缩写
chapter	ch.
circa	ca.
colored, coloured	col.
Company	Co.
compare	cf.
compiler	comp.
copyright	c.
Corporation	Corp.
Corrected	Corr.
departement	dep.
Department	Dept.
diameter	diam.
died	d.
document	doc.
edition, – s	ed. , eds.
edition	ed. (Use only in a heading as a designation of function)
enlarged	enl.
et alii	et al.
et cetera	etc.
folio	fl.
following	fol.
foot, feet	ft.
frame, – s	fr.
frames per second	fps.
government	govt.
Government Printing Office	G. P. O.

原词形	缩写
Handschrift, – en	Hs. ,Hss.
Her(His) Majesty´s Stationery Office	H. M. S. O.
hour, – s	hr.
id est	i. e.
illustration, – s	ill.
illustrator	ill. (Use only in a heading as a designation of function)
inch, – es	in.
inches per second	ips.
including	incl.
Incorporated	inc. (Use only in names of firms and other corporate bodies)
introduction	introd.
Jahrgang	Jahrg.
kilometre, – s	km.
Limited	Ltd. (Use only in names of firms and other corporate bodies)
manuscript, – s	ms. ,mss.
mezzo – soprano	Mz. (Use only in notes to indicate voice range of vocal works)
millimetre, – s	mm.
minute, – s	min.
monophonic	mono.
new series	new ser.
New Testament	N. T.
no name(of pulisher)	S. n.

544

原词形	缩写
no place(of publication)	s. 1.
nouveau, novelle	nouv.
number, − s	no.
numbered	numb.
Old Testament	O. T.
opus	op.
page, − s	p.
paperback	pbk.
part, − s	pt. , pts. (Do not use recording the extent of the item in the case of musical works)
parte	pte.
partie, − s	ptie. , pties.
photographs, − s	photo. , photos.
plate number	pl. no.
portrait, − s	port. , ports.
preface	pref.
preliminary	prelim.
printing	print. (Do not use in recording the date of printing in the publication, distribution, etc. , area)
pseudonym	pseud.
publishing	pub.
quadraphonic	quad.
report	rept.
reprinted	repr.

原词形	缩写
reproduced	reprod.
revise, – e	rev.
revised	rev.
revolutions per minute	rpm.
revu, – e	rev.
second, – s	sec.
série	sér.
series	ser.
signature	sig.
silent	si.
sine loco	s. l.
sine nomine	s. n.
sound	sd.
stereophonic	stereo.
supplement	suppl.
title page	t. p.
tome	t.
translator	tr.
volume, – s	v. , vol. , (Use at the beginning of a statement and before a roman numeral) , vols. (说明同 vol.)

二、部分国家的国名、美国及澳大利亚的州名、加拿大的省名,以及澳大利亚、加拿大、美国领地名称的缩写

地名	缩写
Alabama	Ala.
Alberta	Alta.

地名	缩写
Arrizona	Ariz.
Arkansas	Ark.
Australian Capital Territory	A. C. T.
British Columbia	B. C.
California	Calif.
Colorado	Colo.
Connecticut	Conn.
Delaware	Del.
District of Columbia	D. C.
Distrito Federal	D. F.
Florida	Fla.
Georgia	Ga.
Illinois	Ill.
Indiana	Ind.
Kansas	Kan.
Kentucky	Ky.
Louisiana	La.
Maine	Me.
Manitoba	Man.
Maryland	Md.
Massachusetts	Mass.
Michigan	Mich.
Minnesota	Minn.
Mississippl	Miss.
Missouri	Mo.
Montana	Mont.
Nebraska	Neb.

地名	缩写
Nevada	Nev.
New Brunswidk	N. B.
New Hampshire	N. H.
New Jersey	N. J.
New Mixico	N. M.
New South Wales	N. S. W.
New York	N. Y.
New Zealand	N. Z.
Newfoundland	Nfld.
North Carolina	N. C.
North Dakota	N. D.
Northern Territory	N. T.
Northwest Territories	N. W. T.
Nova Scotia	N. S.
Oklahoma	Okla.
Ontario	Ont.
Oregon	Or.
Pennsylvania	Pa.
Prince Edward island	P. E. I.
Puerto Rico	P. R.
Queensland	Qld.
Rhode Isalnd	R. I.
Russian Soviet Federated Socialist Republic	R. S. F. S. R.
Saskatchewan	Sask.
South Australia	S. Aust.
South Carolina	S. C.

地名	缩写
South Dakota	S. D.
Tasmania	Tas.
Tennessee	Tenn.
Territory of Hawaii	T. H.
Texas	Tex.
Union of Soviet Socialist Republics	U. S. S. R.
United Kingdom	U. K.
United States	U. S.
Vermont	Vt.
Victoria	Vic.
Vergin Island	V. I.
Virginia	Va.
Washington	Wash.
West Virginia	W. Va.
Western Australia	W. A.
Wisconsin	Wis.
Wyoming	Wyo.
Yukon Territory	Yukon.

三、几种主要西文文种的月份缩写

英文	德文	法文	西班牙文	意大利文
Jan.	Jan.	janv.	enero	genn.
Feb.	Feb.	févr.	feb.	febbr.
Mar.	März.	mar.	marzo	mar.
Apr.	Apr.	avril	abr.	apr.

May	Mai	mai	mayo	magg.
June	Juni	juin	jun.	giugno
July	Juli	juil.	jul.	luglio
Aug.	Aug.	août	agosto	ag.
Sept.	Sept.	sept.	sept.	sett.
			(set.)	
Oct.	Okt.	oct	oct.	ott.
Nov.	Nov.	nov.	nov.	nov.
Dec.	Dez.	déc.	dic.	dic.

关于编目用的西文缩写详见《AACR2》附录 B。

附录四　主要参考文献

1. 新编图书馆目录/黄俊贵,罗健雄编著.—北京:书目文献出版社, 1986.8

2. 图书馆目录/李纪有,余惠芳编著.—北京:书目文献出版社,1986.6

3. 图书馆目录/刘国钧等编.—北京:高等教育出版社,1957.12

4. 图书馆文献编目/傅椿徽主编.—武汉:武汉大学出版社,1989.9

5. 1961 年国际编目原则会议论文选译/全国第一中心图书馆委员会西文图书卡片联合编辑组编译.—北京:中国科学院图书馆,1962.12

6. 关于图书馆目录学基本概念的几个问题/黄贵俊//云南图书馆 1981, (3-4)

7. 关于编目术语用词的准确性与规范化问题/谢宗昭//江苏图书馆学报/该刊编辑部.—南京:江苏图书馆学会,1986(1)

8. 论文献著录标准化工作中的统一性/谢宗昭//江苏图书馆学报/该刊编辑部.—南京:江苏省图书馆学会,1987(2)

9. 目录学/彭斐章等编著.—武汉:武汉大学出版社,1986.12

10. 中国目录学史/姚名达著.—北京:商务印书馆,1957

11. 中国目录学史/许世瑛编著.—台北:台北中国文化大学出版部,1982

12. 郑樵校雠略研究/钱亚新著.—北京:商务印书馆,1948

13. 佛家经录在中国目录学之位置/梁启超著//图书馆学季刊,1926,1卷,1 期

14. 校雠通义/(清)章学诚著.—北京:古籍出版社,1956

15. 出三藏记集//大正新修大藏经第五十五卷目录部全.—大正一历经刊行会发行,昭和三年

16. 阅藏知津/(明)(释)智旭撰.—金陵刻经处刻本.—清光绪十八年

17. 北京地区图书机读目录研制进展/MARC 协作组方案组;陈源蒸执笔//图书情报工作.—1983(5)

18. 我国古代书目工作散论/谢宗昭,吴式超//南京大学学报.图书馆学、情报学、档案学论文专辑. —南京:南京大学学报编辑部,1987. 8

19. 关于目录工作现代化的几个问题/阎立中//图书馆工作. —1978(3)

20.《国际标准书目著录》概述/林德海//图书馆工作. —1984(6)

21. 国际标准书目著录(ISBD)的发展过程及其历史背景/杨起全//图书馆学研究. —1984(6)

22.《英美编目条例》(第二版)概述/阎立中//图书馆情报工作/中国科学院图书馆编辑. —北京:科学出版社,1985 (6)

23. 西文文献著录条例/中国图书馆学会《西文文献著录条例》编辑组. 北京:中国图书馆学会,1985. 8

24. 西文文献著录条例评介/谢宗昭//图书馆学通讯/该刊编辑部. —北京:北京大学出版社,1987(2). —P .52 – 54

25. 西文图书编目/王作梅,严一桥编著. —武汉:湖北省高等学校图书馆工作委员会,武汉大学图书情报学院,1985. 12

26. 西文编目/陶涵彧,王建民编著. —上海:上海大学文学院,1986

27. 文献著录总则概说/黄俊贵编著. —北京:书目文献出版社,1984. 12

28. 西文文献编目导论(初稿)/韩平,李云增合编. —北京:北京大学图书馆学系,1985. 8. —油印本

29. 图书资料著录标准化中主要款目及著者和书名标目问题/张蕴珊//北图通讯/该刊编辑部. —北京:北京图书馆,1980(2)

30. 著录标目标准化纵横谈/施大文//北图通讯/该刊编辑部. —北京:北京图书馆,1984(4)

31. 字顺目录中主要款目的职能/(美)柳别茨基//1961 年国际编目原则会议论文选译/全国第一中心图书馆委员会西文图书卡片联合编辑组编译. —北京:中国科学院图书馆,1962.12. —p.42 – 49

32. 字顺目录中主要款目的职能/(捷)维若娜//同上. —p. 50 – 68

33. 文献著录总则 GB3792.1 – 83[中华人民共和国国家标准]/全国文献工作标准化技术委员会提出;主要起草人,黄俊贵//文献工作国家标准汇编(二)/全国文献工作标准化技术委员会编. —北京:中国标准出版社,1986.6. —p. 1 – 7

34. 普通图书著录规则 GB3792. 2 – 85[中华人民共和国国家标准]/全国

文献工作标准化技术委员会提出;主要起草人,黄俊贵//文献工作国家标准汇编(二)/全国文献工作标准化技术委员会编.—北京:中国标准出版社,1986.6.—p.8-34

35. 中国标准书号 GB5795-86[中华人民共和国国家标准]/全国文献工作标准化技术委员会第七分会提出;第七分会"书号"起草小组起草;主要起草人,万锦堃.—北京:中国标准出版社,1986.5

36. 中文普通图书统一著录条例/北京图书馆编.—北京:书目文献出版社,1981.10

37. 《普通图书著录规则》例释/广西图书馆学会编.—桂林:该学会,1984.11

38. 中国图书著录简明图例手册/邓以宁编著.—合肥:安徽省图书馆学会,安徽大学图书馆学系,[1985?]

39. 普通图书著录规则图例手册/朱育培,马书慧编.—沈阳:辽宁人民出版社,1986.3

40. 连续出版物著录规则 GB3792.3-85[中华人民共和国国家标准]/全国文献工作标准化技术委员会提出;全国文献工作标准化技术委员会起草;主要起草人,吴龙涛,叶奋生//文献工作国家标准汇编(二)/全国文献工作标准化技术委员会编.—北京:中国标准出版社,1986.6.—p.53-52

41. 国际标准书目著录(连续出版物)=ISBD(S)/国际图书馆协会学会联合会,国际连续出版物标准书目著录联合工作组编;夏文正译;阎立中校.—第一标准版.—北京:书目文献出版社,1984.4

42. 《连续出版物著录规则》例释/黄明等编写.—南宁:广西图书馆学会,1985.3

43. 非书资料著录规则 GB 3792.4-85[中华人民共和国国家标准]/全国文献工作标准化技术委员会提出;起草人,李俊宣等//文献工作国家标准汇编(二).著录规则专辑/全国文献工作标准化技术委员会编.—北京:中国标准出版社,1986.6.—p.50-80

44. 西文图书编目标准化与自动化研讨会会议录 1983 年.—北京:北京大学图书馆编印

45. 分类主题一体化是我国情报检索语言的发展方向/刘湘生//北京图

书馆通讯. —北京:北京图书馆. —1987(4). —p 12 - 16.

46. 中国科学院图书馆目录组织规则(图书部分)/中国科学院图书馆编目部. —北京:书目文献出版社,1980. 3

47. 北京图书馆目录组织规则(图书部分)/北京图书馆编目部编. 北京:书目文献出版社,1980. 3

48. 几种常用汉字排检方法述评/邹华享//图书馆/该刊编辑部编辑. —1983,(6). —p. 13 - 19

49. 汉语拼音排检法刍议/陈建文//江苏图书馆学报/该刊编辑部. —1984,(3). —p, 63 - 66

50. 试谈中文字顺排检法/黄俊贵//北图通讯/北京图书馆. 1978,(2). —p. 46 - 50

51. 汉字排检法/查启森著;四川省图书馆学会主编. —成都:四川省图书馆学会,1985. 8

52. 图书馆目录体系问题的探讨/刘国钧//刘国钧图书馆学论文选集. 北京:书目文献出版社,1983.6. —p.242 - 260

53. 关于图书馆目录体系问题:北京大学图书馆学系举行传统的"五四"科学讨论会(节选)//图书馆. —1961(2)

54. 对"图书馆目录体系"的两种不同理解:兼谈我的一点看法/冯锦生//图书馆通讯/山西省图书馆编. —1982(2)

55. 西文连续出版物著录规则/中国科学院西文连续出版物联合目录编辑部. —北京:中国科学院文献情报中心出版组,1987

56. 情报语言学基础/张琪玉. —武汉:武汉大学出版社,1987

57. 西文图书主题标引手册/王先林等. —北京:中国人民大学书报资料中心,1986

58. 美国图书馆的标准档工作/邱国渭//图书馆杂志. —1982(3)

59. 编目工作的发展趋势/宋继忠//图书馆情报工作/中国科学院图书馆编辑. —北京:科学出版社,1985. —1985(6). —p. 15 - 18

60. 图书在版编目——目录著录工作标准化的一项重要措施/阎立中//图书馆工作. —1979,(4). —p. 20 - 25

61. 微密型光盘只读存贮器(CD - ROM)数据库/(美)卡洛尔·特诺帕;宋如忆,王以美译//国外情报科学/该刊编辑部. —长春:吉林工业大

学,1988.12.—1988,(4).—p. 35 – 38

62. CDROM 的性质、应用与影响/赖茂生//现代图书情报技术/中国科学院文献情报中心该刊编辑部.—北京:中国科学院文献情报中心,1988.3.—1988(1).—p. 31 – 38

63. 光盘技术在包兆龙图书馆的应用/杨宗英,郑巧英//现代图书情报技术/中国科学院文献情报中心该刊编辑部.—北京:中国科学院文献情报中心,1988. 6.—1988(2). —p. 2 – 6

64. American Library Association. Catalog rules: author and title entries/compiled by Committees of the American Library Association and the (British) Library Association. —American ed. —Chicago: ALA,1908.

65. American Library Association. Division of Cataloging and Classification of the American Library Associaion. ALA cataloging rules for author and title entries / prepared by the ALA. —2nd ed. —Chicago: ALA, 1949.

66. Anglo – American cataloging rules / prepared by the American Library Association [et al.]. —North American text. —Chicago: ALA, c1970.

67. Anglo – American cataloguing rules. —2nd ed. /prepared by the American Library Association··· [et al.]; edited by Michael Gorman and Paul W. Winkler. —Chicago: ALA,1978.

68. American Library Association. Filing Committee. ALA filing rules/Filing Committee, Resources and Technical Services Divisi on, American Library Assciation. —Chicago: ALA, 1980.

69. Bakewell, K. G. B. A manual of cataloguing practice/by K. G. B. Bakewell. —Oxrofd: Pergamon,1972.

70. Bloomfield,B. C. Developments and progress in bibliography: docoment of 53rd IFLA Council & General Conference, Brighton. United Kindom, 16—21 August, 1987. —England : (s. n.),1978.

71. Burger, Robert H. Authority work: the creation,use, maintenance and evaluation of authority records and files/Robert H. Burger. —Littleton, Co. : Libraries Unlimited, 1985.

72. CD – ROM technology: an issue at ALA in automation and reference. In Library of Congress. LC information bulletin. —Vol. 47, no. 37(Sept. 12,

1988)

73. Chan, Lois Mai. Cataloging and classification/Lois Mai Chan. —New York: McGraw – Hill, c1981.

74. Chan, Lois Mai. Library of Congress subject headings: principles and application. —Littleton: Libraries Unlimited, 1978.

75. Chapman, Liz. How to catalogue: a practical hand book using AACR2 and Library of Congress / Liz Chapman. —London , Clive Bingley, 1984.

76. Clack, Doris Hargrett, Authority control: issues and answers/Doris Hargrett Clack. In Libraries in the 80 ' s/Dean H. Keller, editor. —New York: Haworth, 1985.

77. Connolly, Bruce. Looking backward – CDROM and the academic library of the future. In Online. —May 1987.

78. Cutter, Charles A. Rules for a dictionary catalog/ Charles A. Cutter. — 4th ed. —Wash. : GPO, 1904.

79. Delsey, Tom. Developments and progress in bibliography: document of 53rd IFLA Council & General Conference, Brighton, United Kindom, 16 – 21 August 1987. —England: [s. n.] , [1987].

80. Dunkin, Paul S. Cataloging U. S. A. /by Paul S. Dunkin. —Chicago, ALA, 1969.

81. Fenly, Judith G. The Name Authority Co – op(NACO) Project at the Library of Congress: present and future/Judith G. Fenly, Sarab D. Irvine. In Cataloging & Classification quarterly. —Vol. 7, no. 2.

82. Gorman, Michael. AACR2: main themes/Michael Gorman. In International Conference on AACR2 (1979: Tallahassee, Florida). The making of a code /edited by Doris Hargrett Clack. —Chicago: ALA, 1980.

83. Gorman, Michael. Bibliographic description: past, present and future: document of 53rd IFLA Council & General Conference, Brighton, United Kindom, 16 – 21 August, 1987. —England: [s. n.] , [1987].

84. Gorman, Michael. The concise AACR2/prepared by Michael Gorman. Chicago: ALA. 1981.

85. Hunter Eric J. Examples illustrating AACR2/by Eric J. Hunter and

Nicholas J. Fox. —London:LA, c 1980.

86. IFLA. ISBD(G):annotated text/prepared by IFLA. —London:IFLA International Office for UBC, 1977.

87. IFLA. ISBD(M)/IFLA. —1st standard ed. ,rev, – London:IFLA International Office for UBC, 1978.

88. Larry, Auld. Authority control:an eithty – year review/Auld Larry. In Library resources & technical servies. —Oct. 1982.

89. Library issues its first CD—ROM product. In Library of Congress. LC information bulletin. —Vol. 47 . no. 36(Sept. 5, 1988)

90. Library of Congress. Subject Cataloging Division. Library of Congress subject headings. —11th ed. —Wash. : LC, 1988.

91. Lubetzky. Seymour. The fundamentals of bibliographic cataloging and AACR2/Sehmour Lubetzky. In International Conference on AACR2(1979: Tallahas see, Florida). The making of a code/edited by Doris Hargrett Clack. —Cicago:ALA, 1980.

92. Maxwell, Margaret F. Handbook for AACR2:explaining and illustrating Anglo – American cataloguing rules second edition. —Chicago: ALA, 1980.

93. Norris, Dorothy May. A history of cataloguing and cataloguing methods 1100 – 1850:with an introductory survey of ancient times/by Dorothy May Norris. —London:Grafton, 1939.

94. Osborn, Andrew D. The crisis in cataloging/Andrew D. Osborn. In Library quarterly. —V. XI, no.4(Oct. 1941)

95. The Nature and future of the catalog/edited by Maurice J. Freedman and S. Michael Malinconico. —Phoenix:Oryx, c1979.

96. Seminnar on AACR2:proceedings of a seminar/organized by the Cataloguing and Indexing Group of the Library Association at the University of Nottingham, 20 – 22 April 1979; edited by Graham Roe. —London: LA, 1980.

97. Using AACR2/Malcolm Shaw⋯[et al.]. —London:LA, 1980.

98. Wynar, Bohdan S. Introduction to cataloging and classification/Bohdan

S. Wynar. —7th ed./by Arlene G. Taylor. —Littleton, Colorado: Libraries Unlimited, 1985.